PONS

Bildwörterbuch

Niederländisch Deutsch

PONS GmbH
Stuttgart

INHALT

INHOUD

LEICHTER LERNEN MIT BILDERN – WARUM IST DAS SO?

Liebe Leserin, lieber Leser,

wie wichtig die Bedeutung von Bildern ist, wenn es um das Merken von Begriffen geht, wissen wir seit Jahren aus der Lernpsychologie. Kennen Sie das? Wenn Sie ein Bild zu einem Wort sehen, bleibt das Wort viel schneller im Gedächtnis haften, als wenn es nur geschrieben dasteht. Und wenn es darum geht, in einer fremden Sprache Wortschatz nicht nur nachzuschlagen, sondern auch zu verstehen und ihn sich zu merken, unterstützen die Bilder Sie dabei, sich die Wörter schneller und besser einzuprägen. Das hat ganz einfache Gründe:

→ ***Bilder wirken schneller und direkter als reiner Text****. Schon als kleine Kinder denken wir in Bildern und können sie ganz intuitiv entschlüsseln, interpretieren und aufnehmen. Sind Bilder mit Wörtern verknüpft, bilden sie eine Einheit, die unser Gehirn mit hoher Effizienz verarbeitet und abspeichert.*

→ ***Bilder erleichtern und unterstützen das Verständnis.*** *Sie vermitteln Zusammenhänge und liefern uns deutlich mehr Informationen als nur Text alleine.*

→ ***Bilder sind emotional.*** *Sie wecken unser Interesse, steigern unsere Motivation und bleiben besser im Gedächtnis haften als einzelne Wörter.*

→ ***Bilder machen Freude.*** *Wo viel Text abschreckt, sorgen Bilder dafür, dass uns das Lernen Spaß macht, und wir bleiben länger bei der Sache.*

Gesehen, verstanden und schon gemerkt - so leicht kann das visuelle Lernen sein. Überzeugen Sie sich selbst!

Ihre

PONS-Redaktion

BEELDEN ACTIVEREN HET GEHEUGEN – MAAR HOE?

Beste lezer,

Beelden spelen een belangrijke rol bij het leren van een taal. Dat is een bekend gegeven uit de onderwijspsychologie. Misschien heeft u het zelf ook weleens ervaren – een woord met een plaatje erbij onthoud je gemakkelijker en beter dan een woord zonder plaatje. Dus als je woorden niet alleen wilt opzoeken, maar ook wilt begrijpen en onthouden, dan kunnen beelden daarbij enorm helpen. Daar zijn de volgende redenen voor:

→ **Beelden maken een grotere indruk dan tekst alleen.** Als klein kind denken we al in beelden. Intuïtief geven we ze een betekenis en nemen we ze in ons op. Zijn die beelden verbonden met woorden, dan vormen ze een eenheid die je brein uiterst efficiënt verwerkt en opslaat.

→ **Beelden vereenvoudigen en ondersteunen het proces van begrijpen.** Ze geven een context en leveren op die manier veel meer informatie dan alleen het woord.

→ **Beelden roepen gevoelens op.** Ze spreken je aan, motiveren je en nestelen zich veel beter in je geheugen dan tekst alleen.

→ **Beelden zijn leuk.** Grote hoeveelheden tekst schrikken af, beelden maken het leren leuk en daardoor kun je langer doorgaan.

Zien, begrijpen, onthouden – zo eenvoudig is het visuele leren. Ervaar het zelf!

PONS Uitgevers

SO ARBEITEN SIE EFFIZIENT MIT DEM BILDWÖRTERBUCH

die Erdbeere
de **aardbei**
[ˈa:rdbɛi]

die Himbeere
de **framboos**
[frɑmˈbos]

die Brombeere
de **braam**
[bram]

die Heidelbeere
de **blauwe bes**
[ˈblɑuə bɛs]

Ganz gleich, ob Sie erst anfangen, eine Fremdsprache zu erlernen, oder ob Sie bereits über gute Sprachkenntnisse verfügen: Dieses Wörterbuch ist Ihr idealer Begleiter. Für jede Sprache decken rund 8.000 Begriffe alle Bereiche des Alltags ab und die Kombination von Wort und Bild ermöglicht Ihnen, Wörter schnell nachzuschlagen, zu übersetzen und sich mühelos einzuprägen. Hier die wichtigsten Tipps, wie Sie den größten Nutzen aus diesem Wörterbuch ziehen:

Of u nu net begint met het leren van een vreemde taal of al over een goede kennis van die taal beschikt - dit woordenboek wijst de weg. Met 8000 woorden voor elke taal dekt dit woordenboek alle terreinen van het dagelijkse leven. De combinatie van woord en beeld stelt u in staat woorden snel op te zoeken, te vertalen en moeiteloos te onthouden. Voordat u aan de slag gaat, hebben we een aantal tips voor u, zodat u zoveel mogelijk uit dit woordenboek haalt:

1. Wörter im Zusammenhang lernen

Wörter werden schneller gemerkt, wenn man sie im Kontext lernt. Aus diesem Grund ist dieses Wörterbuch nach Themenfeldern aus dem Alltagsleben gegliedert. Ganz gleich, in welches Thema Sie eintauchen - ob Einkaufen, Kleidung, Lebensmittel oder Familie - betrachten Sie beim Lernen das Thema als Ganzes und versuchen Sie, möglichst viele Wörter aus dem Themenbereich aufzunehmen. Sie werden erstaunt sein, wie viel Wortschatz Sie sich in kürzester Zeit merken können.

1. Leer woorden in context

Je onthoudt woorden gemakkelijker als je ze in context leert. Om die reden hebben we het boek ingedeeld in verschillende thema's uit het leven van alledag. Met welk onderwerp u ook begint - winkelen, kleding, eten en drinken, familie of een van de andere onderwerpen - probeer het onderwerp in zijn geheel te bekijken en onthoud zoveel mogelijk woorden die bij het thema horen. U zult verbaasd zijn hoeveel woorden u binnen de kortste keren beheerst.

ZO HAAL JE HET MEEST UIT DIT WOORDENBOEK

Herzlichen Glückwunsch!	**Van harte gefeliciteerd!** [van ˈhartə χəfelisiˈteːrt]
Alles Gute zum Geburtstag!	**Gefeliciteerd!** [χəfelisiˈteːrt]
Wie viel Uhr ist es?	**Hoe laat is het?** [huˈlat ˈɪsət]
Es ist zwei Uhr.	**Het is twee uur.** [hɛt ɪs twe yːr]
Guten Appetit!	**Eet smakelijk!** [et ˈsmakələk]
Zum Wohl!	**Proost!** [prost]
①	②

2. Die wichtigsten Schlüsselsätze auf einen Blick

Ob in der Fremdsprache nach der Uhrzeit fragen, oder zum Geburtstag gratulieren: In den 13 thematisch sortierten Kapiteln finden Sie neben der reinen Wort-Bild-Zuordnung die wichtigsten Sätze für die häufigsten Situationen ①. Prägen Sie sich diese Schlüsselsätze gut ein und schon haben Sie den Grundstein für eine erfolgreiche Kommunikation gelegt.

2. De belangrijkste zinnetjes in één oogopslag

In de 13 hoofdstukken vindt u niet alleen een-op-eencombinaties van beeld en woord, maar ook de meest gebruikte zinnetjes in een bepaalde context, zoals vragen hoe laat het is en iemand feliciteren met zijn of haar verjaardag ①. Neem deze zinnetjes goed in u op en onthoud ze. Op die manier kunt u veel gemakkelijker een gesprek voeren in de vreemde taal.

3. Richtig aussprechen

Damit Sie jedes Wort richtig aussprechen, haben wir allen Wörtern und Sätzen eine Lautschrift beigefügt ②. Eine Übersicht über die verwendeten phonetischen Zeichen finden Sie bequem auf der letzten Seite des Buches.

3. De juiste uitspraak

Om ervoor te zorgen dat u elk woord correct uitspreekt, hebben we bij elk woord en bij elke zin de fonetische notatie geplaatst ②. Op de laatste bladzijde van het boek staan alle gebruikte fonetische symbolen handig op een rijtje.

INDEX DEUTSCH – **INDEX DUITS**	**394**
INDEX NIEDERLÄNDISCH – **INDEX NEDERLANDS**	**417**

③

glutenfrei
glutenvrij
[χlytəvrɛi]

laktosefrei
lactosevrij
[laktozəˈvrɛi]

④

4. Schnell übersetzen

Wenn es einfach schnell gehen muss, schlagen Sie im Anhang im Stichwortverzeichnis die richtige Übersetzung nach ③. Dort ist jedes Stichwort in Deutsch und Niederländisch in alphabetischer Reihenfolge aufgeführt und im Nu gefunden.

4. Snel en gemakkelijk vertalen

Heeft u weinig tijd? Zoek het woord dan op in het alfabetische register achter in het boek ③. Hier vindt u in een handomdraai elk Duits en elk Nederlands woord.

5. Für den Notfall

Bilder sind eine universelle Sprache, die von allen Kulturen verstanden wird. Sollten Ihnen doch mal die Worte fehlen, zeigen Sie einfach auf das entsprechende Bild ④. Ob im Hotel, Restaurant oder auf der Straße – so können Sie sich überall auf der Welt ganz ohne Sprache verständigen.

5. In noodgevallen

Beelden zijn universeel en worden door alle culturen begrepen. Weet u even niet hoe u iets moet zeggen, wijs dan een plaatje aan waarop staat afgebeeld wat u wilt zeggen ④. Of u nu in een hotel bent, in een restaurant of onderweg – beelden helpen om zonder taal duidelijk te maken wat je wilt zeggen, waar je ook bent in de wereld.

6. Noch mehr Sprache

Für die ersten Schritte in der fremden Sprache liefern Ihnen die Extras im Anhang des Bildwörterbuchs praktische Unterstützung: Mit den wichtigsten Sätzen auf Deutsch und auf Niederländisch sind Sie für den gelungenen Einstieg in die Fremdsprache gewappnet. Und wenn es darum geht, eigene Sätze zu bilden, hilft Ihnen unsere ausführliche Verbliste, wo Sie auch abstrakte Verben, die sich nicht abbilden lassen, nachschlagen und übersetzen können.

6. Nog meer taal

De extra's in de bijlage van dit beeldwoordenboek bieden u praktische ondersteuning bij uw eerste stappen: Met de belangrijkste zinnen in het Duits en Nederlands heeft u alles wat u nodig heeft voor een goede start. Als u zelf zinnen wilt formuleren, dan is onze uitvoerige werkwoordenlijst erg handig. Hierin vindt u ook abstracte werkwoorden die niet kunnen worden afgebeeld.

die Bankkauffrau
de **bankmedewerkster**
[ˈbɑŋkmedəwɛrkstər]

der Lehrer
de **leraar**
[ˈlerar]

die Ingenieurin
de **ingenieur**
[ɪnʒəɲø:r]

der Kellner
de **kelner**
[ˈkɛlnər]

Das sollten Sie noch wissen

Die Stichwörter in diesem Wörterbuch stehen immer in der Einzahl, es sei denn sie werden in der Regel nur in der Pluralform verwendet. Niederländische Pluralformen sind mit (pl) gekennzeichnet.

De extra's in de bijlage van dit beeldwoordenboek bieden u praktische ondersteuning bij uw eerste stappen: Met de belangrijkste zinnen in het Duits en Nederlands heeft u alles wat u nodig heeft voor een goede start. Als u zelf zinnen wilt formuleren, dan is onze uitvoerige werkwoordenlijst erg handig. Hierin vindt u ook abstracte werkwoorden die niet kunnen worden afgebeeld.

Es war uns wichtig, bei Funktions- und Berufsbezeichnungen Männer und Frauen gleichermaßen und gleichberechtigt zu berücksichtigen. Da wir aber aus Platzgründen nicht immer beide Geschlechter gleichzeitig abbilden können, haben wir uns immer für eines entscheiden müssen. Dabei orientiert sich das Geschlecht des Wortes immer am Geschlecht der abgebildeten Figur.

Bepaalde woorden, zoals bijvoorbeeld beroepsaanduidingen, zijn niet altijd geslachtsneutraal. Bij voorkeur zouden we overal waar wenselijk de mannelijke en de vrouwelijke variant willen geven. Vanwege ruimtegebrek is dit echter niet mogelijk. Waar een keuze noodzakelijk is, is het geslacht van de afgebeelde persoon doorslaggevend.

MENSCHEN

MENSEN

DIE FAMILIE – DE FAMILIE

Der Stammbaum – De stamboom

der Schwiegervater
de **schoonvader**
[ˈsχonvadər]

die Schwiegermutter
de **schoonmoeder**
[ˈsχomudər]

die Schwägerin
de **schoonzus**
[ˈsχonzœs]

der Schwager
de **zwager**
[ˈzwaχər]

der Ehemann
de **man**
[mɑn]

die Ehefrau
de **vrouw**
[vrɑu]

der Schwiegersohn
de **schoonzoon**
[ˈsχonzon]

die Tochter
de **dochter**
[ˈdɔχtər]

der Sohn
de **zoon**
[zon]

der Enkel
de **kleinzoon**
[ˈklɛinzon]

die Enkelin
de **kleindochter**
[ˈklɛindɔχtər]

DIE FAMILIE – DE FAMILIE

Der Stammbaum – De stamboom

der Großvater
de **grootvader**
[ˈχrotvadər]

die Großmutter
de **grootmoeder**
[ˈχrotmudər]

die Mutter
de **moeder**
[ˈmudər]

der Vater
de **vader**
[ˈvadər]

die Tante
de **tante**
[ˈtɑntə]

der Onkel
de **oom**
[om]

die Schwester
de **zus**
[zœs]

der Bruder
de **broer**
[brur]

die Cousine
de **nicht**
[nɪχt]

die Nichte
de **nicht**
[nɪχt]

der Neffe
de **neef**
[nef]

der/die Verwandte	het **familielid** [faˈmililɪt]
die Großeltern	de (pl) **grootouders** [ˈχrotɑudərs]
die Eltern	de (pl) **ouders** [ˈɑudərs]
das Ehepaar	het **echtpaar** [ˈɛχtpa:r]
der Vorfahre	de (pl) **voorouders** [ˈvo:rɑudərs]
ledig	**ongehuwd** [ɔŋχəˈhywt]
verheiratet	**gehuwd** [χəˈhywt]
geschieden	**gescheiden** [χəˈsχɛidən]
verlobt	**verloofd** [vərˈloft]
verwitwet	de **weduwe/weduwnaar** [ˈwedywə/ˈwedywna:r]
verwandt	**familie** [faˈmili]

BEZIEHUNGEN – RELATIES

Familie und Lebensphasen – Familie en levensfasen

das Baby
de **baby**
[ˈbebi]

das Kind
het **kind**
[kɪnt]

Herr ...
meneer
[məˈneːr]

der Mann
de **man**
[mɑn]

die Jugendliche
de **jongere**
[ˈjɔŋərə]

die Zwillinge
de **tweeling**
[ˈtwelɪŋ]

die Frau
de **vrouw**
[vrɑu]

Frau ...
mevrouw
[məˈvrɑu]

der/die Bekannte
de **bekende**
[bəˈkɛndə]

der Junge
de **jongen**
[ˈjɔŋən]

das Mädchen
het **meisje**
[ˈmɛiʃə]

die Freunde
de (pl) **vrienden**
[ˈvrindən]

das Paar
het **stel**
[stɛl]

die Freundin
de **vriendin**
[vrɪnˈdɪn]

der Freund
de **vriend**
[vrint]

die Geschwister	de (pl) **broer(s) en zus(sen)** [brur(s) ɛn ˈzœs(ən)]
der Patenonkel	de **peetoom** [ˈpetom]
die Patentante	de **peettante** [ˈpetɑntə]
der Stiefvater	de **stiefvader** [ˈstifadər]
die Stiefmutter	de **stiefmoeder** [ˈstifmudər]
der Stiefbruder	de **stiefbroer** [ˈstifbrur]
die Stiefschwester	de **stiefzuster** [ˈstifzœstər]
der Nachbar	de **buurman** [ˈbyːrmɑn]
die Nachbarin	de **buurvrouw** [ˈbyːrvrɑu]

BEZIEHUNGEN – RELATIES

Begrüßen und verabschieden – Begroeten en afscheid nemen

jemanden vorstellen
iemand voorstellen
[ˈimɑnt ˈvoːrstɛlən]

jemanden begrüßen
iemand begroeten
[ˈimɑnt bəˈχrutən]

sich die Hand geben
elkaar een hand geven
[ɛlˈkaːr ən hɑnt ˈχevən]

sich verbeugen
een buiging maken
[ən ˈbœyχɪŋ ˈmakən]

sich umarmen
elkaar omhelzen
[ɛlˈkaːr ɔmˈhɛlzən]

lachen
lachen
[ˈlɑχən]

weinen
huilen
[ˈhœylən]

sich verabschieden
afscheid nemen
[ˈɑfsχɛit ˈnemən]

einen Knicks machen
een reverence brengen
[ən revəˈrɑ̃ns ˈbrɛŋən]

winken
zwaaien
[ˈzwajən]

jemandem einen Kuss geben
iemand een zoen geven
[ˈimɑnt ən zun ˈχevən]

jemanden anrufen
iemand bellen
[ˈimɑnt ˈbɛlən]

Hallo!	**Hallo!** [hɑˈlo]
Guten Tag!	**Goedendag!** [χujəˈdɑχ]
Guten Morgen!	**Goedemorgen!** [χujəˈmɔrχən]
Guten Abend!	**Goedenavond!** [xujəˈnavɔnt]
Wie heißt du?	**Hoe heet je?** [hu ˈhecə]
Wie heißen Sie?	**Hoe heet u?** [hu ˈhety]
Ich heiße ...	**Ik heet ...** [ɪk het]
Herzlich willkommen!	**Van harte welkom!** [vɑn ˈhɑrtə ˈwɛlkɔm]
Tschüss!	**Dag!** [ˈdahɑχ]
Auf Wiedersehen!	**Tot ziens!** [tɔtsins]

das kleine Geschenk
het **cadeautje**
[kaˈdocə]

EREIGNISSE IM LEBEN - LEVENSGEBEURTENISSEN

Feste - Feesten

die Hochzeit
de **bruiloft**
[ˈbrœylɔft]

der Geburtstag
de **verjaardag**
[vərˈjaːrdɑχ]

das Weihnachten
Kerstmis
[ˈkɛrsməs]

der Valentinstag
Valentijnsdag
[ˈvalәntɛinsdɑχ]

das Thanksgiving
Thanksgiving
[θæŋksˈgɪvɪŋ]

das Halloween
Halloween
[ˈhælowin]

der/das Silvester
de **oudejaarsavond**
[ɑudəjaːrsˈavɔnt]

das Ostern
Pasen
[ˈpasən]

die Hanukkah
Chanoeka
[χaˈnuka]

das Wesakfest
Vesakha Puja
[ˈvesaka ˈpuja]

das Ramadanfest
het **ramadanfeest**
[ˈramadɑnfest]

das chinesische Neujahr
het **Chinees Nieuwjaar**
[ʃiˈnes ˈniwjaːr]

der Karneval
het **carnaval**
[ˈkɑrnəvɑl]

das Diwalifest	**Divali** [diˈvali]
das Passah	**Pesach** [ˈpesɑχ]
die Feier	het **feest** [fest]
der Hochzeitstag	de **trouwdag** [ˈtrɑudɑχ]
der Feiertag	de **feestdag** [ˈfezdɑχ]
der Muttertag	de **Moederdag** [ˈmudərdɑχ]
der Vatertag	de **Vaderdag** [ˈvadərdɑχ]
die Taufe	de **doop** [dop]
Herzlichen Glückwunsch!	**Van harte gefeliciteerd!** [vɑn ˈhɑrtə χəfelisiˈteːrt]
Alles Gute zum Geburtstag!	**Gefeliciteerd!** [χəfelisiˈteːrt]

EREIGNISSE IM LEBEN – LEVENSGEBEURTENISSEN

Wendepunkte – Keerpunten

die Geburt
de **geboorte**
[χəˈboːrtə]

der Kindergarten
de **peuterspeelzaal**
[pøtərˈspelzal]

die Einschulung
de **eerste schooldag**
[ˈeːrstə ˈsχoldɑχ]

der Schulabschlussball
het **eindexamengala**
[ˈɛintɛksaməχala]

der Studienabschluss
het **afstuderen**
[ˈɑfstyderən]

der Berufseinstieg
de **eerste baan**
[ˈeːrstə ban]

sich verlieben
verliefd worden
[vərlift ˈwɔrdən]

sich verloben
zich verloven
[zɪχ vərˈlovən]

heiraten
trouwen
[trɑuwən]

die Schwangerschaft
de **zwangerschap**
[ˈzwɑŋərsχɑp]

umziehen
verhuizen
[vərˈhœyzən]

in Rente gehen
met pensioen gaan
[mət pənˈʃun χan]

die Beerdigung
de **begrafenis**
[bəˈχrafənɪs]

volljährig werden	**meerderjarig worden** [meːrdərˈjaːrəχ wɔrdən]
jemandem einen Heiratsantrag machen	**iemand een huwelijksaanzoek doen** [ˈimɑnt ən ˈhywələksanzuk dun]
das Brautkleid	de **trouwjurk** [ˈtrɑujœrk]
die Braut	de **bruid** [brœyt]
der Bräutigam	de **bruidegom** [ˈbrœydəχɔm]
eine Familie gründen	**een gezin stichten** [ən χəˈzɪn stɪχtən]
die Scheidung	de **scheiding** [sχɛidɪŋ]
sich scheiden lassen	**scheiden** [sχɛidən]
sterben	**overlijden** [ovərˈlɛidən]

MENSCHEN BESCHREIBEN – MENSEN BESCHRIJVEN

Das Gesicht – Het gezicht

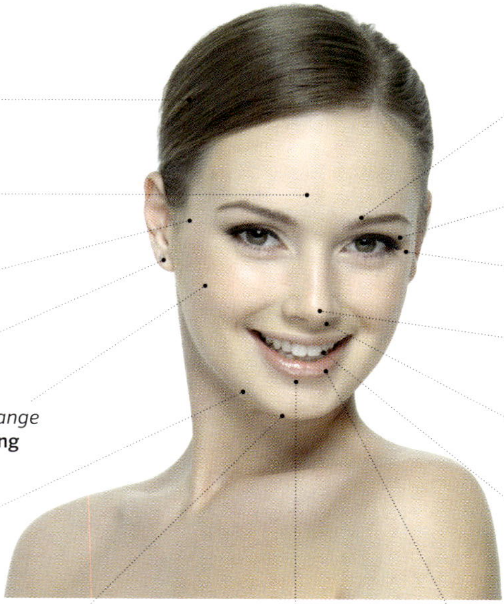

das Haar
het **haar**
[haːr]

die Stirn
het **voorhoofd**
[ˈvoːrhoft]

die Schläfe
de **slaap**
[slap]

das Ohr
het **oor**
[oːr]

die Wange
de **wang**
[wɑŋ]

der Unterkiefer
de **onderkaak**
[ˈɔndərkak]

das Kinn
de **kin**
[kɪn]

der Mund
de **mond**
[mɔnt]

die Lippe
de **lip**
[lɪp]

die Augenbraue
de **wenkbrauw**
[ˈwəŋkbrau]

die Wimper
de **wimper**
[ˈwɪmpər]

das Auge
het **oog**
[oχ]

die Nase
de **neus**
[nøs]

das Nasenloch
het **neusgat**
[nøsχɑt]

der Zahn
de **tand**
[tɑnt]

eine Grimasse schneiden
een gek gezicht trekken
[əŋ χɛk χəˈzɪxt ˈtrɛkə]

die Haut	de **huid** [hœyt]
die Falte	de **rimpel** [ˈrɪmpəl]
das Muttermal	de **moedervlek** [ˈmudərvlɛk]
das Grübchen	het **kuiltje** [kœyltjə]
die Sommersprossen	de (pl) **sproeten** [sprutən]
die Pore	de **porie** [ˈpɔːri]
der Pickel	het **puistje** [ˈpœyʃə]

MENSCHEN BESCHREIBEN – MENSEN BESCHRIJVEN

Das Haar – Het haar

rothaarig
roodharig
[ˈrothaːrəχ]

gewellt
golvend
[ˈχɔlvənt]

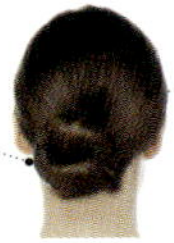

der Dutt
de **knot**
[knɔt]

brünett
bruin
[brœyn]

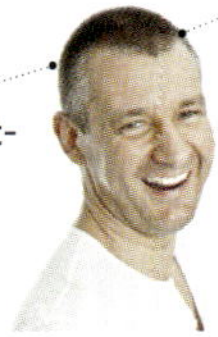

der Kurzhaarschnitt
het **korte kapsel**
[ˈkɔrtə ˈkɑpsəl]

grau meliert
peper-en-zout-kleurig
[pepər ɛn ˈzɑutklɔrəx]

die Perücke
de **pruik**
[prœyk]

der Stufenschnitt
het **laagjeskapsel**
[ˈlaχjəskɑpsəl]

der Pony
de **pony**
[ˈpɔni]

die Strähnchen
de (pl) **highlights**
[ˈhajlajts]

die Bobfrisur
het **bobkapsel**
[ˈbɔpkɑpsəl]

glatt
sluik
[slœyk]

blond
blond
[blɔnt]

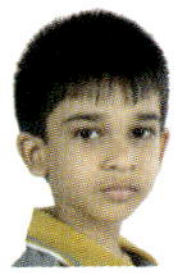

dunkel
donker
[ˈdɔŋkər]

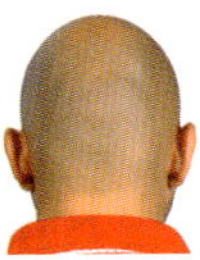

die Glatze
de **kaalkop**
[ˈkalkɔp]

der Pferdeschwanz
de **paardenstaart**
[ˈpaːrdəstaːrt]

lockig
krullend
[ˈkrœlənt]

der Zopf
de **vlecht**
[vlɛχt]

MENSCHEN BESCHREIBEN – MENSEN BESCHRIJVEN

Die äußere Erscheinung – De uiterlijke verschijning

der Bart
de **baard**
[baːrt]

der Schnurrbart
de **snor**
[snɔr]

jung
jong
[jɔŋ]

alt
oud
[ɑut]

muskulös
gespierd
[χəˈspiːrt]

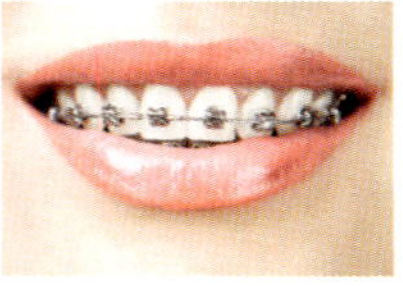

die Zahnspange
de **beugel**
[ˈbøχəl]

blass
bleek
[blek]

sonnengebräunt
gebronsd
[χəˈbrɔnst]

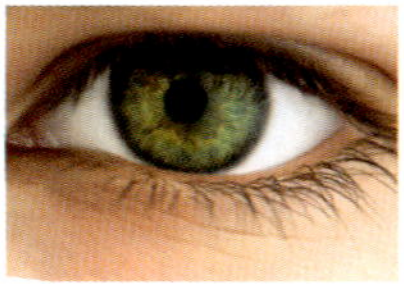

die grünen Augen
de (pl) **groene ogen**
[ˈχrunə ˈoχən]

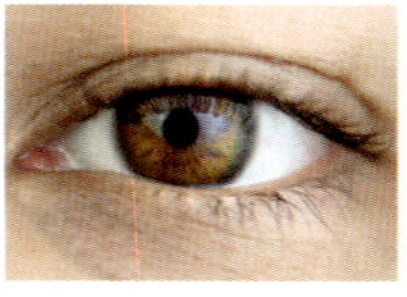

die braunen Augen
de (pl) **bruine ogen**
[ˈbrœynə ˈoχən]

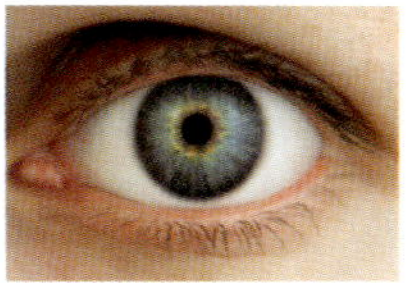

die grauen Augen
de (pl) **grijze ogen**
[ˈχrɛizə ˈoχən

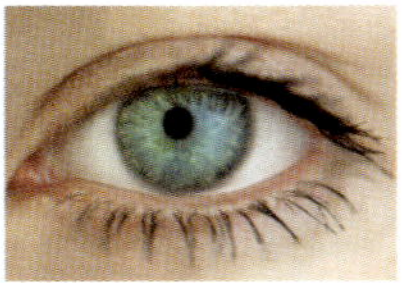

die blauen Augen
de (pl) **blauwe ogen**
[ˈblɑuwə ˈoχən]

attraktiv	**aantrekkelijk** [anˈtrɛkələk]
hübsch	**knap** [knɑp]
hässlich	**lelijk** [ˈlelək]
schön	**mooi** [moj]
jemanden nach dem Äußeren beurteilen	**iemand op zijn uiterlijk beoordelen** [ˈimant ɔpsən ˈœytərlək bəˈoːrdelən]
schlank	**slank** [slɑŋk]
dick	**dik** [dɪk]
groß	**groot** [χrot]
klein	**klein** [klɛin]
die Narbe	het **litteken** [ˈlɪtekən]

MENSCHEN BESCHREIBEN - MENSEN BESCHRIJVEN

Gefühle und Persönlichkeit - Gevoelens en persoonlijkheid

glücklich
gelukkig
[χəˈlœkəχ]

stolz
trots
[trɔts]

überrascht
verrast
[vəˈrɑst]

aufgeregt
opgewonden
[ˈɔpχewɔndən]

verlegen
gegeneerd
[χeʒəˈneːrt]

verwirrt
verward
[vərˈwɑrt]

schüchtern
verlegen
[vərˈleχən]

nachdenklich
nadenkelijk
[naˈdɛŋkələk]

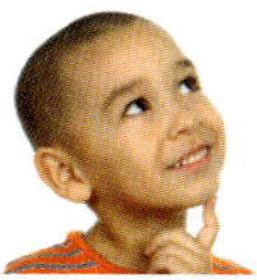

neugierig
nieuwsgierig
[niwˈsχiːrəχ]

niedlich
schattig
[ˈsχɑtəχ]

verliebt
verliefd
[vərˈlift]

selbstbewusst
zelfbewust
[ˈzɛlfbəwœst]

offen	**open** [ˈopən]
tolerant	**tolerant** [toləˈrɑnt]
geduldig	**geduldig** [χəˈdœldəχ]
freundlich	**vriendelijk** [ˈvrindələk]
sympathisch	**sympathiek** [sɪmpaˈtik]
nett	**aardig** [ˈaːrdəx]
lächeln	**glimlachen** [ˈχlɪmlɑχən]
Ich bin verärgert/froh/traurig.	**ik ben boos/blij/droevig** [ɪk bən bos/blɛi/ˈdruvəx]

MENSCHEN BESCHREIBEN – MENSEN BESCHRIJVEN

Gefühle und Persönlichkeit – Gevoelens en persoonlijkheid

traurig
verdrietig
[vər'dritəχ]

gestresst
gestrest
[χə'strɛst]

verärgert
geïrriteerd
[χəɪri'te:rt]

wütend
woedend
['wudənt]

eifersüchtig
jaloers
[ja'lu:rs]

verängstigt
bang
[bɑŋ]

nervös
zenuwachtig
['zenəwɑxtəχ]

müde
moe
[mu]

angeekelt
misselijk
['mɪsələk]

dickköpfig
koppig
['kɔpəχ]

gelangweilt
verveeld
[vər'velt]

sauer
boos
[bos]

die Stirn runzeln	**de wenkbrauwen fronsen** [də 'wɛŋkbrɑuwə 'frɔnsən]
bestürzt	**ontdaan** [ɔn'dan]
unsympathisch	**onsympathiek** [ɔnsɪmpa'tik]
verzweifelt	**wanhopig** [wɑn'hopəχ]
neidisch	**afgunstig** [ɑf'χœnstəχ]
ungeduldig	**ongeduldig** [ɔŋχə'dœldəχ]
arrogant	**arrogant** [ɑro'χɑnt]
intolerant	**onverdraagzaam** [ɔnvər'draχsam]
sensibel	**gevoelig** [χə'vuləχ]

DIE KLEIDUNG – DE KLEDING

Babysachen – Babyspullen

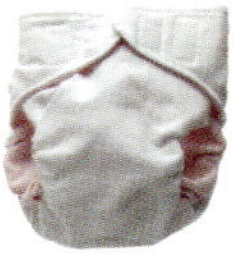

die Stoffwindel
de **katoenen luier**
[ka'tunə 'lœyjər]

die Wegwerfwindel
de **wegwerpluier**
['wɛχwɛrplœyjər]

der Body
het **rompertje**
['rɔmpərtjə]

der Schneeanzug
het **winterpakje**
['wɪntərpɑkjə]

der Babyschlafsack
de **babyslaapzak**
['bebislapsɑk]

die Rassel
de **rammelaar**
['rɑməla:r]

der Strampler
het **kruippakje**
['krœypɑkjə]

der Babyfäustling
het **babywantje**
['bebiwɑncə]

die Mütze
het **mutsje**
['mœtʃə]

das Babyschühchen
het **babyslofje**
['bebislɔfjə]

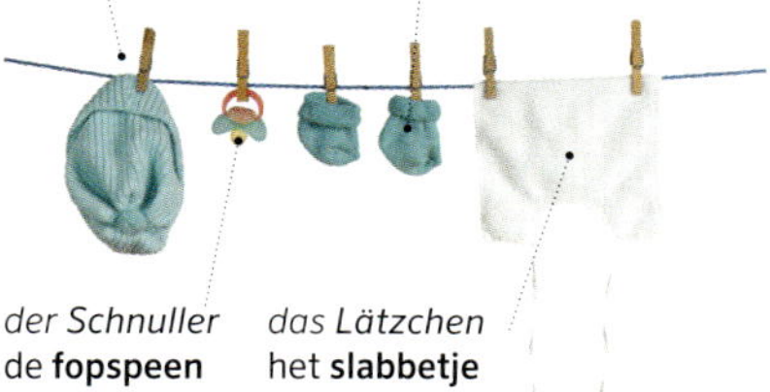

der Schnuller
de **fopspeen**
['fɔpspen]

das Lätzchen
het **slabbetje**
['slabəcə]

der Sonnenhut
het **zonnehoedje**
['zɔnəhucə]

das Söckchen
het **sokje**
['sɔkjə]

das Latzhöschen
de **babytuinbroek**
['bebitœynbruk]

die Babydecke
de **babydeken**
['bebidekən]

das Babyfläschchen	de **babyfles** ['bebiflɛs]
die Biobaumwolle	het **biokatoen** ['bijokatun]
aus Kunstfaser	**van synthetisch materiaal** [vɑn sɪn'tetis matri'jal]

DIE KLEIDUNG – DE KLEDING

Unisex-Kleidung – Uniseks kleding

der Trainingsanzug
het **trainingspak**
[ˈtrenɪŋspɑk]

der Kapuzenpullover
de **hoody**
[ˈhudi]

der Turnschuh
de **gymschoen**
[ˈχɪmsχun]

der Schlafanzug
de **pyjama**
[piˈjama]

der Hausschuh
de **pantoffel**
[pɑnˈtɔfəl]

der Bademantel
de **badjas**
[ˈbɑtjɑs]

der Wintermantel
de **winterjas**
[ˈwɪntərjɑs]

die Regenjacke
het **regenjack**
[ˈreχəjɛk]

die Schneehose
de **sneeuwbroek**
[ˈsnewbruk]

Könnte ich das mal anprobieren?	**Mag ik deze passen?** [mɑχ ɪk ˈdezə ˈpɑsən]
Haben Sie das auch eine Nummer größer/kleiner?	**Heeft u ook een maat groter/kleiner?** [ˈhefty ok ən mat ˈχrotər/klɛinər]
eng/weit	**strak/ruim** [strɑk/rœym]
kurz/lang	**kort/lang** [kɔrt/lɑŋ]
klein/groß	**klein/groot** [klɛin/χrot]
Das passt gut, ich nehme es.	**Deze past goed, ik neem hem.** [ˈdezə pɑst χut ɪk ˈneməm]
mit kurzen/langen Ärmeln	**met korte/lange mouwen** [mɛt ˈkɔrtə/ˈlɑŋə ˈmɑuwən]
der Knopf	de **knoop** [knop]
der Druckknopf	de **drukknoop** [ˈdrœknop]
das Knopfloch	het **knoopsgat** [ˈknopsχɑt]

DIE KLEIDUNG – DE KLEDING

Herrenkleidung – Herenkleding

das T-Shirt
het **T-shirt**
[ˈtiʃœrt]

das Polohemd
het **poloshirt**
[ˈpoloʃœrt]

der Rollkragenpullover
de **coltrui**
[ˈkɔltrœy]

die Weste
de **bodywarmer**
[ˈbɔdiwɔːməɹ]

der Pullunder
de **slip-over**
[slɪpˈovər]

die Fliege
de **vlinderdas**
[ˈvlɪndərdɑs]

der Anzug
het **pak**
[pɑk]

der Kragen
de **kraag**
[kraχ]

die Krawatte
de **stropdas**
[ˈstrɔbdɑs]

das Hemd
het **overhemd**
[ˈovərhɛmt]

der/das Sakko
het **jasje**
[ˈjɑʃə]

die Hose
de **broek**
[bruk]

die kurze Hose
de **korte broek**
[ˈkɔrtə bruk]

die Boxershorts
de **boxershort**
[ˈbɔksərʃɔrt]

die Unterhose
de **onderbroek**
[ˈɔndərbruk]

die Badehose
de **zwembroek**
[ˈzwɛmbruk]

DIE KLEIDUNG – DE KLEDING

Damenkleidung – Dameskleding

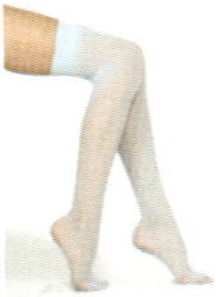

der Strumpf
de **kous**
[kaus]

die Strumpfhose
de **maillot**
[maˈjo]

die Leggings
de **legging**
[ˈlɛgɪŋ]

der Slip
de **slip**
[slɪp]

der Bikini
de **bikini**
[biˈkini]

der Badeanzug
het **badpak**
[ˈbatpɑk]

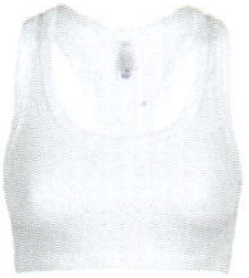

der Sport-BH
de **sportbeha**
[ˈspɔrtbeha]

der Büstenhalter/der BH
de **beha**
[beˈha]

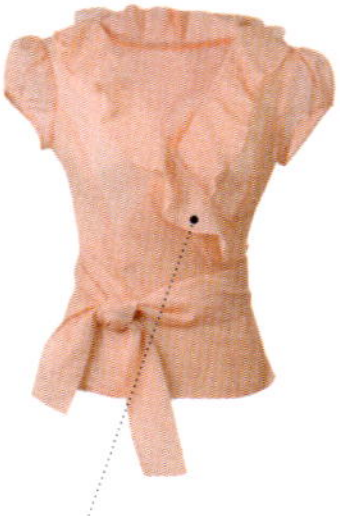

die Rüsche
de **ruche**
[ryʃ]

die Umstandsmode	de **positiekleding** [poˈsitsikledɪŋ]
die Naht	de **naad** [nat]
der Ärmel	de **mouw** [mɑu]
der Saum	de **zoom** [zom]
die Seide	de **zijde** [ˈzɛidə]
die Spitze	de **kant** [kɑnt]
die Größe	de **maat** [mat]
der Ausschnitt	de **uitsnit** [ˈœytsnɪt]
trägerlos	**halterloos** [ˈhɑltərlos]
tailliert	**getailleerd** [χətɑˈjeːrt]
leger	**casual** [ˈkɛʒywəl]
schick	**chic** [ʃik]
bequem	**gemakkelijk** [χəˈmɑkələk]
mit Stretchanteil	**met stretch** [mɛt strɛtʃ]
modisch	**modieus** [modiˈjøs]

DIE KLEIDUNG – DE KLEDING

Damenkleidung – Dameskleding

die Schleife
de **strik**
[strɪk]

das Kleid
de **jurk**
[jœrk]

das Trägertop
het **mouwloos hemdje**
[ˈmaulos ˈhɛmpjə]

die Bluse
de **bloes**
[blus]

die Strickjacke
het **vest**
[vɛst]

der Rock
de **rok**
[rɔk]

das Schulterpolster
de **schoudervulling**
[ˈsχaudərvœlɪŋ]

der Blazer
de **blazer**
[ˈblezər]

das Oberteil
het **topje**
[‘tɔpjə]

die Jeans
de **spijkerbroek**
[spɛikərbruk]

die Stiefelette
het **enkellaarsje**
[ˈɛŋkəla:rʃə]

die Shorts
de **damesshort**
[ˈdaməʃɔrt]

die Röhrenhose
de (pl) **skinny's**
[ˈskɪnis]

die Schlaghose
de **boot-cut jeans**
[ˈbu:tkœt dʒins]

die leicht ausgestellte Hose
de **bell-bottom**
[bɛlˈbɔtəm]

DIE KLEIDUNG – DE KLEDING

Accessoires – Accessoires

der Sonnenhut
de **zonnehoed**
[ˈzɔnəhut]

der Hut
de **hoed**
[hut]

die Brille
de **bril**
[brɪl]

die Sonnenbrille
de **zonnebril**
[ˈzɔnəbrɪl]

der Rucksack
de **rugzak**
[ˈrœχsak]

die Krawattennadel
de **dasspeld**
[ˈdaspɛlt]

der Regenschirm
de **paraplu**
[paraˈply]

die Uhr
het **horloge**
[hɔrˈloʒə]

die Hosenträger
de (pl) **bretels**
[brəˈtɛls]

der Ring
de **ring**
[rɪŋ]

der Handschuh
de **handschoen**
[hantsχun]

die Mütze
de **muts**
[mœts]

der Schal
de **sjaal**
[ʃal]

der Ohrring
de **oorbel**
[ˈoːrbɛl]

die Halskette
de **halsketting**
[ˈhalskɛtɪŋ]

der Manschettenknopf
de **manchetknoop**
[manˈʃɛtknop]

der Reißverschluss	de **ritssluiting** [rɪtslœytɪŋ]
der Klettverschluss	het **klittenband** [klɪtəbant]
die Handytasche	het **telefoonhoesje** [teləˈfonhuʃe]
die Reisetasche	de **weekendtas** [ˈwikɛntas]
der Koffer	de **koffer** [ˈkɔfər]

DIE KLEIDUNG – DE KLEDING

Schuhe und Lederwaren – Schoenen en lederwaren

der Pumps
de (pl) **hoge hakken**
[ʻhoχə ˈhakən]

die Sandale
de **sandaal**
[sanˈdal]

der Ballerina
de **ballerina**
[baləˈrina]

der Gummistiefel
de **rubberlaars**
[rœbərˈla:rs]

der Flip-Flop®
de **teenslipper**
[ˈtenslɪpər]

der hohe Stiefel
de **hoge laars**
[ˈhoχe la:rs]

die Handtasche
de **handtas**
[ˈhantas]

das Portemonnaie
de **portemonnee**
[pɔrtəmɔˈne]

die Brieftasche
de **portefeuille**
[pɔrtəˈfœyjə]

die Aktentasche
de **aktetas**
[ˈaktətas]

der Gürtel
de **riem**
[rim]

die Lederjacke
het **leren jack**
[ˈle:rə jɛk]

der Schnürschuh
de **veterschoen**
[ˈvetərsχun]

der Wanderstiefel
de **wandelschoen**
[ˈwandəlsχun]

die Socke
de **sok**
[sɔk]

der Schnürsenkel	de **schoenveter** [ˈsχunvetər]
die Gürtelschlaufe	de **riemlus** [ˈrimlœs]
der Keilabsatz	de **sleehak** [ˈslehak]
der Absatz	de **hak** [hak]
die Sohle	de **zool** [zol]
der Riemen	het **bandje** [bancə]
die Schnalle	de **gesp** [χɛsp]

die Trekkingsandale
de **trekkingsandaal**
[ˈtrɛkɪŋsandal]

der Turnschuh
de **gymschoen**
[ˈχɪmsχun]

DIE KÖRPERPFLEGE – DE LICHAAMSVERZORGING

die Zahnpasta
de **tandpasta**
[ˈtɑmpɑsta]

das Parfüm
het **parfum**
[parˈfœ̃]

das Deo
de **deodorant**
[dejodoˈrɑnt]

die Gesichtscreme
de **gezichtscrème**
[χəzɪχskrɛːm]

der Kamm
de **kam**
[kɑm]

das Duschgel
de **douchegel**
[ˈduʒdʒɛl]

das Shampoo
de **shampoo**
[ˈʃɑmpo]

die Spülung
de **crèmespoeling**
[ˈkrɛːmspulɪŋ]

die Seife
de **zeep**
[zep]

die Haarbürste
de **haarborstel**
[ˈhaːrbɔrstəl]

die Sonnencreme
de **zonnecrème**
[ˈzɔnəkrɛːm]

der Kulturbeutel
de **toilettas**
[twɑˈlɛtɑs]

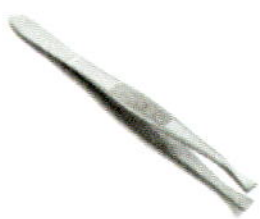

die Pinzette
het/de **pincet**
[pɪnˈsɛt]

die Nagelschere
het **nagelschaartje**
[ˈnaχəlsχaːrtjə]

die Nagelfeile
de **nagelvijl**
[ˈnaχəlvɛil]

die Haarspange
de **haarspeld**
[haːrspɛlt]

die Feuchtigkeitscreme	de **vochtinbrengende crème** [ˈvɔχtɪmbrɛŋəndə krɛːm]
sich die Augenbrauen zupfen	**de wenkbrauwen epileren** [də ˈwɛŋkbrɑuən epiˈleːrən]
die Enthaarung	de **ontharing** [ɔntˈhaːrɪŋ]
der Nagellackentferner	de **nagellakremover** [ˈnaχəlɑkrimuːvər]
das Haarprodukt	het **haarproduct** [ˈhaːrprodœkt]
sich die Haare föhnen	**zijn haar föhnen** [zən haːr ˈfønən]
sich die Haare glätten	**zijn haar steilen** [zən haːr ˈstɛilən]
der/das Haargummi	de **haarband** [haːrbɑnt]

SCHMINKSACHEN – COSMETICA

der Pinsel	het **penseel** [pɛnˈsel]
der Kajalstift	de **eyeliner** [ˈailainər]
der/das Lipgloss	de **lipgloss** [ˈlɪpχlɔs]
die Wimpernzange	de **wimpertang** [ˈwɪmpərtɑŋ]

ZU HAUSE

THUIS

DIE WOHNUNG – DE WONING

der Hausschlüssel
de **huissleutel**
[ˈhœysløtəl]

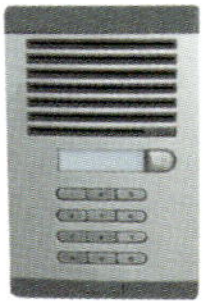

die Sprechanlage
de **intercom**
[ˈɪntərkɔm]

die Hausnummer
het **huisnummer**
[ˈhœysnœmər]

die Türklingel
de **deurbel**
[ˈdø:rbɛl]

das Türschloss
het **deurslot**
[ˈdø:rslɔt]

der Fußabtreter
de **deurmat**
[ˈdø:rmɑt]

der Briefkasten
de **brievenbus**
[ˈbrivəbœs]

das Einfamilienhaus
het **vrijstaand huis**
[ˈvrɛistant hœys]

das Doppelhaus
de **twee-onder-een-kapwoning**
[tweɔndəreŋˈkɑpwonɪŋ]

das Reihenhaus
het **rijtjeshuis**
[ˈrɛicəshœys]

das Mehrfamilienhaus
de **meergezinswoning**
[me:rχəˈzɪnswonɪŋ]

der Bungalow
de **bungalow**
[ˈbœŋχalo]

der Schirmständer
de **paraplubak**
[paraˈplybɑk]

die Eigentumswohnung	de **koopwoning** [ˈkopwonɪŋ]
die Mietwohnung	de **huurwoning** [ˈhy:rwonɪŋ]
der Hof	de **binnenplaats** [ˈbɪnəplats]
das Eigentum	het **eigendom** [ˈɛiχədɔm]
das Grundstück	het **perceel** [pɛrˈsel]
der Umbau	de **verbouwing** [vərˈbauwɪŋ]
der Anbau	de **aanbouw** [ˈɑmbau]
zu verkaufen	**te koop** [tə kop]

DIE WOHNUNG – DE WONING

der Dachboden
de **zolder**
[ˈzɔldər]

der Keller
de **kelder**
[ˈkɛldər]

der Flur
de **gang**
[χɑŋ]

der Aufzug
de **lift**
[lɪft]

der Grundriss
de **plattegrond**
[plɑtəˈχrɔnt]

die Garage
de **garage**
[χaˈraʒə]

der Carport
de **carport**
[ˈkɑːpɔːt]

der Altbau
de **oudbouw**
[ˈɑudbɑu]

der Hausmeister
de **huismeester**
[ˈhœysmestər]

die Wendeltreppe
de **wenteltrap**
[ˈwɛntəltrɑp]

der Rauchmelder
de **rookmelder**
[ˈrokmɛldər]

das Treppenhaus
het **trappenhuis**
[ˈtrɑpəhœys]

mieten	**huren** [ˈhyːrən]
die Miete	de **huur** [hyːr]
vermieten	**verhuren** [vərˈhyːrən]
der Vermieter	de **verhuurder** [vərˈhyːrdər]
die Vermieterin	de **verhuurster** [vərˈhyːrster]
der Mieter	de **huurder** [ˈhyːrdər]
die Mieterin	de **huurster** [ˈhyːrster]
die Kaution	de **borgsom** [ˈbɔrχsɔm]

der Mietvertrag
het **huurcontract**
[ˈhyːrkɔntrɑkt]

DAS HAUS – HET HUIS

das Dachfenster
het **dakraam**
[ˈdakapɛl]

der Schornstein
de **schoorsteen**
[ˈsχo:rsten]

die Dachrinne
de **dakgoot**
[ˈdakχot]

der Dachziegel
de **dakpan**
[ˈdakpan]

die Dachgaube
de **dakkapel**
[ˈdakapɛl]

der erste Stock
de **eerste verdieping**
[ˈe:rstə vərˈdipɪŋ]

das Dach
het **dak**
[dak]

der Balkon
het **balkon**
[balˈkɔn]

die Türschwelle
de **drempel**
[ˈdrɛmpəl]

die Haustür
de **voordeur**
[ˈvo:rdø:r]

das Fenster
het **raam**
[ram]

das Erdgeschoss
de **begane grond**
[bəˈχanə χrɔnt]

die Terrasse
het **terras**
[tɛˈras]

das Einzelhaus	het **vrijstaand huis** [ˈvrɛistant hœys]
der Neubau	de **nieuwbouw** [niwbau]
die Dreizimmerwohnung	de **driekamerwoning** [driˈkamərwonɪŋ]
möbliert	**gemeubileerd** [χəmøbiˈle:rt]
das Stockwerk	de **verdieping** [vərˈdipɪŋ]
der Eigentümer	de **eigenaar** [ˈɛiχəna:r]
die Eigentümerin	de **eigenaresse** [ɛiχənaˈrɛs]
eine Hypothek aufnehmen	**een hypotheek nemen** [ən hipoˈtek ˈnemən]

DAS HAUS – HET HUIS

Der Eingang – De entree

die Diele
de **hal**
[hɑl]

der Spiegel
de **spiegel**
[ˈspiχəl]

der Sessel
de **stoel**
[stul]

der Ablagetisch
de **bijtafel**
[ˈbɛitafəl]

die Wohnungstür
de **voordeur**
[ˈvo:rdø:r]

der Garderoben-ständer
de **kapstok**
[ˈkɑpstɔk]

der Schirmständer
de **paraplustandaard**
[paraˈplystɑndart]

das Treppengeländer
de **leuning**
[ˈlønɪŋ]

die Treppe
de **trap**
[trɑp]

der Treppenabsatz
het **hoekbordes**
[ˈhugbɔrdɛs]

die Treppenstufe
de **trede**
[ˈtredə]

das Schlüsselbrett
het **sleutelrekje**
[ˈsløtəlrɛkjə]

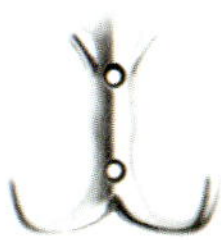

der Kleiderhaken
het **kledinghaakje**
[ˈkledɪŋhakjə]

der Kleiderbügel
de **kleerhanger**
[kle:rhɑŋər]

der Schuhlöffel
de **schoenlepel**
[ˈsχunlepəl]

DAS HAUS – HET HUIS

Das Wohnzimmer – De woonkamer

der Spiegel
de **spiegel** [ˈspiχəl]

der Vorhang
het **gordijn** [χɔrˈdɛin]

der Ventilator
de **ventilator** [vɛntiˈlatɔr]

die Decke
het **plafond** [plaˈfɔn]

der Bilderrahmen
de **lijst** [lɛist]

das Gemälde
het **schilderij** [sχɪldəˈrɛi]

das Sofa
de **bank**
[baŋk]

die Lampe
de **lamp**
[lamp]

das Sofakissen
het **kussen**
[ˈkœsən]

der Beistellschrank
het **bijzetkastje**
[ˈbɛizɛtkaʃə]

der Kaminsims
de **schoorsteenmantel**
[ˈsχo:rstenmantəl]

der gepolsterte Hocker
de **poef**
[puf]

der Teppichboden
de **vaste vloerbedekking**
[ˈvastə ˈvlu:rbədɛkɪŋ]

der Kamin
de **open haard**
[ˈopə ha:rt]

der Sessel
de **leunstoel**
[ˈlønstul]

der Couchtisch
de **salontafel**
[saˈlɔntafəl]

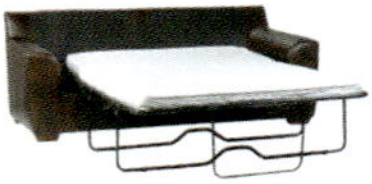

die Schlafcouch
de **slaapbank**
[ˈslabaŋk]

die Vitrine
de **vitrine**
[viˈtrinə]

die Fernsehbank
het **televisiemeubel**
[teləˈvizimøbəl]

das Bücherregal
de **boekenkast**
[ˈbukəkast]

DAS HAUS – HET HUIS

Das Esszimmer – De eetkamer

das Rollo
het **rolgordijn**
[ˈrɔlɣɔrdɛin]

der Kronleuchter
de **kroonluchter**
[ˈkronlœχtər]

die Vitrine
de **vitrine**
[viˈtrinə]

die Zimmerpflanze
de **kamerplant**
[ˈkamərplɑnt]

das Fensterbrett
de **vensterbank**
[ˈvɛnstərbɑŋk]

der Tischläufer
de **tafelloper**
[ˈtafəlopər]

die Kerze
de **kaars**
[kaːrs]

der Stuhl
de **stoel**
[stul]

der Esstisch
de **eettafel**
[ˈetafəl]

die Tischdekoration
de **tafeldecoratie**
[ˈtafəldekɔratsi]

der Holzboden
de **houten vloer**
[ˈhɑutə vluːr]

die Blumenvase
de **bloemenvaas**
[ˈbluməvas]

die Anrichte
het **buffet**
[bœˈfɛt]

die Wanduhr
de **wandklok**
[ˈwɑntklɔk]

der Hochstuhl
de **kinderstoel**
[ˈkɪndərstul]

DAS HAUS – HET HUIS

Die Küche – De keuken

die Einbauküche
de **inbouwkeuken**
[ˈɪmbaukøkən]

die Einbauleuchte
de **inbouwspot**
[ˈɪmbauspɔt]

die Dunstabzugshaube
de **afzuigkap**
[ˈavzœyχkap]

die Arbeitsplatte
het **aanrecht**
[ˈanrəχt]

der Hängeschrank
het **hangend keukenkastje**
[ˈhaŋənt ˈkøkəkaʃə]

der Backofenschalter
de **ovenschakelaar**
[ˈovəsχakəla:r]

der Herd
het **fornuis**
[fɔrˈnœys]

der Backofen
de **oven**
[ˈovən]

das Spülbecken
de **gootsteen**
[ˈχotsten]

die Frühstückstheke
de **ontbijtbar**
[ɔndˈbɛidbar]

der Küchenhocker
de **keukenkruk**
[ˈkøkəkrœk]

die Spülmaschine
de **vaatwasser**
[ˈvatwasər]

die Schublade
de **la**
[la]

der Gefrierschrank
de **diepvriezer**
[ˈdipvrizər]

der Kühlschrank
de **koelkast**
[ˈkulkast]

das Geschirrtuch
de **theedoek**
[ˈteduk]

der Mülleimer	de **afvalemmer** [ˈafaləmər]
die Mülltrennung	de **afvalscheiding** [ˈafalsχeidɪŋ]
die Verpackung	de **verpakking** [vərˈpakɪŋ]
das Altglas	het **afvalglas** [ˈafalχlas]
den Ofen vorheizen	**de oven voorverwarmen** [də ˈovən ˈvo:rvərwarmən]
die Spülmaschine laufen lassen	**de vaatwasser laten draaien** [də ˈvatwasər ˈlatə ˈdrajə]
das Essen auftauen	**het eten laten ontdooien** [ət ˈetə latə ɔnˈdojən]
das Geschirr abtropfen lassen	**de vaat laten afdruipen** [də vat ˈlatən ˈavdrœypən]

DAS HAUS - HET HUIS

Küchengeräte - Keukenapparaten

der Pürierstab
de **staafmixer**
[ˈstafmɪksər]

der Mixer
de **blender**
[ˈblɛndər]

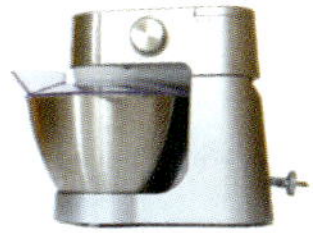

die Küchenmaschine
de **keukenmachine**
[køkəmaʃinə]

die Mikrowelle
de **magnetron**
[mɑχnəˈtrɔn]

das Handrührgerät
de **handmixer**
[ˈhɑntmɪksər]

der Wasserkocher
de **waterkoker**
[ˈwatərkokər]

das Waffeleisen
het **wafelijzer**
[ˈwafəlɛizər]

der Elektrogrill
de **elektrische grill**
[eˈlɛktrisə χrɪl]

der Toaster
het **broodrooster**
[ˈbrotrostər]

die Küchenwaage
de **keukenweegschaal**
[ˈkøkəweχsχal]

der Schnellkochtopf
de **snelkookpan**
[ˈsnɛlkokpɑn]

der Sandwichgrill
het **tostiapparaat**
[ˈtɔstiɑpərat]

die Kaffeemaschine
de **koffiemachine**
[ˈkɔfimɑʃinə]

der Dampfgarer
de **stoomkoker**
[ˈstomkokər]

der Raclettegrill
het **raclettetoestel**
[raˈklɛtustɛl]

der Reiskocher
de **rijstkoker**
[ˈrɛistkokər]

DAS HAUS – HET HUIS

Koch- und Backutensilien – Kook- en bakbenodigdheden

der Küchenwecker
de **kookwekker**
[ˈkokwɛkər]

das Ausstechförmchen
het **uitsteekvormpje**
[ˈœytstekfɔrmpjə]

das Küchenpapier
de **keukenrol**
[ˈkøkərɔl]

die Schürze
het **schort**
[sχɔrt]

das Muffinförmchen
het **cupcakevormpje**
[ˈkœpkekfɔrmpjə]

die Törtchenform
het **cupcakebakblik**
[ˈkœpkegbɑgblɪk]

die Springform
de **springvorm**
[ˈsprɪŋvɔrm]

das Backblech
het **bakblik**
[ˈbɑgblɪk]

der Messerschärfer
de **messenslijper**
[ˈmɛsəslɛipər]

das Teigrad
het **deegwiel**
[ˈdeχwil]

der Topfhandschuh
de **ovenwant**
[ˈovəwɑnt]

das Tablett
het **dienblad**
[ˈdinblɑt]

die Sanduhr
de **zandloper**
[ˈzɑntlopər]

das Kuchengitter	het/de **taartrooster** [ˈta:rtrostər]
der Spritzbeutel	de **spuitzak** [ˈspœytsɑk]
das Backpapier	het **bakpapier** [ˈbɑkpapi:r]
die Frischhaltefolie	de **bewaarfolie** [bəˈwa:rfoli]
der Putzlappen	de **poetsdoek** [ˈputzduk]
die Alufolie	de **aluminiumfolie** [ˈaləˈminijəmfoli]
der Gefrierbeutel	het **diepvrieszakje** [ˈdipfrisɑkjə]
die Rührschüssel	de **mengkom** [ˈmɛŋkɔm]

DAS HAUS – HET HUIS

Koch- und Backutensilien – Kook- en bakbenodigdheden

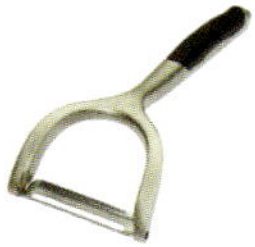

der Schäler
de **schiller**
[ˈsχɪlər]

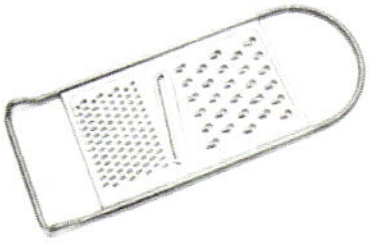

die Reibe
de **rasp**
[rɑsp]

das Hackmesser
het **hakmes**
[ˈhɑkmɛs]

das Küchenmesser
het **keukenmes**
[ˈkøkəmɛs]

das Küchensieb
de **zeef**
[zef]

das Abtropfsieb
het/de **vergiet**
[vərˈχit]

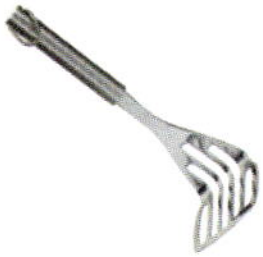

der Kartoffelstampfer
de **pureestamper**
[pyˈrestɑmpər]

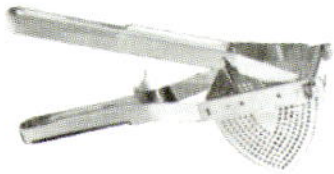

die Knoblauchpresse
de **knoflookpers**
[ˈknɔflokpɛrs]

die Schöpfkelle
de **soeplepel**
[ˈsuplepəl]

der Schneebesen
de **garde**
[ˈχɑrdə]

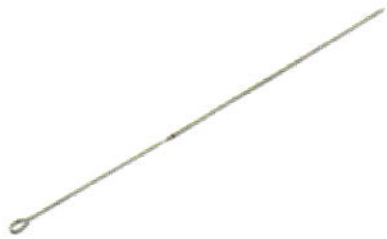

der Spieß
de **spies**
[spis]

der Dosenöffner
de **blikopener**
[ˈblɪkopənər]

der Mörser	de **vijzel** [ˈvɛizəl]
der Stößel	de **stamper** [ˈstɑmpər]
der Messerblock	het **messenblok** [ˈmɛsəblɔk]
der Fleischklopfer	de **vleeshamer** [ˈvleshamər]
der Eierschneider	de **eiersnijder** [ˈɛiərsnɛi(d)ər]
der Eisportionierer	de **ijslepel** [ˈɛislepəl]
die Thermoskanne®	de **thermoskan®** [ˈtɛrmɔskɑn]
der Spüllappen	het **vaatdoekje** [ˈvadukje]

das Schneidebrett
de **snijplank**
[ˈsnɛiplɑŋk]

DAS HAUS - HET HUIS

Koch- und Backutensilien - Kook- en bakbenodigdheden

der Korkenzieher
de **kurkentrekker**
[ˈkœrkətrɛkər]

der Backpinsel
de **bakkwast**
[ˈbɑkwɑst]

das Nudelholz
de **deegroller**
[ˈdeχrɔlər]

der Pfannenwender
de **bakspatel**
[ˈbɑkspatəl]

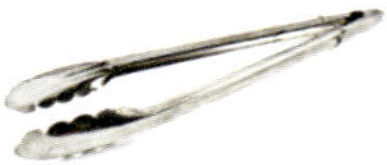

die Küchenzange
de **keukentang**
[ˈkøkətɑŋ]

der Teigschaber
de **deegspatel**
[ˈdeχspatəl]

der Servierlöffel
de **opscheplepel**
[ˈɔpsχɛplepəl]

der Kochlöffel
de **pollepel**
[ˈpɔlepəl]

die Bratpfanne
de **koekenpan**
[ˈkukəpɑn]

der Wok
de **wok**
[wɔk]

der Kochtopf
de **kookpan**
[ˈkokpɑn]

der Schmortopf
de **stoofpan**
[ˈstofpɑn]

das Auflaufförmchen
het **souffléschaaltje**
[suˈflesχaltjə]

die Bratengabel	de **vleesvork** [ˈvlesvɔrk]
der Untersetzer	de **onderzetter** [ˈɔndərzɛtər]
die Grillpfanne	de **grillpan** [ˈχrɪlpɑn]
der Messbecher	de **maatbeker** [ˈmadbekər]
der Trichter	de **trechter** [ˈtrɛχtər]
der Messlöffel	de **maatlepel** [ˈmatlepəl]
der Abtropfständer	het **afdruiprek** [ˈɑvdrœyprɛk]
der Flaschenöffner	de **flesopener** [ˈflɛsopənər]

DAS HAUS – HET HUIS

Das Schlafzimmer – De slaapkamer

der Bettbezug
het/de **dekbedovertrek**
[ˈdɛgbətovərtrɛk]

die Bettdecke
het **dekbed**
[ˈdɛgbɛt]

das Kopfteil
het **hoofdeinde**
[ˈhoftɛində]

das Doppelbett
het **tweepersoonsbed**
[tweperˈsonsbɛt]

das Kopfkissen
het **hoofdkussen**
[ˈhoftkœsən]

der Kissenbezug
het/de **kussensloop**
[ˈkœsəslop]

die Nachttischlampe
het **bedlampje**
[ˈbɛtlampjə]

die Kommode
de **ladekast**
[ˈladəkast]

das Bettgestell
het **ledikant**
[lediˈkant]

das Laken
het **laken**
[ˈlakən]

der Teppich
het **tapijt**
[taˈpɛit]

der Hocker
de **poef**
[puf]

die Matratze
de/het **matras**
[maˈtras]

der Nachttisch
het **nachtkastje**
[ˈnaχkaʃə]

der Kleiderschrank	de **klerenkast** [ˈkle:rəkast]
der Wecker	de **wekker** [ˈwɛkər]
den Wecker stellen	**de wekker zetten** [də ˈwɛkər ˈzɛtən]
die Wärmflasche	de **kruik** [krœyk]
die Heizdecke	de **elektrische deken** [eˈlɛktrisə ˈdekən]
die Tagesdecke	de **sprei** [sprɛi]
die Schlafbrille	het **slaapmasker** [ˈslapmaskər]
das Zimmer mit Bad	**kamer met bad** [ˈkamər məd bat]

DAS HAUS – HET HUIS

Das Kinderzimmer – De kinderkamer

der Ball
de **bal**
[bɑl]

die Puppe
de **pop**
[pɔp]

die Wickeltasche
de **luiertas**
[ˈlœyərtɑs]

der Kinderwagen
de **kinderwagen**
[kɪndərwaχən]

das Babyfon®
de **babyfoon**
[bebiˈfon]

der Laufstall
de **box**
[bɔks]

das Gitterbettchen
het **kinderledikantje**
[ˈkɪndərledikɑncə]

die Flauschdecke
de **knuffeldeken**
[ˈknœfəldekən]

das Mobile
het/de **mobile**
[moˈbil]

der Gitterstab
de **spijl**
[spɛil]

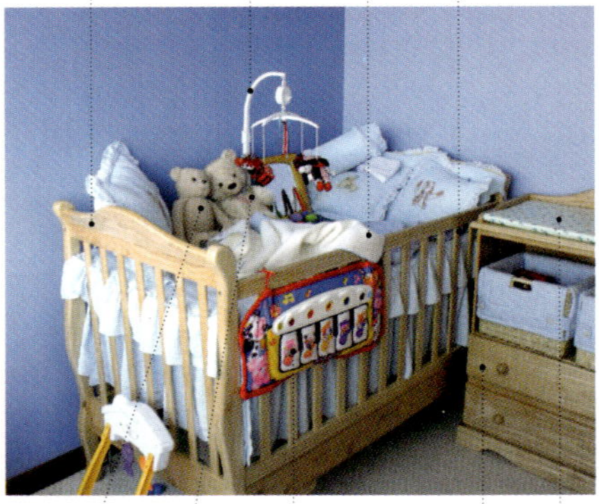

der Teddy
de **teddybeer**
[ˈtɛdibeːr]

der Wickeltisch
de **babycommode**
[ˈbebikɔmodə]

das Kuscheltier
het **knuffeldier**
[ˈknœfəldiːr]

das Spielzeug
het **speelgoed**
[ˈspelχut]

die Wickelauflage
het **verschoonmatje**
[vərˈsχonmɑcə]

das Töpfchen
het **potje**
[ˈpɔcə]

die Babytragetasche
de **reiswieg**
[ˈrɛiswiχ]

der Schulranzen
de **schoolransel**
[ˈsχolrɑnsəl]

das Bauklötzchen
het **bouwblokje**
[ˈbɑublɔkjə]

DAS HAUS – HET HUIS

Das Jugendzimmer – De tienerkamer

das Etagenbett	het **stapelbed** [ˈstapəlbɛt]
schlafen	**slapen** [ˈslapən]
tief schlafen	**diep slapen** [dip ˈslapən]
schnarchen	**snurken** [ˈsnœrkən]
ausschlafen	**uitslapen** [ˈœytslapən]
aufstehen	**opstaan** [ˈɔpstan]
wach sein	**wakker zijn** [ˈwakər zɛin]

einschlafen	**in slaap vallen** [ɪn slap valən]
aufwachen	**wakker worden** [ˈwakər ˈwɔrdən]
der Albtraum	de **nachtmerrie** [ˈnaχtmɛri]
träumen	**dromen** [ˈdromən]
das Bett machen	**zijn bed opmaken** [zəm bɛt ˈɔpmakən]
ins Bett gehen	**naar bed gaan** [na:r bɛt χan]
das Zimmer aufräumen	**zijn kamer opruimen** [zəŋ ˈkamər ˈɔprœymən]

DAS HAUS – HET HUIS

Das Arbeitszimmer – De werkkamer

der Bilderrahmen
de **lijst**
[lɛist]

die Verandatür
de **terrasdeur**
[tɛˈrɑzdøːr]

der Bücherschrank
de **boekenkast**
[ˈbukəkɑst]

die Zimmerpflanze
de **kamerplant**
[ˈkamərplɑnt]

das Foto
de **foto**
[ˈfoto]

das Tageslicht
het **daglicht**
[ˈdɑχlɪχt]

der/das Laptop
de **laptop**
[ˈlɛptɔp]

die Rückenlehne
de **rugleuning**
[ˈrœχlønɪŋ]

der Sessel
de **leunstoel**
[ˈlønstul]

der Schreibtisch
het **bureau**
[byˈro]

der Rollcontainer
het **verrijdbaar ladeblok**
[vəˈrɛidbaːr ˈladəblɔk]

der Drehstuhl
de **draaistoel**
[ˈdrajstul]

die Armlehne
de **armleuning**
[ˈɑrmlønɪŋ]

die Unterlage	het **document** [dokyˈmɛnt]
die Steuererklärung	de **belastingaangifte** [bəˈlɑstɪŋaŋχɪftə]
arbeiten	**werken** [wɛrkən]
sich konzentrieren	**zich concentreren** [zɪx kɔnsənˈtreːrən]
die Überstunde	het **overuur** [ˈovəryːr]
von zu Hause arbeiten	**thuiswerken** [ˈtœyswɛrkən]
eine Pause machen	**pauzeren** [pɑuˈzeːrən]
selbstständig sein	**voor zichzelf werken** [voːr zɪχˈzɛlf wɛrkən]

DAS HAUS – HET HUIS

Das Badezimmer – De badkamer

der Spiegel
de **spiegel**
[ˈspiχəl]

das Waschbecken
de **wastafel**
[ˈwɑstafəl]

der Seifenspender
het **zeeppompje**
[ˈzepɔmpjə]

der Waschbecken-unterschrank
de **wastafelkast**
[ˈwɑstafəlkɑst]

die Duschkabine
de **douchecabine**
[ˈduʃkabinə]

die Dusche
de **douche** [duʃ]

der Handtuchhalter
de **handdoekhouder**
[ˈhɑndukhɑudər]

das Handtuch
de **handdoek**
[ˈhɑnduk]

der Wasserhahn
de **kraan** [kran]

die Badewanne
de **badkuip** [ˈbɑtkœyp]

die Toilette
de **wc**
[weˈse]

die Toilettenspülung
de **spoelknop**
[ˈspulknɔp]

der Spülkasten
de **stortbak**
[ˈstɔrdbɑk]

auf die Toilette gehen
naar de wc gaan
[naːr də weˈse χan]

der Toilettendeckel
het/de **wc-deksel**
[weˈsedɛksəl]

die Toilettenbrille
de **wc-bril**
[weˈsebrɪl]

die Kloschüssel
de **wc-pot**
[weˈsepɔt]

die Klobürste
de **wc-borstel**
[weˈsebɔrstəl]

das Toilettenpapier
het **wc-papier**
[weˈsepapiːr]

der Raumduft
de **luchtverfrisser**
[ˈlœχtfərfrɪsər]

der Klostein
het **wc-blokje**
[weˈseblɔkjə]

DAS HAUS - HET HUIS

Sanitäre Anlagen - Het sanitair

der Elektroboiler
de **elektrische boiler**
[eˈlɛktrisə ˈbɔilər]

der Behälter
de **ketel**
[ˈketəl]

das Thermostat
de **thermostaat**
[tɛrmostat]

der Warmwasser-ablauf
de **warmwaterafvoer**
[wɑrmˈwatərafu:r]

der Kaltwasserzulauf
de **koudwatertoevoer**
[kɑutˈwatərtuvu:r]

das Gas-Wandheizgerät
de **wandhangende gasboiler**
[ˈwɑnthɑŋəndə ˈχɑsbɔilər]

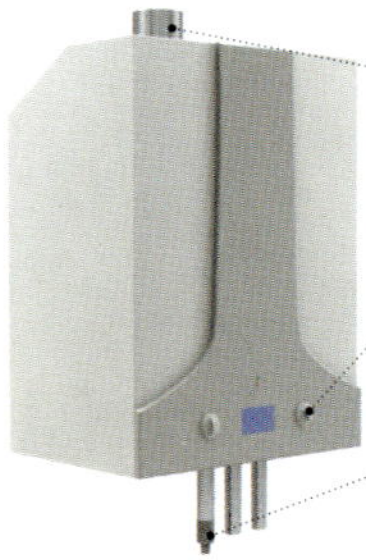

das Sicherheitsventil
de **veiligheidsklep**
[ˈvɛiləχɛitsklɛp]

der Regler
de **regelaar**
[ˈreχela:r]

der Überlauf
de **overloop**
[ˈovərlop]

das Waschbecken
de **wastafel**
[ˈwɑstafəl]

die Zuleitung
de **toevoerbuis**
[ˈtuvu:rbœys]

der Absperrhahn
de **afsluitkraan**
[ˈɑfslœytkran]

der Abfluss
de **afvoer**
[ˈɑfu:r]

der Siphon
de **sifon**
[siˈfɔn]

der Spülkasten
de **stortbak**
[ˈstɔrdbɑk]

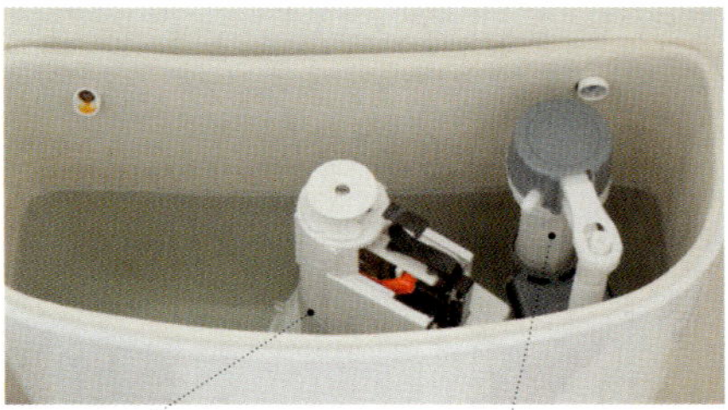

die Heberglocke
de **spoelklep**
[ˈspulklɛp]

der Überlauf
de **overloop**
[ˈovərlop]

DAS HAUS – HET HUIS

Im Badezimmer – In de badkamer

das Wattepad
het **wattenschijfje**
[ˈwatəsχɛifjə]

der Duschschwamm
de **spons**
[spɔns]

der Lockenstab
de **krultang**
[ˈkrœltaŋ]

das Glätteisen
de **steiltang**
[ˈstɛiltaŋ]

der Rasierapparat
het **scheerapparaat**
[ˈsχe:rapərat]

das Schwammtuch
het **sponsdoekje**
[ˈspɔnzdukjə]

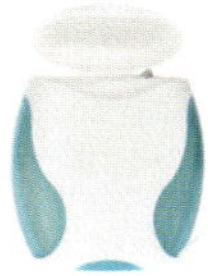

die Zahnseide
de **floszijde**
[ˈflɔsɛidə]

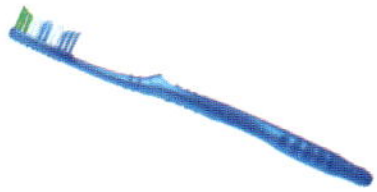

die Zahnbürste
de **tandenborstel**
[ˈtandəbɔrstəl]

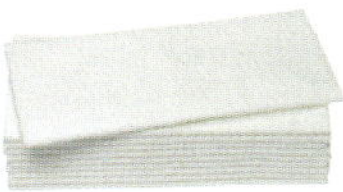

das Taschentuch
de **tissue**
[ˈtɪʃu]

das Wattestäbchen
het **wattenstaafje**
[ˈwatəstafjə]

der Föhn
de **föhn**
[føn]

der Rasierschaum
het **scheerschuim**
[ˈsχe:rsxœym]

der Waschlappen	het **washandje** [ˈwashancə]
das Mundwasser	het **mondwater** [ˈmɔndwatər]
sich rasieren	**zich scheren** [zɪx ˈsχe:rən]
sich frisch machen	**zich opfrissen** [zɪχ ˈɔpfrɪsən]
sich schminken	**zich opmaken** [zɪχ ˈɔpmakən]
sich die Zähne putzen	**z'n tanden poetsen** [zən ˈtandə putsən]
das Rasierwasser	de **aftershave** [aftərˈʃef]
der Duschkopf	de **douchekop** [ˈduʃkɔp]
der Duschvorhang	het **douchegordijn** [ˈduʃχɔrdɛin]
die Bademattе	de **badmat** [ˈbatmat]
sich waschen	**zich wassen** [zɪχ ˈwasən]
baden	**in bad gaan** [ɪm bat χan]
den Hahn auf-/zudrehen	**de kraan open-/dichtdraaien** [də kran ˈopə/ˈdɪxdrajən]
duschen	**douchen** [ˈduʃən]

der Rasierer
het **krabbertje**
[ˈkrabərtjə]

DAS HAUS – HET HUIS

Die Waschküche – De bijkeuken

die Waschmaschine
de **wasmachine**
[ˈwɑsmaʃinə]

die Waschmittelkammer
de **wasmiddellade**
[ˈwɑsmɪdəladə]

der Frontlader
de **voorlader**
[ˈvo:rladər]

der Wäschekorb
de **wasmand**
[ˈwɑsmɑnt]

die zusammengelegte Wäsche
de **opgevouwen was**
[ˈɔpχəvɑuwə wɑs]

die Wäscheleine
de **waslijn**
[ˈwɑslɛin]

die Wäscheklammer
de **wasknijper**
[ˈwɑsknɛipər]

der Fleckenentferner
de **vlekkenverwijderaar**
[ˈvlɛk(ə)vərwɛidəra:r]

der Weichspüler
de **wasverzachter**
[ˈwɑsfərzɑχtər]

das Bleichmittel
het **bleekmiddel**
[ˈblekmɪdəl]

das Waschpulver
het **waspoeder**
[ˈwɑspudər]

das Bügeleisen
het **strijkijzer**
[ˈstrɛikɛizər]

das Bügelbrett
de **strijkplank**
[ˈstrɛikplɑŋk]

die Waschmaschine füllen	**de wasmachine vullen** [də ˈwɑsmaʃinə ˈvœlən]
die Wäsche waschen	**de was doen** [də waz dun]
die Wäsche schleudern	**de was centrifugeren** [də wɑs sɛntrifyˈʒe:rən]
der Wäscheständer	het **droogrek** [ˈdroχrɛk]
der Wäschetrockner	de **wasdroger** [ˈwɑzdroχər]
der Schmutzwäschekorb	de **wasmand** [ˈwɑsmɑnt]
die Wäsche zum Trocknen aufhängen	**de was te drogen hangen** [də wɑs tə ˈdroχə ˈhɑŋən]
bügeln	**strijken** [ˈstrɛikən]

DAS HAUS – HET HUIS

Reinigungsartikel – Schoonmaakartikelen

das Reinigungsmittel
het **schoonmaakmiddel**
[ˈsχomakmɪdəl]

das Spülmittel
het **afwasmiddel**
[ˈɑfwɑsmɪdəl]

die Bürste
de **borstel**
[ˈbɔrstəl]

die Sprühflasche
de **sproeifles**
[ˈsprujflɛs]

der Gummiwischer
de **wisser**
[ˈwɪsər]

die Kehrschaufel
het **blik**
[blɪk]

der Handfeger
de **stoffer**
[ˈstɔfər]

der Wischmopp
de **zwabber**
[ˈzwɑbər]

der Schwamm
de **spons**
[spɔns]

der Gummihandschuh
de **rubberhandschoen**
[rœbərˈhɑntsχun]

der Eimer
de **emmer**
[ˈɛmər]

der WC-Reiniger
de **wc-reiniger**
[weˈserɛinəχər]

schrubben	**schrobben** [ˈsχrɔbən]
fegen	**vegen** [ˈveχən]
polieren	**poetsen** [ˈputsən]
putzen	**schoonmaken** [ˈsχomakən]
abwischen	**wissen** [ˈwɪsən]
der Staubsauger	de **stofzuiger** [ˈstɔfsœyχər]
Staub saugen	**stofzuigen** [ˈstɔfsœyχən]
der Staubwedel	de **plumeau** [plyˈmo]

die Wurzelbürste
de **boender**
[ˈbundər]

DAS HAUS – HET HUIS

Die Heimwerkstatt – De gereedschapskamer

die Handsäge
de **handzaag**
[ˈhandzaχ]

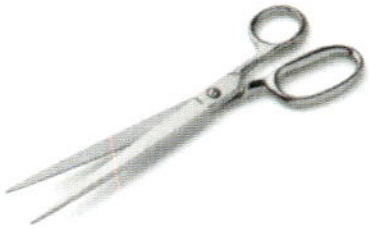

die Schere
de **schaar**
[sχaːr]

die Schraube
de **schroef**
[sχruf]

die Mutter
de **moer**
[muːr]

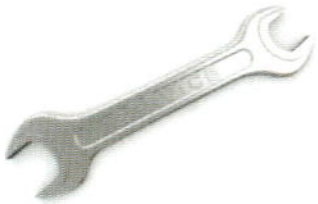

der Schrauben-schlüssel
de **moersleutel**
[ˈmuːrsløtəl]

der Holzhammer
de **houten hamer**
[ˈhautə ˈhamər]

die Rohrzange
de **waterpomptang**
[ˈwatərpɔmptaŋ]

das Maßband
de **rolmaat**
[ˈrɔlmat]

der Nagel
de **spijker**
[ˈspɛikər]

der Hammer
de **hamer**
[ˈhamər]

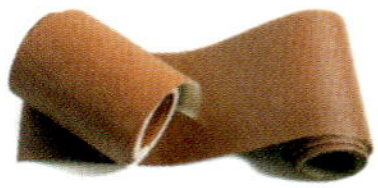

das Schleifpapier
het **schuurpapier**
[ˈsχyːrpapiːr]

die Wasserwaage
de **waterpas**
[ˈwatərpas]

die Kombizange
de **combinatietang**
[kɔmbiˈnatsitaŋ]

der Schraubenzieher
de **schroevendraaier**
[ˈsχruvədrajər]

die Bügelsäge
het **ijzerzaagje**
[ˈɛizərzaχjə]

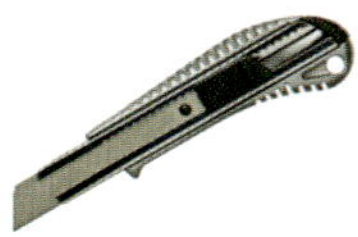

das Teppichmesser
het **tapijtmes**
[taˈpɛitmɛs]

DAS HAUS – HET HUIS

Die Heimwerkstatt – De gereedschapskamer

der Akkubohrer
de **accuboormachine**
[ɑkyˈboːrmaʃinə]

der Akku
de **accu**
[ˈɑky]

der Bohrer
de **boor**
[boːr]

der Elektrobohrer
de **elektrische boormachine**
[eˈlɛktrisə ˈboːrmaʃinə]

das Stemmeisen	de **beitel** [ˈbɛitəl]
die Nietenzange	de **klinknageltang** [ˈklɪŋknaχəltɑŋ]
der Seitenschneider	de **draadschaar** [ˈdratsχaːr]
das Sägeblatt	het **zaagblad** [ˈzaχblɑt]
schrauben	**schroeven** [ˈsχruvən]
löten	**solderen** [sɔlˈdeːrən]
messen	**meten** [ˈmetən]
abschmirgeln	**schuren** [ˈsχyːrən]
sägen	**zagen** [ˈzaχən]
schneiden	**snijden** [ˈsnɛidən]
bohren	**boren** [ˈboːrən]
hämmern	**hameren** [ˈhamərən]
feilen	**vijlen** [ˈvɛilən]
ausstemmen	**beitelen** [ˈbɛitələn]
nieten	**klinken** [ˈklɪŋkən]
streichen	**verven** [ˈvɛrvən]
hobeln	**schaven** [ˈsχavən]

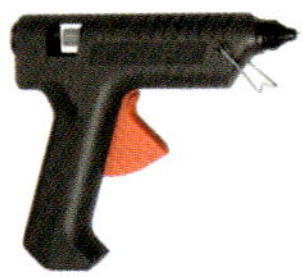

die Klebepistole
het **lijmpistool**
[ˈlɛimpistol]

die Stichsäge
de **decoupeerzaag**
[dekuˈpeːrzaχ]

der Bandschleifer
de **bandschuurmachine**
[ˈbɑntsχyːrmaʃinə]

die Kreissäge
de **cirkelzaag**
[ˈsɪrkəlzaχ]

DAS HAUS – HET HUIS

Die Heimwerkstatt – De gereedschapskamer

der Müllbeutel
de **vuilniszak**
[ˈvœylnəsɑk]

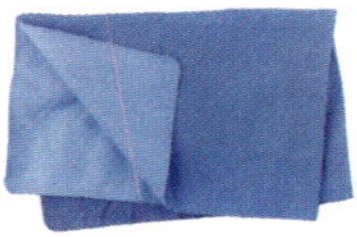

das Mikrofasertuch
de **microvezeldoek**
[ˈmikrovezəlduk]

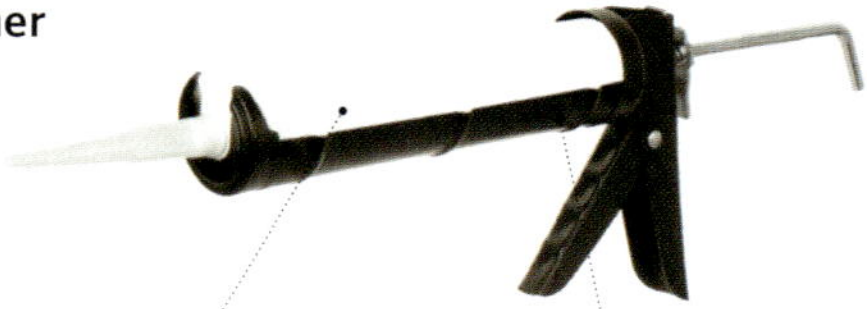

der Dichtstoff
het **vulmiddel**
[ˈvœlmɪdəl]

die Kartuschenpistole
de **kitspuit**
[ˈkɪtspœyt]

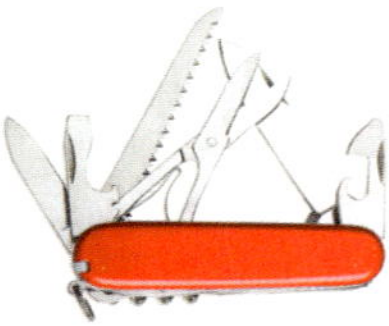

das Taschenmesser
het **zakmes**
[ˈzɑkmɛs]

der Werkzeugkasten
de **gereedschapskist**
[χəˈretsχɑpskɪst]

die Werkbank
de **werkbank**
[ˈwɛrkbɑŋk]

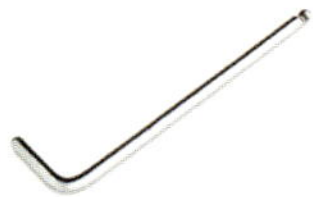

der Inbusschlüssel
de **inbussleutel**
[ˈɪmbœsløtəl]

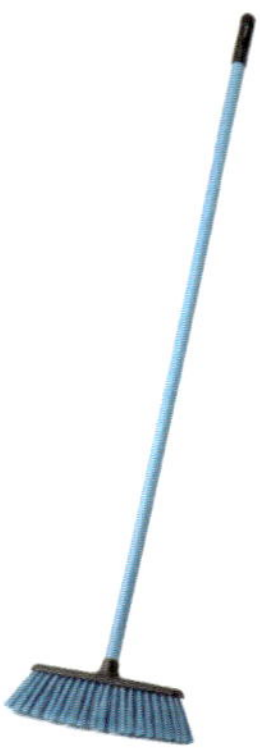

der Besen
de **bezem**
[ˈbezəm]

die Schutzbrille
de **veiligheidsbril**
[ˈvɛiləxɛitsbrɪl]

der Lötkolben
de **soldeerbout**
[sɔlˈdeːrbɑut]

das Lötzinn
het **soldeertin**
[sɔldeːrtɪn]

das Sperrholz	het **multiplex** [ˈmœltiplɛks]
die Spanplatte	de **spaanplaat** [ˈspanplat]
der Lack	de **lak** [lɑk]
das Metall	het **metaal** [məˈtal]
der rostfreie Stahl	het **roestvrij staal** [ˈrustfrɛi stal]
der Kunststoff	de **kunststof** [ˈkœnstɔf]
der Draht	de **kabel** [ˈkabəl]
das Holzbrett	de **plank** [plɑŋk]

DAS HAUS – HET HUIS

Renovieren – Schilderen en behangen

der Acryllack
de **acrylverf**
[aˈkrilvɛrf]

der Flachpinsel
de **platte kwast**
[ˈplɑte kwɑst]

die Farbwanne
de **verfbak**
[ˈvɛrfbɑk]

das Verdünnungsmittel
het **verdunningsmiddel**
[vərˈdœnɪŋsmɪdəl]

der/die Spachtel
het **plamuurmes**
[plaˈmy:rmɛs]

der Farbroller
de **verfroller**
[ˈvɛrfrɔlər]

der Handwerker
de **klusjesman**
[ˈklœʃəsmɑn]

die Leiter
de **trapladder**
[ˈtrɑplɑdər]

die Latzhose
de **Amerikaanse overall**
[ameriˈkansə ovəˈrɑl]

die Farbdose
de **verfbus**
[ˈvɛrfbœs]

tapezieren
behangen
[bəˈhɑŋən]

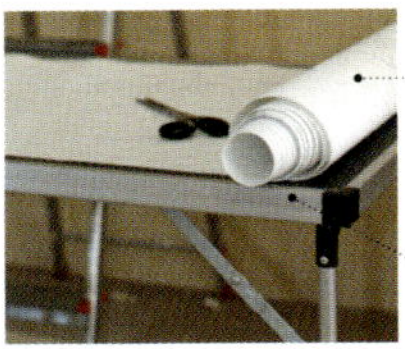

die Tapetenrolle
de **rol behang**
[rɔl bəˈhɑŋ]

der Tapeziertisch
de **behangtafel**
[bəˈhɑŋtafəl]

die Farbe
de **verf**
[vɛrf]

das Abdeckband
het **afplakband**
[ˈɑfplɑgbɑnt]

kacheln	**tegelen** [ˈteχələn]
verputzen	**bepleisteren** [bəˈplɛistərən]
spachteln	**plamuren** [plaˈmy:rən]
die Tapete entfernen	**het behang verwijderen** [ət bəˈhɑŋ vərˈwɛidərən]
die Abdeckfolie	het/de **afdekfolie** [ˈɑvdɛkfoli]
die Spachtelmasse	het/de **plamuur** [plaˈmy:r]
das Lösungsmittel	het **oplosmiddel** [ˈɔplɔsmɪdəl]
das Versiegelungsmittel	het **voegmiddel** [ˈvuχmɪdəl]

das Farbmuster
de **kleurenwaaier**
[ˈklø:rəwajər]

DAS HAUS – HET HUIS

Strom und Heizung – Elektriciteit en verwarming

der Stromzähler
de **elektriciteitsmeter**
[elɛktrisiˈtɛitsmetər]

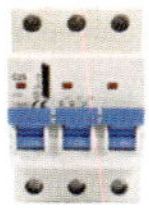

die Sicherung
de **zekering**
[ˈzekərɪŋ]

der Heizkörper
de **radiator**
[radiˈjatɔr]

der Kaminofen
de **houtkachel**
[ˈhɑutkɑχəl]

der Stecker
de **stekker**
[ˈstɛkər]

die Steckdose
het **stopcontact**
[ˈstɔpkɔntɑkt]

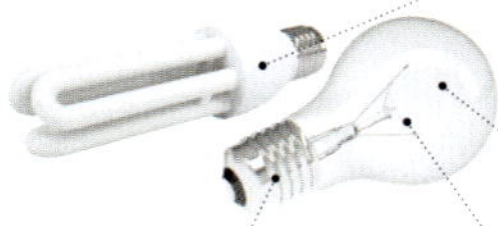

die Energiesparlampe
de **spaarlamp**
[ˈspa:rlɑmp]

die Glühbirne
de **gloeilamp**
[ˈχlujlɑmp]

der Lampensockel
de **fitting**
[ˈfɪtɪŋ]

der Glühfaden
de **gloeidraad**
[ˈχlujdrat]

das Verlängerungskabel
het **verlengsnoer**
[vərˈlɛŋsnu:r]

der Schalter
de **schakelaar**
[ˈsχakela:r]

die Mehrfachsteckdose
de **stekkerdoos**
[ˈstɛkərdos]

der Luftkanal	het **luchtkanaal** [ˈlœχtkanal]
die Heizung anschalten/ ausschalten	de **de verwarming aanzetten/uitzetten** [də vərˈwɑrmɪŋ ˈanzɛtən/ˈœytzɛtən]
die erneuerbare Energie	de **groene energie** [ˈχrunə enərˈʒi]
das Stromnetz	het **elektriciteitsnet** [elɛktrisiˈtɛitsnɛt]
die Stromstärke	de **stroomsterkte** [ˈstromstɛrktə]
die Spannung	de **spanning** [ˈspɑnɪŋ]
die Solarheizung	de **zonneverwarming** [ˈzɔnəvərwɑrmɪŋ]
die Zentralheizung	de **centrale verwarming** [cɛnˈtralə vərˈwɑrmɪŋ]
die Fußbodenheizung	de **vloerverwarming** [ˈvlu:rvərwɑrmɪŋ]
der Sicherungskasten	de **groepenkast** [ˈχrupəkɑst]
die Leitung	de **leiding** [ˈlɛidɪŋ]
das Ampere	de **ampère** [ɑmpɛ:r]
das Watt	de **watt** [wɑt]
das Volt	de **volt** [vɔlt]
der Adapter	de **adapter** [aˈdɑptər]
die Erdung	de **aarding** [ˈa:rdɪŋ]

DER GARTEN - DE TUIN

die Terrasse
het **terras**
[tɛˈras]

der Gartenteich
de **tuinvijver**
[ˈtœynvɛivər]

der Gartenweg
het **tuinpad**
[ˈtœympɑt]

der Gemüsegarten
de **moestuin**
[ˈmustœyn]

die Küchenkräuter
de (pl) **keukenkruiden**
[ˈkøkəkrœydən]

das Gewächshaus
de **kas**
[kɑs]

das Gartenhaus
het **tuinhuisje**
[ˈtœynhœyʃə]

das Blumenbeet
het **bloemperk**
[ˈblumpɛrk]

die Gartenbank
de **tuinbank**
[ˈtœymbɑŋk]

die Gartenmöbel
de (pl) **tuinmeubels**
[ˈtœynmøbəls]

die Gartenmauer
de **tuinmuur**
[ˈtœynmy:r]

der Dachgarten
de **daktuin**
[ˈdɑktœyn]

der Komposter
de **compostbak**
[kɔmˈpɔsdbɑk]

der Steingarten
de **kiezeltuin**
[ˈkizəltœyn]

der Gartenzaun
de **schutting**
[ˈsχœtɪŋ]

die Hecke
de **heg**
[hɛχ]

DER GARTEN – DE TUIN

Gartengeräte – Tuingereedschap

die Rosenschere
de **rozenschaar**
[ˈrozəsχaːr]

der Gartenschlauch
de **tuinslang**
[ˈtœynslaŋ]

die Topfpflanze
de **potplant**
[ˈpɔtplant]

der Handrechen
de **handhark**
[ˈhanthar(ə)k]

die Blumenkelle
het **plantenschepje**
[ˈplantəsχɛpjə]

die Gießkanne
de **gieter**
[ˈχitər]

der Laubrechen
de **bladhark**
[ˈblathar(ə)k]

der Spaten
de **schop**
[sχɔp]

der Gartenhandschuh
de **tuinhandschoen**
[ˈtœynhantsχun]

der Rasenmäher
de **grasmaaier**
[ˈχrasmajər]

der Rasentrimmer
de **grastrimmer**
[ˈχrastrɪmər]

der Rechen
de **hark**
[ˈhar(ə)k]

die Mistgabel
de **riek**
[rik]

die Schubkarre
de **kruiwagen**
[ˈkrœywaχən]

die Heckenschere
de **heggenschaar**
[ˈhɛχəsχaːr]

die Hacke
de **hak**
[hak]

der Rasensprenger
de **tuinsproeier**
[ˈtœynsprujər]

DER GARTEN - DE TUIN

Die Gartenarbeit - Werken in de tuin

Rollrasen verlegen
graszoden leggen
[ˈχrasodə ˈlɛχən]

den Rasen sprengen
het gazon sproeien
[ət χaˈzɔn sprujən]

das Laub rechen
de bladeren opharken
[də ˈbladərə ˈɔpharkən]

pflanzen
planten
[ˈplantən]

stutzen
snoeien
[ˈsnujən]

den Rasen mähen
het gras maaien
[ət χras ˈmajən]

Unkraut jäten
onkruid wieden
[ˈɔŋkrœyt ˈwidən]

umgraben
omspitten
[ˈɔmspɪtən]

zurückschneiden
terugsnoeien
[ˈtrœχsnujən]

pflücken
plukken
[ˈplœkən]

säen
zaaien
[ˈzajən]

spritzen
bespuiten
[bəˈspœytən]

düngen	**bemesten** [bəˈmɛstən]
ernten	**oogsten** [ˈoχstən]
züchten	**kweken** [ˈkwekən]
vermehren	**stekken** [ˈstɛkən]
gießen	**gieten** [ˈχitən]
der Sämling	de **zaailing** [ˈzailɪŋ]
der Dünger	de **mest** [mɛst]
der Unkrautvernichter	de **onkruidverdelger** [ˈɔŋkrœytvərdɛlχər]

eintopfen
potten
[ˈpɔtən]

ESSEN UND TRINKEN

ETEN EN DRINKEN

TIERISCHE PRODUKTE – DIERLIJKE PRODUCTEN

Fleisch – Vlees

das Lammfleisch
het **lamsvlees**
[ˈlɑmsfles]

das Rindfleisch
het **rundvlees**
[ˈrœntflees]

das Steak
de **biefstuk**
[ˈbifstœk]

das Schweinefleisch
het **varkensvlees**
[ˈvɑrkənsfles]

das Filet
het/de **filet**
[fiˈle]

das Kalbfleisch
het **kalfsvlees**
[ˈkɑlfsfles]

die Keule
de **bout**
[bɑut]

das Kotelett
de **kotelet**
[kotəˈlɛt]

die Leber
de **lever**
[ˈlevər]

die Niere
de **nier**
[niːr]

das Kaninchen
het **konijn**
[koˈnɛin]

der Schinken
de **ham**
[hɑm]

das Hackfleisch
het **gehakt**
[χəˈhɑkt]

die Wurst
de **worst**
[wɔrst]

der Aufschnitt
het **vleesbeleg**
[ˈvlesbəlɛχ]

die Salami
de **salami**
[ˈsaˈlami]

TIERISCHE PRODUKTE – DIERLIJKE PRODUCTEN

Geflügel – Gevogelte

das Hähnchen
de **kip**
[kɪp]

der Schenkel
de **dij**
[dɛi]

die Brust
de **borst**
[bɔrst]

der Flügel
de **vleugel**
[ˈvløχəl]

die Hähnchenkeule
de **kippenbout**
[ˈkɪpəbɑut]

die Ente
de **eend**
[ent]

das Entenfleisch
het **eendenvlees**
[ˈendə(n)vles]

die Gans
de **gans**
[χɑns]

das Gänsefleisch
het **ganzenvlees**
[ˈɣɑnzə(n)vles]

die Wachtel
de **kwartel**
[ˈkwɑrtəl]

das Wachtelfleisch
het **kwartelvlees**
[ˈkwɑrtəlvles]

die Pute
de **kalkoen**
[kɑlˈkun]

das Putenfleisch
het **kalkoenvlees**
[kɑlˈkunvles]

das Bioprodukt	het **biologisch product** [bijoˈloχis proˈdœkt]
die Innereien	de (pl) **ingewanden** [ˈɪŋχəwɑndən]
mariniert	**gemarineerd** [χəmariˈne:rt]
geräuchert	**gerookt** [χəˈrokt]
gepökelt	**gepekeld** [χəˈpekəlt]
braten	**braden** [ˈbradən]
schmoren	**smoren** [ˈsmo:rən]
grillen	**grillen** [ˈχrɪlən]

aus Freilandhaltung
vrije uitloop-
[ˈvrɛiə ˈœytlop]

TIERISCHE PRODUKTE – DIERLIJKE PRODUCTEN

Fisch – Vis

die Forelle
de **forel**
[fɔˈrɛl]

der Karpfen
de **karper**
[ˈkɑrpər]

der Zander
de **snoekbaars**
[ˈsnugbaːrs]

der Seeteufel
de **zeeduivel**
[ˈzedœyvəl]

die Makrele
de **makreel**
[mɑˈkrel]

die Seezunge
de **tong**
[tɔŋ]

die Sardine
de **sardine**
[sɑrˈdinə]

die Scholle
de **schol**
[sχɔl]

der Aal
de **paling**
[ˈpalɪŋ]

der Thunfisch
de **tonijn**
[toˈnɛin]

der Kabeljau
de **kabeljauw**
[kabəlˈjɑu]

der Seebarsch
de **zeebaars**
[zebaːrs]

der Lachs
de **zalm**
[ˈzɑl(ə)m]

der Heilbutt
de **heilbot**
[ˈhɛilbɔt]

der Fischrogen
de (pl) **viseitjes**
[ˈvɪsɛicəs]

das Fischsteak
de **vissteak**
[ˈvɪstek]

TIERISCHE PRODUKTE – DIERLIJKE PRODUCTEN

Meeresfrüchte – Zeevruchten

die Garnele
de **garnaal**
[χɑrˈnal]

der Hummer
de **zeekreeft**
[ˈzekreft]

der Krebs
de **krab**
[krɑp]

der Flusskrebs
de **rivierkreeft**
[riˈviːrkreft]

die Miesmuschel
de **mossel**
[ˈmɔsəl]

die Kammmuschel
de **jakobsschelp**
[ˈjakɔpsχɛlp]

die Venusmuschel
de **venusschelp**
[ˈvenəsχəlp]

die Herzmuschel
de **kokkel**
[ˈkɔkəl]

die Auster
de **oester**
[ˈustər]

der Tintenfisch
de **inktvis**
[ˈɪŋktfɪs]

der Krake
de **octopus**
[ˈɔktopœs]

der Räucherfisch
de **gerookte vis**
[χəˈroktə vɪs]

das Filet	het/de **filet** [fiˈle]
geräuchert	**gerookt** [χəˈrokt]
einen Fisch entgräten	**een vis ontgraten** [ən vɪs ɔntˈχratən]
die Gräte	de **graat** [χrat]
die Schuppe	de **schub** [sχœp]
abschuppen	**afschubben** [ˈɑfsχœbən]
tiefgefroren	**diepgevroren** [dipχəˈvroːrən]
frisch	**vers** [vɛrs]

der Dosenfisch
de **vis in blik**
[vɪs ɪm blɪk]

TIERISCHE PRODUKTE – DIERLIJKE PRODUCTEN

Milchprodukte und Eier – Zuivel en eieren

die Sahne
de **room**
[rom]

die Milch
de **melk**
[mɛl(ə)k]

der Hüttenkäse
de **hüttenkäse**
[hœtənkezə]

der Ziegenkäse
de **geitenkaas**
[ˈχɛitəkas]

der Quark
de **kwark**
[kwɑr(ə)k]

der Joghurt
de **yoghurt**
[ˈjɔχərt]

der Brie
de **brie**
[bri]

der Gorgonzola
de **gorgonzola**
[gɔrgɔnˈzola]

der Feta
de **feta**
[ˈfɛta]

das Hühnerei
het **kippenei**
[ˈkɪpənɛi]

die Eierschale
de **eierschaal**
[ˈɛiərsχal]

das Eiweiß
het **eiwit**
[ˈɛiwɪt]

das Eigelb
de **dooier**
[ˈdojər]

das Wachtelei
het **kwartelei**
[ˈkwɑrtəlɛi]

das Gänseei
het **ganzenei**
[ˈχɑnzənɛi]

TIERISCHE PRODUKTE – DIERLIJKE PRODUCTEN

Milchprodukte und Eier – Zuivel en eieren

der Eierkarton
de **doos eieren**
[dos ˈɛiərən]

die Butter
de **boter**
[ˈbotər]

der Parmesan
de **Parmezaanse kaas**
[ˈpɑrməzansə kas]

der Emmentaler
de **emmentaler**
[ˈɛmə(n)talər]

der Cheddar
de **cheddar**
[ˈtʃɛdɑr]

der Raclettekäse
de **raclette**
[raˈklɛt]

der Camembert
de **camembert**
[kaməmˈbɛːr]

der Gouda
de **Goudse kaas**
[ˈχɑutsə kas]

der Mozzarella
de **mozzarella**
[mɔtsaˈrɛla]

der geriebene Käse
de **geraspte kaas**
[χəˈrɑsptə kas]

die Buttermilch
de **karnemelk**
[ˈkɑrnəmɛl(ə)k]

der Frischkäse
de **verse kaas**
[ˈvɛrsə kas]

die Kuhmilch	de **koemelk** [ˈkumɛl(ə)k]
die Ziegenmilch	de **geitenmelk** [ˈχɛitəmɛl(ə)k]
die laktosefreie Milch	de **lactosevrije melk** [lɑkˈtozəvrɛiə mɛl(ə)k]
die Sojamilch	de **sojamelk** [ˈsojamɛl(ə)k]
homogenisiert	**gehomogeniseerd** [χəhomoχeniˈzeːrt]
pasteurisiert	**gepasteuriseerd** [χəpastøriˈzert]
fettarm	**mager** [ˈmaχər]
die Vollmilch	de **volle melk** [ˈvɔlə mɛl(ə)k]

die Kondensmilch
de **condensmelk**
[kɔnˈdɛnsmɛl(ə)k]

GEMÜSE – GROENTEN

die/der Trüffel
de **truffel**
[ˈtrœfəl]

der Champignon
de **champignon**
[ʃɑmpiˈjɔn]

der Steinpilz
het **eekhoorntjesbrood**
[ˈekhoːrncəsbrot]

der Pfifferling
de **cantharel**
[kɑntaˈrɛl]

der Spargel
de **asperge**
[ɑsˈpɛrʒə]

der Kohlrabi
de **koolrabi**
[ˈkolrabi]

der Rhabarber
de **rabarber**
[raˈbɑrbər]

der Mangold
de **snijbiet**
[ˈsnɛibit]

der Fenchel
de **venkel**
[ˈvɛŋkəl]

der/die Stangensellerie
de (pl) **selderijstelen**
[sɛldəˈrɛistelən]

die Artischocke
de **artisjok**
[ɑrtiˈʃɔk]

die Kresse
de **tuinkers**
[ˈtœyŋkɛrs]

die Brunnenkresse
de **waterkers**
[ˈwatərkɛrs]

das Blatt	het **blad** [blɑt]
der Strunk	de **stronk** [strɔŋk]
das Röschen	het **roosje** [ˈroʃə]
das Herz	het **hart** [hɑrt]
die Spitze	de **punt** [pœnt]
das gedämpfte Gemüse	**gestoomde groente** [χəˈstomdə ˈχruntə]
aus biologischem Anbau	**biologisch** [bijoˈloχis]
aus heimischer Produktion	**regionaal geproduceerd** [reχijoˈnal χəprodyˈseːrt]

GEMÜSE – GROENTEN

Wurzelgemüse – Wortelgroente

die Süßkartoffel
de **zoete aardappel**
[ˈzutə ˈaːrdɑpəl]

die Karotte
de **wortel**
[wɔrtəl]

die Kartoffel
de **aardappel**
[ˈaːrdɑpəl]

die Schalotte
de **sjalot**
[ʃaˈlɔt]

die rote Zwiebel
de **rode ui**
[ˈrodə œy]

die Pastinake
de **pastinaak**
[pɑstiˈnak]

der Knoblauch
de **knoflook**
[ˈknɔflok]

die Rübe
de **raap**
[rap]

die Zwiebel
de **ui**
[œy]

das Radieschen
het **radijsje**
[raˈdɛiʃə]

die Frühlingszwiebel
de **lente-ui**
[ˈlɛntəœy]

die Rote Bete
de **rode biet**
[ˈrodə bit]

die Knoblauchzehe	het **teentje knoflook** [ˈtencə ˈknɔflok]
die Knoblauchknolle	de **bol knoflook** [bɔl ˈknɔflok]
die Wurzel	de **wortel** [ˈwɔrtəl]
bitter	**bitter** [ˈbɪtər]
roh	**rauw** [rɑu]
scharf	**scherp** [sχɛrp]
mehligkochend	**bloemig** [ˈbluməχ]
festkochend	**vastkokend** [ˈvɑstkokənt]

der Lauch
de **prei**
[prɛi]

GEMÜSE – GROENTEN

Blattgemüse – Bladgroenten

der Brokkoli
de **broccoli**
[ˈbrɔkoli]

der Rotkohl
de **rodekool**
[rodəˈkol]

der Wirsing
de **savooiekool**
[saˈvojəkol]

der Rosenkohl
het **spruitje**
[sprœycə]

der Blumenkohl
de **bloemkool**
[ˈblumkol]

der Weißkohl
de **wittekool**
[ˈwɪtəkol]

der Kopfsalat
de **kropsla**
[ˈkrɔpsla]

der Eisbergsalat
de **ijsbergsla**
[ˈɛizbərχsla]

der Römersalat
de **bindsla**
[ˈbɪntsla]

der/die Chicorée
de **witlof**
[ˈwɪtlɔf]

der Feldsalat
de **veldsla**
[ˈvɛltsla]

der Spinat
de **spinazie**
[spiˈnazi]

der Rucola
de **rucola**
[ˈrukola]

der Endiviensalat
de **andijvie**
[ɑnˈdɛivi]

GEMÜSE – GROENTEN

Fruchtgemüse – Vruchtgroenten

der/die Paprika
de **paprika**
[ˈpaprika]

die Zucchini
de **courgette**
[kurˈʒɛt]

die Aubergine
de **aubergine**
[obərˈʒin]

die Tomate
de **tomaat**
[toˈmat]

die Kirschtomate
de **kerstomaat**
[ˈkɛrstomat]

die Olive
de **olijf**
[oˈlɛif]

die Okraschote
de **okra**
[ˈokra]

die Chilischote
de **Spaanse peper**
[ˈspansə ˈpepər]

die Avocado
de **avocado**
[avoˈkado]

die Gurke
de **komkommer**
[kɔmˈkɔmər]

der Kürbis
de **pompoen**
[pɔmˈpun]

der Butternusskürbis
de **flespompoen**
[ˈflɛspɔmpun]

schälen	**schillen** [ˈsχɪlən]
schneiden	**snijden** [ˈsnɛidən]
roh	**rauw** [rɑu]
gekocht	**gekookt** [χəˈkokt]
gegart	**gegaard** [χəˈχa:rt]
das Püree	de **puree** [pyˈre]
püriert	**gepureerd** [χəpyˈre:rt]
braten	**bakken** [ˈbɑkən]

der Mais
de **mais**
[mais]

GEMÜSE – GROENTEN

Hülsenfrüchte – Peulvruchten

die grüne Linse
de **groene linze**
[ˈχrunə ˈlɪnzə]

die Ackerbohne
de **tuinboon**
[ˈtœynbon]

die schwarze Bohne
de **zwarte boon**
[ˈzwɑrtə bon]

die Gartenerbse
de **doperwt**
[ˈdɔpɛrt]

die Kichererbse
de **kikkererwt**
[ˈkɪkərɛrt]

die rote Linse
de **rode linze**
[ˈrodə ˈlɪnzə]

die grüne Bohne
de **sperzieboon**
[ˈspɛrzibon]

die Zuckererbse
het **peultje**
[ˈpøltjə]

die Kidneybohne
de **kidneyboon**
[ˈkɪtnibon]

die Limabohne
de **limaboon**
[ˈlimabon]

die Tellerlinse
de **bruine linze**
[ˈbrœynə ˈlɪnzən]

die Hülse	de **peul** [pøl]
der Kern	de **pit** [pɪt]
die Schote	de **kiem** [kim]
der Samen	het **zaad** [zat]
die Sojasprossen	de **taugé** [tɑuˈχe]
die Sojabohne	de **sojaboon** [ˈsojabon]
die Mungobohne	de **mungboon** [ˈmœŋbon]
die Schwarzaugenbohne	de **oogboon** [ˈoχbon]

OBST – FRUIT

Beeren und Steinobst – Bessen en steenvruchten

die Erdbeere
de **aardbei**
[ˈaːrdbɛi]

die Himbeere
de **framboos**
[frɑmˈbos]

die Brombeere
de **braam**
[bram]

die Heidelbeere
de **blauwe bes**
[ˈblɑuə bɛs]

die roten Johannisbeeren
de **aalbes**
[ˈalbɛs]

die schwarzen Johannisbeeren
de **zwarte bes**
[ˈzwɑrtə bɛs]

die Weintraube
de **druif**
[drœyf]

die Stachelbeere
de **kruisbes**
[ˈkrœyzbɛs]

die Preiselbeere
de **vossenbes**
[ˈvɔsəbɛs]

die Kirsche
de **kers**
[kɛrs]

die Holunderbeere
de **vlierbes**
[vliːrbɛs]

der Pfirsich
de **perzik**
[ˈpɛrzɪk]

die Nektarine
de **nectarine**
[nɛktaˈrinə]

die Zwetschge
de **pruim**
[prœym]

die Aprikose
de **abrikoos**
[abriˈkos]

der Apfel
de **appel**
[ˈɑpəl]

die Birne
de **peer**
[peːr]

die Quitte
de **kwee**
[kwe]

OBST – FRUIT

Exotische Früchte – Exotische vruchten

die Feige
de **vijg**
[vɛiχ]

die Birnenmelone
de **pepino**
[peˈpino]

die Physalis
de **Kaapse kruisbes**
[ˈkapsə ˈkrœyzbɛs]

die Litschi
de **lychee**
[ˈlitʃi]

die Sternfrucht
de **stervrucht**
[ˈstɛrvrœχt]

die Ananasguave
de **feijova**
[fɛiˈjova]

die Papaya
de **papaja**
[paˈpaja]

die Cherimoya
de **cherimoya**
[tʃeːriˈmoja]

die Passionsfrucht
de **passievrucht**
[ˈpɑsivrœχt]

die Mangostanfrucht
de **mangistan**
[ˈmɑŋχistɑn]

der Granatapfel
de **granaatappel**
[χraˈnatɑpəl]

die Kiwano
de **kiwano**
[kiˈwano]

die Rambutan
de **ramboetan**
[rɑmˈbutɑn]

die Drachenfrucht
de **pitaja**
[piˈtaja]

die Ananas
de **ananas**
[ˈɑnənɑs]

die Guave
de **guave**
[guˈwavə]

die Banane
de **banaan**
[baˈnan]

die Kiwi
de **kiwi**
[ˈkiwi]

die Mango
de **mango**
[ˈmɑŋχo]

die Kokosnuss
de **kokosnoot**
[ˈkokəsnot]

OBST – FRUIT

Zitrusfrüchte und Melonen – Citrusvruchten en meloenen

die Orange
de **sinaasappel**
[ˈsinəsɑpəl]

die Limette
de **limoen**
[liˈmun]

geschält
geschild
[χəˈsχɪlt]

die Clementine
de **clementine**
[klemənˈtinə]

die Grapefruit
de **grapefruit**
[ˈgɹepfɹut]

die Zitrone
de **citroen**
[siˈtrun]

der Schnitz
het **partje**
[ˈpɑrtjə]

die Schale
de **schil**
[sχɪl]

die Zuckermelone
de **suikermeloen**
[ˈsœykərməlun]

die Honigmelone
de **honingmeloen**
[ˈhonɪŋməlun]

die Wassermelone
de **watermeloen**
[ˈwɑtərməlun]

die Blutorange
de **bloedsinaasappel**
[ˈblutsinəsɑpəl]

kernlos	**pitloos** [ˈpɪtlos]
saftig	**sappig** [ˈsɑpəχ]
knackig	**knapperig** [ˈknɑpərəχ]
das Kerngehäuse	het **klokhuis** [ˈklɔkhœys]
sauer	**zuur** [zyːr]
reif	**rijp** [rɛip]
frisch	**vers** [vɛrs]
faulig	**rot** [rɔt]

die Kumquat
de **kumquat**
[ˈkœmkwɑt]

OBST – FRUIT

Nüsse und Trockenobst – Noten en gedroogde vruchten

der Cashewkern
de **cashewnoot**
[ˈkɛʃunot]

die Mandel
de **amandel**
[aˈmɑndəl]

die Kastanie
de **kastanje**
[kɑˈstɑnjə]

die Walnuss
de **walnoot**
[ˈwɑlnot]

die Haselnuss
de **hazelnoot**
[ˈhazəlnot]

die Erdnuss
de **pinda**
[ˈpɪnda]

die Pekannuss
de **pecannoot**
[ˈpekɑnot]

die Macadamianuss
de **macadamianoot**
[makaˈdamijanot]

der Pinienkern
de **pijnboompit**
[ˈpɛinbompɪt]

die Rosine
de **rozijn**
[roˈzɛin]

die Sultanine
de **sultanarozijn**
[sœlˈtanarozɛin]

die Backpflaume
de **gedroogde pruim**
[χəˈdroχde prœym]

die Dattel
de **dadel**
[ˈdadəl]

die Paranuss	de **paranoot** [ˈparanot]
die Pistazie	de **pistachenoot** [piˈstɑʃnot]
geröstet	**geroosterd** [χəˈrostərt]
gesalzen	**gezouten** [χəˈzautən]
das Studentenfutter	de **studentenhaver** [styˈdɛntəhavər]
der Nussknacker	de **notenkraker** [ˈnotəkrakər]
die Nussschale	de **notendop** [ˈnotədɔp]
eine Nuss knacken	**een noot kraken** [ˈən not ˈkrakən]

KRÄUTER UND GEWÜRZE – KRUIDEN EN SPECERIJEN

Kräuter – Kruiden

der Lavendel
de **lavendel**
[laˈvɛndəl]

der Estragon
de **dragon**
[draˈχɔn]

der Oregano
de **oregano**
[ɔrəˈχano]

das/der Liebstöckel
de **lavas**
[laˈvɑs]

der Salbei
de **salie**
[ˈsali]

die Minze
de **munt**
[mœnt]

der Majoran
de **marjolein**
[mɑrjoˈlɛin]

der Rosmarin
de **rozemarijn**
[rozəmaˈrɛin]

das Basilikum
het/de **basilicum**
[baˈzilikəm]

die Petersilie
de **peterselie**
[petərˈseli]

der Thymian
de **tijm**
[tɛim]

der Koriander
de **koriander**
[kɔriˈjɑndər]

der Schnittlauch
het/de **bieslook**
[ˈbislok]

der Fenchel
de **venkel**
[ˈvɛŋkəl]

der Dill
de **dille**
[ˈdɪlə]

die Zitronenmelisse
de **citroenmelisse**
[siˈtrunməlɪsə]

KRÄUTER UND GEWÜRZE – KRUIDEN EN SPECERIJEN

Gewürze – Specerijen

der Sternanis
de **steranijs**
[ˈstɛranɛis]

das Lorbeerblatt
het **laurierblad**
[lɑuˈri:rblɑt]

der Koriander
de **koriander**
[kɔriˈjɑndər]

die Zimtrinde
de **kaneelschors**
[kaˈnelsχɔrs]

die Kurkuma
de **kurkuma**
[kərˈkuma]

das Currypulver
de **kerrie**
[ˈkɛri]

der Paprika
het **paprikapoeder**
[ˈpaprikapudər]

der Pfeffer
de **peper**
[ˈpepər]

die Muskatnuss
de **nootmuskaat**
[notməˈskat]

der/das Kardamom
de **kardemom**
[ˈkɑrdəmɔm]

die Nelken
de (pl) **kruidnagels**
[ˈkrœytnaχəls]

der Ingwer
de **gember**
[ˈχɛmbər]

die Chiliflocken
de (pl) **rode pepervlokken**
[ˈrodə ˈpepərvlɔkən]

die Chilischote
de **Spaanse peper**
[ˈspansə ˈpepər]

der Fenchel
de **venkel**
[ˈvɛŋkəl]

das Garam masala
de **garam masala**
[χarɑmaˈsala]

KRÄUTER UND GEWÜRZE – KRUIDEN EN SPECERIJEN

Würzmittel und Soßen – Kruiden en sauzen

der Essig
de **azijn**
[aˈzɛin]

das Olivenöl
de **olijfolie**
[oˈlɛifoli]

der Pfeffer
de **peper**
[ˈpepər]

das Salz
het **zout**
[zɑut]

die Pfeffermühle
de **pepermolen**
[ˈpepərmolən]

die Salsa
de **salsa**
[ˈsɑlsa]

der/das Ketchup
de **ketchup**
[ˈkɛtʃœp]

der Senf
de **mosterd**
[ˈmɔstərt]

die Mayonnaise
de **mayonaise**
[majoˈnɛːzə]

zerstoßen	**fijngestoten** [ˈfɛiŋχəstotən]
gemahlen	**gemalen** [χəˈmalən]
geraspelt	**geraspt** [χəˈrɑspt]
der Salzstreuer	het **zoutvaatje** [ˈzɑutvacə]
die Salatsoße	de **dressing** [ˈdrɛsɪŋ]
würzen	**kruiden** [ˈkrœydən]
anmachen	**aanmaken** [ˈamakən]
marinieren	**marineren** [mariˈneːrən]

die Sojasoße
de **sojasaus**
[ˈsojasɑus]

GETREIDE UND MEHL – GRANEN EN MEEL

der Dinkel
de **spelt**
[spɛlt]

die Kürbiskerne
de (pl) **pompoenpitten**
[pɔmˈpunpɪtən]

die Sonnenblumenkerne
de (pl) **zonnebloempitten**
[ˈzɔnəblumpɪtən]

die Quinoa
de **quinoa**
[kiˈnoa]

der Wildreis
de **wilde rijst**
[ˈwɪldə rɛist]

der Hafer
de **haver**
[ˈhavər]

die Gerste
de **gerst**
[χɛrst]

der Naturreis
de **zilvervliesrijst**
[ˈzɪlvərvlisrɛist]

der Mais
de **mais**
[mais]

die Hirse
de **gierst**
[χiːrst]

der Weizen
de **tarwe**
[ˈtɑrwə]

der/das Couscous
de **couscous**
[kusˈkus]

der Buchweizen
de **boekweit**
[ˈbukwɛit]

der Basmatireis
de **basmatirijst**
[bɑsˈmatirɛist]

der Bulgur
de **bulgur**
[ˈbœlχər]

der Reis
de **rijst**
[rɛist]

GETREIDE UND MEHL – GRANEN EN MEEL

die Penne
de **penne**
[ˈpɛnə]

die Tagliatelle
de **tagliatelle**
[tagliaˈtɛlə]

die Spaghetti
de **spaghetti**
[spɑˈχɛti]

die Ravioli
de **ravioli**
[raviˈjoli]

die Fusilli
de **fusilli**
[fyˈsɪli]

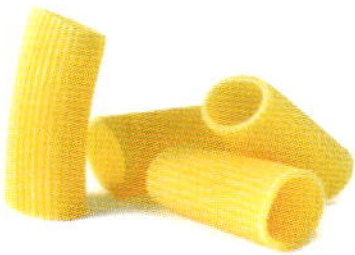

die Rigatoni
de **rigatoni**
[rigaˈtoni]

die Tortellini
de **tortellini**
[tɔrtəˈlini]

das Weizenmehl
het **tarwemeel**
[ˈtɑrvəmel]

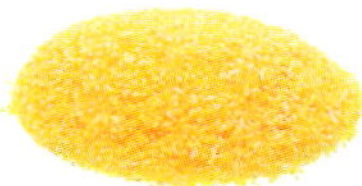

das Maismehl
het **maismeel**
[ˈmaismel]

die Hefe
de **gist**
[χɪst]

der Teig
het **deeg**
[deχ]

das Backpulver	het **bakpoeder** [ˈbɑkpudər]
das glutenfreie Mehl	het **glutenvrij meel** [ˈχlytəvrɛi mel]
das Roggenmehl	het **roggemeel** [ˈrɔχəmel]
das Vollkornmehl	het **volkorenmeel** [vɔlˈkorəmel]
sieben	**zeven** [ˈzevən]
kneten	**kneden** [ˈknedən]
verrühren	**roeren** [ˈru:rən]
backen	**bakken** [ˈbɑkən]

die Reisnudeln
de (pl) **rijstnoedels**
[ˈrɛistnudəls]

GETREIDE UND MEHL – GRANEN EN MEEL

Brot – Brood

die Brezel
de **pretzel**
[ˈprɛtsəl]

das Croissant
de **croissant**
[kwχɑˈsɑ̃ŋ]

das/die Baguette
het **stokbrood**
[ˈstɔgbrot]

das Schwarzbrot
het **roggebrood**
[ˈrɔχəbrot]

das Weißbrot
het **witbrood**
[ˈwɪdbrot]

das Vollkornbrot
het **volkorenbrood**
[vɔlˈkoːrəbrot]

das Mehrkornbrot
het **meergranenbrood**
[meːrˈχranəbrot]

das Graubrot
het **tarwe-rogge-zuurdesembrood**
[tɑrvərɔχəˈzyːrdesəmbrot]

das Fladenbrot
het **Turks brood**
[tœrks brot]

die Tortilla
de **tortilla**
[tɔrˈtilja]

das Toastbrot
het **toastbrood**
[ˈtosdbrot]

das Sauerteigbrot
het **zuurdesembrood**
[ˈzyːrdesəmbrot]

das Brötchen
het **broodje**
[ˈbrocə]

der Bagel
de **bagel**
[ˈbegəl]

das belegte Brötchen
het **belegd broodje**
[bəˈlɛχt ˈbrocə]

das Knäckebrot
het **knäckebröd**
[ˈknɛkəbrød]

GETREIDE UND MEHL – GRANEN EN MEEL

Brotaufstriche – Broodsmeersels

das Glas
de **pot**
[pɔt]

der Honig
de **honing**
[ˈhonɪŋ]

der Waldhonig
de **honingdauw-honing**
[ˈhonɪŋdɑuhonɪŋ]

der flüssige Honig
de **vloeibare honing**
[ˈvlujbarə ˈhonɪŋ]

der Zitronenaufstrich
de **lemon curd**
[ˈlɛmənkœɹt]

die Konfitüre
de **confituur**
[kɔnfiˈtyːr]

die Marmelade
de **jam**
[ʒɛm]

der Ahornsirup
de **ahornsiroop**
[ˈahɔrnsirop]

die Erdnussbutter
de **pindakaas**
[ˈpɪndakas]

der Schokoladen-aufstrich
de **chocoladepasta**
[ʃokoˈladəpɑsta]

die Margarine
de **margarine**
[mɑrχaˈrinə]

der Laib
het **brood**
[brot]

die Scheibe
de **snee**
[sne]

das Paniermehl
het **paneermeel**
[paˈneːrmel]

das Sandwich
de **sandwich**
[ˈsɛntwɪtʃ]

GETREIDE UND MEHL – GRANEN EN MEEL

Kuchen und Gebäck – Taart en gebak

der Käsekuchen
de **kwarktaart**
[ˈkwɑr(ə)ktaːrt]

die Schokoladentorte
de **chocoladetaart**
[ʃokoˈladətaːrt]

der Muffin
de **muffin**
[ˈmʌfɪn]

die Makrone
de **macaron**
[makɑˈrɔn]

der Lebkuchen
de **peperkoek**
[ˈpepərkuk]

das Biskuit
de **lange vinger**
[ˈlɑŋə ˈvɪŋər]

der Berliner
de **Berlijnse bol**
[bɛrˈlɛinsə bɔl]

der Gugelhupf
de **tulband**
[ˈtœlbɑnt]

die Obsttorte
de **vruchtentaart**
[ˈvrœχtətaːrt]

die Schwarzwälder Kirschtorte
de **Schwarzwalder Kirschschnitt**
[ˈʃwartswɑldərˈkɪrʃnɪt]

der Zwetschgenkuchen
de **pruimentaart**
[ˈprœymətaːrt]

die Linzer Torte
de **Linzer vlaai**
[ˈlɪnzər vlai]

das Marmeladentörtchen
het **jamtaartje**
[ˈʒɛmtaːrtjə]

der Zuckerguss	het **glazuur** [χlaˈzyːr]
das Marzipan	de/het **marsepein** [mɑrsəˈpɛin]
der Geburtstagskuchen	de **verjaardagstaart** [vərˈjaːrdɑχstaːrt]
die Geburtstagskerze	het **verjaardagskaarsje** [vərˈjaːrdɑχskaːrʃə]
die Kuchendekoration	de **taartdecoratie** [ˈtaːrdekoratsi]
das Gebäck	het **gebak** [χəˈbɑk]
das Eclair	de **eclair** [eˈklɛːr]
das Baiser	het **schuimgebakje** [ˈsχœymχəbɑkjə]

DESSERTS UND SÜßSPEISEN – DESSERTS EN PUDDINGS

der Apfelstrudel
de **apfelstrudel**
[ˈɑpfəlstrudəl]

das Tiramisu
de **tiramisu**
[tiramiˈsu]

die Eiscreme
het **ijs**
[ɛis]

die Eiskugel
het **bolletje ijs**
[ˈbɔləcə ɛis]

die Eiswaffel
het **ijshoorntje**
[ˈɛishoːrncə]

der Pfannkuchen
de **pannenkoek**
[ˈpɑnəkuk]

die Crêpe
het **flensje**
[ˈflɛnʃə]

der Eisbecher
de **ijscoupe**
[ˈɛiskup]

der Karamellpudding
de **karamelpudding**
[karaˈmɛlpœdɪŋ]

die Mousse
de **mousse**
[mus]

die Schlagsahne
de **slagroom**
[ˈslɑχrom]

die Crème brûlée
de **crème brûlée**
[krɛːmbryˈle]

die Panna cotta
de **panna cotta**
[pɑnaˈkɔta]

der Wackelpudding
de **drilpudding**
[ˈdrɪlpœdɪŋ]

der Obstsalat
de **fruitsalade**
[ˈfrœytsaladə]

GETRÄNKE – DRANKEN

Erfrischungsgetränke – Frisdranken

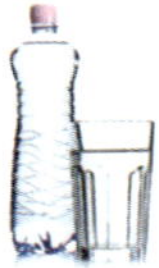

das Wasser
het **water**
[ˈwatər]

das Tonicwater
de **tonic**
[ˈtɔnɪk]

der Orangensaft
het **sinaasappelsap**
[ˈsinɑsɑpəlsɑp]

der Tomatensaft
het **tomatensap**
[toˈmatəsɑp]

das alkoholfreie Bier
het **alcoholvrij bier**
[ˈalkohɔlvrɛi biːr]

der Karottensaft
het **wortelsap**
[ˈwɔrtəlsɑp]

die/das Cola
de **cola**
[ˈkola]

die Limonade
de **limonade**
[limoˈnadə]

der Eiskaffee
de **ijskoffie**
[ˈɛiskɔfi]

die Eisschokolade
de **ijschocolade**
[ˈɛisʃokoladə]

der Eistee
de **ijsthee**
[ˈɛiste]

die Apfelschorle
de **apfelschorle**
[ˈɑpfəlʃoːrlə]

der Milchshake
de **milkshake**
[ˈmɪlkʃek]

die Saftpresse	de **vruchtenpers** [ˈvrœχtəpɛrs]
der frisch gepresste Grapefruitsaft	het **versgeperst grapefruitsap** [vɛrs χəˈpɛrst ˈgrepfrutsɑp]
das Tafelwasser	het **tafelwater** [ˈtafəlwatər]
das Leitungswasser	het **leidingwater** [ˈlɛidɪŋwatər]
das Mineralwasser mit Kohlensäure	het **mineraalwater met koolzuur** [minəˈralwatər mɛt ˈkolzyːr]
das stille Mineralwasser	het **mineraalwater zonder koolzuur** [minəˈralwatər ˈzɔndər ˈkolzyːr]
der Apfelsaft	het **appelsap** [ˈɑpəlsɑp]

GETRÄNKE – DRANKEN

Heißgetränke – Warme dranken

der Espresso
de **espresso**
[ɛsˈprɛso]

die Kaffeebohnen
de (pl) **koffiebonen**
[ˈkɔfibonən]

der Amaretto
het **bitterkoekje**
[ˈbɪtərkukjə]

der Kaffee zum Mitnehmen
de **koffie om mee te nemen**
[ˈkɔfi ɔm me tə ˈnemən]

der Deckel
de/het **deksel**
[ˈdɛksəl]

der Becher
de **beker**
[ˈbekər]

der Milchschaum
het **melkschuim**
[ˈmɛlksχœym]

der Teebeutel
het **theezakje**
[ˈtezɑkjə]

die Teeblätter
de (pl) **theeblaadjes**
[ˈteblacəs]

die Teekanne
de **theepot**
[ˈtepɔt]

der Schwarztee
de **zwarte thee**
[ˈzwɑrtə te]

der/die Latte macchiato
de **latte macchiato**
[lɑtəmɑˈkjato]

der Kaffee
de **koffie**
[ˈkɔfi]

der Cappuccino
de **cappuccino**
[kɑpuˈtʃino]

der Milchkaffee
de **koffie verkeerd**
[ˈkɔfi vərˈkeːrt]

der Minztee
de **muntthee**
[ˈmœnte]

der Kamillentee
de **kamillethee**
[kaˈmɪləte]

der Kräutertee
de **kruidenthee**
[ˈkrœydəte]

der Glühwein
de **glühwein**
[ˈglywain]

GETRÄNKE – DRANKEN

Alkoholische Getränke – Alcoholische dranken

der Cocktail
de **cocktail**
[ˈkɔktel]

die Sangria
de **sangria**
[ˈsaŋgrija]

mit Eis
met ijs
[mɛt ɛis]

der Whisky
de **whisky**
[ˈwɪski]

der Gin Tonic
de **gin-tonic**
[dʒɪnˈtɔnɪk]

der Rum
de **rum**
[rœm]

das Bier
het **bier**
[biːr]

das Pils
het/de **pils**
[pɪls]

das dunkle Bier
het **donker bier**
[ˈdɔŋkər biːr]

der Wodka
de **wodka**
[ˈwɔtka]

der Roséwein
de **rosé**
[roˈze]

der Weißwein
de **witte wijn**
[ˈwɪtə wɛin]

der Rotwein
de **rode wijn**
[ˈrodə wɛin]

der Sekt
de **bubbeltjeswijn**
[ˈbœbəltjəswɛin]

der Tequila
de **tequila**
[təˈkila]

der Weinbrand	de **vieux** [vjø]
der Schnaps	de **borrel** [ˈbɔrəl]
der Sherry	de **sherry** [ˈʃɛri]
der Likör	de **likeur** [liˈkøːr]
der Cidre	de **cider** [ˈsidər]
die Weinschorle	de **wijnschorle** [ˈwɛinʃoːrlə]
das Hefeweizen	het **blond tarwebier op hoge gisting** [blɔnt ˈtɑrwəbiːr ɔp ˈhoχə ˈχɪstɪŋ]
der Champagner	de **champagne** [ʃɑmˈpaɲə]

KOCHEN – KOKEN

Zubereitung – Bereidingswijze

schälen
schillen
[ˈsχɪlən]

schneiden
snijden
[ˈsnɛidən]

schlagen
kloppen
[ˈklɔpən]

reiben
raspen
[ˈrɑspən]

zerstoßen
fijnstoten
[ˈfɛinstotən]

glasieren
glaceren
[glaˈse:rən]

sieben
zeven
[ˈzevən]

stampfen
passeren
[pɑˈse:rən]

klopfen
kloppen
[ˈklɔpən]

ausrollen
uitrollen
[ˈœytrɔlən]

salzen
zout toevoegen
[zɑut ˈtuvuχən]

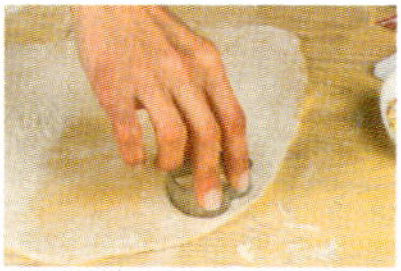

ausstechen
uitsteken
[ˈœytstekən]

rösten	**roosteren** [ˈrostərən]
kochen	**koken** [ˈkokən]
köcheln lassen	**laten sudderen** [ˈlatə ˈsœdərən]
grillen	**grillen** [ˈχrɪlən]
anbraten	**aanbraden** [ˈambradən]
braten	**braden** [ˈbradən]
frittieren	**frituren** [friˈty:rən]
pochieren	**pocheren** [pɔˈʃe:rən]

streuen
strooien
[ˈstrojən]

GERICHTE UND MAHLZEITEN – MAALTIJDEN EN GERECHTEN

Das Frühstück – Het ontbijt

das Brot
het **brood**
[brot]

der Orangensaft
het **sinaasappelsap**
[ˈsinɑsɑpəlsɑp]

das Brötchen
het **broodje**
[ˈbrocə]

die Milch
de **melk**
[mɛl(ə)k]

der Käse
de **kaas**
[kas]

die Marmelade
de **jam**
[ʒɛm]

der Cappuccino
de **cappuccino**
[kapuˈtʃino]

das gekochte Ei
het **gekookt ei**
[χəˈkokt ɛi]

das Müsli
de **muesli**
[ˈmysli]

die Melone
de **meloen**
[məˈlun]

der Schinken
de **ham**
[hɑm]

die Butter
de **boter**
[ˈbotər]

die Frühstücksflocken
de (pl) **ontbijtgranen**
[ɔndˈbɛitχranən]

das Croissant
de **croissant**
[kwχaˈsãŋ]

die Cornflakes
de (pl) **cornflakes**
[ˈkɔɹnfleks]

der Früchtejoghurt
de **vruchtenyoghurt**
[ˈvrœχtəjɔχərt]

das frische Obst
het **vers fruit**
[vɛrs frœyt]

der Müsliriegel
de **mueslireep**
[ˈmyslirep]

die Weizenkeime
de (pl) **tarwekiemen**
[ˈtɑrwəkimən]

GERICHTE UND MAHLZEITEN – MAALTIJDEN EN GERECHTEN

Das Frühstück – Het ontbijt

das Toastbrot
het **geroosterd brood**
[χeˈrostərt brot]

die gegrillte Tomate
de **gegrilde tomaat**
[χəˈχrɪldə toˈmat]

die gebackenen Bohnen
de (pl) **gebakken bonen**
[χəˈbɑkə ˈbonə]

die Rösti
de **rösti**
[ˈrœsti]

die Blutwurst
de **bloedworst**
[ˈblutwɔrst]

der Speck
het **spek**
[spɛk]

die Pilze
de (pl) **champignons**
[ʃɑmpiˈjɔns]

die Wurst
de **worst**
[wɔrst]

das Spiegelei
het **spiegelei**
[ˈspiχəlɛi]

das Rührei
het **roerei**
[ˈruːrɛi]

das Omelett
de **omelet**
[ˈɔməˈlɛt]

armer Ritter
het **wentelteefje**
[ˈwɛntəltefjə]

die Waffel
de **wafel**
[ˈwafəl]

der Pfannkuchen
de **pannenkoek**
[ˈpɑnəkuk]

der Haferbrei
de **havermoutpap**
[ˈhavərmɑutpɑp]

der Fruchtshake
de **smoothie**
[ˈsmuði]

die heiße Schokolade
de **warme chocolademelk**
[ˈwɑrmə ʃokoˈladəmɛlk]

GERICHTE UND MAHLZEITEN – MAALTIJDEN EN GERECHTEN

Snacks und Knabbereien – Snacks en knabbels

die Chips
de (pl) **chips**
[ʃɪps]

die Salzbrezel
de **zoute krakeling**
[ˈzɑutə ˈkrakəlɪŋ]

das Popcorn
de **popcorn**
[ˈpɔpkɔɹn]

der/das Bonbon
de (pl) **snoepjes**
[ˈsnupjəs]

das Gummibärchen
het **gombeertje**
[ˈχɔmbeːrtjə]

die Lakritze
de **drop**
[drɔp]

der/das Kaugummi
de/het **kauwgom**
[ˈkɑuχɔm]

der Lutscher
de **lolly**
[ˈlɔli]

die weiße Schokolade
de **witte chocola**
[ˈwɪtə ʃokoˈla]

der Schokoriegel
de **chocoladereep**
[ʃokoˈladərep]

die Zartbitter-schokolade
de **pure chocola**
[ˈpyːrə ʃokoˈla]

die Milchschokolade
de **melkchocola**
[ˈmɛl(ə)kʃokola]

der Eislutscher
de **ijslolly**
[ˈɛislɔli]

der Frozen Yogurt
de **frozen yoghurt**
[ˈfɹozən ˈjɔχərt]

der Keks
het **koekje**
[kukjə]

die Praline
de **bonbon**
[bɔmˈbɔn]

GERICHTE UND MAHLZEITEN – MAALTIJDEN EN GERECHTEN

Das Fastfood – De snelle hap

das Stück Pizza
de **pizzapunt**
[ˈpitsapœnt]

die Pizza
de **pizza**
[ˈpitsa]

der Hamburger
de **hamburger**
[ˈhɑmbœrχər]

die Pommes frites
de **patat**
[pəˈtɑt]

die Tortilla-Chips
de (pl) **tortillachips**
[tɔrˈtijaʃɪps]

der Taco
de **taco**
[ˈtako]

die gebratenen Nudeln
de (pl) **gefrituurde noedels**
[χefriˈty:rdə ˈnudəls]

das Sushi
de **sushi**
[ˈsuʃi]

der/das Hot Dog
de **hotdog**
[ˈhɔdɔk]

der Döner
de **döner kebab**
[ˈdønər kəˈbɑp]

der Wrap
de **wrap**
[ɹɛp]

der Fisch mit Pommes
de **fish-and-chips**
[fɪsɛnˈtʃɪps]

Ich würde gerne etwas zum Mitnehmen bestellen.	**Ik wil graag iets bestellen, om mee te nemen.** [ɪk wɪl χraχ its bəˈstələn ɔm me tə ˈnemən]
Eine Portion Pommes rot-weiß, bitte.	**Een patat met mayonaise en ketchup.** [en pətɑt mət majoˈnɛ:zə ɛŋ ˈkɛtʃœp]
klein/mittelgroß/groß	**klein / middelgroot / groot** [klɛin/ˈmɪdəlχrot/χrot]
süß	**zoet** [zut]
salzig	**zout** [zɑut]
der Lieferservice	de **bezorging aan huis** [bəˈzɔrχɪŋ an hœys]
bestellen	**bestellen** [bəˈstɛlən]
liefern	**bezorgen** [bəˈzɔrχən]

das Nugget
de **nugget**
[ˈnœgət]

GERICHTE UND MAHLZEITEN – MAALTIJDEN EN GERECHTEN

Hauptmahlzeit – Hoofdmaaltijd

die Suppe
de **soep**
[sup]

die Frikadelle
de **gehaktbal**
[χəˈhaktbal]

das Steak
de **biefstuk**
[ˈbifstœk]

der Beilagensalat
de **salade als bijgerecht**
[saˈladə als ˈbɛiχərɛχt]

die Kartoffelspalten
de (pl) **aardappelpartjes**
[ˈa:rdapəlpartjəs]

die Lasagne
de **lasagne**
[laˈzaɲə]

die Spaghetti Bolognese
de **spaghetti bolognese**
[spaˈχɛti bolɔŋˈjezə]

das Brathähnchen
de **geroosterde kip**
[χeˈrostərdə kɪp]

das panierte Schnitzel
de **schnitzel**
[ˈʃnitsəl]

die Bratkartoffeln
de (pl) **gebakken aardappels**
[χəˈbakə ˈa:rdəpəls]

der Eintopf
het **eenpansgerecht**
[emˈpansχərɛχt]

der Auflauf
de **ovenschotel**
[ˈovəsχotəl]

die Pastete
het **pasteitje**
[paˈstɛicə]

die Quiche
de **quiche**
[kiʃ]

das Curry
de **curry**
[ˈkœri]

GERICHTE UND MAHLZEITEN – MAALTIJDEN EN GERECHTEN

Im Restaurant – In het restaurant

① *der Gast*
de **gast**
[χɑst]

② *der Kellner*
de **ober**
[ˈobər]

③ *der Tisch für zwei Personen*
de **tafel voor twee personen**
[ˈtafəl voːr twe pɛrˈsonən]

die Vorspeise
het **voorgerecht**
[voːrχərɛχt]

der Nachtisch
het **nagerecht**
[ˈnaχərɛχt]

④ *das Rotweinglas*
het **rodewijnglas**
[rodəˈwɛiŋχlɑs]

⑤ *die Speisekarte*
het **menu**
[meˈny]

⑥ *die Bestellung*
de **bestelling**
[bəˈstɛlɪŋ]

die Beilage
het **bijgerecht**
[ˈbɛiχərɛχt]

das Hauptgericht
het **hoofdgerecht**
[ˈhoftχərɛχt]

die Suppe
de **soep**
[sup]

der Aperitif
het **aperitief**
[apəriˈtif]

der/das Sorbet
de **sorbet**
[ˈsɔrbɛt]

der Salat
de **salade**
[saˈladə]

der Käseteller
het **kaasplankje**
[ˈkasplɑŋkjə]

der Kaffee
de **koffie**
[ˈkɔfi]

der Likör
de **likeur**
[liˈkøːr]

das Käsemesser
het **kaasmesje**
[ˈkasmɛʃə]

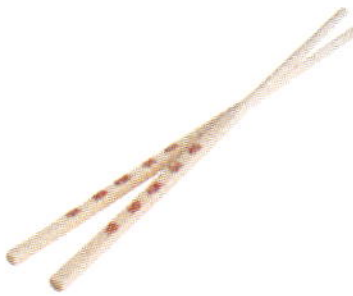

das Stäbchen
het **eetstokje**
[ˈetstɔkjə]

GERICHTE UND MAHLZEITEN – MAALTIJDEN EN GERECHTEN

Geschirr und Besteck – Servies en bestek

die Serviette
het **servet**
[sɛrˈvɛt]

der Brotteller
het **broodbordje**
[ˈbrodbɔrtjə]

die Gabel
de **vork**
[vɔr(ə)k]

die Tischdecke
het **tafelkleed**
ˈtafəlklet]

der Essteller
het **bord**
[bɔrt]

das Wasserglas
het **waterglas**
[ˈwatərχlɑs]

das Weinglas
het **wijnglas**
[ˈwɛiŋχlɑs]

der Dessertlöffel
de **dessertlepel**
[dɛˈsɛ:rlepəl]

der Suppenlöffel
de **soeplepel**
[ˈsuplepəl]

das Messer
het **mes**
[mɛs]

die Schüssel
de **schaal**
[sχal]

die Karaffe
de **karaf**
[kaˈrɑf]

das Steakmesser
het **steakmes**
[ˈstekmɛs]

der Zahnstocher
de **tandenstoker**
[ˈtɑndəstokər]

Könnten Sie uns bitte die Weinkarte bringen?	**De wijnkaart, alstublieft.** [də ˈwɛiŋka:rt ɑlstyˈblift]
Guten Appetit!	**Eet smakelijk!** [et ˈsmakələk]
Zum Wohl!	**Proost!** [prost]
Als Vorspeise/Hauptgericht/Nachtisch nehme ich …	**Als voorgerecht/hoofdgerecht/nagerecht neem ik …** [ɑls ˈvo:rχərɛχt/ˈhoftχərɛχt/ˈnaχərɛχt nem ɪk]
die Spezialitäten	de (pl) **specialiteiten** [speʃaliˈtɛitən]
Ich hätte gerne die Rechnung, bitte.	**De rekening, alstublieft.** [də ˈrekənɪŋ ɑlstyˈblift]
die Bezahlung	het **betalen** [bəˈtalən]
das Trinkgeld	de **fooi** [foi]

DIE ERNÄHRUNG – DE VOEDING

das Fett
het **vet**
[vɛt]

der Zucker
de **suiker**
[ˈsœykər]

das Kohlenhydrat
het **koolhydraat**
[ˈkolhidrat]

das Eiweiß
het **eiwit**
[ˈɛiwɪt]

ohne Eier
zonder eieren
[ˈzɔndər ˈɛiərən]

zuckerfrei
suikervrij
[sœykərˈvrɛi]

glutenfrei
glutenvrij
[χlytəvrɛi]

laktosefrei
lactosevrij
[lɑktozəˈvrɛi]

die Ballaststoffe
de (pl) **voedingsvezels**
[ˈvudɪŋzvezəls]

das Cholesterin
de/het **cholesterol**
[χoləstəˈrɔl]

vegetarisch
vegetarisch
[veχəˈtaris]

vegan
veganistisch
[veχaˈnɪstis]

die Lebensmittelintoleranz	de **voedselallergie** [ˈvutsəlɑlɛrˈχi]
die Fruktose	de **fructose** [ˈfrœkˈtozə]
die Glukose	de **glucose** [χlyˈkozə]
das Natrium	het **natrium** [ˈnatrijəm]
die Kalorien	de (pl) **calorieën** [kɑloˈrijən]
der Geschmacksverstärker	de **smaakversterker** [ˈsmakvərstɛrkər]
die gesunde Ernährung	de **gezonde voeding** [χəˈzɔndə ˈvudɪŋ]
fasten	**vasten** [ˈvɑstən]

die Diät
het **dieet**
[diˈjet]

UNTERWEGS
ONDERWEG

STRAßEN UND VERKEHR – WEGEN EN VERKEER

① *die Straßenlaterne*
de **straatlantaarn**
[ˈstratlɑntarən]

② *die Einbahnstraße*
de **straat met eenrichtingverkeer**
[strat mət enˈrɪχtɪŋsvərke:r]

③ *die Fußgängerampel*
het **voetgangerslicht**
[ˈvutχɑŋərslɪχt]

④ *der Bürgersteig*
het **trottoir**
[trɔˈtwar]

⑤ *der Bordstein*
de **stoeprand**
[ˈstuprɑnt]

⑥ *die Ampel*
het **verkeerslicht**
[vərˈke:rslɪχt]

⑦ *das geparkte Auto*
de **geparkeerde auto**
[χəpɑrˈke:rdə ˈɑuto]

⑧ *die Fahrspur*
de **rijbaan**
[ˈrɛiban]

⑨ *die Straßenmarkierung*
de **wegmarkering**
[ˈwɛχmɑrke:rɪŋ]

⑩ *der Rinnstein*
de **goot**
[χot]

der Tunnel
de **tunnel**
[ˈtœnəl]

der Parkscheinautomat
de **parkeerautomaat**
[pɑrˈke:rɑutomat]

der Fahrradweg
het **fietspad**
[ˈfitspɑt]

der Behindertenparkplatz
de **invalidenparkeerplaats**
[ɪnvalidəpɑrˈke:rplats]

die Brücke
de **brug**
[brœχ]

der Kreisverkehr
de **rotonde**
[roˈtɔndə]

der Zebrastreifen
het **zebrapad**
[ˈzebrapɑt]

die Notrufsäule
de **praatpaal**
[ˈpratpal]

STRAßEN UND VERKEHR – WEGEN EN VERKEER

das Autobahnkreuz
het **knooppunt**
[ˈknopœnt]

die Autobahn
de **snelweg**
[ˈsnɛlwɛχ]

der Berufsverkehr
de **spits**
[ˈspɪts]

① *der Mittelstreifen*
de **middenberm**
[ˈmɪdəbɛr(ə)m]

② *die Überholspur*
de **inhaalstrook**
[ˈɪnhalstrok]

③ *die Überführung*
het **viaduct**
[vijaˈdœkt]

④ *die Kurve*
de **bocht**
[bɔχt]

⑤ *die Unterführung*
de **onderdoorgang**
[ɔndərˈdo:rχɑŋ]

⑥ *die Einfahrt*
de **oprit**
[ˈɔprɪt]

⑦ *die Ausfahrt*
de **afrit**
[ˈɑfrɪt]

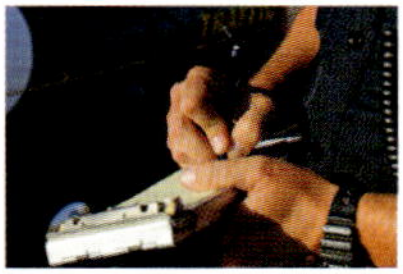

der Verkehrspolizist
de **verkeersagent**
[vərˈke:rsaχɛnt]

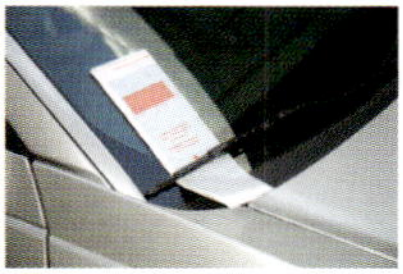

der Strafzettel
de **bekeuring**
[bəˈkø:rɪŋ]

die Mautstelle
het **tolstation**
[ˈtɔlstaʃɔn]

abschleppen
wegslepen
[ˈwɛχslepən]

die Kreuzung	de **kruising** [ˈkrœysɪŋ]
die Vorfahrt	de **voorrang** [ˈvo:rɑŋ]
die Geschwindigkeitsüberschreitung	de **snelheidsovertreding** [ˈsnɛlhɛitsovərtredɪŋ]
anhalten	**stoppen** [ˈstɔpən]
der Standstreifen	de **vluchtstrook** [ˈvlœχtstrok]
die Raststätte	de **verzorgingsplaats** [vərˈzɔrχɪŋsplats]
die Entfernungstafel	het **afstandsbord** [ˈɑfstɑntsbɔrt]
rückwärtsfahren	**achteruitrijden** [ɑχtərˈœytreidən]

der Stau
de **file**
[ˈfilə]

STRAßEN UND VERKEHR – WEGEN EN VERKEER

Verkehrsschilder – Verkeersborden

Einfahrt verboten
verboden in te rijden
[vərˈbodən ɪn tə ˈrɛidən]

das Halteverbot
verboden stil te staan
[vərˈbodən stɪl tə stan]

die Baustelle
het **werk in uitvoering**
[wɛrk ɪn ˈœydvu:rɪŋ]

der Tunnel
de **tunnel**
[ˈtœnəl]

das Parkverbot
verboden te parkeren
[vərˈbodən tə pɑrˈke:rən]

der Stau
de **filevorming**
[ˈfiləvɔrmɪŋ]

das Gefälle
de **gevaarlijke daling**
[χəˈva:rləkə ˈdalɪŋ]

der Kreisverkehr
de **rotonde**
[roˈtɔndə]

die Geschwindigkeits-begrenzung
de **maximumsnelheid**
[ˈmɑksiməm ˈsnɛlhɛit]

Vorfahrt gewähren!
voorrang verlenen!
[ˈvo:rɑŋ vərˈlenən]

die Einbahnstraße
de **eenrichtingsweg**
[enˈrɪχtɪŋswɛχ]

der Gegenverkehr
de (pl) **tegenliggers**
[ˈteχəlɪχərs]

Einbiegen nach rechts verboten
rechts afslaan verboden
[rɛχts ˈɑfslan vərˈbodən]

Einbiegen nach links verboten
links afslaan verboden
[lɪŋks ˈɑfslan vərˈbodən]

Wenden verboten
verboden te keren
[vərˈbodən tə ˈke:rən]

die Schnee- oder Eisglätte
de **ijzel of sneeuw**
[ˈɛizəl ɔf snew]

DAS AUTO - DE AUTO

Autotypen - Soorten auto's

die Stretchlimousine
de **stretchlimousine**
[ˈstrɛtʃlimuzinə]

das Cabrio
de **cabriolet**
[kabrijoˈlɛt]

die Fließhecklimousine
de **hatchback**
[ˈhɛtʃbɛk]

der Sportwagen
de **sportwagen**
[ˈspɔrtwaχən]

der Kleinstwagen
de **stadsauto**
[ˈstɑtsɑuto]

der Kleinwagen
de **kleine auto**
[ˈklɛinə ˈɑuto]

der Oldtimer
de **oldtimer**
[ɔlˈtaimər]

die Limousine
de **sedan**
[seˈdɑn]

der Kombiwagen
de **stationcar**
[ˈsteʃɔnkɑr]

der Pick-up
de **pick-up**
[pɪˈkœp]

der Kleintransporter
de **bestelwagen**
[bəˈstɛlwaχən]

die Klimaanlage	de **airconditioning**	[ˈɛːrkɔndɪsənɪŋ]
die Sitzheizung	de **stoelverwarming**	[ˈstulvərwɑrmɪŋ]
die Automatikschaltung	de **automatische versnelling**	[ɑutoˈmatisə vərˈsnɛlɪŋ]
die Handschaltung	de **handmatige versnelling**	[hɑntˈmatəχə vərˈsnɛlɪŋ]
die Zündung	de **ontsteking**	[ɔntˈstekɪŋ]
zweitürig	**tweedeurs**	[ˈtwedøːrs]
dreitürig	**driedeurs**	[ˈdridøːrs]
viertürig	**vierdeurs**	[ˈviːrdøːrs]

der Geländewagen
de **terreinwagen**
[tɛˈrɛinwaχən]

DAS AUTO – DE AUTO

Das Auto – Außenansicht – De auto – buitenkant

die Beifahrerseite
de **passagierszijde**
[pasaˈzirzɛidə]

das Dach
het **dak**
[dak]

die Windschutzscheibe
de **voorruit**
[ˈvoːrœyt]

die Fahrerseite
de **bestuurderszijde**
[bəˈstyːrdərzɛidə]

die Begrenzungsleuchte
het **stadslicht**
[ˈstatslɪχt]

der Rückspiegel
de **achteruitkijkspiegel**
[ˈaχtərˈœytkɛikspiχəl]

die Blinkleuchte
het **knipperlicht**
[ˈknɪpərlɪχt]

das Rad
het **wiel**
[wil]

der Scheibenwischer
de **ruitenwisser**
[ˈrœytəwɪsər]

der Kühlergrill
de **grille**
[χrɪl]

die Stoßstange
de **bumper**
[ˈbœmpər]

das Nummernschild
het **nummerbord**
[ˈnœmərbɔrt]

das Markenemblem
het **merkembleem**
[ˈmɛrkɛmblem]

der Nebelscheinwerfer
het **mistlicht**
[ˈmistlɪχt]

das Reifenprofil
het **bandenprofiel**
[ˈbandəprofil]

der Ölmessstab	de **oliepeilstok** [oliˈpɛilstɔk]
der Luftfilter	het/de **luchtfilter** [ˈlœχtfɪltər]
der Bremsflüssigkeitsbehälter	het **remvloeistofreservoir** [ˈrɛmvluistɔfrezərˈvwaːr]
die Antenne	de **antenne** [anˈtɛnə]
die Radaufhängung	de **wielophanging** [ˈwilɔphaŋɪŋ]
das Abblendlicht	het **dimlicht** [ˈdɪmlɪχt]
das Fernlicht	het **groot licht** [χrot lɪχt]

DAS AUTO – DE AUTO

Das Auto – Außenansicht – De auto – buitenkant

① *der Seitenspiegel*
de **buitenspiegel**
[ˈbœytəspiχəl]

② *die B-Säule*
de **B-zuil**
[ˈbezœyl]

③ *der Kofferraum*
de **kofferbak**
[ˈkɔfərbɑk]

④ *die Heckscheibe*
de **achterruit**
[ˈɑχtərœyt]

⑤ *die Motorhaube*
de **motorkap**
[ˈmotɔrkɑp]

⑥ *das Seitenfenster*
het **zijraam**
[ˈzɛiram]

⑦ *die Autotür*
het **portier**
[pɔrˈtiːr]

⑧ *die Radkappe*
de **wieldop**
[ˈwildɔp]

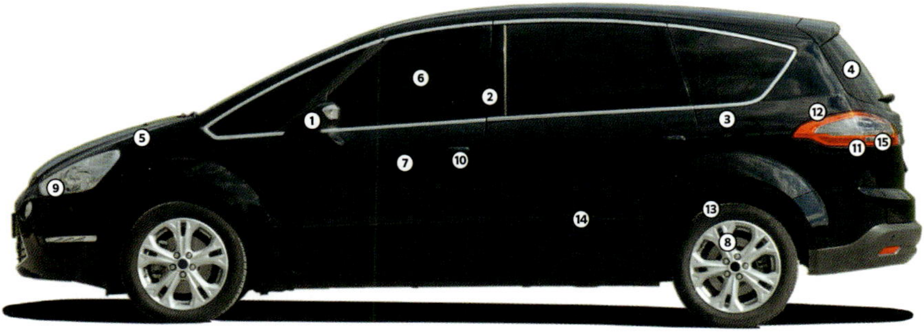

⑨ *der Scheinwerfer*
de **koplamp**
[ˈkɔplɑmp]

⑩ *der Türgriff*
de **klink**
[klɪŋk]

⑪ *die Bremsleuchte*
het **remlicht**
[ˈrɛmlɪχt]

⑫ *die Rückleuchte*
het **achterlicht**
[ˈɑχtərlɪχt]

⑬ *der Reifen*
de **band**
[bɑnt]

⑭ *die Seitenschutzleiste*
de **beschermingsstrip**
[bəˈsχɛrmɪŋstrɪp]

⑮ *der Rückfahrscheinwerfer*
het **achteruitrijlicht**
[ɑχtərˈœytrɛilɪχt]

der Motor	de **motor** [ˈmotɔr]
der Benzintank	de **benzinetank** [bɛnˈzinətɛŋk]
das Getriebe	de **versnellingsbak** [vərˈsnɛlɪŋzbɑk]
der Kühler	de **radiateur** [radijaˈtøːr]
der Ventilator	de **ventilator** [ventiˈlatɔr]
die Batterie	de **accu** [ˈɑky]
der Auspufftopf	de **knaldemper** [ˈknɑldɛmpər]
das Auspuffrohr	de **uitlaat** [ˈœytlat]

die Felge
de **velg**
[ˈvɛl(ə)χ]

DAS AUTO - DE AUTO

Das Auto - Innenausstattung - De auto - interieur

① *der Seitenspiegel*
de **buitenspiegel**
[ˈbœytəspiχəl]

② *das Lenkrad*
het **stuur**
[sty:r]

③ *das Armaturenbrett*
het **dashboard**
[ˈdɛʃbɔrt]

④ *der Türöffner*
de **binnenklink**
[ˈbɪneklɪŋk]

⑤ *der Fahrersitz*
de **bestuurdersstoel**
[bəˈsty:rdərstul]

⑥ *die Mittelkonsole*
de **middenconsole**
[ˈmɪdəkɔnsolə]

⑦ *die Handbremse*
de **handrem**
[ˈhɑntrɛm]

⑧ *der Heizungsregler*
de **warmteregelaar**
[ˈwɑrmtəreχəla:r]

⑨ *das Handschuhfach*
het **dashboardkastje**
[ˈdɛʃbɔrtkɑʃə]

⑩ *der Schalthebel*
de **versnellingspook**
[vərˈsnɛlɪŋspok]

⑪ *der Beifahrersitz*
de **bijrijdersstoel**
[ˈbɛirɛidərstul]

der Warnblinkschalter
de **schakelaar voor waarschuwingslichten**
[ˈsχakəla:r vo:r ˈwa:rsχywɪŋslɪχtən]

die Stereoanlage
de **stereo-installatie**
[ˈsterejo-ɪnstɑlatsi]

der Blinkerhebel
de **knipperlicht-schakelaar**
[ˈknɪpərlɪχtsχakəla:r]

der Zigaretten-anzünder
de **sigarettenaansteker**
[siχaˈrɛtənanstekər]

das Navigationsgerät
het **navigatieapparaat**
[naviˈχatsiɑparat]

die Fußstütze	de **voetsteun** [ˈvutstøn]
das Kupplungspedal	het/de **koppelingspedaal** [ˈkɔpəlɪŋspədal]
das Bremspedal	het/de **rempedaal** [ˈrɛmpədal]
das Gaspedal	het/de **gaspedaal** [ˈχɑspədal]
der Sicherheitsgurt	de **veiligheidsgordel** [ˈvɛiləχɛitsχɔrdəl]
die Kopfstütze	de **hoofdsteun** [ˈhoftstøn]
der Airbag	de **airbag** [ˈɛɪbɛk]
die Hupe	de **claxon** [ˈklɑksɔn]

DAS AUTO – DE AUTO

Die Tankstelle – Het tankstation

die Preisanzeige
het/de **prijsdisplay**
[ˈprɛizdɪsple]

die Literanzeige
de **litermeter**
[ˈlitərmetər]

der Feuerlöscher
de **brandblusser**
[ˈbrɑndblœsər]

die Zapfsäule
de **benzinepomp**
[bɛnˈzinəpɔmp]

das Reifenfüllgerät
de **bandenpomp**
[ˈbɑndəpɔmp]

das Rauchverbot
het **rookverbod**
[ˈrokfərbɔt]

das Benzin
de **benzine**
[bɛnˈzinə]

der Diesel
de **diesel**
[ˈdizəl]

bleifrei
loodvrij
[lotˈfrɛi]

verbleit
gelood
[χəˈlot]

der Zapfschlauch
de **benzineslang**
[bɛnˈzinəslɑŋ]

die Zapfpistole
het **tankpistool**
[ˈtɛŋkpistol]

der Tankdeckel
de **tankdop**
[ˈtɛŋgdɔp]

der Wagenheber
de **krik**
[krɪk]

(das) Öl wechseln	**olie verversen** [ˈoli vərˈvɛrsən]
der Reifendruck	de **bandenspanning** [ˈbɑndəspɑnɪŋ]
der Keilriemen	de **V-snaar** [ˈvesnaːr]
die Lichtmaschine	de **dynamo** [diˈnamo]
der Sommerreifen	de **zomerband** [ˈzomərbɑnt]
der Winterreifen	de **winterband** [ˈwɪntərbɑnt]
der Allwetterreifen	de **allseasonband** [ˈɔlˈsizənbɑnt]
die Schneekette	de **sneeuwketting** [ˈsnewkɛtɪŋ]

tanken
tanken
[ˈtɛŋkən]

DAS AUTO – DE AUTO

Die Tankstelle – Het tankstation

① *die Tankanzeige*
de **benzinemeter**
[bɛnˈzinəmetər]

② *die Tankleuchte*
het **brandstoflampje**
[ˈbrantstɔflampjə]

③ *der/das Tachometer*
de **snelheidsmeter** [ˈsnɛlhɛitsmetər]

④ *die Geschwindigkeit*
de **snelheid** [ˈsnɛlhɛit]

⑤ *der Kilometerstand*
de **kilometerstand** [ˈkilometərstant]

⑥ *der Drehzahlmesser*
de **toerenteller**
[ˈturətɛlər]

⑦ *die Kühlmitteltemperaturanzeige*
de **temperatuurmeter**
[tɛmpəraˈty:rmetər]

den Reifen wechseln
de band verwisselen
[də bant vərˈwɪsələn]

der Radmutternschlüssel
de **wielmoersleutel**
[ˈwilmu:rsløtəl]

das Reserverad
het **reservewiel**
[rəˈzɛrvəwil]

die Reifenpanne
de **bandenpech**
[ˈbandəpɛχ]

der Verkehrsunfall	het **verkeersongeval** [vərˈke:rsɔŋχəval]
Ich habe eine Panne.	**Ik heb motorpech.** [ɪk hɛp ˈmotɔrpɛχ]
Könnten Sie bitte den Pannendienst anrufen?	**Kunt u de Wegenwacht bellen?** [ˈkœnty də ˈweχewaχt ˈbɛlən]
Der Motor springt nicht an.	**Hij wil niet starten.** [hɛi wɪl nit ˈstartən]
das Starthilfekabel	de **startkabel** [ˈstartkabəl]
Könnten Sie mir Starthilfe geben?	**Kunt u me helpen de auto te starten?** [ˈkœnty mə ˈhɛlpən də ˈauto tə ˈstartən]
der Ersatzreifen	de **reserveband** [reˈzɛrvəbant]
Könnten Sie mir beim Reifenwechseln helfen?	**Kunt u me helpen bij het verwisselen van de band?** [ˈkœnty mə həlpən bɛi ət vərˈwɪsələn van də bant]

DER BUS – DE BUS

der Doppeldecker
de **dubbeldekker**
[ˈdœbəldɛkər]

die Liniennummer
het **lijnnummer**
[ˈlɛinœmər]

das Fahrziel
de **bestemming**
[bəˈstɛmɪŋ]

der Reisebus
de **touringcar**
[ˈturɪŋkar]

die Automatiktür
de **klapdeur**
[ˈklabdøːr]

der Gepäckraum
het **bagagecompartiment**
[baˈχaʒəkɔmpartimɛnt]

die Bushaltestelle
de **bushalte**
[ˈbœshaltə]

der Fahrplan
de **dienstregeling**
[ˈdinstreχelɪŋ]

das Wartehäuschen
het **wachthuisje**
[ˈwaχthœyʃə]

der Schulbus
de **schoolbus**
[ˈsχolbœs]

der Halteknopf
de **stopknop**
[ˈstɔpknɔp]

der Niederflurbus	de **lagevloerbus** [laχəˈvluːrbœs]
der Busbahnhof	het **busstation** [ˈbœstaʃɔn]
der Linienbus	de **lijnbus** [ˈlɛinbœs]
der Kleinbus	de **minibus** [ˈminibœs]
die Monatskarte	de **maandkaart** [ˈmantkaːrt]
der Fahrpreis	de **ritprijs** [ˈrɪtprɛis]
die Fahrkarte	het **buskaartje** [ˈbœskaːrtjə]
der Fahrkartenautomat	de **kaartjesautomaat** [ˈkaːrtjəsautomat]

die Halteschlaufe
de **lus**
[lœs]

DAS MOTORRAD – DE MOTORFIETS

die Rennmaschine
de **racemotor**
[ˈresmotɔr]

das Cockpit
de **cockpit**
[ˈkɔkpɪt]

der Kupplungshebel
de **koppelingshendel**
[ˈkɔpəlɪŋshɛndəl]

der Lenkergriff
de **handgreep**
[ˈhɑntχrep]

der Fahrersitz
het **bestuurderszadel**
[bəˈsty:rdərszadəl]

der Rückspiegel
de **achteruitkijkspiegel**
[ɑχtərˈœytkɛikspiχəl]

der Soziussitz
het **passagierszadel**
[pɑsaˈʒi:rzadəl]

das Schutzblech
het **spatbord**
[ˈspɑdbɔrt]

der Seitenständer
de **zijstandaard**
[ˈzɛistɑnda:rt]

die Fußraste
de **voetsteun**
[ˈvutstøn]

die Rückleuchte
het **achterlicht**
[ˈɑχtərlɪχt]

das Getriebe
de **versnellingsbak**
[vərˈsnɛlɪŋzbɑk]

der Fußschalthebel
het/de **voetpedaal**
[ˈvutpədal]

die Radaufhängung
de **wielophanging**
[ˈwilɔphɑŋɪŋ]

der Motorroller
de **scooter**
[ˈskutər]

das Quad
de **quad**
[kwɑt]

das Geländemotorrad
de **terreinmotor**
[tɛˈrɛinmotɔr]

der Chopper
de **chopper**
[ˈtʃɔpər]

DAS MOTORRAD – DE MOTORFIETS

der Motorradhelm
de **motorhelm**
[ˈmotɔrhɛl(ə)m]

die Lederjacke
de **leren jas**
[ˈleːrə jɑs]

die Motorradkombi
het **motorpak**
[ˈmotɔrpɑk]

der Lederhandschuh
de **leren handschoen**
[ˈleːrə ˈhɑntsχun]

das Visier
het **vizier**
[viˈziːr]

der Lufteinlass
de **luchtinlaat**
[ˈlœχtɪnlat]

der Reflektorstreifen
de **reflecterende strip**
[reflɛkˈteːrəndə strɪp]

der/das Tachometer
de **snelheidsmeter**
[ˈsnɛlhɛitsmetər]

der Lenker
de **handgreep**
[ˈhɑntχrep]

der Tankdeckel
de **tankdop**
[ˈtɛŋgdɔp]

der Benzintank
de **benzinetank**
[bɛnˈzinətɛŋk]

der Blinker
het **knipperlicht**
[ˈknɪpərlɪχt]

der Bremshebel für die Vorderradbremse
de **voorremhendel**
[ˈvoːrɛmhɛndəl]

der Gasdrehgriff
de **gashandgreep**
[ˈχɑshɑntχrep]

das Motorradgespann
de **motor met zijspan**
[ˈmotɔr mɛt ˈzɛispɑn]

der Tourer
de **toermotor**
[ˈtuːrmotɔr]

der Beiwagen
de/het **zijspan**
[ˈzɛispɑn]

DAS FAHRRAD – DE FIETS

die Felgenbremse
de **velgrem**
[ˈvɛl(ə)χrɛm]

der Sattel
het **zadel**
[ˈzadəl]

die Sattelstütze
de **zadelpen**
[ˈzadəlpɛn]

der Lenker
het **stuur**
[sty:r]

der Fahrradkorb
de **fietsmand**
[ˈfitsmɑnt]

der Gepäckträger
de **bagagedrager**
[baˈχaʒədraχər]

die Gabel
de **vork**
[ˈvɔr(ə)k]

das Hinterrad
het **achterwiel**
[ˈɑχtərwil]

der Reifen
de **band**
[bɑnt]

die Felge
de **velg**
[ˈvɛl(ə)χ]

das Vorderrad
het **voorwiel**
[ˈvo:rwil]

der Reflektor
de **reflector**
[reˈflɛktɔr]

die Speiche
de **spaak**
[spak]

der Kettenschutz
de **kettingbescherming**
[ˈkətɪŋbəsχɛrmɪŋ]

die Kette
de **ketting**
[ˈkɛtɪŋ]

das Pedal
de **trapper**
[ˈtrɑpər]

das Zahnrad
het **tandwiel**
[ˈtɑntwil]

das Schutzblech
het **spatbord**
[ˈspɑdbɔrt]

der Schalthebel	de **versnellingshendel** [vərˈsnɛlɪŋshɛndəl]
der Bremshebel	de **remgreep** [ˈrɛmχrep]
die Luftpumpe	de **pomp** [pɔmp]
der Fahrradhelm	de **fietshelm** [ˈfitshɛl(ə)m]
der Dynamo	de **dynamo** [diˈnamo]
in die Pedale treten	**trappen** [ˈtrɑpən]
bremsen	**remmen** [ˈrɛmən]
in einen höheren/niedrigeren Gang schalten	**schakelen naar een hogere/lagere versnelling** [ˈsχakələn na:r ən ˈhoχərə/ˈlaχərə vərˈsnɛlɪŋ]
Radfahren lernen	**leren fietsen** [ˈle:rə ˈfitsən]
einen Fahrradschlauch flicken	**een fietsband plakken** [ən ˈfitsbɑnt ˈplɑkən]

DAS FAHRRAD – DE FIETS

der Kindersitz
het **kinderzitje**
[ˈkɪndərzɪcə]

das Einrad
de **eenwieler**
[ˈenwilər]

das Tandem
de **tandem**
[ˈtɛndəm]

das BMX-Rad
de **BMX-fiets**
[beɛmˈiksfits]

das Rennrad
de **racefiets**
[ˈresfits]

das Tourenfahrrad
de **toerfiets**
[ˈtu:rfits]

das Mountainbike
de **mountainbike**
[ˈmɑuntənbaik]

das Elektrofahrrad
de **elektrische fiets**
[eˈlɛktrisə fits]

das Liegerad
de **ligfiets**
[ˈlɪχfits]

das Dreirad
de **driewieler**
[ˈdriwilər]

das Fahrradschloss
het **fietsslot**
[ˈfitslɔt]

das Flickzeug
het **reparatiesetje**
[repaˈratsisɛcə]

das Leihfahrrad
de **huurfiets**
[ˈhy:rfits]

der Kinderanhänger
de **fietsaanhanger**
[ˈfitsanhɑŋər]

die Satteltasche
de **fietstas**
[ˈfitstɑs]

der Fahrradständer
het **fietsenrek**
[ˈfitsərɛk]

DAS LASTKRAFTFAHRZEUG – DE VRACHTWAGEN

der Sattelschlepper
de **trekker**
[ˈtrɛkər]

die Kühlerhaube
de **motorkap**
[ˈmotɔrkɑp]

der Kühlergrill
de **radiatorgrille**
[radiˈjatɔrχrɪl]

der Scheinwerfer
de **koplamp**
[ˈkɔplɑmp]

das Auspuffrohr
de **uitlaatpijp**
[ˈœytlatpɛip]

die Schlafkabine
de **slaapcabine**
[ˈslapkabinə]

das Lufthorn
de **luchthoorn**
[ˈlœχtho:r(ə)n]

der Stauraum
de **bergruimte**
[ˈbɛrχrœymtə]

der Stoßfänger
de **bumper**
[ˈbœmpər]

die Windschutzscheibe
de **voorruit**
[ˈvo:rœyt]

die Trittstufe
de **opstaptrede**
[ˈɔpstɑptredə]

der Kraftstofftank
de **brandstoftank**
[ˈbrɑntstɔftɛŋk]

der Autotransporter
de **autotransportwagen**
[ˈɑutotrɑnspɔrtwaχən]

die Schneefräse
de **sneeuwfrees**
[ˈsnewfres]

die Straßenkehr-maschine
de **straatveegmachine**
[ˈstratveχmaʃinə]

der Müllwagen
de **vuilniswagen**
[ˈvœylnəswaχən]

der Tankwagen
de **tankwagen**
[ˈtɛŋkwaχən]

der Sattelzug
de **trekker met oplegger**
[ˈtrɛkər mət ˈɔplɛχər]

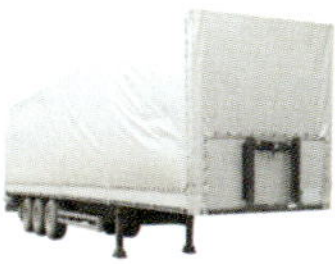

der Auflieger
de **oplegger**
[ˈɔplɛχər]

der Flachbettauflieger
de **dieplader**
[ˈdipladər]

WEITERE FAHRZEUGE – NOG MEER VOERTUIGEN

der Bagger
de **graafmachine**
['χrafmaʃinə]

der Radlader
de **wiellader**
['wiladər]

der Betonmischer
de **cementwagen**
[sə'mɛntwaχən]

der Kipper
de **kiepauto**
['kɪpɑuto]

der Wohnwagen
de **caravan**
['kɛrəvɛn]

das Wohnmobil
de **camper**
['kɛmpər]

der Gabelstapler
de **vorkheftruck**
['vɔrkhɛftryk]

das Feuerwehr-fahrzeug
de **brandweerwagen**
['brɑntwe:rwaχən]

der Anhänger
de **aanhangwagen**
['anhɑŋwaχən]

der Traktor
de **tractor**
['trɑktɔr]

der Polizeiwagen
de **politieauto**
[po'litsiɑuto]

das Taxi
de **taxi**
['tɑksi]

der Abschleppwagen
de **sleepwagen**
['slepwaχən]

der Fahrzeugkran
de **kraanwagen**
['kranwaχən]

der Taxistand
de **taxistandplaats**
['tɑksistɑntplats]

ein Taxi herbeiwinken
een taxi aanroepen
[ən 'tɑksi 'anrupən]

DER ZUG – DE TREIN

der Zug
de **trein**
[trɛin]

der Führerstand
de **machinistencabine**
[maʃiˈnɪstəkabinə]

das Kleinabteil
de **coupé**
[kuˈpe]

die Gepäckablage
het **bagagerek**
[baˈχaʒərɛk]

die Schiene
het **spoor**
[spoːr]

der Waggon
het **rijtuig**
[ˈrɛitœyχ]

die Armlehne
de **armleuning**
[ˈɑrmlønɪŋ]

der Sitz
de **zitplaats**
[ˈzɪtplats]

die Kopflehne
de **hoofdsteun**
[ˈhoftstøn]

der Güterzug
de **goederentrein**
[ˈχudərətrɛin]

die Straßenbahn
de **tram**
[trɛm]

die U-Bahn
de **metro**
[ˈmetro]

die Einschienenbahn
de **monorail**
[ˈmonorel]

die Dampflok
de **stoomlocomotief**
[ˈstomlokomotif]

der Hochgeschwindigkeitszug	de **hogesnelheidstrein** [hoχəˈsnɛlhɛɪtstrɛin]
das Großraumabteil	het **open compartiment** [ɔpə kɔmpɑrtiˈmɛnt]
die Oberleitung	de **bovenleiding** [ˈbovəlɛidɪŋ]
die erste Klasse	de **eerste klas** [ˈeːrstə klɑs]
die zweite Klasse	de **tweede klas** [ˈtwedə klɑs]
der Klapptisch	het **klaptafeltje** [ˈklɑptafəltjə]
der Triebwagen	het **motorrijtuig** [ˈmotɔrrɛitœyχ]
die Sitzplatzreservierung	de **stoelreservering** [ˈstulresɛrveːrɪŋ]

DER ZUG – DE TREIN

Am Bahnhof – Op het station

der Bahnsteig
het **perron**
[pɛˈrɔn]

einsteigen
instappen
[ˈɪnstɑpən]

aussteigen
uitstappen
[ˈœytstɑpən]

das Geländer
de **balustrade**
[bɑlyˈstradə]

die Gleisnummer
het **spoornummer**
[ˈspoːrnœmər]

der Wegweiser
de **wegwijzer**
[ˈwɛχwɛizər]

der Reisende
de **treinreiziger**
[ˈtrɛinrɛizəχər]

die Rolltreppe
de **roltrap**
[ˈrɔltrɑp]

die Bahnhofshalle
de **stationshal**
[staˈʃɔnshɑl]

der Fahrkartenschalter
het **loket**
[loˈkɛt]

der Fahrkarten-automat
de **kaartjesautomaat**
[ˈkaːrtjəsɑutomat]

die Schaffnerin
de **conductrice**
[kɔndœkˈtrisə]

die Verspätung	de **vertraging** [vərˈtraχɪŋ]
pünktlich	**op tijd** [ɔp tɛit]
umsteigen	**overstappen** [ˈovərstɑpən]
das Schienennetz	het **spoorwegnet** [ˈspoːrwɛχnɛt]
Eine einfache Fahrt nach …, bitte.	**Een enkele reis naar …, alstublieft.** [ən ˈɛŋkələ rɛis naːr … ɑlstyblift]
hin und zurück	**retour** [rəˈtuːr]
Ist dieser Platz noch frei?	**Is deze plaats vrij?** [ɪz ˈdezə plats vrɛi]

der Kofferkuli
het **bagagekarretje**
[baˈχaʒəkɑrəcə]

DAS FLUGZEUG – HET VLIEGTUIG

das Verkehrsflugzeug
het **verkeersvliegtuig**
[vərˈke:rsvliχtœyχ]

das Fenster
het **raam**
[ram]

der Rumpf
de **romp**
[rɔmp]

der Bug
de **neus**
[nøs]

das Heck
de **staart**
[sta:rt]

die Tragfläche
de **vleugel**
[ˈvløχəl]

die Flugzeugtür
de **deur**
[dø:r]

das Seitenleitwerk
het **kielvlak**
[ˈkilvlɑk]

der Frachtraum
het **bagageruim**
[baˈχaʒərœym]

das Fahrwerk
het **landingsgestel**
[ˈlɑndɪŋsχəstɛl]

das Cockpit
de **cockpit**
[ˈkɔkpɪt]

das Höhenleitwerk
de **stabilo**
[ˈstabilo]

das Querruder
het **rolroer**
[ˈrɔlru:r]

das Triebwerk
de **motor**
[ˈmotɔr]

das Bugfahrwerk
het **neuswiel**
[ˈnøswil]

der Windsack
de **windzak**
[ˈwɪntsɑk]

Ihr Flug ist jetzt zum Einsteigen bereit.	**Het boarden voor uw vlucht begint nu.** [hɛt ˈbo:rdə vo:r yw vløχt bəˈχint ny]
die Fluggesellschaft	de **luchtvaartmaatschappij** [ˈlœχtfa:rtmatsχɑpɛi]
der Flugsicherungsdienst	de **luchtverkeersleiding** [ˈlœχtfərke:rslɛidɪŋ]
der Pilot	de **piloot** [piˈlot]
die Pilotin	de **pilote** [piˈlotə]
die erste Klasse	de **eerste klas** [ˈe:rstə klɑs]
die Businessklasse	de **businessclass** [ˈbɪznɪskla:s]
die Economyklasse	de **economyclass** [iˈkɔnɔmikla:s]

DAS FLUGZEUG – HET VLIEGTUIG

Im Flugzeug – In het vliegtuig

die Sicherheitsanweisung
de (pl) **veiligheidsinstructies**
[ˈvɛiləχɛits-ɪnstrœksis]

die Flugbegleiterin
de **stewardess**
[stjuwɑrˈdɛs]

der Sitzplatz
de **stoel**
[stul]

das Gepäckfach
het **bagagevak**
[baˈχaʒəvɑk]

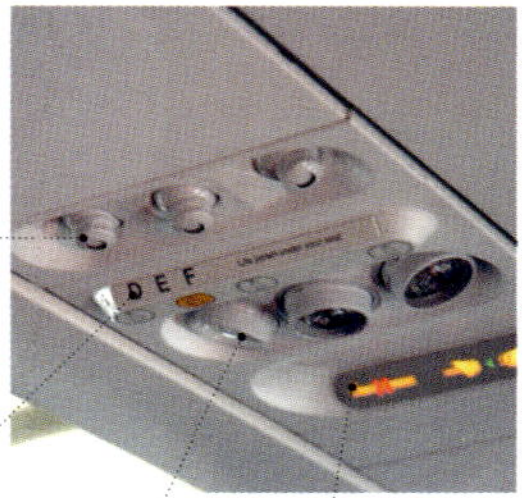

die Luftdüse
de **ventilatie**
[vɛntiˈlatsi]

die Sitznummer
het **zitplaatsnummer**
[ˈzɪtplatsnœmər]

der Nichtraucherflug
de **niet-rokenvlucht**
[nitˈrokəvlœχt]

die Leselampe
het **leeslampje**
[ˈleslɑmpjə]

das Handgepäck
de **handbagage**
[ˈhɑndbaχaʒə]

der Gang
het **gangpad**
[ˈχɑŋpɑt]

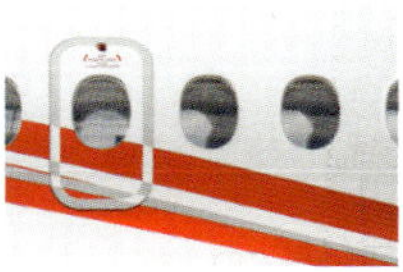

der Notausgang
de **nooduitgang**
[ˈnotœytχɑŋ]

der Sitzabstand
de **beenruimte**
[ˈbenrœymtə]

die Sitzreihe	de **rij** [rɛi]
der Sicherheitsgurt	de **veiligheidsgordel** [ˈvɛiləχɛitsχɔrdəl]
sich anschnallen	**zijn veiligheidsgordel vastmaken** [zən ˈvɛiləχɛitsχɔrdəl ˈvɑstmakən]
die Start- und Landebahn	de **start- en landingsbaan** [ˈstɑrt ɛn ˈlɑndɪŋzban]
fliegen	**vliegen** [ˈvliχən]
starten	**starten** [ˈstɑrtən]
landen	**landen** [ˈlɑndən]
die Turbulenzen	de **turbulentie** [tœrbyˈlɛntsi]
die Notlandung	de **noodlanding** [ˈnotlɑndɪŋ]
die Sauerstoffmaske	het **zuurstofmasker** [ˈzy:rstɔfmɑskər]

der Bildschirm für das Bordprogramm
het **persoonlijk beeldscherm**
[pɛrˈsonlək ˈbeltsχər(ə)m]

DAS FLUGZEUG – HET VLIEGTUIG

Am Flughafen – Op de luchthaven

der Check-in-Automat
de **incheckautomaat**
[ˈɪntʃɛkautomat]

der Check-in-Schalter
de **incheckbalie**
[ˈɪntʃɛgbali]

die Bordkarte
de **instapkaart**
[ˈɪnstɑpka:rt]

der Reisepass
het **paspoort**
[ˈpɑspo:rt]

die Ankunft
de **aankomst**
[ˈaŋkɔmst]

der Abflug
het **vertrek**
[vərˈtrɛk]

das Terminal
de **terminal**
[ˈtœɹminəl]

der Zoll
de **douane**
[duˈwanə]

die Sicherheits-kontrolle
de **veiligheidscontrole**
[ˈvɛiləχɛitskɔntrɔ:lə]

die Ticketkontrolle
de **ticketcontrole**
[ˈtɪkɛtkɔntrɔ:lə]

der Duty-free-Laden
de **taxfreeshop**
[tɛksˈfɹiʃɔp]

die Fluggasttreppe
de **vliegtuigtrap**
[ˈvliχtœyχtrɑp]

der Flugsteig
de **pier**
[pi:r]

die Fluggastbrücke
de **slurf**
[slœr(ə)f]

der Kontrollturm
de **verkeerstoren**
[vərˈke:rsto:rən]

der Fluglotse
de **verkeersleider**
[vərˈke:rslɛidər]

DAS FLUGZEUG – HET VLIEGTUIG

Am Flughafen – Op de luchthaven

① *die Anzeigetafel*
het **informatiebord**
[ɪnfɔrˈmatsibɔrt]

② *das Reiseziel*
de **bestemming**
[bəˈstɛmɪŋ]

der Langstreckenflug
de **intercontinentale vlucht**
[ɪntərkɔntinɛnˈtalə vlœχt]

der Auslandsflug
de **internationale vlucht**
[ɪntərnatʃoˈnalə vlœχt]

der Inlandsflug
de **binnenlandse vlucht**
[ˈbɪnəlantsə vlœχt]

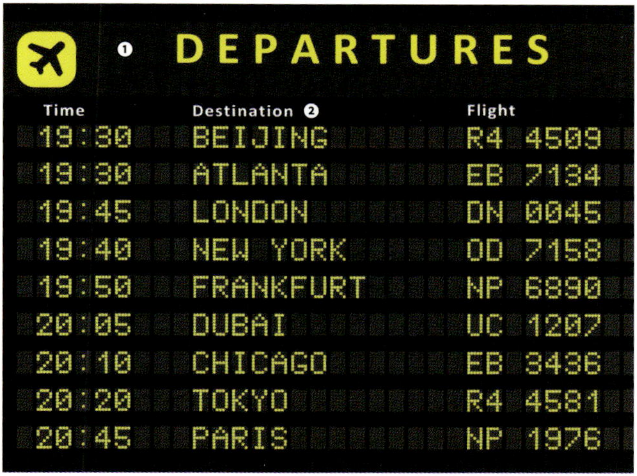

der Rollkoffer
de **rolkoffer**
[ˈrɔlkɔfər]

das Übergepäck
de **overbagage**
[ˈovərbaχaʒə]

das Gepäckband
de **bagageband**
[baˈχaʒəbant]

der Fahrsteig
de **loopband**
[ˈlobant]

die Zwischenlandung	de **tussenlanding** [ˈtœsəlandɪŋ]
einen Flug buchen	**een vlucht boeken** [ən vlœχt ˈbukən]
der/das Online-Check-in	het **online inchecken** [ˈɔnlain ˈɪntʃɛkən]
die Buchungsnummer	het **boekingsnummer** [ˈbœkɪŋsnœmər]
das Visum	het **visum** [ˈvizəm]
die Gepäckkontrolle	de **bagagecontrole** [baˈχaʒəkɔntrɔ:lə]
der Gepäckabschnitt	het/de **bagagelabel** [baˈχaʒəlebəl]
der Währungsumtausch	het **wisselkantoor** [ˈwɪsəlkanto:r]

der Rucksack
de **rugzak**
[ˈrœχsak]

DAS SCHIFF – HET SCHIP

das Kreuzfahrtschiff
het **cruiseschip**
[ˈkɹusχɪp]

die Radarantenne
de **radarantenne**
[ˈradɑrɑntɛnə]

das Deck
het **dek**
[dɛk]

die Kabine
de **hut**
[hœt]

der Schornstein
de **schoorsteen**
[ˈsχo:rsten]

die Funkantenne
de **radioantenne**
[ˈradijoɑntɛnə]

die Backbordseite
de **bakboordzijde**
[ˈbɑgbo:rdzɛidə]

der Rumpf
de **romp**
[rɔmp]

das Bullauge
de **patrijspoort**
[paˈtrɛispo:rt]

die Steuerbordseite
de **stuurboordzijde**
[ˈsty:rbo:rdzɛidə]

der Bug
de **voorsteven**
[vo:rstevən]

das Rettungsboot
de **reddingsboot**
[ˈrɛdɪŋzbot]

der Bugwulst
de **bulbsteven**
[ˈbœlpstevən]

das Segelboot
de **zeilboot**
[ˈzɛilbot]

die Motorjacht
het **motorjacht**
[ˈmotɔrjɑχt]

das Motorboot
de **motorboot**
[ˈmotɔrbot]

der Katamaran
de **catamaran**
[kataˈmarɑn]

DAS SCHIFF – HET SCHIP

Der Hafen – De haven

der Containerhafen
de **containerhaven**
[kɔnˈtenərhavən]

das Containerlager
het/de **containerdepot**
[kɔnˈtenərdepo]

die Fracht
de **vracht**
[vrɑχt]

der Kai
de **kade**
[ˈkadə]

der Kran
de **kraan**
[kran]

das Containerschiff
het **containerschip**
[kɔnˈtenərsχɪp]

der Leuchtturm
de **vuurtoren**
[ˈvy:rto:rən]

die Vertäuung
de **tros**
[trɔs]

der Poller
de **bolder**
[ˈbɔldər]

die Boje
de **boei**
[bui]

den Anker werfen/lichten	**het anker uitwerpen/lichten**	[ət ˈɑŋkər ˈœytwɛrpən/ˈlɪχtən]
die Küstenwache	de **kustwacht**	[ˈkœstwɑχt]
anlegen	**aanleggen**	[ˈanlɛχən]
auslaufen	**uitvaren**	[ˈœytfa:rən]
an Bord gehen	**aan boord gaan**	[an bo:rt χan]
von Bord gehen	**van boord gaan**	[vɑn bo:rt χan]
der Landungssteg	de **aanlegsteiger**	[ˈanlɛχstɛiχər]
das U-Boot	de **duikboot**	[ˈdœygbot]

die Fähre
de **veerboot**
[ˈve:rbot]

IN DER STADT

IN DE STAD

DIE INNENSTADT – DE BINNENSTAD

die Vorstadt
de **buitenwijk**
[ˈbœytəwɛik]

die Brücke
de **brug**
[brœχ]

der Fluss
de **rivier**
[riˈviːr]

die Straße
de **straat**
[strat]

das Geschäftsviertel
het **zakendistrict**
[ˈzakədɪstrɪkt]

der Fernsehturm
de **televisietoren**
[teləˈvizitoːrən]

der Wohnblock
het **appartementen-gebouw**
[ɑpɑrtəˈmɛntəχəbɑu]

der Dom
de **domkerk**
[ˈdɔmkɛr(ə)k]

der Gehweg
het **trottoir**
[trɔˈtwaːr]

die Altstadt
de **oude binnen-stad**
[ˈɑudə ˈbɪnəstɑt]

der Turm
de **toren**
[ˈtoːrən]

die Straßen-beleuchtung
de **straatverlichting**
[ˈstratvərlɪχtɪŋ]

die Seitenstraße
de **zijstraat**
[ˈzɛistrat]

der Boulevard
de **boulevard**
[buləˈvaːr]

die Treppe
de **trap**
[trɑp]

die Gasse
de **steeg**
[steχ]

DIE INNENSTADT – DE BINNENSTAD

der Park
het **park**
[pɑr(ə)k]

der Kanal
de **gracht**
[χrɑχt]

das Ausgehviertel
de **uitgaansbuurt**
[ˈœytχansby:rt]

der Platz
het **plein**
[plɛin]

das Einkaufsviertel
het **winkelgebied**
[ˈwɪŋkəlχəbit]

das Industriegebiet
het **industrieterrein**
[ɪndœˈstritɛrɛin]

das Wohngebiet
de **woonwijk**
[ˈwonwɛik]

das Rathaus
het **stadhuis**
[stɑtˈhœys]

die Universität
de **universiteit**
[ynivɛrziˈtɛit]

die Schule
de **school**
[sχol]

die Post
het **postkantoor**
[pɔs(t)kɑnto:r]

die Feuerwache
de **brandweerkazerne**
[brɑntwe:rkazɛrnə]

die Polizeiwache
het **politiebureau**
[poˈlitsibyro]

das Krankenhaus
het **ziekenhuis**
[ˈzikəhœys]

die Bibliothek
de **bibliotheek**
[biblijoˈtek]

das Gerichtsgebäude
de **rechtbank**
[ˈrɛχdbɑŋk]

DIE INNENSTADT – DE BINNENSTAD

Gebäude in der Innenstadt – Gebouwen in de binnenstad

der Wolkenkratzer
de **wolkenkrabber**
[ˈwɔlkəkrɑbər]

die Burg
de **burcht**
[bœrχt]

das Schloss
het **paleis**
[paˈlɛis]

die Kirche
de **kerk**
[kɛr(ə)k]

die Moschee
de **moskee**
[mɔsˈke]

die Synagoge
de **synagoge**
[sinaˈχoχə]

der Tempel
de **tempel**
[ˈtɛmpəl]

die Ruine
de **ruïne**
[ryˈwinə]

das Bürogebäude
het **kantoorgebouw**
[kɑnˈtoːrχəbɑu]

das Theater
de **schouwburg**
[ˈsχɑubœr(ə)χ]

das Kino
de **bioscoop**
[bijɔˈskop]

die Fabrik
de **fabriek**
[faˈbrik]

die Botschaft
de **ambassade**
[ɑmbɑˈsadə]

das Opernhaus
de **opera**
[ˈopəra]

das Museum
het **museum**
[myˈzejəm]

die Kunsthalle
de **kunstgalerij**
[ˈkœnstχalərɛi]

DIE INNENSTADT – DE BINNENSTAD

Auf der Straße – Op straat

die Straßenlaterne
de **straatlantaarn**
[ˈstratlɑntarən]

die Fußgängerampel
het **voetgangerslicht**
[ˈvutχɑŋərslɪχt]

die Ampel
het **verkeerslicht**
[vərˈkeːrslɪχt]

das Denkmal
het **monument**
[monyˈmɛnt]

der Abfalleimer
de **afvalbak**
[ˈɑfɑlbɑk]

der Kanaldeckel
het/de **riooldeksel**
[riˈjoldɛksəl]

der Hydrant
de **brandkraan**
[ˈbrɑntkran]

der Friedhof
de **begraafplaats**
[bəˈχrafplats]

die Bushaltestelle
de **bushalte**
[ˈbœshɑltə]

der Kiosk
de **kiosk**
[kiˈjɔsk]

die Tiefgarage
de **parkeerkelder**
[pɑrˈkeːrkɛldər]

die Fußgängerzone
het **voetgangersgebied**
[ˈvutχɑŋərsχebit]

Entschuldigen Sie bitte, wie komme ich nach ...?	**Weet u misschien de weg naar ...?** [ˈwety mɪˈsχin də wɛχ naːr]
Könnten Sie mir bitte sagen, wo ... ist?	**Weet u misschien waar ... is?** [ˈwety mɪˈsχin waːr ... ɪs]
Könnten Sie mir das bitte auf der Karte zeigen?	**Kunt u me dat op de kaart aanwijzen?** [ˈkœnty mə dɑt ɔbdə kaːrt ˈanwɛizən]
an der Ecke	**op de hoek** [ˈɔbdə huk]
rechts/links abbiegen	**rechts/links afslaan** [rɛχ(t)s/lɪŋks ˈɑfslan]
auf der rechten/linken Seite	**aan de rechter-/linkerkant** [an də ˈrɛχtər/lɪŋkər kɑnt]
(schräg) gegenüber	**(schuin) tegenover** [(sχœyn) teχəˈnovər]
in der Nähe (von)	**in de buurt (van)** [ɪn də byːrt vɑn]

DIE INNENSTADT – DE BINNENSTAD

Das Hotel – Het hotel

die Rezeption
de **receptie**
[rəˈsɛpsi]

die Empfangsdame
de **receptioniste**
[rəsɛpʃoˈnɪstə]

die Schlüsselkarte
de **sleutelkaart**
[ˈsløtəlkaːrt]

die Klingel
de **bel**
[bɛl]

die Lobby
de **lobby**
[ˈlɔbi]

die Bar
de **bar**
[baːr]

das Restaurant
het **restaurant**
[rɛstoˈrant]

die Hotelanlage
het **resort**
[rəˈsɔːr]

das Doppelzimmer
de **tweepersoonskamer**
[ˈtwepɛrsonskamər]

das Zweibettzimmer
de **tweepersoonskamer met aparte bedden**
[ˈtwepɛrsonskamər mɛt aˈpartə ˈbɛdən]

das Einzelzimmer
de **eenpersoonskamer**
[ˈempɛrsonskamər]

der Fitnessraum
de **fitnessruimte**
[ˈfɪtnəsrœymtə]

der Pool
het **zwembad**
[ˈzwɛmbat]

Ich habe ein Zimmer unter dem Namen ... gebucht.	**Ik heb een kamer gereserveerd onder de naam ...** [ɪk hɛp əŋ ˈkamər χərezərˈveːrt ˈɔndər də nam]
Was kostet das Zimmer, bitte?	**Wat kost de kamer?** [wat kɔst də ˈkamər]
Ich hätte gerne ein Doppelzimmer für eine Nacht.	**Ik wil graag een tweepersoonskamer voor één nacht** [ɪk wɪl χraχ ən ˈtwepɛrsonskamər voːr en naχt]
Haben Sie ein Zimmer frei?	**Is er een kamer vrij?** [ɪsər əŋ ˈkamər vrɛi]

DIE INNENSTADT – DE BINNENSTAD

Das Hotel – Het hotel

der/die Concierge
de **conciërge**
[kɔnˈsjɛrʒə]

der Kofferwagen
de **bagagewagen**
[baˈχaʒəwaχən]

der Türanhänger „Bitte nicht stören“
de **deurhanger „Niet storen a.u.b.“**
[ˈdøːrhaŋər nit ˈstoːrən a y be]

die Gepäckablage
het **bagagerek**
[baˈχaʒərək]

der Zimmerservice
de **roomservice**
[ˈrumsœrvəs]

das Zimmermädchen
het **kamermeisje**
[ˈkamərmɛiʃə]

die Suite
de **suite**
[ˈswitə]

die Toilettenartikel
de (pl) **toiletartikelen**
[twaˈlɛtɑrtikələn]

die Minibar
de **minibar**
[ˈminibaːr]

die Zimmernummer
het **kamernummer**
[ˈkamərnœmər]

das Frühstücksbuffet
het **ontbijtbuffet**
[ɔndˈbɛidbœfɛt]

das Drei-/Vier-Sterne-Hotel	het **drie-/viersterrenhotel** [dri/viːrˈstɛrəhotɛl]
das Familienzimmer	de **familiekamer** [faˈmilikamər]
ein-/auschecken	**in-/uitchecken** [ˈɪn/œyttʃɛkən]
die Halbpension	het **halfpension** [ˈhɑl(ə)fpɛnʃɔn]
die Vollpension	het **volpension** [ˈvɔlpɛnʃɔn]
das Zimmer mit Frühstück	het **bed and breakfast** [bɛd ən ˈbɹɛkfəst]
das Zustellbett	het **extra bed** [ˈɛkstra bɛt]
der Weckanruf	het **wektelefoontje** [ˈwɛkteləfoncə]

der Tresor
het **kluisje**
[ˈklœyʃə]

DIE INNENSTADT – DE BINNENSTAD

Die Bank – De bank

das Chipkartenterminal
het **pinapparaat**
[ˈpɪnɑparat]

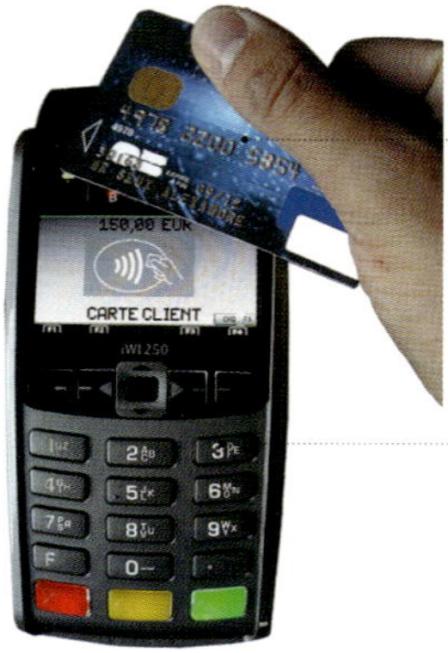

die EC-Karte
de **bankpas**
[ˈbɑŋkpɑs]

das Tastenfeld
het **toetsenbord**
[ˈtutsəbɔrt]

der Schalter
de **balie**
[ˈbali]

die Kassiererin
de **caissière**
[kɑˈʃɛːrə]

das Onlinebanking
het **internetbankieren**
[ˈɪntərnɛtbɑŋkiːrən]

der Geldautomat
de **geldautomaat**
[ˈχɛltɑutomat]

Geld abheben
geld opnemen
[χɛlt ˈɔpnemən]

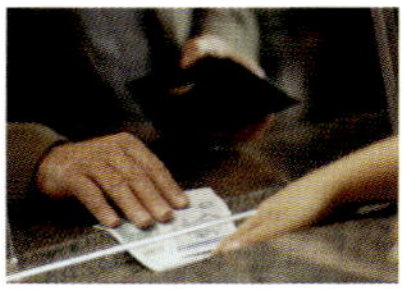

Geld einzahlen
geld storten
[χɛlt ˈstɔrtən]

einen Scheck ausstellen
een cheque uitschrijven
[ən ʃɛk ˈœytsχrɛivən]

die Kontoüberziehung	**in het rood staan** [ɪn ət rot stan]
das Girokonto	de **betaalrekening** [bəˈtalrekənɪŋ]
das Sparkonto	de **spaarrekening** [spaːrekənɪŋ]
die PIN-Nummer	de **pin** [pɪn]
der Zinssatz	het **rentetarief** [ˈrɛntətarif]
das Darlehen	de **lening** [ˈlenɪŋ]
die Hypothek	de **hypotheek** [hipoˈtek]
die Kontonummer	het **rekeningnummer** [ˈrekənɪŋnœmər]

DIE INNENSTADT – DE BINNENSTAD

Die Bank – De bank

der Geldschein
het **bankbiljet**
[ˈbaŋgbɪljɛt]

die Münze
de **munt**
[ˈmœnt]

die Währung
de **valuta**
[vaˈlyta]

das Wertpapier
het **waardepapier**
[ˈwa:rdəpapi:r]

der Wechselkurs
de **wisselkoers**
[ˈwɪsəlku:rs]

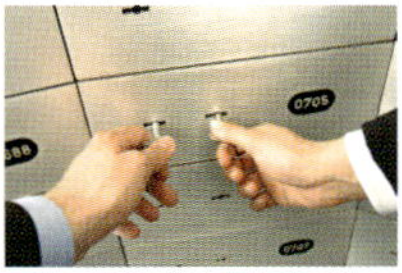

das Bankschließfach
de **bankkluis**
[ˈbaŋklœys]

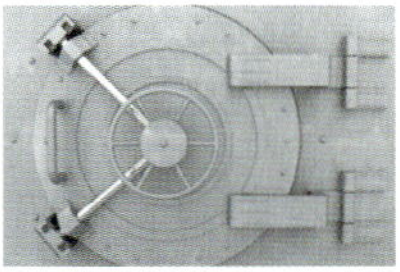

der Tresor
de **brandkast**
[ˈbrantkast]

die Kreditkarte
de **creditcard**
[ˈkɹɛdɪtka:ɹt]

die Börse
de **beurs**
[bø:rs]

der Börsenkurs
de **beurskoers**
[ˈbø.rsku:rs]

der Finanzberater
de **financieel adviseur**
[finanˈʃel adviˈzø:r]

die Rechnung
de **rekening**
[ˈrekənɪŋ]

Könnten Sie mir das bitte wechseln?	**Kan ik dit wisselen?** [kan ɪk dɪt ˈwɪsələn]
Wie ist der aktuelle Wechselkurs?	**Wat is de huidige wisselkoers?** [wat ɪs də ˈhœydəχə ˈwɪsəlku:rs]
Ich möchte gerne ein Konto eröffnen.	**Ik wil graag een rekening openen.** [ɪk wɪl χraχ ən ˈrekənɪŋ ˈopənən]
der Betrag	het **bedrag** [bəˈdraχ]
der Reisescheck	de **travellercheque** [ˈtɹɛvələɹʃɛk]
das Eigenkapital	het **eigen vermogen** [ˈɛiχe vərˈmoχən]
die Provision	de **provisie** [proˈvizi]
die Wechselstube	het **wisselkantoor** [ˈwɪsəlkanto:r]

der Überweisungsschein
het **overschrijvingsformulier**
[ˈovərsχrɛivɪŋsfɔrmyli:r]

EINKAUFEN – WINKELEN

Läden und Geschäfte – Winkels

der Markt
de **markt**
[mɑr(ə)kt]

der Marktstand
de **marktkraam**
[ˈmɑrktkram]

das Schaufenster
de **etalage**
[etaˈlaʒə]

die Tierhandlung
de **dierenwinkel**
[ˈdiːrəwɪŋkəl]

der Gemüseladen
de **groenteboer**
[ˈχruntəbuːr]

die Metzgerei
de **slager**
[ˈslaχər]

die Bäckerei
de **bakker**
[ˈbɑkər]

die Konditorei
de **banketbakker**
[bɑŋˈkɛtbɑkər]

der Supermarkt
de **supermarkt**
[ˈsypərmɑrkt]

das Fischgeschäft
de **viswinkel**
[ˈvɪswɪŋkəl]

die Weinhandlung
de **wijnhandel**
[ˈwɛinhɑndəl]

der Blumenladen
de **bloemenwinkel**
[ˈbluməwɪŋkəl]

das Lebensmittel-geschäft
de **kruidenier**
[krœydəˈniːr]

der Bioladen
de **biologische winkel**
[bijoˈloχisə ˈwɪŋkəl]

das Schreibwaren-geschäft
de **kantoorboekhandel**
[kɑnˈtoːrbukhɑndəl]

der Tante-Emma-Laden
de **buurtwinkel**
[ˈbyːrtwɪŋkəl]

EINKAUFEN – WINKELEN

Läden und Geschäfte – Winkels

der Buchladen
de **boekhandel**
[ˈbukhɑndəl]

die Drogerie
de **drogist**
[droˈχɪst]

die Boutique
de **boetiek**
[buˈtik]

der Antiquitätenladen
de **antiekwinkel**
[ɑnˈtikwɪŋkəl]

der Spielzeugladen
de **speelgoedwinkel**
[ˈspelχutwɪŋkəl]

das Juweliergeschäft
de **juwelier**
[jywəˈliːr]

das Möbelgeschäft
de **meubelzaak**
[ˈmøbelzak]

der Elektrofachmarkt
de **elektronicawinkel**
[elɛkˈtronikawɪŋkəl]

das Schuhgeschäft
de **schoenenzaak**
[ˈsχunəzak]

der Friseursalon
de **kapperszaak**
[ˈkɑpərsak]

die Schneiderei
de **kleermakerij**
[kleːrmakəˈrɛi]

die Parfümerie
de **parfumerie**
[pɑrfymeˈri]

der Baumarkt
de **bouwmarkt**
[ˈbɑumɑr(ə)kt]

der Geschenkeladen
de **cadeauzaak**
[kaˈdozak]

die Apotheke
de **apotheek**
[apoˈtek]

der Optiker
de **opticien**
[ɔptiˈʃɛ̃]

EINKAUFEN – WINKELEN

Das Einkaufszentrum – Het winkelcentrum

der Lichthof
het **winkelcentrum met glasdak**
[ˈwɪŋkəlsɛntrəm mɛt ˈχlazdak]

die zweite Etage
de **tweede verdieping**
[ˈtwedə vərˈdipɪŋ]

die erste Etage
de **eerste verdieping**
[ˈeːrstə vərˈdipɪŋ]

das Geschäft
de **winkel** [ˈwɪŋkəl]

die Rolltreppe
de **roltrap** [ˈrɔltrɑp]

das Erdgeschoss
de **begane grond**
[bəˈχanə χrɔnt]

die Verkäuferin
de **verkoopster**
[vərˈkopstər]

der Food Court
het **restaurantgedeelte**
[rɛstɑuˈrɑntχədeltə]

die Umkleidekabine
de **paskamer**
[ˈpɑskamər]

der Parkplatz
de **parkeerplaats**
[pɑrˈkerplats]

der Wickelraum
de **babyverzorgingsruimte**
[bebivərˈzɔrχɪŋsrœymtə]

der Kundendienst	de **klantenservice** [ˈklɑntəsœrvəs]
der Lageplan	de **plattegrond** [plɑtəˈχrɔnt]
der Sicherheitsdienst	de **bewakingsdienst** [bəˈwakɪŋzdinst]
Könnten Sie mir bitte ... zeigen?	**Kunt u me ... laten zien, alstublieft?** [ˈkœnty mə ... ˈlatə zin ɑlstyˈblift]
Wie viel kostet es?	**Wat is de prijs?** [wɑt ɪzdə prɛis]
Kann ich das bitte umtauschen?	**Kan ik dit ruilen?** [kɑn ɪk dɪt ˈrœylən]
Könnten Sie das bitte als Geschenk einpacken?	**Kunt u het inpakken als een cadeau?** [ˈkœnty ət ˈɪmpɑkən ɑls əŋ kaˈdo]

EINKAUFEN – WINKELEN

Das Kaufhaus – Het warenhuis

die Schaufensterpuppe
de **etalagepop**
[etaˈlaʒəpɔp]

die Einkaufstüte
de **draagtas**
[ˈdraχtas]

die Taschenabteilung
de **tassenafdeling**
[ˈtasənavdelɪŋ]

der Imbissbereich
de/het **cafetaria**
[kafeˈtarija]

die Sportabteilung
de **sportafdeling**
[ˈspɔrtavdelɪŋ]

die Kurzwaren
de **fourniturenafdeling**
[furniˈty:rənavdelɪŋ]

die Unterwäsche
de **lingerie en onder-kleding**
[lɛ̃ʒəˈri ɛn ˈɔndərkledɪŋ]

die Kosmetikabteilung
de **cosmetica-afdeling**
[kɔsˈmetika-avdelɪŋ]

die Herrenabteilung
de **herenafdeling**
[ˈhe:rənavdelɪŋ]

die Damenabteilung
de **damesafdeling**
[ˈdaməsavdelɪŋ]

die Kinderabteilung
de **kinderafdeling**
[ˈkɪndəravdelɪŋ]

die Schuhabteilung
de **schoenenafdeling**
[ˈsχunənavdelɪŋ]

die Lebensmittel-abteilung
de **levensmiddelen-afdeling**
[ˈlevənsmɪdələnavdelɪŋ]

die Multimedia-Abteilung
de **multimedia-afdeling**
[mœltiˈmedija-avdelɪŋ]

die Heimtextilien-abteilung
de **woon- en textiel-afdeling**
[ˈwon ɛn tɛksˈtilavdelɪŋ]

die Schreibwaren-abteilung
de **afdeling papier en schrijfwaren**
[ˈavdelɪŋ paˈpi:r ɛn ˈsχrɛifwarən]

EINKAUFEN – WINKELEN

Der Supermarkt – De supermarkt

der Kassierer
de **kassier**
[kɑˈsiːr]

die Kundin
de **klant**
[klɑnt]

die Ware
de **koopwaar**
[ˈkopwaːr]

das Warentransport-band
de **kassaband**
[ˈkɑsabɑnt]

das Warenregal
het/de **schap**
[sχɑp]

der Einkaufswagen
het **winkelwagentje**
[ˈwɪŋkəlwaχencə]

die Kasse
de **kassa**
[ˈkɑsa]

der Scanner
de **scanner**
[ˈskɛnər]

die Käsetheke
de **kaasafdeling**
[ˈkasɑvdelɪŋ]

die Fleischtheke
de **vleesafdeling**
[ˈvlesɑvdelɪŋ]

die Einkaufsliste
het **boodschappen-lijstje**
[ˈbotsχɑpəlɛiʃə]

der Gang
het **gangpad**
[ˈχɑŋpɑt]

der Einkaufskorb
het **winkelmandje**
[ˈwɪŋkəlmɑncə]

der Strichcode
de **streepjescode**
[ˈstrepjəskodə]

das Sonderangebot
de **speciale aanbieding**
[speˈʃalə ˈambidɪŋ]

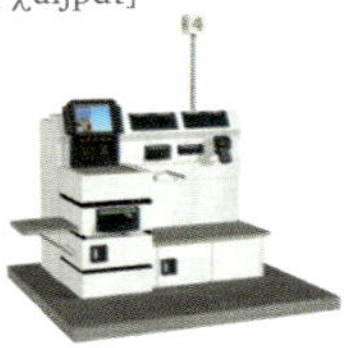

die Selbstbedienungs-kasse
de **zelfbedieningskassa**
[ˈzɛlfbədinɪŋskɑsa]

EINKAUFEN – WINKELEN

Der Supermarkt – De supermarkt

das Kühlregal
de **koeling**
[ˈkulɪŋ]

die Milchprodukte
de (pl) **zuivelproducten**
[ˈzœyvəlprodœktən]

die Tiefkühlkost
de (pl) **diepvries-artikelen**
[ˈdipfrisɑrtikələn]

das Obst und Gemüse
de **afdeling groente en fruit**
[ˈɑvdelɪŋ ˈχruntə ɛn frœyt]

das Fleisch und Geflügel
het **vlees en gevogelte**
[vles ɛn χəˈvoχeltə]

die Konserven
de (pl) **conserven**
[kɔnˈzɛrvən]

die Feinkost
de (pl) **delicatessen**
[delikaˈtɛsən]

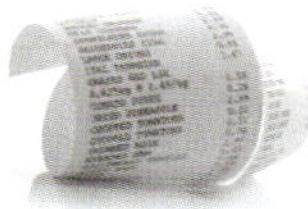

der Kassenzettel
de **kassabon**
[ˈkɑsabɔn]

die Babyartikel
de (pl) **babyartikelen**
[ˈbebiɑrtikələn]

die Frühstücksflocken
de **ontbijtgranen**
[ɔndˈbɛitχranən]

die Backwaren
het **brood en banket**
[brot ɛn bɑŋˈkɛt]

die Fischtheke
de **visafdeling**
[ˈvɪsɑvdelɪŋ]

die Getränke	de (pl) **dranken** [ˈdrɑŋkən]
die Süßigkeiten	de/het **snoep** [snup]
das Tierfutter	de **dierenvoeding** [ˈdiːrəvudɪŋ]
die Bioprodukte	de (pl) **biologische producten** [bijoˈloχisə proˈdœktən]
bezahlen	**afrekenen** [ˈɑfrekənən]
das Kleingeld	het **kleingeld** [ˈklɛiŋχɛlt]
der Preis	de **prijs** [prɛis]
das Preisschild	het **prijsje** [ˈprɛiʃə]

die Reinigungsmittel
de (pl) **schoonmaak-middelen**
[ˈsχomakmɪdələn]

EINKAUFEN – WINKELEN

Der Kiosk – De kiosk

die Zeitung
de **krant**
[krɑnt]

die Zeitschrift
het **tijdschrift**
[ˈtɛitsχrɪft]

das Notizbuch
het **notitieboekje**
[noˈtitsibukjə]

der/das Comic
de **strip**
[strɪp]

das Zeitschriftenregal
het **tijdschriftenrek**
[ˈtɛitsχrɪftərɛk]

die Grußkarte
de **groetkaart**
[ˈχrutkaːrt]

der Lottoschein
het **lottobriefje**
[ˈlɔtobrifjə]

das Buch
het **boek**
[buk]

der/das Kaugummi
de/het **kauwgom**
[ˈkɑuχɔm]

der/das Pfefferminz-bonbon
het **pepermuntje**
[pepərˈmœncə]

der Schokoriegel
de **chocoladereep**
[ʃokoˈladərep]

der Tabak
de **tabak**
[taˈbɑk]

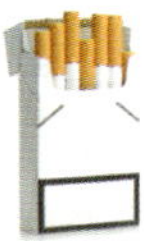

die Zigarette
de **sigaret**
[siχaˈrɛt]

die Pfeife
de **pijp**
[pɛip]

das Feuerzeug
de **aansteker**
[ˈanstekər]

die Zigarre
de **sigaar**
[siˈχaːr]

CAFÉS UND BARS – CAFÉS EN BARS

das Straßencafé
het **café met zitplaatsen buiten**
[kaˈfe mɛt ˈzɪtplatsən ˈbœytən]

die Sonnenterrasse
het **terras**
[tɛˈrɑs]

die Theke
de **bar**
[bɑːr]

die Kaffeemaschine
de **koffiemachine**
[ˈkɔfimaʃinə]

das Tablett
het **dienblad**
[ˈdimblɑt]

der Zapfhahn
de **tap**
[tɑp]

der Barkeeper
de **barkeeper**
[bɑːrkipər]

der Barista
de **barista**
[baˈrɪsta]

der Barhocker
de **barkruk**
[bɑːrkrœk]

der Korkenzieher
de **kurkentrekker**
[ˈkœrkətrɛkər]

der Cocktailshaker
de **cocktailshaker**
[ˈkɔktelʃekər]

der Weinkühler
de **wijnkoeler**
[ˈwɛiŋkulər]

etwas auf Rechnung setzen	**iets op de rekening zetten** [ˈwɛiŋkulər]
die Rechnung übernehmen	**de rekening betalen** [də ˈrekənɪŋ bəˈtalən]
sich auf einen Kaffee treffen	**samen ergens koffie drinken** [ˈsamə ˈɛrχəns ˈkɔfi ˈdrɪŋkən]
Wo sind bitte die Toiletten?	**waar is het toilet?** [waːr ɪsət twɑˈlɛt]
Ich hätte gern ...	**Ik wil graag ...** [ɪk wɪl χraχ]
Bitte ein Glas ...	**Een glas ..., alstublieft** [əŋ χlɑs ... ɑlstyˈblift]
Bitte eine Tasse ...	**Een kop ..., alstublieft** [əŋ kɔp ... ɑlstyˈblift]
Das Gleiche noch einmal.	**Hetzelfde nog een keer.** [hɛtˈsɛlfdə nɔχ əŋ keːr]

der Aschenbecher
de **asbak**
[ˈɑzbɑk]

SEHENSWÜRDIGKEITEN – BEZIENSWAARDIGHEDEN

der Stadtplan
de **stadsplattegrond**
[ˈstatsplatəχrɔnt]

die Touristen-information
de **toeristische informatie**
[tuˈrɪstisə ɪnfɔrˈmatsi]

der Reiseführer
de **reisgids**
[ˈrɛisχɪts]

das Souvenir
het **souvenir**
[suvəˈni:r]

die Stadtbesichtigung
de **stadswandeling**
[ˈstatswandelɪŋ]

die Stadtrundfahrt
de **rondrit door de stad**
[ˈrɔntrɪt do:r də stat]

die Kanalfahrt
de **grachtenrondvaart**
[χraχtərɔntfa:rt]

das Aquarium
het **aquarium**
[aˈkwarijəm]

die Aussichtsplattform
het **uitkijkplatform**
[ˈœytkɛikplatfɔrm]

die Ausstellung
de **tentoonstelling**
[tɛnˈtonstɛlɪŋ]

der Straßenmusiker
de **straatmuzikant**
[ˈstratmyzikant]

der Straßenkünstler
de **straatartiest**
[ˈstratartist]

die Warteschlange
de **rij**
[rɛi]

der Fremdenführer	de **gids** [χɪts]
die Fremdenführerin	de **gids** [χɪts]
der Ausflug	de **excursie** [ɛksˈkœrzi]
die Öffnungszeiten	de (pl) **openingstijden** [ˈopənɪŋstɛidən]
geöffnet	**geopend** [χəˈopənt]
geschlossen	**gesloten** [χəˈslotən]
das Eintrittsgeld	de **toegangsprijs** [ˈtuχaŋsprɛis]
die Ermäßigung	de **korting** [ˈkɔrtɪŋ]

DIE ARCHITEKTUR – DE ARCHITECTUUR

klassizistisch
classicistisch
[klɑsiˈsɪstis]

gotisch
gotisch
[ˈχotis]

barock
barok
[baˈrɔk]

romanisch
romaans
[roˈmans]

die Renaissance
de **renaissance**
[rənɛˈsɑ̃sə]

der/das Art déco
de **art deco**
[aːrdeˈko]

der Jugendstil
de **jugendstil**
[ˈjugəntʃtil]

das Rokoko
het/de **rococo**
[rokoˈko]

das Bauhaus
het **Bauhaus**
[ˈbauhɑus]

die Säule
de **zuil**
[zœyl]

der Bogen
de **boog**
[bɔχ]

die Kuppel
de **koepel**
[ˈkupəl]

die Fassade	de **voorgevel** [voːrχevəl]
der Flügel	de **vleugel** [ˈvløχəl]
das Gewölbe	het **gewelf** [χəˈwɛlf]
das Grabmal	het **grafmonument** [ˈχrɑfmonymɛnt]
der Innenhof	de **binnenplaats** [ˈbɪnəplats]
die Stadtmauer	de **stadsmuur** [ˈstɑtsmyːr]
die Katakomben	de (pl) **catacomben** [kataˈkɔmbən]
die Gedenkstätte	het **gedenkteken** [χəˈdɛŋktekən]

das Wahrzeichen
de **bekendste beziens-waardigheid** [bəˈkɛntstə bəzinsˈwaːrdəχɛit]

PARK UND SPIELPLATZ – PARK EN SPEELTUIN

der Kurpark
het **kuurpark**
[ˈky:rpɑrk]

① *der Pavillon*
het **paviljoen**
[pavɪlˈjun]

② *der Fußweg*
het **wandelpad**
[ˈwandəlpɑt]

③ *die Liegewiese*
de **ligweide**
[ˈlɪχwɛidə]

die Gartenanlage
het **plantsoen**
[plɑnˈtsun]

④ *der Brunnen*
de **fontein**
[fɔnˈtɛin]

⑤ *die Parkbank*
de **parkbank**
[ˈpɑrkbɑŋk]

der botanische Garten
de **botanische tuin**
[boˈtanisə tœyn]

der Schlosspark
het **kasteelpark**
[kɑˈstelpɑrk]

der Landschaftspark
het **landschapspark**
[ˈlɑntsχɑpspɑrk]

der See
het **meer**
[me:r]

der Nationalpark
het **nationaal park**
[ˈnatʃonal pɑrk]

der Bergpark
het **bergpark**
[ˈbɛrχpɑrk]

der Zoo
de **dierentuin**
[ˈdi:rətœyn]

der Wildpark
het **safaripark**
[saˈfa:ripɑrk]

PARK UND SPIELPLATZ – PARK EN SPEELTUIN

der Spielplatz
de **speeltuin**
[ˈspeltœyn]

① *das Klettergerüst*
het **klimrek**
[ˈklɪmrɛk]

② *die Rutsche*
de **glijbaan**
[ˈχlɛiban]

③ *die Schaukel*
de **schommel**
[ˈsχɔməl]

④ *die Wippe*
de **wip**
[wɪp]

der Sandkasten
de **zandbak**
[ˈzandbɑk]

das Hangelgerüst
de **ringenbaan**
[ˈrɪŋəban]

der Irrgarten
de **doolhof**
[ˈdolhɔf]

der Vergnügungspark
het **pretpark**
[ˈprɛtpɑrk]

der Grillplatz
de **barbecueplek**
[ˈbɑrbəkjuplɛk]

das Picknick
de **picknick**
[ˈpɪknɪk]

spazieren gehen
wandelen
[ˈwɑndələn]

das Slacklining
het **slacklinen**
[ˈslɛklainən]

joggen
joggen
[ˈdʒɔgən]

das Planschbecken
het **pierenbadje**
[ˈpiːrəbɑcə]

BILDUNG UND BERUF

OPLEIDING EN BEROEP

DIE SCHULE – DE SCHOOL

der Kindergarten
de **peuterspeelzaal**
[pøtərˈspelzal]

die Vorschule
de **kleuterklas**
[ˈkløtərklɑs]

die Grundschule
de **basisschool**
[ˈbazɪsχol]

die weiterführende Schule
het **voortgezet onderwijs**
[ˈvoːrtχəzɛt ˈɔndərwɛis]

das Gymnasium
het **vwo**
[veweˈo]

die Klasse
de **klas**
[klɑs]

die Prüfung
het **tentamen**
[tɛnˈtamən]

die Aula
de **aula**
[ˈɑula]

der Computerraum
het **computerlokaal**
[kɔmˈpjutərlokal]

die Schulleiterin
de **rector**
[ˈrɛktɔr]

die Lehrerin
de **lerares**
[leraˈrɛs]

der Sportplatz
het **sportveld**
[ˈspɔrtfɛlt]

die Schuluniform
het **schooluniform**
[ˈsχolynifɔrm]

der Aufsatz	het **opstel** [ɔpstɛl]
die Klassenarbeit	het **proefwerk** [ˈprufwɛrk]
die Note	het **cijfer** [ˈsɛifər]
seinen/ihren Abschluss machen	**eindexamen doen** [ˈɛintɛksamən dun]
der mittlere Schulabschluss	het **einddiploma** [ˈɛindiploma]
die Privatschule	de **particuliere school** [pɑrtikyˈliːrə sχol]
das Abitur	het **vwo-eindexamen** [veweo-ˈɛintɛksamən]
das Internat	het **internaat** [ɪntərˈnat]

DIE SCHULE – DE SCHOOL

Das Klassenzimmer – Het klaslokaal

das Lehrerpult
de **lessenaar**
[ˈlɛsəna:r]

die Tafel
het **bord**
[bɔrt]

der Schüler
de **leerling**
[ˈle:rlɪŋ]

die Schülerin
de **leerlinge**
[ˈle:rlɪŋə]

der Winkelmesser
de **gradenboog**
[ˈχradəboχ]

der Bleistift
het **potlood**
[ˈpɔtlot]

das Schulheft
het **schoolschrift**
[ˈsχolsχrɪft]

das Federmäppchen
het **etui**
[eˈtwi]

das Zeichendreieck
de **tekendriehoek**
[ˈtekəndrihuk]

das Lineal
de **liniaal**
[liniˈjal]

die Schultasche	de **schooltas** [ˈsχoltɑs]
das Wörterbuch	het **woordenboek** [ˈwo:rdəbuk]
die Nachhilfe	de **bijles** [ˈbɛilɛs]
die Kreide	het **krijtje** [ˈkrɛicə]
das Schulbuch	het **schoolboek** [ˈsχolbuk]
der Füller	de **vulpen** [ˈvœlpɛn]
die Tintenpatrone	de **inktpatroon** [ɪŋktpatron]
der Marker	de **markeerstift** [mɑrˈke:rstɪft]

der Taschenrechner
de **zakrekenmachine**
[zɑkˈrekəmaʃinə]

DIE SCHULE – DE SCHOOL

Die Schulfächer – De schoolvakken

die Biologie
de **biologie**
[bijolo'χi]

die Mathematik
de **wiskunde**
['wɪskœndə]

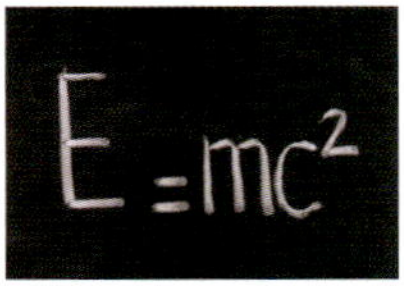

die Physik
de **natuurkunde**
[na'ty:rkœndə]

die Chemie
de **scheikunde**
['sχɛikœndə]

der Religionsunterricht
de **godsdienstles**
['χotsdinstlɛs]

der Ethikunterricht
de **levensbeschouwing**
['levənsbəsχauwɪŋ]

die Kunst
de **beeldende vorming**
['beldəndə 'vɔrmɪŋ]

die Erdkunde
de **aardrijkskunde**
['a:rtrɛikskœndə]

die Fremdsprachen
de (pl) **vreemde talen**
['vremdə 'talən]

die Geschichte
de **geschiedenis**
[χə'sχidənɪs]

der Sport
de **gymnastiek**
[χɪmnɑ'stik]

die Musik
de **muziek**
[my'zik]

das Drama
de **dramatische expressie**
[dramatisə ɛks'prɛsi]

die Informatik
de **informatica**
[ɪnfɔr'matika]

der Werkunterricht
de **handenarbeid**
['hɑndənɑrbɛit]

die Gemeinschaftskunde
de **maatschappijleer**
[matsχa'pɛile:r]

DIE SCHULE – DE SCHOOL

Die Schulfächer – De schoolvakken

das Technische Zeichnen
het **technisch tekenen**
[ˈtɛχnis ˈtekənən]

die Hauswirtschaft
de **huishoudkunde**
[ˈhœyshɑutkœndə]

schreiben
schrijven
[ˈsχrɛivən]

rechnen
rekenen
[ˈrekənən]

buchstabieren
spellen
[ˈspɛlən]

lesen
lezen
[ˈlezən]

sich melden
zijn vinger opsteken
[zən ˈvɪŋər ˈɔpstekən]

die Klassenfahrt
het **schoolreisje**
[ˈsχolrɛiʃə]

der Stundenplan
het **rooster**
[ˈrostər]

der Abschlussball
het **eindexamengala**
[ˈɛintɛksaməχala]

die Hausaufgabe
het **huiswerk**
[ˈhœyswɛrk]

das Sportfest
de **sportdag**
[ˈspɔrdɑχ]

zeichnen	**tekenen** [ˈtekənən]
zählen	**tellen** [ˈtɛlən]
die Übung	de **oefening** [ˈufənɪŋ]
der Elternabend	de **ouderavond** [ˈɑudəravɔnt]
das Zeugnis	het **rapport** [raˈpɔrt]
der Schüleraustausch	de **leerlingenuitwisseling** [ˈle:rlɪŋənœytwɪsəlɪŋ]
der Lehrplan	het **leerplan** [ˈle:rplɑn]
das Schulfach	het **schoolvak** [ˈsχolvɑk]

die Ferien
de **vakantie**
[vaˈkɑn(t)si]

DIE SCHULE – DE SCHOOL

Im Labor – In het scheikundelokaal

der Versuch
het **experiment**
[ɛksperiˈmɛnt]

die Schutzbrille
de **veiligheidsbril**
[ˈvɛiləχɛitsbrɪl]

der Kittel
de **laboratoriumjas**
[laboraˈtɔrijəmjɑs]

das Reagenzglas
de **reageerbuis**
[rejaˈχeːrbœys]

der Chemikalienhandschuh
de **veiligheidshandschoen**
[ˈvɛiləχɛitshɑntsχun]

die Laborausrüstung
de (pl) **laboratoriumspullen**
[laboraˈtɔrijəmspœlən]

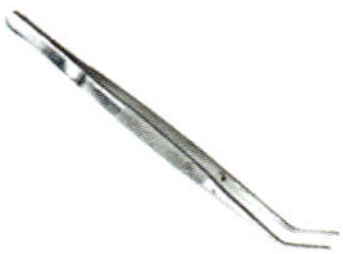

die Pinzette
het/de **pincet**
[pɪnˈsɛt]

das Skalpell
de **scalpel**
[ˈskɑlpəl, skɑlˈpɛl]

die Lupe
het **vergrootglas**
[vərˈχrotχlas]

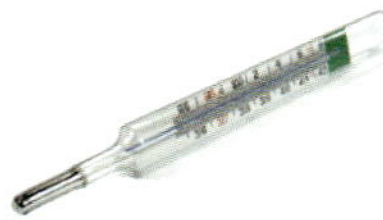

das Thermometer
de **thermometer**
[ˈtɛrmometər]

die Laborwaage
de **weegschaal**
[ˈweχsχal]

die Stoppuhr
de **stopwatch**
[ˈstɔpwɔtʃ]

der Magnet
de **magneet**
[mɑχˈnet]

die Batterie
de **batterij**
[bɑteˈrɛi]

DIE SCHULE – DE SCHOOL

Im Labor – In het scheikundelokaal

das Mikroskop
de **microscoop**
[mikro'skop]

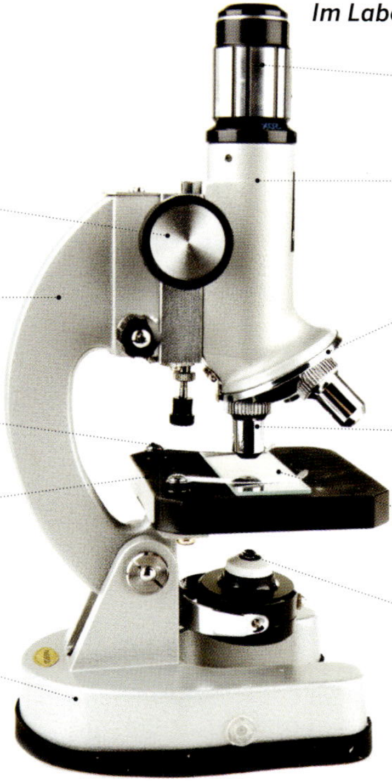

das Einstellrad
de **instelknop**
['ɪnstɛlknɔp]

das Stativ
het **juk**
[jœk]

die Objektklemme
de **objectklem**
[ɔp'jɛktklɛm]

der Objekttisch
de **objecttafel**
[ɔp'jɛktafəl]

der Fuß
de **voet**
[vut]

das Okular
het **oculair**
[oky'lɛːr]

der Tubus
de **oculairbuis**
[oky'lɛːrbœys]

der Objektivrevolver
de **revolver**
[rə'vɔlvər]

das Objektiv
het **objectief**
[ɔpjɛk'tif]

der Objektträger
het **objectglas**
[ɔp'jɛktχlas]

die Lampe
de **lamp**
[lɑmp]

die Pipette
de/het **pipet**
[pi'pɛt]

die Petrischale
de **petrischaal**
['petrisχal]

das Drahtnetz
het **draadgaas**
['dratχas]

der Dreifuß
de **driepoot**
['dripot]

der Bunsenbrenner
de **bunsenbrander**
['bœnsəbrɑndər]

DIE SCHULE – DE SCHOOL

In der Pause – In de pauze

die Mittagspause
de **middagpauze**
[ˈmɪdaχpauzə]

das Tablett
het **dienblad**
[ˈdimblɑt]

die Butterbrotdose
de **broodtrommel**
[ˈbrotrɔməl]

das Pausenbrot
het **twaalfuurtje**
[twal(ə)fˈy:rtjə]

die Schulglocke
de **schoolbel**
[ˈsχolbɛl]

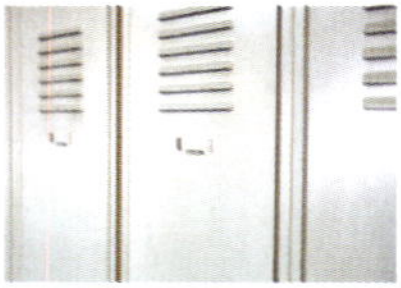

der Spind
de **locker**
[ˈlɔkər]

die Pause
de **pauze**
[ˈpɑuzə]

der Schulhof
het **schoolplein**
[ˈsχolplɛin]

Himmel und Hölle spielen
hinkelen
[ˈhɪŋkələn]

der Speisesaal
de **kantine**
[kɑnˈtinə]

das Lunchpaket
het **lunchpakket**
[ˈlœnʃpakɛt]

die Essensausgabe
de **uitserveerbalie**
[ˈœytsɛrve:rbali]

DIE SCHULE – DE SCHOOL

Die Sporthalle – De sporthal

der Volleyball
de **volleybal**
[ˈvɔlibɑl]

der Basketball
de **basketbal**
[ˈbɑskɛdbɑl]

der Handball
de **handbal**
[ˈhɑndbɑl]

der Fußball
de **voetbal**
[ˈvudbɑl]

der Baseball
de **honkbal**
[ˈhɔŋgbɑl]

der Federball
de **shuttle**
[ˈʃœtəl]

der Tennisball
de **tennisbal**
[ˈtɛnəzbɑl]

der Football
de **Amerikaanse voetbal**
[ameriˈkansə ˈvudbɑl]

der Puck
de **puck**
[pœk]

der Basketballkorb
het **basketbalnet**
[ˈbɑskɛdbɑlnɛt]

die Sprossenwand
het **wandrek**
[ˈwɑntrɛk]

das Korbbrett
het **bord**
[bɔrt]

die Strickleiter
de **touwladder**
[ˈtɑuladər]

das Trampolin
de **trampoline**
[trɑmpoˈlinə]

die Ringe
de (pl) **ringen**
[ˈrɪŋən]

das Springseil
het **springtouw**
[ˈsprɪŋtɑu]

DIE UNIVERSITÄT – DE UNIVERSITEIT

der Campus
de **campus**
[ˈkɑmpœs]

der Hörsaal
de **collegezaal**
[kɔˈleʒəzal]

die Politikwissenschaft
de **politicologie**
[politikoloˈχi]

die Kunstgeschichte
de **kunstgeschiedenis**
[ˈkœnstχəsχidənɪs]

die Rechtswissenschaft
rechten
[ˈrɛχtən]

die Betriebswirtschaftslehre
de **bedrijfseconomie**
[bəˈdrɛifsekonomi]

die Geisteswissenschaften
de (pl) **geesteswetenschappen**
[ˈχestəswetəsχɑpən]

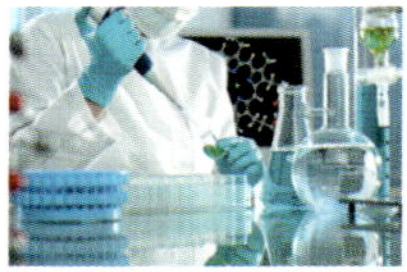

die Naturwissenschaften
de (pl) **natuurwetenschappen**
[naˈty:rwetəsχɑpən]

das Ingenieurwesen
de (pl) **ingenieurswetenschappen**
[ɪnʒəˈɲø:rswetəsχɑpən]

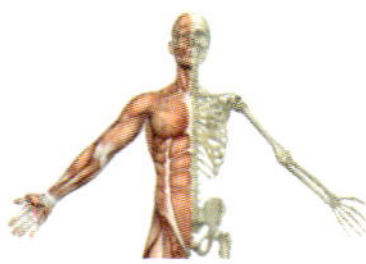

die Medizin
de **geneeskunde**
[χəˈneskœndə]

die Pädagogik
de **pedagogiek**
[pedaχoˈχik]

der Professor
de **hoogleraar**
[hoχˈlera:r]

die Dozentin
de **docente**
[doˈsɛntə]

das Diplom	het **diploma** [diˈploma]
der Bachelor	de **bachelor** [bɛtʃələr]
der Master	de **master** [mɑ:stər]
die Dissertation	het **proefschrift** [ˈprufsχrɪft]
die Promotion	de **promotie** [proˈmotsi]
die Habilitation	de **habilitatie** [habiliˈtatsi]
die Forschung	het **onderzoek** [ˈɔndərzuk]
das Forschungsinstitut	het **onderzoeksinstituut** [ˈɔndərzuksɪnstityt]

DIE UNIVERSITÄT – DE UNIVERSITEIT

ein Referat halten
een referaat houden
[ən refəˈrat ˈhɑudən]

das Seminar
de **werkgroep**
[ˈwɛrkχrup]

die Vorlesung
het **hoorcollege**
[ˈhoːrkɔleʒə]

die Klausur
het **schriftelijk tentamen**
[ˈsχrɪftələk tɛnˈtamən]

der Lesesaal
de **leeszaal**
[ˈlesal]

die Ausleihe
de **uitleenbalie**
[ˈœytlenbali]

das Bücherregal
de **boekenkast**
[ˈbukəkɑst]

die mündliche Prüfung
het **mondeling tentamen**
[ˈmɔndəlɪŋ tɛnˈtamən]

sein Studium abschließen
afstuderen
[ˈɑfstydeːrən]

das Studentenwohnheim
de **studentenflat**
[styˈdɛntəflɛt]

die Mensa
de **mensa**
[ˈmɛnza]

die Bibliothek
de **bibliotheek**
[biblijoˈtek]

der Student
de **student**
[styˈdɛnt]

der Bibliothekar	de **bibliothecaris** [biblijoteˈkaːrɪs]
die Bibliothekarin	de **bibliothecaresse** [biblijotekaˈrɛsə]
der Bibliotheksausweis	de **lenerspas** [ˈlenərspɑs]
ausleihen	**lenen** [ˈlenən]
verlängern	**verlengen** [vərˈlɛŋən]
vorbestellen	**reserveren** [rezɛrˈveːrən]
das Rückgabedatum	de **inleverdatum** [ˈɪnlevərdatəm]
das Periodikum	het/de **periodiek** [perijoˈdik]

DIE UNIVERSITÄT – DE UNIVERSITEIT

die Lerngruppe
de **leergroep**
[ˈleːrχrup]

lernen
studeren
[styˈdeːrən]

das Praxissemester
het **stagesemester**
[ˈstaʒəsəmɛstər]

das Praktikum
de **stage**
[ˈstaʒə]

das Volontariat
de **vrijwillige stage**
[vrɛiˈwɪləχə ˈstaʒə]

das freie Jahr
het **tussenjaar**
[ˈtœsəjaːr]

jobben
een bijbaantje hebben
[əm ˈbɛibancə ˈhɛbən]

das schwarze Brett
het **mededelingenbord**
[ˈmedədelɪŋəbɔrt]

die Ausbildung
de **opleiding**
[ˈɔplɛidɪŋ]

die Berufsfachschule
de **vakopleiding**
[ˈvɑkɔplɛidɪŋ]

die Kunsthochschule
de **kunstacademie**
[ˈkœnstɑkaˈdemi]

die Musikhochschule
het **conservatorium**
[kɔnsərvaˈtoːrijəm]

die Akademie für darstellende Künste
de **toneelschool**
[toˈnelsχol]

der Studentenausweis	de **collegekaart**	[kɔˈleʒəkaːrt]
der Kurs	de **cursus**	[ˈkœrzəs]
das Semester	het **semester**	[səˈmɛstər]
die Semesterferien	de **collegevrije periode**	[kɔˈleʒəvrɛijə periˈjodə]
der Fachbereich	de **vakgroep**	[ˈvɑkχrup]
die Hausarbeit	de **scriptie**	[ˈskrɪpsi]
der Hochschulabschluss	het **universitair diploma**	[ynivɛrziˈtɛːr diˈploma]
das Stipendium	het **stipendium**	[stiˈpɛndijœm]

DIE ARBEITSWELT – HET BEROEPSLEVEN

Die Bewerbung – De sollicitatie

das Bewerbungsgespräch
het **sollicitatiegesprek**
[sɔlisiˈtatsiχəsprɛk]

die Personalreferentin
de **personeelsfunctionaris**
[pɛrsoˈnelsfœŋkʃonarɪs]

der Lebenslauf
het **cv**
[seˈve]

die Bewerbungsunterlagen
de (pl) **sollicitatiestukken**
[sɔlisiˈtatsistœkən]

die Bewerberin
de **sollicitante**
[sɔlisitɑntə]

die Stellenanzeige
de **personeelsadvertentie**
[pɛrsoˈnelsɑtfərtɛntsi]

die Zeitarbeit
de **tijdelijke baan**
[ˈtɛidələkə ban]

die Festanstellung
de **vaste aanstelling**
[ˈvɑstə ˈanstɛlɪŋ]

die Karriere
de **carrière**
[kɑriˈjɛːrə]

sich um eine Stelle bewerben	**solliciteren naar een betrekking** [sɔlisiˈteːrən naːr ən bəˈtrɛkɪŋ]
die Arbeitsbedingungen	de (pl) **arbeidsvoorwaarden** [ˈɑrbɛitsvoːrwaːrdən]
die Schichtarbeit	de **ploegendienst** [ˈpluχədinst]
die Teilzeit	de **deeltijdbaan** [ˈdeltɛidban]
die Vollzeit	de **voltijdbaan** [ˈvɔltɛidban]
die Qualifikation	de **kwalificatie** [kwalifiˈkatsi]
die Berufserfahrung	de **werkervaring** [ˈwɛrkərvaːrɪŋ]

jemanden einstellen
iemand aannemen
[ˈimɑnt ˈanemən]

DIE ARBEITSWELT - HET BEROEPSLEVEN

Berufe - Beroepen

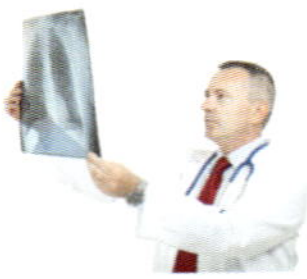

der Arzt
de **arts**
[ɑrts]

der Chirurg
de **chirurg**
[ʃiˈrœrχ]

der Krankenpfleger
de **verpleegkundige**
[vərpleχˈkœndəχə]

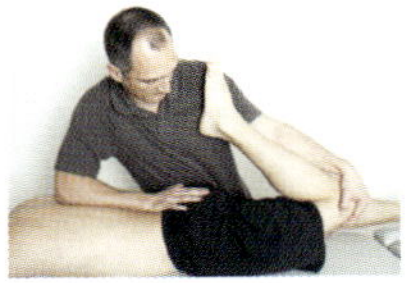

der Physiotherapeut
de **fysiotherapeut**
[ˈfizijoterapœyt]

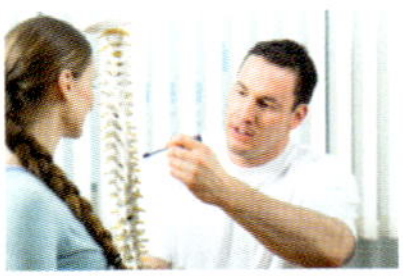

der Orthopäde
de **orthopeed**
[ɔrtoˈped]

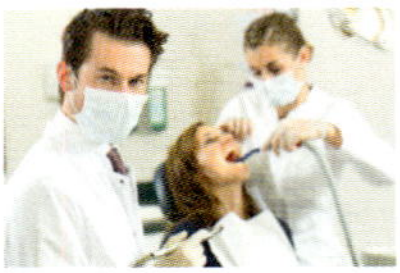

der Zahnarzt
de **tandarts**
[ˈtɑndɑrts]

die Psychologin
de **psychologe**
[psiχoˈloχe]

die Apothekerin
de **apothekeres**
[apotekəˈrɛs]

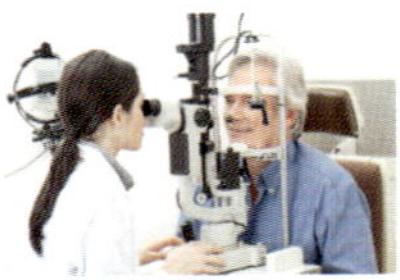

die Optikerin
de **optometriste**
[ɔptomeˈtrɪstə]

der Tierarzt
de **dierenarts**
[ˈdiːrənɑrts]

die Empfangsdame
de **receptioniste**
[resɛpʃoˈnɪstə]

der Rechtsanwalt
de **advocaat**
[ɑtfoˈkat]

die Richterin
de **rechter**
[ˈrɛχtər]

der Wirtschaftsprüfer
de **accountant**
[əˈkauntənt]

die Unternehmens-beraterin
de **bedrijfsadviseur**
[bəˈdrɛifsɑtfizøːr]

der Informatiker
de **informaticus**
[ɪnfɔrˈmatikœs]

DIE ARBEITSWELT – HET BEROEPSLEVEN

Berufe – Beroepen

der Architekt
de **architect**
[ɑrχiˈtɛkt]

die Ingenieurin
de **ingenieur**
[ɪnʒəɲø:r]

der Schreiner
de **timmerman**
[ˈtɪmərmɑn]

der Elektriker
de **elektricien**
[elɛktriˈʃɛ̃]

der Klempner
de **loodgieter**
[ˈlotχitər]

der Dachdecker
de **dakdekker**
[ˈdɑgdɛkər]

der Maler
de **schilder**
[ˈsχɪldər]

der Müllmann
de **vuilnisman**
[ˈvœylnəsmɑn]

die Kfz-Mechanikerin
de **automonteuse**
[ˈɑutomɔntøzə]

der Landwirt
de **boer**
[bu:r]

die Soldatin
de **beroepsmilitair**
[bəˈrupsmilitɛ:r]

die Briefträgerin
de **postbode**
[ˈpɔs(t)bodə]

der Bauarbeiter
de **bouwvakker**
[ˈbɑuvɑkər]

der Gebäudereiniger
de **schoonmaker**
[ˈsχomakər]

der Landschafts-gärtner
de **hovenier**
[hovəˈni:r]

der Fischer
de **visser**
[ˈvɪsər]

DIE ARBEITSWELT – HET BEROEPSLEVEN

Berufe – Beroepen

der Pilot
de **piloot**
[piˈlot]

die Flugbegleiterin
de **stewardess**
[stjuwɑrˈdɛs]

der Koch
de **kok**
[kɔk]

der Kellner
de **kelner**
[ˈkɛlnər]

der Bäcker
de **bakker**
[ˈbɑkər]

die Metzgerin
de **slageres**
[slaχəˈrɛs]

der Verkäufer
de **verkoper**
[vərˈkopər]

die Friseurin
de **kapster**
[ˈkɑpstər]

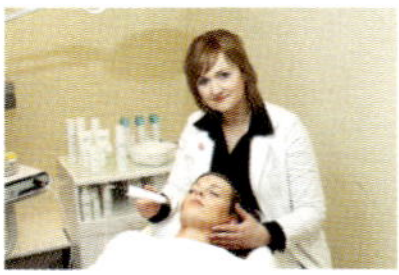

die Kosmetikerin
de **schoonheids-specialiste**
[ˈsχonhɛitsspeʃalɪstə]

der Gärtner
de **tuinman**
[ˈtœymɑn]

die Immobilien-maklerin
de **makelares**
[makəlaˈrɛs]

die Bürokauffrau
de **commercieel mede-werkster binnendienst**
[kɔmərˈʃel ˈmedəwɛrkstər ˈbɪnədinst]

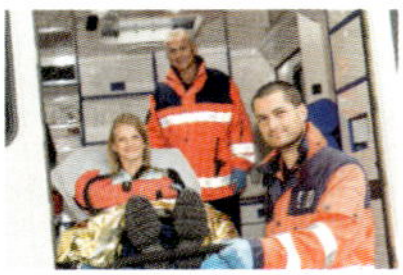

der Sanitäter
de **ambulanceverpleeg-kundige**
[ɑmbylɑnsfərpleχˈkœndəχə]

der Busfahrer
de **buschauffeur**
[ˈbœʃofø:r]

der Taxifahrer
de **taxichauffeur**
[ˈtɑksiʃofø:r]

der Paketzusteller
de **pakketbezorger**
[pɑˈkɛtbəzɔrχər]

DIE ARBEITSWELT – HET BEROEPSLEVEN

Berufe – Beroepen

die Journalistin
de **journaliste**
[ʒurnaˈlɪstə]

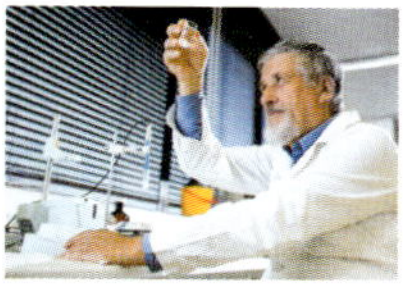

der Wissenschaftler
de **wetenschapper**
[ˈwetəsχɑpər]

die Grafikerin
de **grafisch vormgeefster**
[ˈχrafis ˈvɔrmgefstər]

der Profisportler
de **beroepssporter**
[bəˈrupspɔrtər]

die Moderatorin
de **presentatrice**
[prezɛntaˈtrisə]

die Schauspielerin
de **actrice**
[ɑkˈtrisə]

die Sängerin
de **zangeres**
[zɑŋəˈrɛs]

der Tänzer
de **danser**
[ˈdɑnsər]

die Kunstmalerin
de **kunstschilder**
[ˈkœnstsχɪldər]

der Fotograf
de **fotograaf**
[fotoˈχraf]

die Musikerin
de **musicienne**
[myziˈʃɛnə]

die Schneiderin
de **kleermaakster**
[ˈkleːrmakstər]

der Bildhauer
de **beeldhouwer**
[ˈbelthɑuwər]

die Bankkauffrau
de **bankmedewerkster**
[ˈbɑŋkmedəwɛrkstər]

der Bibliothekar
de **bibliothecaris**
[biblijoteˈkaːrɪs]

der Lehrer
de **leraar**
[ˈlerar]

DIE ARBEITSWELT – HET BEROEPSLEVEN

Das Organigramm – De bedrijfsstructuur

das Sekretariat
het **secretariaat**
[sɪkrətari'jat]

der kaufmännische Bereich
de **afdeling marketing en verkoop**
['ɑvdelɪŋ 'mɑ:kətɪŋ ɛn 'vɛrkop]

die kaufmännische Leitung
het **hoofd marketing en verkoop**
[hoft 'mɑ:kətɪŋ ɛn 'vɛrkop]

die IT-Leitung
het **hoofd ICT**
[hoft aisi'ti]

die Buchhaltung
de **boekhouding** ['bukhaudɪŋ]

das Controlling
de **controller** [cɔntɹoləɹ]

das sekundäre Geschäftsfeld
de **secundaire business**
[sekœn'dɛ:re 'bɪznɪs]

die Geschäftsführung
de **algemeen directeur**
['ɑlχemen dirɛk'tø:r]

das primäre Geschäftsfeld
de **primaire business**
[pri'mɛ:rə 'bɪznɪs]

die Geschäftsführung
de **algemeen directeur**
['ɑlχemen dirɛk'tø:r]

das Team
het **team** [tim]

die Teamleitung
de **teamleider**
['timlɛidər]

der Angestellte
de **werknemer** [wɛrk'nemər]

die Zweigstelle
het **filiaal**
[fili'jal]

der Manager
de **manager**
['mɛnədʒər]

die Aktiengesellschaft (AG)	de **naamloze vennootschap (nv)** ['namlozə 'vɛnotsχɑp (ɛn've)]
der Aktionär/die Aktionärin	de **aandeelhouder** ['andelhɑudər]/de **aandeelhoudster** ['andelhɑutstər]
die Gesellschaft mit beschränkter Haftung (GmbH)	de **besloten vennootschap met beperkte aansprakelijkheid (bv)** [bə'slotə 'vɛnotsχɑp mɛt bə'pɛrktə an'sprakələkɛit (be've)]
die GmbH & Co. KG	de **commanditair vennootschap met beperkte aansprakelijkheid** [kɔmɑndi'tɛ:rə 'vɛnotsχɑp mɛt bə'pɛrktə an'sprakələkɛit]
die Kommanditgesellschaft (KG)	de **commanditaire vennootschap** [kɔmɑndi'tɛ:rə 'vɛnotsχɑp]
die offene Handelsgesellschaft (OHG)	de **vennootschap onder firma (vof)** ['vɛnotsχɑp 'ɔndər 'firma (veo'ɛf)]
der Konzern	het **concern** [kɔn'sœ:rn]

der Vorstand
de **directie**
[diˈrɛksi]

der Gesellschafter
de **compagnon**
[kɔmpɑˈɲɔn]

die Geschäftsführung
de **algemeen directeur**
[ˈɑlχemen dirɛktøːr]

die stellvertretende Geschäftsführung
de **plaatsvervangend directeur**
[ˈplatsfərvɑŋənt dirɛkˈtøːr]

der Prokurist
de **procuratiehouder**
[prokyˈratsihɑudər]

die Personalabteilung
de **afdeling personeelszaken**
[ˈɑvdelɪŋ pɛrsoˈnelsakən]

die Personalleitung
het **hoofd personeelszaken**
[hoft pɛrsoˈnelsakən]

die Rechtsabteilung
de **afdeling juridische zaken**
[ˈɑvdelɪŋ jyˈridisə zakən]

die Marketingabteilung
de **afdeling marketing**
[ˈɑvdelɪŋ ˈmɑːkətɪŋ]

die Marketingleitung
het **hoofd marketing**
[hoft ˈmɑːkətɪŋ]

die PR-Abteilung
de **pr-afdeling**
[peˈɛr-ɑvdelɪŋ]

die Produktion
de **productie**
[proˈdœksi]

die Produktionsleitung
het **hoofd productie**
[hoft proˈdœksi]

der Betriebsrat
de **ondernemingsraad**
[ˈɔndərˈnemɪŋsrat]

der Vertrieb
de **afdeling verkoop**
[ˈɑvdelɪŋ ˈvɛrkop]

die Vertriebsleitung
het **hoofd verkoop**
[hoft ˈvɛrkop]

das Key-Account-Management
het **keyaccountmanagement**
[ˈkiəkɑuntmɛnətʃmɛnt]

der Außendienst
de **buitendienst**
[ˈbœytədinst]

der Innendienst
de **binnendienst**
[ˈbɪnədinst]

der Kundendienst
de **klantendienst**
[ˈklɑntədinst]

die Kundenakquise
de **acquisitie**
[ɑkwiˈzitsi]

DAS BÜRO – HET KANTOOR

Büromöbel – Kantoormeubilair

der Arbeitsplatz
de **werkplek**
[ˈwɛrkplɛk]

die Ablage
de **brievenbak**
[ˈbrivəbɑk]

die Schublade
de **la**
[la]

die Büromöbel
het **kantoormeubilair**
[kɑnˈtoːrmøbilɛːr]

der Schreibtisch
het **bureau**
[byˈro]

die Schreibunterlage
de **onderlegger**
[ˈɔndərlɛχər]

der Bürostuhl
de **bureaustoel**
[byˈrostul]

der Safe
de **kluis**
[klœys]

der Aktenschrank
de **dossierkast**
[doˈʃekɑst]

der Wasserspender
de **waterkoeler**
[ˈwatərkulər]

die Schreibtischlampe
de **bureaulamp**
[byˈrolɑmp]

die Pinnwand
het **prikbord**
[ˈprɪgbɔrt]

der Papierkorb
de **prullenbak**
[ˈprœləbɑk]

der Terminkalender	de **agenda** [aˈχɛnda]
die Akte	het **document** [dokyˈmɛnt]
der Aktenvernichter	de **papiervernietiger** [paˈpiːrvərnitəχər]
das Postfach	het **postvak** [ˈpɔs(t)fɑk]
der Termin	de **afspraak** [ˈɑfsprak]
die Hauspost	de **interne post** [ɪnˈtɛrnə pɔst]
die Ablage für Eingänge	de **inbak** [ˈɪmbɑk]
die Teeküche	de **koffiekeuken** [ˈkɔfikøkən]

DAS BÜRO – HET KANTOOR

Der Bürobedarf – Bureauartikelen

die Schere
de **schaar**
[sχaːr]

der Textmarker
de **markeerstift**
[mɑrˈkeːrstɪft]

der Stiftehalter
het **pennenbakje**
[ˈpɛnəbɑkjə]

das Notizbuch
het **notitieboekje**
[noˈtitsibukjə]

die Haftnotiz
het **zelfklevende memo**
[ˈzɛlfklevəndə ˈmemo]

der Bleistift
het **potlood**
[ˈpɔtlot]

der Haftstreifen
de **sticky note**
[stɪkiˈnot]

der Bleistiftspitzer
de **puntenslijper**
[ˈpœntəslɛipər]

der Radiergummi
de/het **vlakgom**
[ˈvlɑkχɔm]

der Kugelschreiber
de **balpen**
[ˈbɑlpɛn]

die Büroklammer
de **paperclip**
[ˈpepɛrklɪp]

die Reißzwecke
de **punaise**
[pyˈnɛːzə]

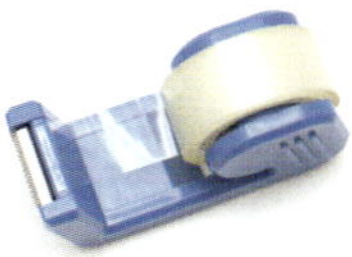

der Tesafilm®
het **plakband**
[ˈplɑgbɑnt]

der Tacker
de **nietmachine**
[ˈnitmaʃinə]

der Locher
de **perforator**
[pɛrfoˈratɔr]

das Hängeregister
de **hangmap**
[ˈhɑŋmɑp]

der Briefumschlag
de **envelop**
[ɑ̃vəˈlɔp]

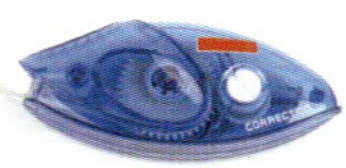

das Tipp-Ex®
de **correctievloeistof**
[kɔˈrɛksivluistɔf]

der Ordner
de **ordner**
[ˈɔrtnər]

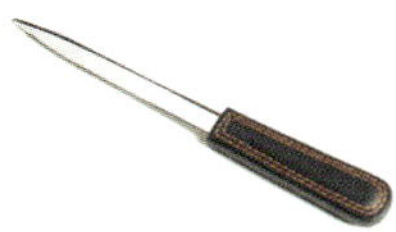

der Brieföffner
de **briefopener**
[ˈbrifopənər]

DAS BÜRO – HET KANTOOR

Der Besprechungsraum – De vergaderruimte

die Sitzung
de **vergadering**
[vərˈχadərɪŋ]

der Teamleiter
de **teamleider**
[ˈtimlɛidər]

die Tagesordnung
de **agenda**
[aˈχənda]

protokollieren
notuleren
[notyle:rən]

der Besprechungstisch
de **vergadertafel**
[vərˈχadərtafəl]

der Teilnehmer
de **deelnemer**
[ˈdelnemər]

die Präsentation
de **presentatie**
[prezɛnˈta(t)si]

der Beamer
de **beamer**
[ˈbi:mər]

das Balkendiagramm
het **staafdiagram**
[ˈstafdijaχrɑm]

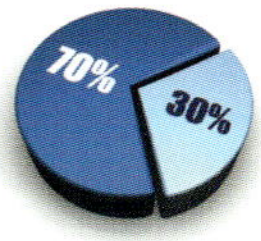

das Tortendiagramm
het **cirkeldiagram**
[ˈsɪrkəldiaχrɑm]

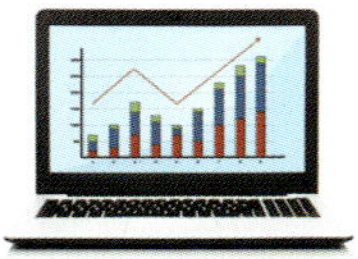

die Folie
de **dia**
[ˈdija]

organisieren	**organiseren** [ɔrχaniˈze:rən]
die Besprechung	het **overleg** [ovərˈlɛχ]
der Bericht	het **verslag** [vərˈslɑχ]
das Protokoll	de (pl) **notulen** [ˈnotylən]
der Vertrag	het **contract** [kɔnˈtrɑkt]
der Geschäftsmann	de **zakenman** [ˈzakəmɑn]
die Geschäftsfrau	de **zakenvrouw** [ˈzakəvrɑu]
die Geschäftsreise	de **zakenreis** [ˈzakərɛis]

DAS BÜRO - HET KANTOOR

Der Büroalltag - Op kantoor

der Arbeitgeber
de **werkgever**
[ˈwɛrkχevər]

① *die Assistentin*
de **assistente**
[ɑsiˈstɛntə]

② *der Kollege*
de **collega**
[kɔˈleχa]

③ *der Arbeitnehmer*
de **werknemer**
[ˈwɛrknemər]

④ *die Kollegin*
de **collega**
[kɔˈleχa]

⑤ *die Managerin*
de **manager**
[ˈmɛnədʒər]

⑥ *der Chef*
de **baas**
[bas]

die Visitenkarte
het **kaartje**
[kaːrtjə]

entlassen werden
ontslagen worden
[ɔntˈslaχə wɔrdən]

das Personal
het **personeel**
[pɛrsoˈnel]

die Elternzeit
het **ouderschapsverlof**
[ˈaudərsχapsfərlɔf]

die Vertretung	de **vervanging** [vərˈvɑŋɪŋ]
der Jahresurlaub	het **aantal vakantiedagen** [ˈantɑl vaˈkɑn(t)sidaχən]
das Gehalt	het **salaris** [saˈlarɪs]
die Beförderung	de **promotie** [proˈmotsi]
jemandem kündigen	**iemand ontslaan** [ˈimɑnt ɔntˈslan]
seine Stelle kündigen	**zijn baan opzeggen** [zən ban ˈɔpsɛχən]
verdienen	**verdienen** [vərˈdinən]
in Rente gehen	**met pensioen gaan** [mɛt pɛnˈʃun χan]

der Mutterschafts-urlaub
het **zwangerschapsverlof**
[ˈzwɑŋərsχɑpsfərlɔf]

KOMMUNI-KATION

COMMUNI-CATIE

DER COMPUTER – DE COMPUTER

Der Desktop-Computer – De desktopcomputer

der Desktop-Computer
de **desktopcomputer**
[ˈdɛsktɔpkɔmpjutər]

der Ein/Aus-Schalter
de **aan-uitknop**
[anˈœytknɔp]

die USB-Schnittstelle
de **usb-poort**
[yɛsˈbepo:rt]

das CD/DVD-Laufwerk
het **cd/dvd-station**
[seˈde/deveˈdestaˈʃɔn]

das Computergehäuse
de **computerbehuizing**
[kɔmˈpjutərbəhœyzɪŋ]

die Tastatur
het **toetsenbord**
[ˈtutsəbɔrt]

der Bildschirm
het **beeldscherm**
[ˈbeltsχɛrm]

die Maus
de **muis**
[mœys]

das Scrollrad
het **scrollwieltje**
[skrɔlwieltjə]

die Tastatur
het **toetsenbord**
[ˈtutsəbɔrt]

die Escapetaste
de **escapetoets**
[ɛˈskeptuts]

die Tabulatortaste
de **tabtoets**
[ˈtɑptuts]

die Feststelltaste
de **hoofdlettertoets**
[ˈhoftlɛtərtuts]

die Rücklöschtaste
de **terugtoets**
[ˈtrœχtuts]

die Eingabetaste
de **entertoets**
[ˈɛntərtuts]

die Umschalttaste
de **vastzettoets**
[ˈvɑstsɛttuts]

die Steuerungstaste
de **controltoets**
[kɔnˈtrɔ:ltuts]

die Leertaste
de **spatiebalk**
[ˈspatsibɑlk]

DER COMPUTER – DE COMPUTER

Hardware und Zubehör – Hardware en accessoires

der Lautsprecher
de **luidspreker**
[ˈlœytsprekər]

der/das Laptop
de **laptop**
[ˈlɛptɔp]

das Stromkabel
de **voedingskabel**
[ˈvudɪŋskabəl]

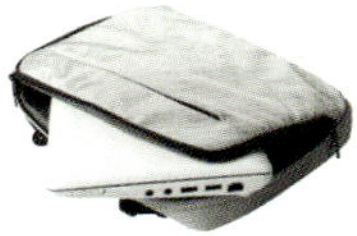

die Laptoptasche
de **laptoptas**
[ˈlɛptɔptɑs]

der Prozessor
de **processor**
[proˈsɛsɔr]

die (externe) Festplatte
de **(externe) harde schijf**
[(ɛksˈtɛrnə) ˈhɑrdə sχɛif]

der Arbeitsspeicher
het **werkgeheugen**
[ˈwɛrkχəhøχən]

die Webcam
de **webcam**
[ˈwɛpkɛm]

die CD-ROM
de **cd-rom**
[sedeˈrɔm]

der USB-Stick
de **usb-stick**
[yɛsˈbestɪk]

der Scanner
de **scanner**
[ˈskɛnər]

der Tintenstrahldrucker
de **inkjetprinter**
[ˈɪŋkdʒɛtprɪntər]

der Laserdrucker
de **laserprinter**
[ˈlezərprɪntər]

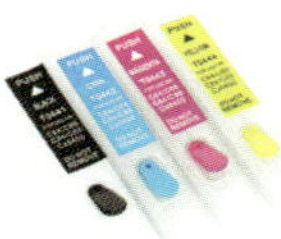

die Tintenpatrone
de **inktpatroon**
[ˈɪŋktpatron]

die Tonerkartusche
de **tonerpatroon**
[ˈtonərpatron]

das Mauspad
de **muismat**
[ˈmœysmɑt]

DER COMPUTER – DE COMPUTER

Am Computer arbeiten – Werken met de computer

tippen
typen
[ˈtipən]

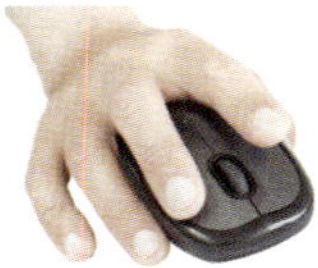

klicken
klikken
[ˈklɪkeŋ]

scrollen
scrollen
[ˈskrɔːlən]

ausschneiden
knippen
[ˈknɪpən]

kopieren
kopiëren
[kopiˈjeːrən]

einfügen
plakken
[ˈplɑkən]

eine Datei ausdrucken
een bestand printen
[ən bəˈstɑnt ˈprɪntən]

speichern
opslaan
[ˈɔpslan]

eine Datei öffnen
een bestand openen
[ən bəˈstɑnt ˈopənən]

löschen
wissen
[ˈwɪsən]

der Ordner
de **map**
[mɑp]

der Papierkorb
de **prullenmand**
[ˈprœləmɑnt]

suchen
zoeken
[ˈzukən]

eingeben	**invoeren** [ˈɪnvuːrən]
eine Datei verschieben	**een bestand verplaatsen** [ən bəˈstɑnt vərˈplatsən]
eine Sicherungskopie erstellen	**een backup maken** [ən bɛkˈœp makən]
markieren	**selecteren** [selɛkˈteːrən]
sich einloggen	**inloggen** [ˈɪnlɔχən]
sich ausloggen	**uitloggen** [ˈœytlɔχən]
der Neustart	de **herstart** [hɛrˈstɑrt]
(die) Bytes	de (pl) **bytes** [baits]

DER COMPUTER – DE COMPUTER

Am Computer arbeiten – Werken met de computer

rückgängig machen
ongedaan maken
[ɔŋχəˈdan ˈmakən]

wiederherstellen
herstellen
[hɛrˈstɛlən]

die Einstellungen
de (pl) **instellingen**
[ˈɪnstɛlɪŋən]

die Schriftart
het **lettertype**
[ˈlɛtərtipə]

die Fehlermeldung
de **foutmelding**
[ˈfɑutmɛldɪŋ]

der Mauszeiger
de **cursor**
[ˈkœrzɔr]

die Sanduhr
de **zandloper**
[ˈzɑntlopər]

der Lautstärkeregler
de **volumeregelaar**
[voˈlymərɛχəla:r]

ein Fenster minimieren
een venster minimaliseren
[ən ˈvɛnstər minimaliˈze:rən]

eine CD/DVD auswerfen
een cd/dvd uitwerpen
[ən seˈde/deveˈde ˈœytwɛrpən]

den Rechner hochfahren
de computer opstarten
[də kɔmˈpjutər ˈɔpstɑrtən]

den Rechner herunterfahren
de computer afsluiten
[də kɔmˈpjutər ˈɑfslœytən]

die Datei	het **bestand** [bəstɑnt]
das Programm	het **programma** [proˈχrɑma]
der Scrollbalken	de **schuifbalk** [ˈsχœyvbɑlk]
ein Programm installieren	**een programma installeren** [ən proˈχrɑma ɪnstɑˈle:rən]
ein Programm deinstallieren	**een programma de-installeren** [ən proˈχrɑma ˈdeɪnstɑˈle:rən]
das Betriebssystem	het **besturingssysteem** [bəˈsty:rɪŋsistem]
die Taskleiste	de **taakbalk** [ˈtagbɑlk]
der Fortschrittsbalken	de **voortgangsbalk** [ˈvo:rtχɑŋsbɑlk]

das Fenster
het **venster**
[ˈvɛnstər]

DER COMPUTER - DE COMPUTER

Das Internet - Het internet

das WLAN
de **wifi**
[ˈwifi]

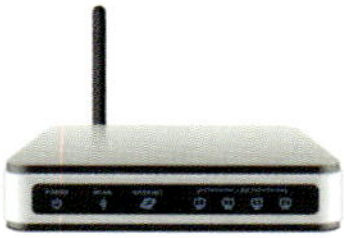

der Router
de **router**
[ˈrutər]

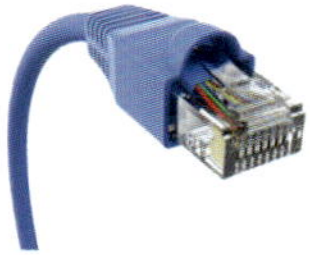

das LAN-Kabel
de **netwerkkabel**
[ˈnɛtwɛrəkabəl]

der Browser
de **browser**
[ˈbrɑuzər]

das Lesezeichen
de **bladwijzer**
[ˈblɑtwɛizər]

der Download
de **download**
[ˈdɑunlot]

die Nachricht
het **bericht**
[bəˈrɪχt]

die Social Media
de (pl) **sociale media**
[soˈʃalə ˈmedija]

der Online-Einkauf
de **onlineaankoop**
[ɔnˈlainaŋkop]

die Verschlüsselung
de **versleuteling**
[vərˈsløtəlɪŋ]

die E-Mail-Adresse
het **e-mailadres**
[ˈimeladrɛs]

der Anhang
de **bijlage**
[ˈbɛilaχə]

eine Mail weiterleiten
een mail doorsturen
[ən mel ˈdo:rsty:rən]

senden	**verzenden** [vərˈzɛndən]
empfangen	**ontvangen** [ɔntˈfaŋən]
das Benutzerkonto	de/het **account** [əˈkaunt]
der Posteingang	het **postvak in** [ˈpɔstfɑk ɪn]
der Postausgang	het **postvak uit** [ˈpɔstfɑk œyt]
die Abwesenheitsnotiz	het **afwezigheidsbericht** [ɑfˈwezəχɛitsbərɪχt]
die Spammail	de **spam** [spem]
im Internet surfen	**op internet surfen** [ɔp ˈɪntərnɛt ˈsœrfən]

DER COMPUTER – DE COMPUTER

Mobile Endgeräte – Mobiele apparaten

der Tablet-Computer
de **tablet**
[ˈtɛblət]

der E-Book-Reader
de **e-reader**
[ˈiridər]

der MP3-Player
de **mp3-speler**
[ɛmpeˈdrispelər]

das Bluetooth®-Headset
de **bluetoothheadset**
[bluˈtuθhɛːtsɛt]

die App
de **app**
[ɛp]

die SIM-Karte
de **simkaart**
[ˈsɪmkaːrt]

die Handytasche
het **telefoonhoesje**
[teləˈfonhuʃə]

das Handy
de **mobiele telefoon**
[moˈbilə teləˈfon]

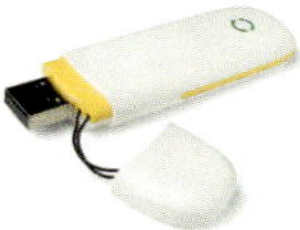

der Surfstick
de **dongel**
[ˈdɔŋəl]

wischen
swipen
[ˈswaipən]

die SMS
de **sms**
[ɛzəmˈɛs]

das Smartphone
de **smartphone**
[ˈsmɑrtfon]

der Touchscreen
het **aanraakscherm**
[ˈanraksχɛr(ə)m]

der Datenspeicher	het **geheugen** [χəˈhøχən]
die Software	de **software** [ˈsɔftwɛːr]
das Funkloch	de **dode zone** [ˈdodə zɔːnə]
die Flatrate	de **flatrate** [ˈflɛtɹet]
die Prepaidkarte	de **prepaidkaart** [ˈpripetkaːrt]
das Guthaben	het **tegoed** [təˈχut]
der Klingelton	de **ringtone** [ˈrɪŋton]
der Akku	de **batterij** [bɑtəˈrɛi]

DAS TELEFON – DE TELEFOON

das Display
de/het **display**
[ˈdɪsple]

das Telefonbuch
het **telefoonboek**
[teləˈfombuk]

der Anrufbeantworter
het **antwoordapparaat**
[ˈɑntwoːrtɑparat]

das Tastenfeld
het **toetsenpaneel**
[ˈtutsəpanel]

der Telefonhörer
de **hoorn**
[ˈhoːrən]

das Kabel
het **snoer**
[snuːr]

das schnurlose Telefon
de **draadloze telefoon**
[ˈdratlozə teləˈfon]

der Hörer
de **luidspreker**
[ˈlœytsprekər]

abheben
opnemen
[ˈopnemən]

auflegen
ophangen
[ˈɔphɑŋən]

die Basisstation
het **basisstation**
[ˈbazɪstaʃɔn]

der Kopfhörer
de **headset**
[ˈhɛːtsɛt]

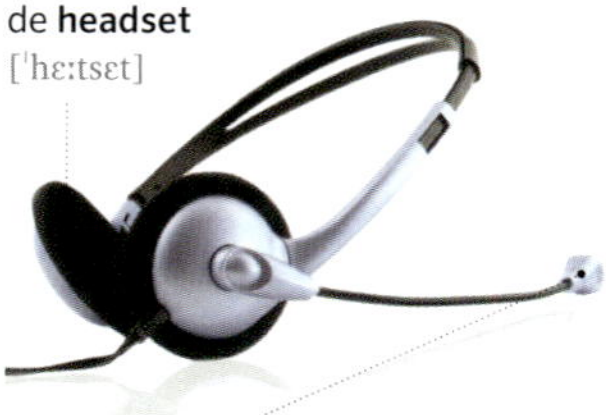

das Mikrofon
de **microfoon**
[mikroˈfon]

das Faxgerät
het **faxapparaat**
[ˈfɑksɑparat]

jemanden anrufen	**iemand bellen** [ˈimɑnt ˈbɛlən]
wählen	**kiezen** [ˈkizən]
klingeln	**overgaan** [ˈovərgan]
Ich möchte bitte ... sprechen.	**Ik wil graag spreken met ...** [ɪk wɪl χraχ ˈsprekə mɛt]
Entschuldigung, ich habe mich verwählt.	**Sorry, verkeerd verbonden.** [ˈsɔri vərˈkeːrt vərˈbɔndən]
Ich stelle Sie durch.	**Ik verbind u door.** [ɪk fərˈbɪŋt y doːr]
Bitte hinterlassen Sie eine Nachricht nach dem Signalton.	**U kunt een boodschap inspreken na de pieptoon.** [y kønt əm ˈbotsχɑp ˈɪnspekən na də ˈpipton]
Können Sie mich bitte zurückrufen?	**Kunt u mij terugbellen?** [ˈkœnty mɛi ˈtrœχbɛlən]

DIE MEDIEN – DE MEDIA

Das Fernsehen – De televisie

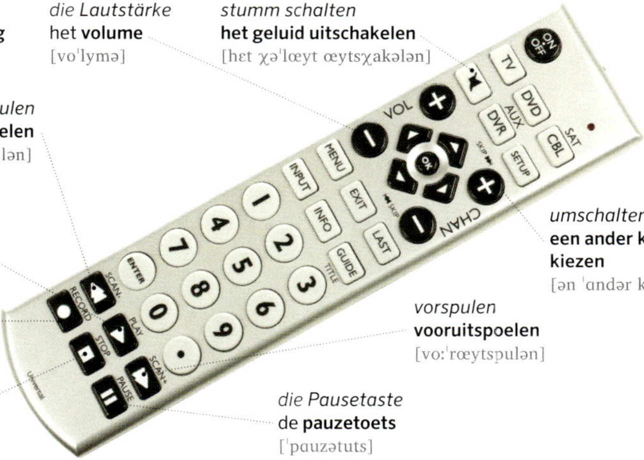

die Fernbedienung
de **afstandsbediening**
[ˈafstantsbədinɪŋ]

die Lautstärke
het **volume**
[voˈlymə]

stumm schalten
het geluid uitschakelen
[hɛt χəˈlœyt œytsχakələn]

zurückspulen
terugspoelen
[ˈtrœχspulən]

abspielen
afspelen
[ˈafspelən]

umschalten
een ander kanaal kiezen
[ən ˈandər kaˈnal kizən]

aufnehmen
opnemen
[ˈɔpnemən]

vorspulen
vooruitspoelen
[voːˈrœytspulən]

die Stopptaste
de **stoptoets**
[ˈstɔptuts]

die Pausetaste
de **pauzetoets**
[ˈpauzətuts]

das Videospiel
het **videospel**
[ˈvidijospɛl]

der Fernseher
de **televisie**
[teləˈvizi]

der Digitalempfänger
de **digitale ontvanger**
[diχiˈtalə ɔntfaŋər]

der DVD-Player
de **dvd-speler**
[deveˈdespelər]

die DVD
de **dvd**
[deveˈde]

das Kabelfernsehen	de **kabeltelevisie** [ˈkabəltelәvizi]
das Free-TV	de **free-to-air televisie** [fɹituˈɛːɹtelәvizi]
das Bezahlfernsehen	de **betaaltelevisie** [bəˈtaltelәvizi]
fernsehen	**televisiekijken** [teləˈvizikɛikən]
die Fernsehserie	de **televisieserie** [teləˈviziseri]
zappen	**zappen** [ˈzapən]
die Folge	de **aflevering** [ˈafleværɪŋ]
der Raumklang	het **surroundgeluid** [səˈɹauntχəlœyt]

die Satellitenschüssel
de **schotelantenne**
[ˈsχotəlantɛnə]

DIE MEDIEN – DE MEDIA

Das Fernsehen – De televisie

das Set
de **set**
[sɛt]

der Teleprompter®
de **autocue**
[ˈautokju]

die Nachrichtensprecherin
de **nieuwslezer**
[ˈniwslezər]

die Nachrichten
het **nieuws**
[niws]

das Interview
het **interview**
[ˈɪntərvju]

der Interviewpartner
de **geïnterviewde**
[χəˈɪntərvjudə]

die Reporterin
de **verslaggeefster**
[vərˈslaχefstər]

das Mikrofon
de **microfoon**
[mikroˈfon]

die Szene
de **scene**
[sɛːnə]

der Schauspieler
de **acteur**
[akˈtøːr]

die Klappe
de **filmklapper**
[ˈfɪl(ə)mklapər]

die Livesendung
de **live-uitzending**
[ˈlaifœytsɛndɪŋ]

das Publikum
het **publiek**
[pyˈblik]

der Dokumentarfilm	de **documentaire** [dokymɛnˈtɛːrə]
die Talkshow	het **praatprogramma** [ˈpratproχrama]
die Reportage	de **reportage** [repɔrˈtaʒə]
die Quizshow	de **quiz** [kwɪs]
der Moderator	de **presentator** [presɛnˈtatɔr]
die Moderatorin	de **presentatrice** [presɛntaˈtrisə]
der Teilnehmer	de **deelnemer** [ˈdelnemər]
die Teilnehmerin	de **deelneemster** [ˈdelnemstər]

DIE MEDIEN – DE MEDIA

Das Radio – De Radio

der DJ
de **dj**
[ˈdi:dʒe]

die Tonaufnahme
de **opname**
[ˈɔpnamə]

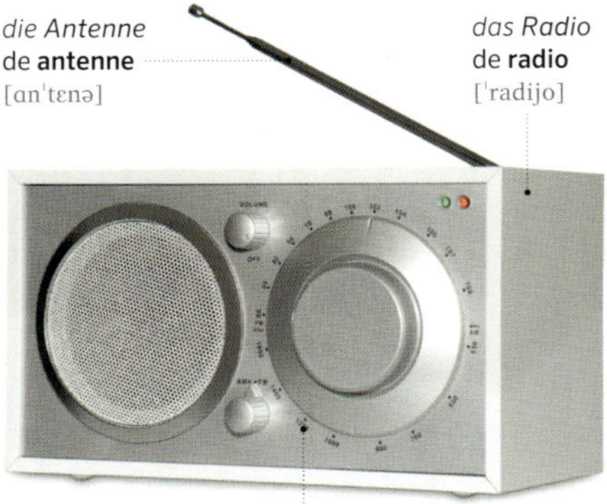

die Antenne
de **antenne**
[ɑnˈtɛnə]

das Radio
de **radio**
[ˈradijo]

die Frequenz
de **frequentie**
[freˈkwɛn(t)si]

der Radiosender
de **radiozender**
[ˈradijozɛndər]

der Wetterbericht
het **weerbericht**
[ˈwe:rbərɪχt]

die Verkehrsnachrichten
de **verkeersinformatie**
[vərˈke:rsɪnfɔrmatsi]

die Hitparade
de **hitparade**
[ˈhɪtparadə]

das Hörspiel
het **hoorspel**
[ˈho:rspɛl]

die Liveaufzeichnung
de **liveopname**
[ˈlaifɔpnamə]

die Sendung	de **uitzending** [ˈœytsɛndɪŋ]
der Berichterstatter	de **verslaggever** [vərˈslaχevər]
die Berichterstatterin	de **verslaggeefster** [vərˈslaχefstər]
die Erkennungsmelodie	de **herkenningsmelodie** [hɛrˈkɛnɪŋsmelodi]
der Werbespot	de **reclamespot** [rəˈklaməspɔt]
senden	**uitzenden** [ˈœytsɛndən]
die Langwelle	de **lange golf** [ˈlaŋə χɔlf]
die Kurzwelle	de **korte golf** [ˈkɔrtə χɔlf]

DIE MEDIEN – DE MEDIA

Die Printmedien – De gedrukte media

die Zeitung
de **krant**
[krɑnt]

das Tabloidformat
het **tabloidformaat**
[ˈtɛblɔitfɔrmat]

das Bild
de **foto**
[ˈfoto]

der Artikel
het **artikel**
[ɑrˈtikəl]

die Titelseite
de **voorpagina**
[ˈvoːrpaχina]

die Schlagzeile
de **kop**
[kɔp]

der Vorspann
de **lead**
[liːt]

die Zeitungsspalte
de **kolom**
[koˈlɔm]

die großformatige Zeitung
de **krant op dagbladformaat**
[krɑnt ɔb ˈdɑχblɑtfɔrmat]

der Stellenmarkt
de (pl) **personeelsadvertenties**
[pɛrsoˈnelsɑtfərtɛn(t)sis]

der Werbeprospekt
de **reclamefolder**
[rəˈklaməfɔldər]

die Anzeige
de **advertentie**
[ɑtfərˈtən(t)si]

das Abonnement
het **abonnement**
[abɔnəˈmɛnt]

der Leitartikel	het **hoofdartikel** [ˈhoftɑrtikəl]
die Todesanzeige	de **overlijdensadvertentie** [ovərˈlɛidənsɑtfərtɛn(t)si]
die Qualitätszeitung	de **kwaliteitskrant** [kwaliˈtɛitskrɑnt]
die Boulevardzeitung	de **boulevardkrant** [buləˈvaːrkrɑnt]
die Wochenzeitung	het **opinieweekblad** [oˈpiniwegblɑt]
die Tageszeitung	het **dagblad** [ˈdɑɣblɑt]
die Kolumne	de **column** [ˈkɔlœm]
die Beilage	het **supplement** [sœpləˈmɛnt]

DIE MEDIEN – DE MEDIA

Die Printmedien – De gedrukte media

das gebundene Buch
het **gebonden boek**
[χə'bɔndə buk]

der Einband
de **boekband**
['bugbant]

der Buchdeckel
het **voorplat/ achterplat**
['vo:rplat/'aχtərplat]

der Buchrücken
de **rug**
[rœχ]

der Schutzumschlag
het/de **stofomslag**
['stɔfɔmslaχ]

das Taschenbuch
de **pocket**
['pɔkət]

die Seite
de **bladzijde**
['blatsɛidə]

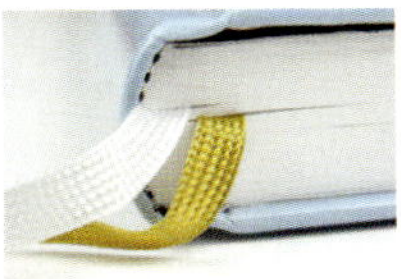

das Lesebändchen
het **leeslint**
['leslɪnt]

in einem Buch blättern
in een boek bladeren
[ɪn ən buk 'bladərən]

das Sachbuch
het **non-fictieboek**
[nɔn'fɪksibuk]

der Roman
de **roman**
[ro'man]

die Seitenzahl	het **paginanummer** ['paχinanœmər]
der Index	het **register** [rə'χɪstər]
eine Seite überfliegen	**een bladzijde vluchtig lezen** [əm 'blatsɛidə 'vlœχtəχ 'lezən]
das Kinderbuch	het **kinderboek** ['kɪndərbuk]
die Erzählliteratur	de **verhalende fictie** [vər'haləndə 'fɪksi]
die Sachliteratur	de **non-fictie** [nɔn'fɪksi]
das Inhaltsverzeichnis	de **inhoudsopgave** ['ɪnhautsɔpχavə]
das Kapitel	het **hoofdstuk** ['hoftstœk]

der Bildband
het **rijk geïllustreerd boek**
[rɛik χəɪly'stre:rt buk]

DIE POST – DE POST

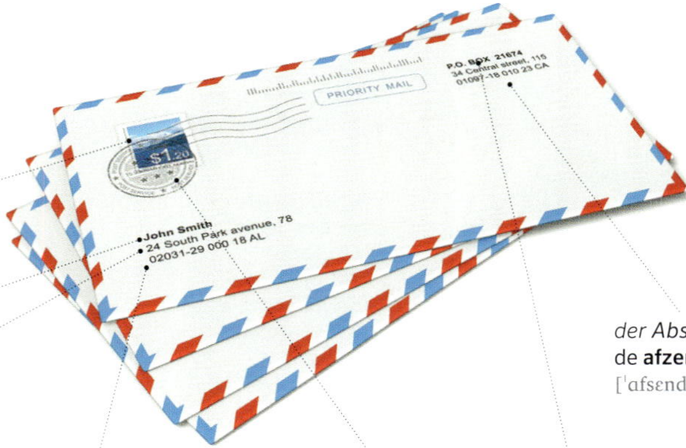

der Briefumschlag
de **envelop**
[ãvəˈlɔp]

die Briefmarke
de **postzegel**
[ˈpɔ(st)seχəl]

der Empfänger
de **geadresseerde**
[χeadrɛˈseːrdə]

die Adresse
het **adres**
[aˈdrɛs]

der Absender
de **afzender**
[ˈɑfsɛndər]

die Postleitzahl
de **postcode**
[ˈpɔs(t)kodə]

der Poststempel
de **poststempel**
[ˈpɔ(st)stɛmpəl]

das Postfach
de **postbus**
[ˈpɔs(t)bœs]

die Postkarte
de **ansichtkaart**
[ˈɑnzɪχ(t)kaːrt]

die Empfangsbestätigung unterschreiben
de ontvangstbevestiging tekenen
[də ɔntˈfɑŋstbəvɛstəχɪŋ ˈtekənən]

der Briefkasten
de **brievenbus**
[ˈbrivəbœs]

einen Brief einwerfen
een brief posten
[əm brif ˈpɔstən]

das Paket
het **pakket**
[pɑˈkɛt]

der Brief	de **brief** [brif]
der Eilbrief	de **spoedbrief** [ˈspudbrief]
portofrei	**portvrij** [pɔrtˈfrɛi]
einen Brief erhalten	**een brief krijgen** [əm brif krɛiχən]
einen Brief beantworten	**een brief beantwoorden** [əm brif bəˈɑntwoːrdən]
jemandem einen Brief schicken	**iemand een brief sturen** [ˈimɑnt əm brif ˈstyːrən]
das Einschreiben	de **aangetekende brief** [ˈaŋχətekəndə brif]
die Schneckenpost	de **slakkenpost** [ˈslɑkəpɔst]

DIE POST – DE POST

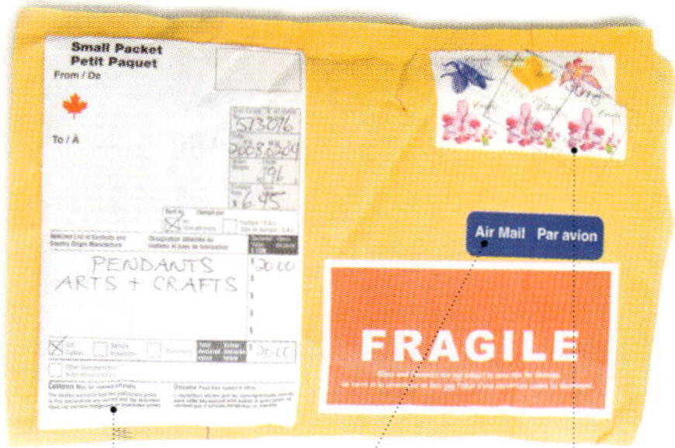

das Klebeband
de **verpakkingstape**
[vər'pakɪŋstep]

die Styroporflocken
de (pl) **opvulchips**
['ɔpfœltʃɪps]

das Päckchen
het **pakje**
['pakjə]

per Luftpost
per luchtpost
[pɛr 'lœχ(t)pɔst]

das Porto
de **porto**
['pɔrto]

zerbrechlich
breekbaar
['bregba:r]

vor Nässe schützen
droog houden
['droχhaudən]

oben
deze kant boven
['dezə kant 'bovən]

die Zustellung
de **bezorging**
[bə'zɔrχɪŋ]

liefern	**bezorgen** [bə'zɔrχən]
die Leerungszeiten	de **lichtingstijden** ['lɪχtɪŋstɛidən]
versandkostenfrei	**port betaald** [pɔrt bə'talt]
das Gewicht	het **gewicht** [χe'wɪχt]
die Waage	de **weegschaal** ['weχsχal]
der Hausbriefkasten	de **brievenbus** ['brivəbœs]
die Postanweisung	de **postwissel** ['pɔstwɪsəl]
Nicht knicken!	**Niet vouwen** [nit 'vauwən]

der Kurierdienst
de **koeriersdienst**
[ku'ri:rzdinst]

SPORT UND FITNESS

SPORT EN FITNESS

BALLSPORTARTEN – BALSPORTEN

Der Fußball – Voetbal

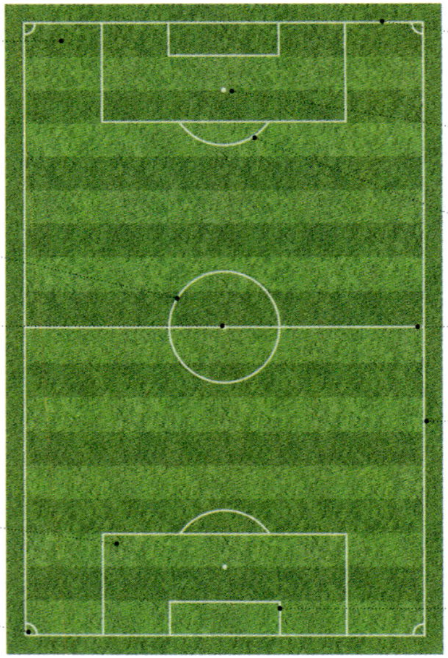

das Spielfeld
het **voetbalveld**
[ˈvudbɑlvɛlt]

der Mittelkreis
de **middencirkel**
[ˈmɪdəsɪrkəl]

der Anstoßpunkt
de **middenstip**
[ˈmɪdəstɪp]

der Strafraum
het **strafschopgebied**
[ˈstrɑfsχɔpχəbit]

der Eckbogen
het **hoekschopgebied**
[ˈhuksχɔpχəbit]

die Torlinie
de **doellijn**
[ˈdulɛin]

der Elfmeterpunkt
de **penaltystip**
[ˈpɛnɑltistɪp]

der Teilkreis am Strafraum
de **strafschopcirkel**
[ˈstrɑfsχɔpsɪrkəl]

die Mittellinie
de **middenlijn**
[ˈmɪdəlɛin]

die Seitenlinie
de **zijlijn**
[ˈzɛilɛin]

der Torraum
het **doelgebied**
[ˈdulχəbit]

das Stadion
het **stadion**
[ˈstadijɔn]

die Zuschauertribüne
de **tribune**
[triˈbynə]

die Zuschauer
het **publiek**
[pyˈblik]

der Platzverweis
van het veld worden gestuurd
[van ət fɛlt wɔrdə χəsty:rt]

die rote Karte
de **rode kaart**
[ˈrodə ka:rt]

der Schiedsrichter
de **scheidsrechter**
[ˈsχɛitsrɛχtər]

BALLSPORTARTEN – BALSPORTEN

Der Fußball – Voetbal

die Mannschaftsaufstellung
de **elftalopstelling**
[ˈɛl(ə)ftɑlɔpstəlɪŋ]

der Mittelstürmer
de **midvoor**
[mɪtˈfoːr]

der Libero
de **libero**
[ˈlibəro]

der Innenverteidiger
de **centrumverdediger**
[ˈsɛntrœmvərdedəχər]

der Torwart
de **doelman**
[ˈdulmɑn]

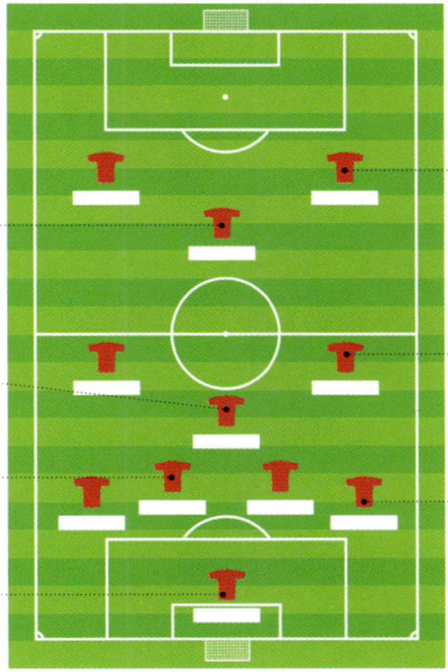

der Außenstürmer
de **vleugelspeler**
[ˈvløχəlspelər]

der Mittelfeldspieler
de **middenvelder**
[ˈmɪdəvɛldər]

der Außenverteidiger
de **vleugelverdediger**
[ˈvløχəlvərdedəχər]

angreifen
tackelen
[ˈtɛkələn]

der Eckstoß
de **hoekschop**
[ˈhuksχɔp]

der Freistoß
de **vrije trap**
[ˈvrɛijə trɑp]

der Einwurf
de **inworp**
[ˈɪnwɔr(ə)p]

die Liga	de **divisie** [diˈvizi]
die erste Liga	de **eerste divisie** [ˈeːrstə diˈvizi]
die Meisterschaft	het **kampioenschap** [kɑmpiˈjunsχɑp]
der Pokal	de **beker** [ˈbekər]
die gelbe Karte	de **gele kaart** [ˈχelə kaːrt]
einen Spieler sperren	**een speler schorsen** [ən ˈspelər ˈsχɔrsən]
das Foul	de **overtreding** [ovərˈtredɪŋ]
die Verteidigung	de **verdediging** [vərˈdedəχɪŋ]

das Tor
het **doelpunt**
[ˈdulpœnt]

BALLSPORTARTEN – BALSPORTEN

Der Fußball – Voetbal

der Fußball
de **voetbal**
[ˈvudbɑl]

der Fußballschuh
de **voetbalschoen**
[ˈvudbɑlsχun]

der Stollen
de **nop**
[nɔp]

das Trikot
het **shirt**
[ʃœrt]

die Hose
de **broek**
[bruk]

der Schienbeinschoner
de **scheenbeschermer**
[ˈsχembəsχɛrmər]

der Stutzen
de **kous**
[kɑus]

den Ball halten
de bal houden
[də bɑl ˈhɑudən]

das Tornetz
het **doelnet**
[ˈdulnɛt]

der Torpfosten
de **doelpaal**
[ˈdulpal]

der Torwarthandschuh
de **keeperhandschoen**
[ˈkipərhɑntsχun]

schießen
schieten
[ˈsχitən]

die Querlatte	de **doellat** [ˈdulɑt]
die Halbzeit	de **rust** [rœst]
das Unentschieden	het **gelijkspel** [χəlɛikˈspɛl]
die Verlängerung	de **verlenging** [vərˈlɛŋɪŋ]
der Elfmeter	de **strafschop** [ˈstrɑfsχɔp]
das Abseits	het **buitenspel** [bœytəˈspɛl]
köpfen	**koppen** [ˈkɔpən]
kicken	**trappen** [ˈtrɑpən]

BALLSPORTARTEN – BALSPORTEN

Der Handball – Handbal

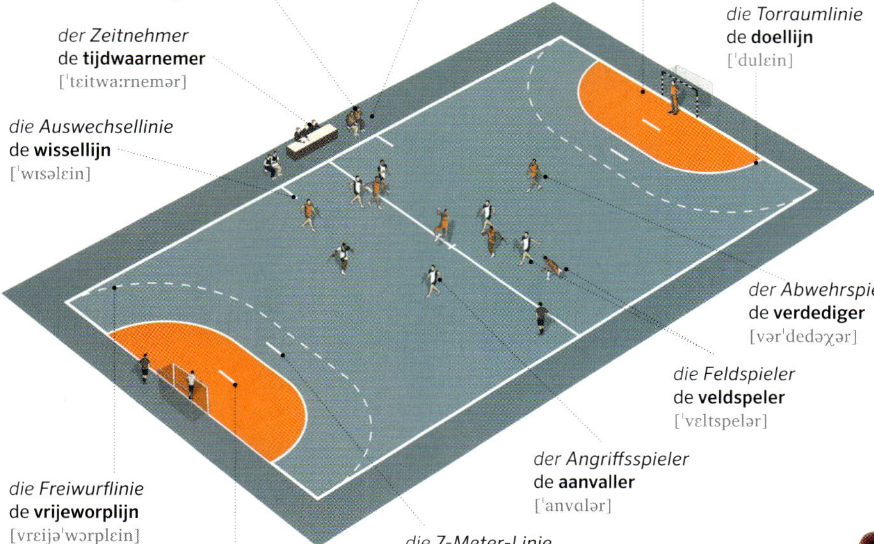

der linke Flügel	de **linkervleugel** [lɪŋkərˈvløɣəl]
der rechte Flügel	de **rechtervleugel** [rɛɣtərvløɣəl]
der Schlagwurf	de **slagworp** [ˈslɑɣwɔrp]
die Zeitstrafe	de **tijdstraf** [ˈtɛitstrɑf]
die Disqualifikation	de **diskwalificatie** [dɪskwalifiˈka(t)si]
die Auszeit	de **time-out** [taimˈɑut]
die Verwarnung	de **waarschuwing** [ˈwa:rsχywɪŋ]
der Siebenmeter	de **strafworp** [ˈstrɑfwɔrp]

der Sprungwurf
het **sprongschot**
[ˈsprɔŋsχɔt]

BALLSPORTARTEN – BALSPORTEN

Der Volleyball – Volleybal

die Angriffszone
de **aanvalszone**
[ˈanvɑlzɔːnə]

der Außenangreifer
de **linker/rechter aanvaller**
[ˈlɪŋkər/ˈrɛχtəranvɑlər]

der Mittelangreifer
de **midvoor**
[mɪtfoːr]

die Verteidigungszone
de **verdedigingszone**
[vərˈdedəχɪŋszɔːnə]

die Netzkante
de **netrand**
[ˈnɛtrɑnt]

das Netz
het **net**
[nɛt]

die Angriffslinie
de **aanvalslijn**
[ˈanvɑlslɛin]

der Freiraum
de **vrije zone**
[ˈvrɛijə ˈzɔːnə]

der Libero
de **libero**
[ˈlibəro]

die Grundlinie
de **achterlijn**
[ˈɑχtərlɛin]

der Abwehrspieler
de **verdediger**
[vərˈdedəχər]

die Seitenlinie
de **zijlijn**
[ˈzɛilɛin]

der Linienrichter
de **lijnrechter**
[ˈlɛinrɛχtər]

die Reservebank
de **reservebank**
[rəˈzɛrvebɑŋk]

der Beachvolleyball
het **beachvolleybal**
[ˈbiːtʃvɔlibɑl]

schmettern
smashen
[ˈsmɛʃən]

blocken
blokkeren
[bləˈkeːrən]

der Aufschlag
de **opslag**
[ˈɔpslaχ]

baggern
onderarms spelen
[ɔndərˈɑrms ˈspelən]

pritschen
bovenhands spelen
[bovəˈhɑnts ˈspelən]

die Hechtabwehr
de **snoekduik**
[ˈsnugdœyk]

BALLSPORTARTEN – BALSPORTEN

Der Basketball – Basketbal

die Seitenlinie
de **zijlijn**
[ˈzɛilɛin]

die Drei-Punkte-Linie
de **driepuntslijn**
[ˈdripœntslɛin]

die begrenzte Zone
het **beperkt gebied**
[bəˈpɛrkt χəˈbit]

die Grundlinie
de **achterlijn**
[ˈɑχtərlɛin]

im Aus sein
uit zijn
[œyt zɛin]

die Freiwurflinie
de **vrijeworplijn**
[vrɛijəˈwɔrplɛin]

die Mittellinie
de **middenlijn**
[ˈmɪdəlɛin]

der Mittelkreis
de **middencirkel**
[ˈmɪdəsɪrkəl]

der Dunk
de **dunk**
[dœŋk]

das Korbbrett
het **bord**
[bɔrt]

der Korbring
de **ring**
[rɪŋ]

das Netz
het **net**
[nɛt]

der Korb
de **basket**
[ˈbɑskət]

der Korbleger	de **layup** [leˈœp]
das Doppeldribbling	het **dubbel dribbelen** [ˈdœbəl ˈdrɪbələn]
der Rebound	de **rebound** [riˈbaunt]
der Sprungball	de **sprongbal** [ˈsprɔŋbɑl]
fangen	**vangen** [ˈvɑŋən]
werfen	**werpen** [ˈwɛrpən]
zielen	**mikken** [ˈmɪkən]
decken	**dekken** [ˈdɛkən]

WEITERE BALLSPORTARTEN – ANDERE BALSPORTEN

das Hockey
het **hockey**
[ˈhɔki]

das Eishockey
het **ijshockey**
[ˈɛishɔki]

der Hockeyschläger
de **hockeystick**
[ˈhɔkistɪk]

der Puck
de **puck**
[pœk]

der Softball
het **softbal**
[ˈsɔfdbɑl]

der Baseball
het **honkbal**
[ˈhɔŋgbɑl]

der Baseballschläger
de **honkbalknuppel**
[ˈhɔŋgbɑlknœpəl]

der Baseballhandschuh
de **honkbalhandschoen**
[ˈhɔŋgbɑlhɑntsχun]

der American Football
het **American football**
[əˈmɛɹikən ˈfudbɔl]

das Rugby
het **rugby**
[ˈrœɣbi]

das Kricket
het **cricket**
[ˈkrɪkət]

das Schlagholz
het **slaghout**
[ˈslɑχhaut]

die Trillerpfeife
het **fluitje**
[ˈflœycə]

die Mannschaft	het **team** [ˈtim]
der Sieger	de **winnaar** [ˈwɪna:r]
der Verlierer	de **verliezer** [vərˈlizər]
der Weltmeister	de **wereldkampioen** [ˈwe:rəltkɑmpijun]
das Turnier	het **toernooi** [turˈnoi]
der Spielstand	de **stand** [ˈstɑnt]
der Trainer	de **trainer** [ˈtrenər]
die Trainerin	de **trainster** [ˈtrenstər]
die Anzeigetafel	het **scorebord** [ˈsko:rəbɔrt]

BALLSPORTARTEN MIT SCHLÄGERN – RACKETSPORTEN

Das Badminton – Badminton

der Badmintonplatz
het **badmintonveld**
[ˈbɛtmɪntɔnvɛlt]

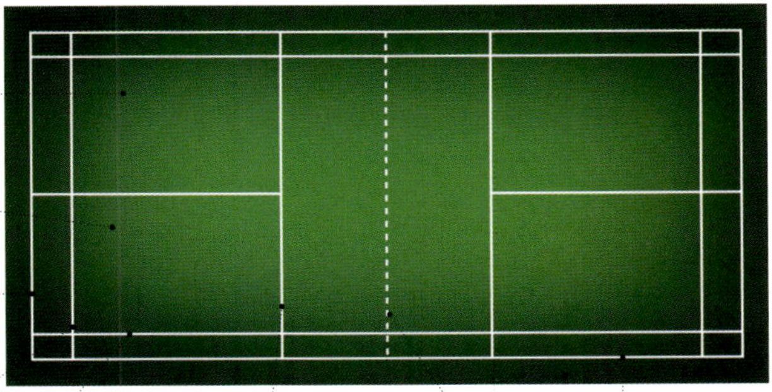

das linke Aufschlagfeld
het **rechterserveervak**
[rɛχtərsɛrˈveːrvɑk]

das rechte Aufschlagfeld
het **linkerserveervak**
[lɪŋkərsɛrˈveːrvɑk]

die hintere Aufschlaglinie Einzel
de **achterste serveerlijn enkelspel**
[ˈɑχtərstə sɛrˈveːrlɛin ˈɛŋkəlspɛl]

die Seitenlinie Einzel
de **zijlijn enkelspel**
[ˈzɛilɛin ˈɛŋkəlspɛl]

die Mittellinie
de **middenlijn**
[ˈmɪdəlɛin]

die hintere Aufschlaglinie Doppel
de **achterste serveerlijn dubbelspel**
[ˈɑχtərstə sɛrˈveːrlɛin ˈdœbəlspɛl]

die vordere Aufschlaglinie
de **voorste serveerlijn**
[ˈvoːrstə sɛrˈveːrlɛin]

die Seitenlinie Doppel
de **zijlijn dubbelspel**
[ˈzɛilɛin ˈdœbəlspɛl]

das Squash
het **squash**
[skwɔʃ]

der Racquetball
het **racquetball**
[ˈrɛkətbɔːl]

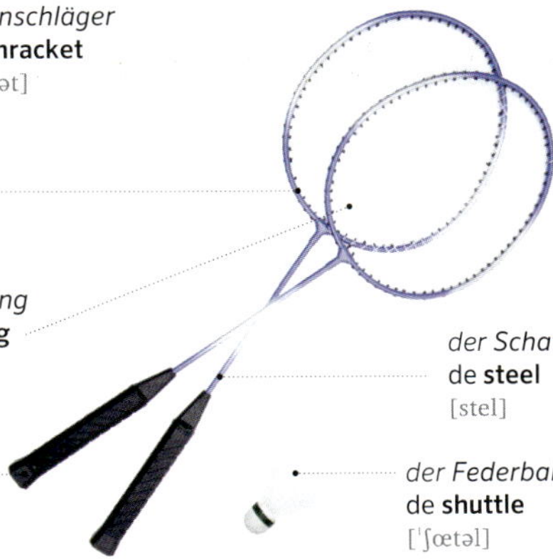

der Badmintonschläger
het **badmintonracket**
[ˈbɛtmɪntɔnrɛkət]

der Rahmen
het **frame**
[frem]

die Bespannung
de **bespanning**
[bəˈspanɪŋ]

der Griff
de **greep**
[χrep]

der Schaft
de **steel**
[stel]

der Federball
de **shuttle**
[ˈʃœtəl]

BALLSPORTARTEN MIT SCHLÄGERN – RACKETSPORTEN

Das Tennis – Tennis

der Balljunge
de **ballenjongen**
[ˈbɑləjɔŋən]

die Grundlinie
de **baseline**
[ˈbeslain]

die Aufschlaglinie
de **servicelijn**
[ˈsœrvəslɛin]

das Halbfeld
het **achterveld**
[ˈɑχtərvɛlt]

die Seitenlinie für das Einzelspiel
de **zijlijn enkelspel**
[ˈzɛilɛin ˈɛŋkəlspɛl]

die Seitenlinie für das Doppelspiel
de **zijlijn dubbelspel**
[ˈzɛilɛin ˈdœbəlspɛl]

die Aufschlagmittellinie
de **middenservicelijn**
[mɪdəˈsœrvəslɛin]

das Netz
het **net**
[nɛt]

der Tennisball
de **tennisbal**
[ˈtɛnəzbɑl]

der Tennisschläger
het **tennisracket**
[ˈtɛnəsrɛkət]

die Vorhand
de **forehand**
[ˈfɔːɹhɛnt]

die Rückhand	de **backhand** [ˈbɛkhɛnt]
das Einzel	het **enkelspel** [ˈɛŋkəlspɛl]
das Doppel	het **dubbelspel** [ˈdœbəlspɛl]
der/das Tiebreak	de **tiebreak** [ˈtaibɹek]
der Einstand	het **deuce** [djuːs]
der Fehler	de **foute service** [ˈfɑutə ˈsœrvəs]
das Ass	de **ace** [es]
der Satz	de **set** [sɛt]
der Schiedsrichter	de **umpire** [ˈœmpajə]
die Schiedsrichterin	de **umpire** [ˈœmpajə]
der Linienrichter	de **lijnrechter** [ˈlɛinrɛχtər]
die Linienrichterin	de **lijnrechter** [ˈlɛinrɛχtər]

BALLSPORTARTEN MIT SCHLÄGERN – RACKETSPORTEN

Das Tischtennis – Tafeltennis

der Tischtennistisch
de **tafeltennistafel**
[ˈtafəltɛnəstafəl]

die Netzoberkante
de **bovenkant van het net**
[ˈbovəkɑnt vɑn ət nɛt]

der Netzhalter
de **netpost**
[ˈnɛtpɔst]

die Seitenlinie
de **zijlijn**
[ˈzɛilɛin]

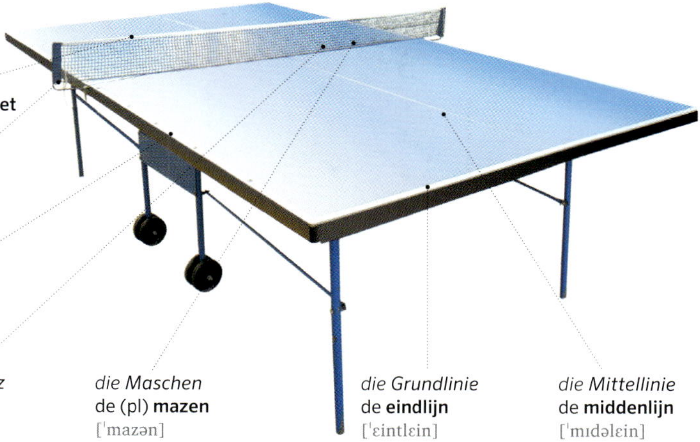

das Netz
het **net**
[nɛt]

die Maschen
de (pl) **mazen**
[ˈmazən]

die Grundlinie
de **eindlijn**
[ˈɛintlɛin]

die Mittellinie
de **middenlijn**
[ˈmɪdəlɛin]

der Tischtennisschläger
het **bat**
[bɛt]

die Schlagfläche
het **blad**
[blɑt]

der Belag
de **bekleding**
[bəˈkledɪŋ]

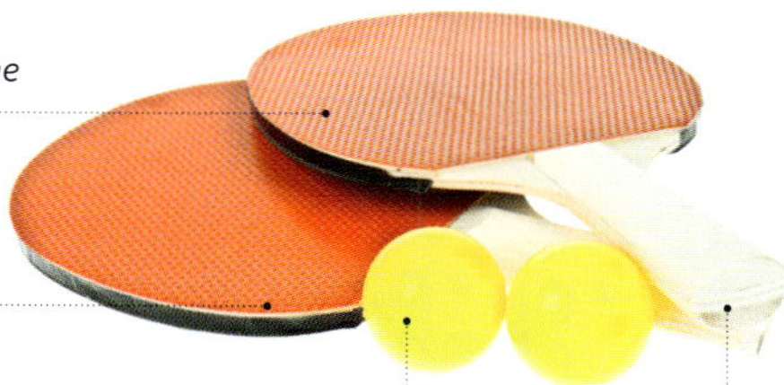

der Penholdergriff
de **penhoudergreep**
[ˈpənhɑudərχrep]

der Tischtennisball
de **pingpongbal**
[ˈpɪŋpɔŋbɑl]

der Griff
de **handgreep**
[ˈhɑntχrep]

der Shakehandgriff
de **shakehandgreep**
[sjekˈhɛntχrep]

DAS GOLF – GOLF

der Golfplatz
de **golfbaan**
[ˈχɔlvban]

das Wasserhindernis
de **waterhindernis**
[ˈwatərhɪndərnɪs]

der Bunker
de **bunker**
[ˈbœŋkər]

das Fairway
de **fairway**
[ˈfɛːrwej]

das Rough
de **rough**
[rœf]

der Abschlag
de **afslagplaats**
[ˈɑfslɑχplats]

die Haltung
de **houding**
[ˈhaudɪŋ]

das Tee
de **tee**
[tiː]

der Golfball
de **golfbal**
[ˈχɔlvbal]

einlochen
putten
[ˈpœtən]

die Fahne
de **vlag**
[vlɑχ]

das Loch
de **hole**
[hol]

das Grün
de **green**
[griːn]

DAS GOLF – GOLF

die Golfschläger
de (pl) **golfclubs**
[ˈχɔlfklœps]

das Holz
het **hout**
[hɑut]

das Eisen
het **ijzer**
[ˈɛizər]

der Wedge
de **wedge**
[wɛtʃ]

der Putter
de **putter**
[ˈpœtər]

die Golftasche
de **golftas**
[ˈχɔlftɑs]

driven
afslaan
[ˈɑfslan]

der Golfspieler
de **golfer**
[ˈχɔlfər]

der Caddie
de **caddie**
[ˈkɛdi]

der Golftrolley
de **golftrolley**
[ˈχɔlftrɔli]

der Durchschwung
de **doorzwaai**
[ˈdoːrzwai]

schwingen	**swingen** [ˈswɪŋən]
chippen	**chippen** [ˈtʃɪpən]
den Ball vom Abschlag spielen	**de bal afslaan** [də bɑl ˈɑfslan]
das Par	de **par** [pɑr]
das Birdie	de **birdie** [ˈbœːɹdi]
das Bogey	de **bogey** [ˈbogi]
das Handicap	de **handicap** [ˈhɛndikɛp]
das Hole-in-one	de **hole-in-one** [holɪnˈwɑn]

das Golfcart
de **golfkar**
[ˈχɔlfkɑr]

DIE LEICHTATHLETIK – ATLETIEK

die Sprunggrube
de **springbak**
[ˈsprɪŋbak]

der Weit- und Dreisprung
het **verspringen en de hink-stap-sprong**
[ˈvɛrsprɪŋən ɛn də hɪŋkstapˈsprɔŋ]

die Anlaufbahn
de **aanloopbaan**
[ˈanlopban]

das Schutznetz
de **veiligheidskooi**
[ˈvɛiləχɛitskoi]

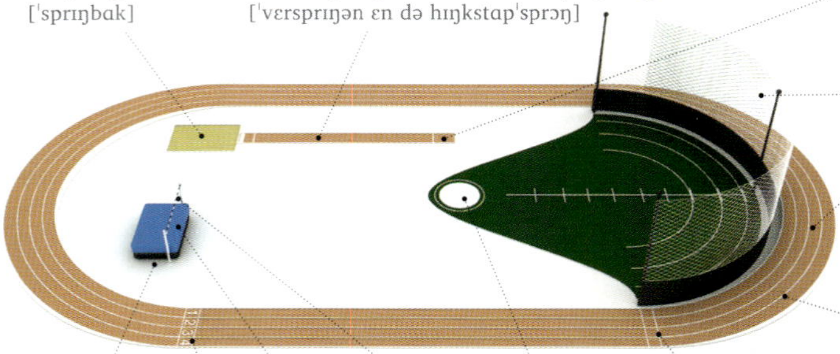

die Bahn
de **baan**
[ban]

die Aschenbahn
de **sintelbaan**
[ˈsɪntəlban]

der Hochsprung
het **hoogspringen**
[ˈhoχsprɪŋən]

die Latte
de **lat**
[lat]

die Ziellinie
de **finishlijn**
[ˈfɪnɪʃlɛin]

der Diskus- und Hammerwurf
het **discuswerpen en kogelslingeren**
[ˈdɪskœswɛrpən ɛŋ ˈkoχəlslɪŋərən]

die Startlinie
de **startlijn**
[ˈstartlɛin]

die Matte
de **mat**
[mat]

der Wurfkreis
de **werpcirkel**
[ˈwɛrpsɪrkəl]

der Sprint
de **sprint**
[sprɪnt]

der Startblock
het **startblok**
[ˈstardblɔk]

der Hürdenlauf
het **hordelopen**
[ˈhɔrdəlopən]

die Hürde
de **horde**
[ˈhɔrdə]

der Stabhochsprung
het **polsstokhoog-springen**
[pɔlstɔkˈhoχsprɪŋən]

der Staffellauf	de **estafette** [ɛstaˈfɛtə]
der Stab	het **estafettestokje** [ɛstaˈfɛtəstɔkjə]
einen Rekord brechen	**een record verbreken** [ən reˈkɔːr vərˈbrekən]
der Marathon	de **marathon** [ˈmaratɔn]
der Speerwurf	het **speerwerpen** [ˈspeːrwɛrpən]
die persönliche Bestleistung	het **persoonlijk record** [pɛrˈsonlək rəˈkɔr]
die Stoppuhr	de **stopwatch** [ˈstɔpwɔtʃ]
die Startpistole	het **startpistool** [ˈstartpistol]

DAS TURNEN – TURNEN

der Sprungtisch
de **springtafel**
[ˈsprɪŋtafəl]

der Handstand
de **handstand**
[ˈhɑntstɑnt]

der/das Spagat
de **spagaat**
[spaˈχat]

das Reck
de **rekstok**
[ˈrɛkstɔk]

der Barren
de **brug met gelijke leggers** [brœχ mɛt χeˈlɛikə ˈlɛχərs]

das Pauschenpferd
het **voltigeerpaard**
[vɔltiˈʒeːrpaːrt]

die Ringe
de (pl) **ringen**
[ˈrɪŋən]

der Schwebebalken
de **evenwichtsbalk**
[ˈevə(n)wɪχ(t)sbɑl(ə)k]

das Bodenturnen
de **vloeroefening**
[ˈvluːrufənɪŋ]

der Stufenbarren
de **brug met ongelijke leggers** [brœχ mɛt ˈɔŋχəlɛikə ˈlɛχərs]

der Turnanzug
het **turnpakje**
[ˈtœrnpɑkjə]

die Turnhalle
de **turnhal**
[ˈtœrnhɑl]

die Turnerin
de **turnster**
[ˈtœrnstər]

die Magnesia
het **magnesiumpoeder**
[mɑχˈnesijœmpudər]

das Gold	het **goud** [χɑut]
das Silber	het **zilver** [ˈzɪlvər]
die Bronze	het **brons** [brɔns]
die Medaille	de **medaille** [meˈdɑljə]
der Wettkampf	de **wedstrijd** [ˈwɛtstrɛit]
der Salto	de **salto** [ˈsɑlto]
der Aufgang	de **opsprong** [ˈɔpsprɔŋ]
der Abgang	de **afsprong** [ˈɑfsprɔŋ]

DER WASSERSPORT – DE WATERSPORT

Das Schwimmen – Zwemmen

das Wettkampfbecken
het **wedstrijdbad**
[ˈwɛtstrɛidbɑt]

① *der Wendehinweis für Rückenschwimmer*
de **keerpuntaanduiding voor rugslag**
[ˈkeːrpœntandœydɪŋ voːr ˈrœχslɑχ]

② *die Bahn*
de **baan**
[ban]

③ *das Ziel*
de **finish**
[ˈfɪnɪʃ]

④ *die Linie*
de **bodemlijn**
[ˈbodəmlɛin]

⑤ *das Wasser*
het **water**
[ˈwatər]

⑥ *der Startblock*
het **startblok**
[ˈstɑrdblɔk]

⑦ *die Schwimmleine*
de **lijn**
[lɛin]

die Wende
het **keerpunt**
[ˈkeːrpœnt]

der Armzug
de **armslag**
[ˈɑr(ə)mslɑχ]

das Rückenschwimmen
de **rugslag**
[ˈrœχslɑχ]

das Brustschwimmen
de **schoolslag**
[ˈsχolslɑχ]

kraulen
borstcrawlen
[ˈbɔrstkrɔːlən]

das Schmetterlingsschwimmen
de **vlinderslag**
[ˈvlɪndərslɑχ]

der Startsprung
de **startduik**
[ˈstɑrdœyk]

der Fehlstart
de **valse start**
[ˈvɑlsə stɑrt]

DER WASSERSPORT – DE WATERSPORT

Das Schwimmen – Zwemmen

der Wasserball
het **waterpolo**
[ˈwatərpolo]

springen
duiken
[ˈdœykən]

das Kunstspringen
het **schoonspringen**
[ˈsχonsprɪŋən]

das Synchronschwimmen
het **synchroonzwemmen**
[sɪnˈχronzwɛmən]

der Schwimmflügel
de **zwemvleugel**
[ˈzwɛmvløχəl]

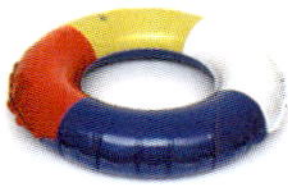

der Schwimmring
de **zwemband**
[ˈzwɛmbɑnt]

das Schwimmerbecken
het **zwembad**
[ˈzwɛmbɑt]

das Nichtschwimmer-becken
het **pierenbad**
[ˈpiːrəbɑt]

die Schwimmweste
het **zwemvest**
[ˈzwɛmvɛst]

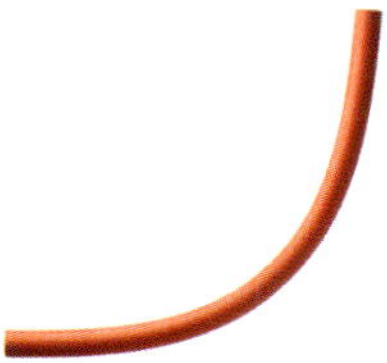

die Schwimmnudel
de **flexiebeam®**
[ˈflɛksibim]

die Schwimmerin
de **zwemster**
[ˈzwɛmstər]

die Badekappe
de **badmuts**
[ˈbɑtmœts]

der Schwimmanzug
het **badpak**
[ˈbɑtpɑk]

die Schwimmbrille
de **zwembril**
[ˈzwɛmbrɪl]

schwimmen	**zwemmen** [ˈzwɛmən]
das Sprungbrett	de **duikplank** [ˈdœykplɑŋk]
der Sprungturm	de **springtoren** [ˈsprɪŋtoːrən]
das Schwimmbrett	het **zwemplankje** [ˈzwɛmplɑŋkjə]
plantschen	**poedelen** [ˈpudələn]
der Bademeister	de **badmeester** [ˈbɑtmestər]
die Bademeisterin	de **badjuf** [ˈbɑtjœf]
der Wasserpark	het **zwempark** [ˈzwɛmpɑr(ə)k]

DER WASSERSPORT – DE WATERSPORT

Das Segeln – Zeilen

der Mast
de **mast**
[mɑst]

die Takelage
de **takelage**
[takəˈlaʒə]

das Großsegel
het **grootzeil**
[ˈgrotsɛil]

die Fock
de **fok**
[fɔk]

der Bug
de **voorsteven**
[ˈvoːrstevən]

der Rumpf
de **romp**
[rɔmp]

das Heck
de **achtersteven**
[ˈɑχtərstevən]

der Rettungsring
de **reddingsboei**
[ˈrɛdɪŋzbui]

die Leuchtrakete
de **vuurpijl**
[vyːrpɛil]

der Segler
de **zeiler**
[ˈzɛilər]

der Baum
de **giek**
[χik]

das Cockpit
de **kuip**
[kœyp]

die Pinne
de **helmstok**
[ˈhɛl(ə)mstɔk]

der Seegang	de **zeegang** [ˈzeχɑŋ]
der Wind	de **wind** [ˈwɪnt]
die Meeresströmung	de **zeestroming** [ˈzestromɪŋ]
der Anker	het **anker** [ˈɑŋkər]
die Crew	de **bemanning** [bəˈmɑnɪŋ]
das Ruder	het **roer** [ruːr]
kentern	**kapseizen** [ˈkɑpsɛizən]
kreuzen	**kruisen** [ˈkrœysən]
der Jachthafen	de **jachthaven** [ˈjɑχthavən]
das Rettungsboot	de **reddingsboot** [ˈrɛdɪŋzbot]
der Katamaran	de **catamaran** [kataˈmarɑn]

DER WASSERSPORT – DE WATERSPORT

Das Tauchen – Duiken

der Tauchanzug
het **duikpak**
[ˈdœykpɑk]

die Druckluftflasche
de **duikfles**
[ˈdœykflɛs]

der Lungenautomat
de **ademautomaat**
[ˈadəmɑutomat]

die Taschenlampe
de **zaklamp**
[ˈzɑklɑmp]

der Tiefenmesser
de **dieptemeter**
[ˈdiptəmetər]

die Schwimmflosse
het **zwemvlies**
[ˈzwɛmvlis]

der Tauchstiefel
de **duiklaars**
[ˈdœyklaːrs]

der Schnorchel
de **snorkel**
[ˈsnɔrkəl]

die Tauchmaske
het **duikmasker**
[ˈdœykmɑskər]

das Finimeter
de **manometer**
[ˈmanometər]

der/das Kajak
de **kajak**
[ˈkajɑk]

das Doppelpaddel
de **dubbelbladige peddel**
[ˈdœbəlbladəχə ˈpɛdəl]

der Kanadier
de **Canadese kano**
[kanaˈdesə ˈkano]

das Stechpaddel
de **enkelbladige peddel**
[ˈɛŋkəlbladəχə ˈpɛdəl]

der Sitz
de **zitplaats**
[ˈzɪtplats]

der Vordersteven
de **voorsteven**
[ˈvoːrstevən]

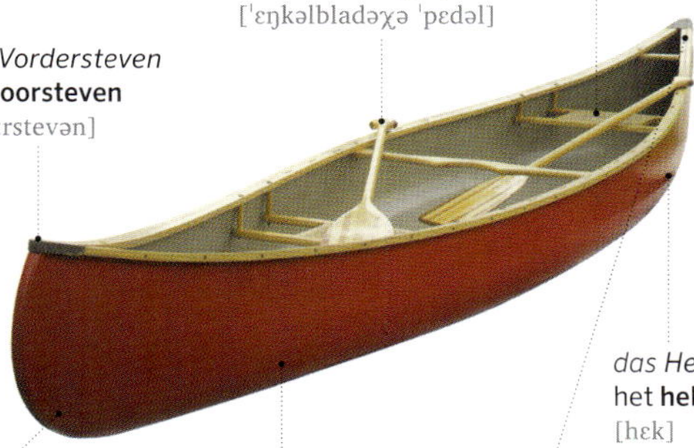

das Heck
het **hek**
[hɛk]

der Bug
de **boeg**
[buχ]

der Bootsrumpf
de **romp**
[ˈrɔmp]

der Achtersteven
de **achtersteven**
[ˈɑχtərstevən]

DER WASSERSPORT – DE WATERSPORT

Das Surfen – Surfen

surfen
surfen
[ˈsœrfən]

das Surfbrett
de **surfplank**
[ˈsœrfplaŋk]

das Windsurfen
het **windsurfen**
[ˈwɪntsœrfən]

das Schothorn
de **schoothoek**
[ˈsχothuk]

der Mast
de **mast**
[mast]

der Surfer
de **surfer**
[ˈsœrfər]

die Welle
de **golf**
[χɔlf]

das Segel
het **zeil**
[zɛil]

der Windsurfer
de **windsurfer**
[ˈwɪntsœrfər]

das Paddelbrett
de **peddelplank**
[ˈpɛdəlplaŋk]

das Kitesurfen
het **kitesurfen**
[ˈkaitsœrfən]

das Bodyboarden
het **bodyboarden**
[ˈbɔdibɔrdən]

das Wakeboarden
het **wakeboarden**
[ˈwegbɔrdən]

der Jetski®
de **jetski®**
[ˈdʒɛtski]

das Wasserski
de **waterski**
[ˈwatərski]

das Rudern
het **roeien**
[ˈrujən]

das Rafting
het **raften**
[rɛftən]

DER KAMPFSPORT – DE VECHTSPORT

das Karate
het **karate**
[ka'ratə]

das Aikido
het **aikido**
[ɑi'kido]

das Kendo
het **kendo**
['kɛndo]

das Taekwondo
het **taekwondo**
[te'kwɔndo]

der schwarze Gürtel
de **zwarte band**
['zwɑrtə bɑnt]

das Judo
het **judo**
['jydo]

das Kung-Fu
het **kungfu**
[kuŋ'fu]

das Kickboxen
het **kickboksen**
['kɪgbɔksən]

das Ringen
het **worstelen**
['wɔrstələn]

das Boxen
het **boksen**
['bɔksən]

der Sandsack
de **stootzak**
['stotsɑk]

der Boxball
de **boksbal**
['bɔksbɑl]

der Kopfschutz
de **hoofdbescherming**
['hoftbəsχɛrmɪŋ]

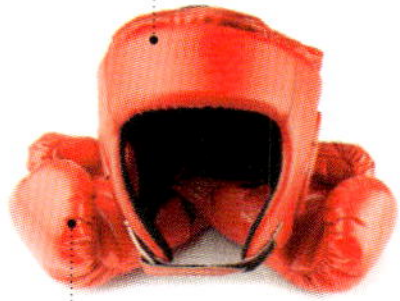

der Boxhandschuh
de **bokshandschoen**
['bɔkshɑntsχun]

der Mundschutz	de **gebitsbeschermer** [χə'bɪtsbəsχɛrmər]
das Sparring	het **sparren** ['spɑrən]
der Knock-out	de **knock-out** [nɔk'ɑut]
die Selbstverteidigung	de **zelfverdediging** ['zɛlfərdedəχɪŋ]
das Tai-Chi	het **tai chi** [tɑi'tʃi]
das Jiu-Jitsu	het **jiujitsu** [jiu'jɪtsu]
die Capoeira	het **capoeira** [kapu'we:ra]
das Wing Chun	het **wing chun** [wɪŋ'tʃun]

DER REITSPORT – DE PAARDENSPORT

DER REITSPORT – DE PAARDENSPORT

das Pferderennen
de **rensport**
[ˈrɛnspɔrt]

das Rennpferd
het **renpaard**
[ˈrɛmpaːrt]

der Jockey
de **jockey**
[ˈdʒɔki]

das Dressurreiten
de **dressuur**
[drɛˈsyːr]

der Ausritt
de **buitenrit**
[ˈbœytərɪt]

der Trabrennsport
de **drafsport**
[ˈdrɑfspɔrt]

das Jagdrennen
de **steeplechase**
[ˈstipəltʃes]

ohne Sattel reiten
rijden zonder zadel
[ˈrɛidə ˈzɔndər ˈzadəl]

der Stall
de **stal**
[stɑl]

der/das Rodeo
de **rodeo**
[roˈdejo, ˈrodejo]

das Polo
het **polo**
[ˈpolo]

das Springreiten
de **springsport**
[ˈsprɪŋspɔrt]

das Hufeisen	het **hoefijzer** [ˈhufɛizər]
die Reitgerte	de **rijzweep** [ˈrɛizwep]
die Koppel	de **paardenwei** [ˈpaːrdəwɛi]
der Kanter	de **langzame galop** [ˈlɑŋzamə χaˈlɔp]
der Galopp	de **galop** [χaˈlɔp]
der Schritt	de **stapvoetse gang** [ˈstɑpvutsə χɑŋ]
das Trabrennen	de **drafren** [ˈdrɑfrɛn]
das Flachrennen	het **vlakkebaanrennen** [vlɑkəˈbanrɛnən]

der Pferdepfleger
de **paardenverzorger**
[ˈpaːrdəvərzɔrχər]

DAS ANGELN – VISSEN

der Angler
de **hengelaar**
[ˈhɛŋəlaːr]

die Angel
de **hengel**
[ˈhɛŋəl]

die Angelrute
de **hengelstok**
[ˈhɛŋəlstɔk]

die Anglerweste
het **visvest**
[ˈvɪsfɛst]

einen Fisch fangen
een vis vangen
[ən vɪs ˈvɑŋən]

der Unterfangkescher
het **landingsnet**
[ˈlɑndɪŋsnɛt]

der Watstiefel
de **lieslaars**
[ˈlislaːrs]

die Spule
de **spoel**
[spul]

die Angelrolle
de **spinmolen**
[ˈspɪnmolən]

die Kurbel
de **slinger**
[ˈslɪŋər]

die Angelausrüstung
het **visgerei**
[ˈvɪsχərɛi]

die Angelschnur
de **sim**
[sɪm]

die Kunstfliege
de **kunstvlieg**
[ˈkœnstfliχ]

die Pose
de **dobber**
[ˈdɔbər]

der Angelhaken
de **vishaak**
[ˈvɪshak]

die Öse
het **oog**
[oχ]

der Widerhaken
de **weerhaak**
[ˈweːrhak]

DAS ANGELN – VISSEN

das Brandungsangeln
het **strandvissen**
[ˈstrantfɪsən]

mit dem Netz fangen
met het net vangen
[mɛt ət nɛt ˈfaŋən]

das Hochseeangeln
het **hoogzeevissen**
[hoχˈsevɪsən]

das Süßwasserangeln
het **zoetwatervissen**
[zutˈwatərvɪsən]

das Speerfischen
het **speervissen**
[ˈspeːrvɪsən]

einholen
inhalen
[ˈɪnhalən]

das Fliegenfischen
het **vliegvissen**
[ˈvliχvɪsən]

fangen
vangen
[ˈvaŋən]

freilassen
vrijlaten
[ˈvrɛilatən]

der Köder
het **aas**
[as]

der Fang
de **vangst**
[vaŋst]

die Hummerfalle
de **kreeftenfuik**
[ˈkreftəfœyk]

der Angelschein	de **visakte** [ˈvɪsaktə]
anbeißen	**bijten** [ˈbɛitən]
der Fischkorb	de **vismand** [ˈvɪsmant]
der Erdspeer	de **hengelsteun** [ˈhɛŋəlstøn]
der Wobbler	de **plug** [plœχ]
die Harpune	de **harpoen** [harˈpun]
die Angel auswerfen	**de hengel uitwerpen** [də ˈhɛŋəl ˈuytwɛrpən]
einen Fisch einholen	**een vis inhalen** [ən vɪs ˈɪnhalən]

der Spinnerkasten
de **viskoffer**
[ˈvɪskɔfər]

DER WINTERSPORT – DE WINTERSPORT

der Sturzhelm
de **skihelm**
[ˈskihɛl(ə)m]

der Pulverschnee
de **poedersneeuw**
[ˈpudərsne]

der Stockteller
de **sneeuwkrans**
[ˈsnewkrɑns]

der Skistock
de **skistok**
[ˈskistɔk]

die Seilbahn
de **kabelbaan**
[ˈkabəlban]

die Spitze
de **punt**
[pœnt]

der Ski
de **ski**
[ski]

der Skistiefel
de **skischoen**
[ˈskisχun]

der Skianzug
het **skipak**
[ˈskipɑk]

die Skipiste
de **skipiste**
[ˈskipistə]

die Kante
de **kant**
[kɑnt]

der Skiläufer
de **skiër**
[ˈskijər]

der Slalom
de **slalom**
[ˈslalɔm]

der Abfahrtslauf
de **afdaling**
[ˈɑvdalɪŋ]

das Skispringen
het **schansspringen**
[ˈsχɑnsprɪŋən]

abseits der Piste
buiten de piste
[ˈbœytə də ˈpistə]

der Skihang
de **skihelling**
[ˈskihɛlɪŋ]

das Biathlon
de **biatlon**
[ˈbijɑtlɔn]

der Langlauf
het **langlaufen**
[ˈlɑŋlaufən]

die Langlaufloipe
de **loipe**
[ˈlɔipə]

DER WINTERSPORT – DE WINTERSPORT

die Skibrille
de **skibril**
[ˈskibrɪl]

der Snowboardfahrer
de **snowboarder**
[ˈsnowbɔːɹdər]

das Snowboard
het **snowboard**
[ˈsnowbɔːrt]

die Bindung
de **binding**
[ˈbɪndɪŋ]

die Halfpipe
de **halfpipe**
[ˈhɑːfpaip]

das Rail
de **rail**
[rel]

Schlitten fahren
sleeën
[ˈslejən]

das Rennrodeln
het **rodelen**
[ˈrodələn]

der Bobsport
het **bobsleeën**
[ˈbɔpslejən]

das Curling
het **curling**
[ˈkœrlɪŋ]

Schlittschuh laufen
schaatsen
[ˈsχatsən]

der Eisschnelllauf
het **hardrijden op de schaats**
[ˈhɑrtrɛidən ɔbdə sχats]

das Skifahren	het **skiën** [ˈskijən]
das Snowboarding	het **snowboarden** [ˈsnowbɔːrdən]
der Winter-Fünfkampf	de **wintervijfkamp** [ˈwɪntərvɛifkɑmp]
der Freistil	de **vrije stijl** [ˈvrɛijə stɛil]
das Schneeschuhwandern	het **sneeuwschoenwandelen** [ˈsnewsχunwɑndələn]
das Hundeschlittenfahren	het **hondensleerennen** [ˈhɔndəslerɛnən]
das Après-Ski	de **après-ski** [aprɛˈski]
die Skihütte	de **skihut** [ˈskihœt]

der Eiskunstlauf
het **kunstrijden op de schaats**
[ˈkœnstrɛidən ɔbde sχats]

SONSTIGE SPORTARTEN – OVERIGE SPORTEN

das Klettern
het **klimmen**
[ˈklɪmən]

das Wandern
het **wandelen**
[ˈwɑndələn]

der Radsport
het **wielrennen**
[ˈwilrɛnən]

das Mountainbiken
het **mountainbiken**
[ˈmɑuntəmbaikən]

das Abseilen
het **abseilen**
[ˈɑpsɛilən]

das Bungeespringen
het **bungeejumpen**
[ˈbœndʒijœmpən]

das Drachenfliegen
het **deltavliegen**
[ˈdɛltavliχən]

das Fallschirmspringen
het **parachutespringen**
[paraˈʃytsprɪŋən]

das Rallyefahren
het **rallyrijden**
[ˈrɛlirɛidən]

die Formel 1®
de **formule 1®**
[fɔrmyləˈen]

das Motocross
de **motorcross**
[ˈmotɔrkrɔs]

das Motorradrennen
de **motorsport**
[ˈmotɔrspɔrt]

das Skateboardfahren
het **skateboarden**
[ˈskedbɔːrdən]

das Longboardfahren
het **longboardskaten**
[ˈlɔŋbɔːrtsketən]

das Inlineskaten
het **inlineskaten**
[ˈɪnlainsketən]

das Offroadfahren
het **terreinrijden**
[tɛˈrɛinrɛidən]

SONSTIGE SPORTARTEN – OVERIGE SPORTEN

das Fechten
het **schermen**
[ˈsχɛrmən]

das Bowling
het **bowlen**
[ˈbolən]

das Bogenschießen
het **boogschieten**
[ˈboχsχitən]

die Jagd
het **jagen**
[ˈjaχən]

das Darts
het **darten**
[ˈdɑrtən]

das Poolbillard
het **poolbiljart**
[ˈpulbɪljɑrt]

das Snooker
het **snooker**
[ˈsnukər]

das Lacrosse
het **lacrosse**
[laˈkrɔs]

die rhythmische Sportgymnastik
de **ritmische gymnastiek**
[ˈrɪtmisə χɪmnaˈstik]

das Frisbee®
het **frisbeeën**
[ˈfrɪzbijən]

das Triathlon
de **triatlon**
[ˈtrijɑtlɔn]

der Australian Football
het **Australisch voetbal**
[ɑuˈstralis ˈvudbɑl]

die/das Boule
het **jeu-de-boulen**
[ʒødəˈbulən]

das Ballett
het **ballet**
[baˈlɛt]

das Krocket
het **croquet**
[ˈkrɔkɛt]

der/das Parkour
het **parkour**
[parˈkuːr]

DIE FITNESS – DE FITNESS

das Fitnessstudio
de **sportschool**
[ˈspɔrtsχol]

die Langhantel
de **lange halter**
[ˈlaŋə ˈhaltər]

die Gewichtsscheibe
de **halterschijf**
[ˈhaltərsχɛif]

die Bank
de **bank**
[baŋk]

das Krafttraining
de **krachttraining**
[ˈkraχtrɛnɪŋ]

die Bizepsübung
de **bicepsoefening**
[ˈbisɛpsufənɪŋ]

die Kurzhantel
de **korte halter**
[ˈkɔrtə ˈhaltər]

das Bankdrücken
het **bankdrukken**
[ˈbaŋgdrœkən]

trainieren
trainen
[ˈtrɛnən]

das Ergometer
de **ergometer**
[ˈɛrχometər]

der Crosstrainer
de **crosstrainer**
[ˈkrɔstrɛnər]

der Fitnessball
de **gymnastiekbal**
[χɪmnaˈstigbal]

die Matte
de **mat**
[mat]

das Laufband
de **loopband**
[ˈlobant]

das Rudergerät
de **roeitrainer**
[ˈruitrɛnər]

DIE FITNESS – DE FITNESS

der Ausfallschritt
de **uitvalspas**
[ˈœytfɑlspɑs]

die Rumpfbeuge
de **rompbuiging**
[ˈrɔmbœyχɪŋ]

der Liegestütz
het **opdrukken**
[ˈɔbdrœkən]

der Sit-up
de **sit-up**
[sɪtˈœp]

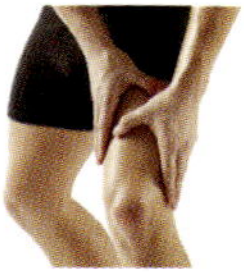

der Muskelkater
de **spierpijn**
[ˈspiːrpɛin]

der Klimmzug
het **optrekken**
[ˈɔptrɛkən]

die Kniebeuge
de **kniebuiging**
[ˈknibœyχɪŋ]

das Pilates
de **pilates**
[piˈlatəs]

das Spinning®
de **spinning®**
[ˈspɪnɪŋ]

die Pulsuhr
de **hartslagmeter**
[ˈhɑrtslɑχmetər]

das Aerobic
de **aerobics**
[ɛˈrɔbɪks]

das Steppbrett
de **stepbank**
[ˈstɛbɑŋk]

der Turnschuh
de **gymnastiekschoen**
[χɪmnɑˈstiksχun]

sich aufwärmen	**warming-up** [wɔrmɪŋˈœp]
sich abkühlen	**cooling-down** [kulɪŋˈdɑun]
das Zirkeltraining	de **circuittraining** [sɪrˈkwitrenɪŋ]
das Bodypump	het **bodypump** [ˈbɔdipœmp]
die Sauna	de **sauna** [ˈsɑuna]
die Umkleidekabine	de **kleedruimte** [ˈkletrœymtə]
die Dehnung	**rekken en strekken** [ˈrɛkən ɛn ˈstrɛkən]
Kalorien verbrennen	**calorieën verbranden** [kaloˈrijən vərˈbrɑndən]

FREIZEIT

VRIJE TIJD

DAS THEATER – DE SCHOUWBURG

① *der Balkon*
het **balkon**
[bɑlˈkɔn]

② *der zweite Rang*
de **tweede rang**
[ˈtwedə rɑŋ]

③ *die Loge*
de **loge**
[ˈlɔːʒə]

④ *der erste Rang*
de **eerste rang**
[ˈeːrstə rɑŋ]

⑤ *die Sitzreihe*
de **stoelenrij**
[ˈstulərɛi]

⑥ *die Kulisse*
de **coulisse**
[kuˈlɪsə]

⑦ *die Bühne*
het **podium**
[ˈpodijœm]

⑧ *das Foyer*
de **foyer**
[fwɑˈje]

⑨ *das Parkett*
het **parket**
[pɑrˈkɛt]

⑩ *der Sitzplatz*
de **zitplaats**
[ˈzɪtplaats]

⑪ *der Vorhang*
het **doek**
[duk]

das Varieté
het **variété**
[varijəˈte]

das Freilufttheater
het **openluchttheater**
[opəˈlœχtejatər]

das Ballett
het **ballet**
[bɑˈlɛt]

die Aufführung
de **opvoering**
[ˈɔpfurɪŋ]

der Zauberkünstler
de **goochelaar**
[ˈχoχəlaːr]

der Komiker
de **cabaretier**
[kabarɛˈtje]

die Tragödie
het **treurspel**
[ˈtrøːrspɛl]

die Komödie
het **blijspel**
[ˈblɛispɛl]

DAS THEATER – DE SCHOUWBURG

das Theaterstück
het **toneelstuk**
[toˈnelstœk]

① *das Bühnenbild*
het **decor**
[deˈkoːr]

② *die Besetzung*
de **bezetting**
[bəˈzətɪŋ]

③ *das Theaterkostüm*
het **kostuum**
[kɔˈstym]

④ *der Applaus*
het **applaus** [ɑˈplaus]

⑤ *das Publikum*
het **publiek** [pyˈblik]

die Probe
de **repetitie**
[repəˈti(t)si]

⑥ *der Schauspieler*
de **acteur**
[ɑkˈtøːr]

⑦ *die Schauspielerin*
de **actrice**
[ɑkˈtrisə]

⑧ *der Regisseur*
de **regisseur**
[reχiˈsøːr]

die Premiere	de **première** [prəˈmjɛːrə]
die Pause	de **pauze** [ˈpauzə]
das Programm	het **programma** [proˈχrɑma]
die Generalprobe	de **generale repetitie** [χenəˈralə repəˈti(t)si]
der Platzanweiser	de **ouvreur** [uˈvrøːr]
die Platzanweiserin	de **ouvreuse** [uˈvrøzə]
die Theaterkasse	de **theaterkassa** [teˈjatərkɑsa]
die Eintrittskarte	de **toegangskaart** [ˈtuχɑŋskaːrt]

die Künstlergarderobe
de **kleedkamer**
[ˈkletkamər]

DIE MUSIK – DE MUZIEK

Das Orchester – Het orkest

das Sinfonieorchester
het **symfonieorkest**
[sımfo'niɔrkɛst]

der Gong
de **gong**
[χɔŋ]

die kleine Trommel
de **snaartrom**
['sna:rtrɔm]

die große Trommel
de **grote trom**
['χrotə trɔm]

die Pauke
de **pauk**
[pauk]

das Xylophon
de **xylofoon**
[ksilo'fon]

die Röhrenglocken
de (pl) **buisklokken**
['bœysklɔkən]

das Dirigentenpult
de **dirigentenbok**
[diri'χɛntəbɔk]

der Notenständer
de **muziekstandaard**
[my'zikstɑnda:rt]

der Dirigent
de **dirigent**
[diri'χɛnt]

der Taktstock
de **baton**
[ba'tɔn]

die Solistin
de **soliste**
[so'lıstə]

die Opernsängerin
de **operazangeres**
['opərazaŋərɛs]

die Noten
de **bladmuziek**
['blɑtmyzik]

die Ouvertüre	de **ouverture** [uvər'ty:rə]
das Quartett	het **kwartet** [kwɑr'tɛt]
die Sonate	de **sonate** [so'natə]
die Tonhöhe	de **toonhoogte** ['tonhoχtə]
ein Instrument stimmen	**een instrument stemmen** [ən ınstry'mɛnt 'stɛmən]
der Orchestergraben	de **orkestbak** [ɔr'kɛstbɑk]
der Chor	het **koor** [ko:r]
die Oper	de **opera** ['opəra]

DIE MUSIK – DE MUZIEK

Die Musikinstrumente – De muziekinstrumenten

das Cello
de **cello**
[ˈsɛlo]

der Bogen
de **strijkstok**
[ˈstrɛikstɔk]

die Geige
de **viool**
[viˈjol]

die akustische Gitarre
de **akoestische gitaar**
[aˈkustisə χiˈtaːr]

die Harfe
de **harp**
[hɑr(ə)p]

die elektrische Gitarre
de **elektrische gitaar**
[eˈlɛktrisə χiˈtaːr]

die Bassgitarre
de **basgitaar**
[ˈbɑsχitaːr]

die Tuba
de **tuba**
[ˈtyba]

die Posaune
de **trombone**
[trɔmˈbɔːnə]

das Fagott
de **fagot**
[faˈχɔt]

die Oboe
de **hobo**
[hoˈbo]

das Horn
de **hoorn**
[hoːr(ə)n]

die Trompete
de **trompet**
[trɔmˈpɛt]

die Pikkoloflöte
de **piccolo**
[ˈpikolo]

das Saxofon
de **saxofoon**
[sɑksoˈfon]

die Klarinette
de **klarinet**
[klariˈnɛt]

die Querflöte
de **dwarsfluit**
[ˈdwɑrsflœyt]

DIE MUSIK – DE MUZIEK

Die Musikinstrumente – De muziekinstrumenten

das Tamburin
de **tamboerijn**
[tambuˈrɛin]

das Becken
het **bekken**
[ˈbɛkən]

die/das Hi-Hat
de **hihat**
[ˈhaihɛt]

das Schlagzeug
het **drumstel**
[ˈdrœmstɛl]

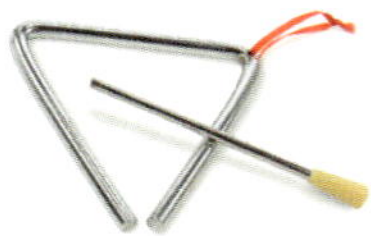

die/der/das Triangel
de **triangel**
[triˈjaŋəl]

die Rassel
de **sambabal**
[ˈsambabal]

die Bongos
de **bongo**
[ˈbɔŋχo]

die Kesselpauke
de **pauk**
[pauk]

die Kastagnetten
de (pl) **castagnetten**
[kastaˈɲɛtən]

die Schellenrassel
de **schellenstok**
[ˈsχɛləstɔk]

die Panflöte
de **panfluit**
[ˈpanflœyt]

der Schlagzeugstock
de **trommelstok**
[ˈtrɔməlstɔk]

die Mundharmonika
de **mondharmonica**
[ˈmɔntharmonika]

der Dudelsack
de **doedelzak**
[ˈdudəlzak]

das Akkordeon
de **accordeon**
[akɔrdeˈjɔn, aˈkɔrdejɔn]

der Flügel
de **vleugel**
[ˈvløχəl]

DIE MUSIK – DE MUZIEK

die Notation
het **notenschrift**
[ˈnotəsχrɪft]

der Violinschlüssel
de **vioolsleutel**
[viˈjolsløtəl]

die Notenlinie
de **lijn**
[lɛin]

der Bassschlüssel
de **bassleutel**
[ˈbɑsløtəl]

das Vorzeichen
het **voorteken**
[ˈvoːrtəkən]

die Taktangabe
de **maataanduiding**
[ˈmatandœydɪŋ]

die Note
de **noot**
[not]

das Kreuz
het **kruis**
[krœys]

der Taktstrich
de **maatstreep**
[ˈmatstrep]

die klassische Musik
de **klassieke muziek**
[klɑˈsikə myˈzik]

das Heavy Metal
de **heavy metal**
[ˈhɛvi ˈmɛtəl]

der Rap
de **rap**
[rɛp]

der Hip-Hop
de **hiphop**
[ˈhɪphɔp]

der Reggae	de **reggae** [ˈrɛge]
die Popmusik	de **popmuziek** [ˈpɔpmyzik]
die Countrymusik	de **country** [ˈkɑuntri]
die Indie-Musik	de **indie** [ˈɪndi]
der Blues	de **blues** [bluːs]
der/das Techno	de **techno** [ˈtɛχno]
der Soul	de **soul** [sol]
die Disko	de **disco** [ˈdɪsko]

der Jazz
de **jazz**
[dʒɛːs]

der Rock
de **rock**
[rɔk]

DIE MUSIK - DE MUZIEK

Das Konzert - Het concert

das Rockkonzert
het **rockconcert**
[ˈrɔkɔnsɛrt]

① *der Scheinwerfer*
de **schijnwerper**
[ˈsχɛinwɛrpər]

② *das Mikrofon*
de **microfoon**
[mikroˈfon]

③ *die Band*
de **band**
[bɛnt]

④ *der Bassist*
de **bassist**
[bɑˈsɪst]

⑤ *der Verstärker*
de **versterker**
[vərˈstɛrkər]

⑥ *der Gitarrist*
de **gitarist**
[χitaˈrɪst]

⑦ *der Schlagzeuger*
de **drummer**
[ˈdrœmər]

⑧ *der Frontmann*
de **frontman**
[ˈfrɔntmɑn]

die Konzerthalle
de **concertzaal**
[kɔnˈsɛrtsal]

die Fans
de (pl) **fans**
[fɛns]

das Musikfestival
het **popfestival**
[ˈpɔpfɛstivɑl]

der DJ
de **dj**
[ˈdiːdʒe]

das Mischpult
het **mengpaneel**
[ˈmɛŋpanel]

singen	**zingen** [ˈzɪŋən]
mitsingen	**meezingen** [ˈmezɪŋən]
pfeifen	**fluiten** [flœytən]
die Zugabe	de **toegift** [ˈtuχɪft]
das Crowdsurfing	het **crowdsurfen** [ˈkɹautsœrfən]
der/das Rave	de **rave** [ref]
das Lied	het **nummer** [ˈnœmər]
der Liedtext	de **songtekst** [ˈsɔŋtɛkst]

DIE MUSIK – DE MUZIEK

Musik hören – Luisteren naar muziek

die Stereoanlage
de **stereo-installatie**
[ˈsterejoɪnstɑla(t)si]

der MP3-Player
de **mp3-speler**
[ɛmpeˈdrispelər]

der CD-Spieler
de **cd-speler**
[seˈdespelər]

der Lautstärkeregler
de **volumeknop**
[voˈlyməknɔp]

die Lautsprecherbox
de **luidspreker**
[ˈlœytsprekər]

die Schallplatte
de **grammofoonplaat**
[χrɑmoˈfomplat]

der Plattenspieler
de **platenspeler**
[ˈplatəspelər]

die USB-Schnittstelle
de **usb-poort**
[yɛsˈbepo:rt]

das Radio
de **radio**
[ˈradijo]

das Gesangstück	het **vocaal nummer** [voˈkal ˈnœmər]
die Komposition	de **compositie** [kɔmpoˈzi(t)si]
das Instrumentalstück	het **instrumentaal nummer** [ɪnstrymɛnˈtal ˈnœmər]
akustisch	**akoestisch** [aˈkustis]
der Refrain	het **refrein** [rəˈfrɛin]
die Melodie	de **melodie** [meloˈdi]
der Beat	de **beat** [bi:t]
die Kassette	de **cassette** [kɑˈsɛtə]

der Kopfhörer
de **koptelefoon**
[ˈkɔpteləfon]

HOBBYS – HOBBY'S

gravieren
graveren
[graˈve:rən]

schnitzen
houtsnijden
[ˈhɑutsnɛidən]

Briefmarken sammeln
postzegels verzamelen
[ˈpɔs(ts)eχəls vərˈzamələn]

die Modelleisenbahn
de **modelspoorbaan**
[moˈdəlspo:rban]

modellieren
boetseren
[butse:rən]

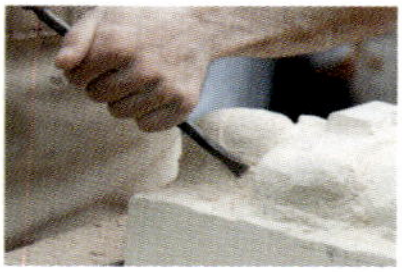

die Bildhauerei
beeldhouwen
[ˈbelthɑuwən]

töpfern
pottenbakken
[ˈpɔtəbɑkən]

Mosaik legen
mozaïeken
[mozaˈikən]

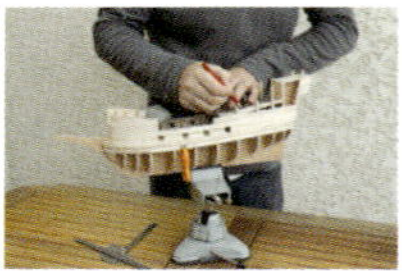

der Modellbau
de **modelbouw**
[moˈdɛlbɑu]

Schmuck herstellen
sieraden maken
[ˈsiradə ˈmakən]

lesen
lezen
[ˈlezən]

kochen
koken
[ˈkokən]

gärtnern
tuinieren
[tœyˈni:rən]

das Origami	het **origami** [oriˈχami]
das Pappmaschee	het **papier-maché** [pa'pi:rmaʃe]
das Scrapbooking	het **scrappen** [ˈskrɛpən]
Möbel restaurieren	**meubels restaureren** [ˈmøbəls rɛstoˈre:rən]
im Chor singen	**in een koor zingen** [ɪn əŋ ko:r ˈzɪŋən]
Filme drehen	**films maken** [fɪl(ə)ms ˈmakən]
Vögel beobachten	**vogelen** [ˈvoχələn]
das kreative Schreiben	het **creatief schrijven** [krejaˈtif ˈsχrɛivən]

HOBBYS – HOBBY'S

Kunst und Basteln – Kunst en knutselen

der Buntstift
het **kleurpotlood**
[ˈkløːrpɔtlot]

die Wasserfarbe
de **waterverf**
[ˈwatərvɛrf]

der Wachsmalstift
het **waskrijtje**
[ˈwaskrɛitjə]

die Lackfarbe
de **lakverf**
[ˈlakvɛrf]

die Ölkreide
het **oliepastel**
[ˈolipastɛl]

die Kreide
het **krijt**
[krɛit]

die Ölfarbe
de **olieverf**
[ˈolivɛrf]

die Acrylfarbe
de **acrylverf**
[aˈkrilvɛrf]

die Pastellkreide
het **pastelkrijt**
[paˈstɛlkrɛit]

der Filzstift
de **viltstift**
[ˈvɪltstɪft]

die Tusche
de **inkt**
[ɪŋkt]

die Zeichenkohle
de **houtskool**
[ˈhautskol]

die Gouache
de **gouache**
[guˈwaʃ(ə)]

der Klebstoff
de **lijm**
[lɛim]

der Pinsel
de **kwast**
[kwast]

die Palette
het **palet**
[paˈlɛt]

HOBBYS – HOBBY'S

Kunst und Basteln – Kunst en knutselen

die Aquarellmalerei
het **aquarelleren**
[akwarɛˈleːrən]

die Ölmalerei
het **olieverven**
[ˈolivɛrvən]

die Collage
de **collage**
[kɔˈlaʒə]

die Wandmalerei
het **wandschilderen**
[ˈwɑntsχɪldərən]

die Tuschezeichnung
de **pentekening**
[ˈpɛntekənɪŋ]

die abstrakte Malerei
het **abstract schilderen**
[ɑpˈstrɑkt ˈsχɪldərən]

die Landschaftsmalerei
het **landschapschilderen**
[ˈlɑntsχɑpsχɪldərən]

die Porträtmalerei
het **portretschilderen**
[pɔrˈtrɛtsχɪldərən]

die Bleistiftzeichnung
de **potloodtekening**
[ˈpɔtlotekənɪŋ]

das Stillleben
het **stilleven**
[ˈstɪlevən]

das Graffiti
de **graffiti**
[graˈfiti]

der Siebdruck
de **zeefdruk**
[ˈzevdrœk]

die Skizze
de **schets**
[sχɛts]

die Aktmalerei
het **naaktschilderen**
[ˈnaktsχɪldərən]

die Leinwand
het **doek**
[duk]

der Karton
het **karton**
[kɑrtɔn]

HOBBYS – HOBBY'S

Kunst und Basteln – Kunst en knutselen

die Farbe
de **kleur** [klø:r]

das Schwarz
zwart [zwart]

das Schwarzbraun
zwartbruin [zward'brœyn]

das Hellbraun
lichtbruin [lɪχ(t)'brœyn]

das Smaragdgrün
smaragdgroen [sma'rαχtχrun]

das Gelbgrün
geelgroen [χel'χrun]

das Blau
blauw [blαu]

das Violett
violet [vijo'lɛt]

das Blutrot
bloedrood ['blutrot]

das Rosa
lichtroze [lɪχt'rɔ:zə]

das Gelborange
oranjegeel [orαnjə'χel]

das Orange
oranje [o'rαnjə]

das Hellgelb
citroengeel [sitruŋ'χel]

das Grau
grijs [χrɛis]

das Braun
bruin [brœyn]

das Olivgrün
olijfgroen [o'lɛifχrun]

das Grün
groen [χrun]

das Cyan
cyaan [si'jan]

das Dunkelblau
donkerblauw [dɔŋkər'blαu]

das Lila
paars [pa:rs]

das Pink
roze ['rɔ:zə]

das Rot
rood [rot]

das Ocker
okergeel [okər'χel]

das Gelb
geel [χel]

das Weiß
wit [wɪt]

HOBBYS – HOBBY'S

Nähen und Stricken – Naaien en breien

der Kopf
de **kop**
[kɔp]

der Fadenhebel
de **draadhefboom**
[ˈdrathɛvbom]

die Fadenführung
de **draadgeleider**
[ˈdratχəlɛidər]

der Garnrollenstift
de **garenpen**
[ˈχa:rəpɛn]

die Nähmaschine
de **naaimachine**
[ˈnaimaʃinə]

der Spuler
de **spoelhouder**
[ˈspulhaudər]

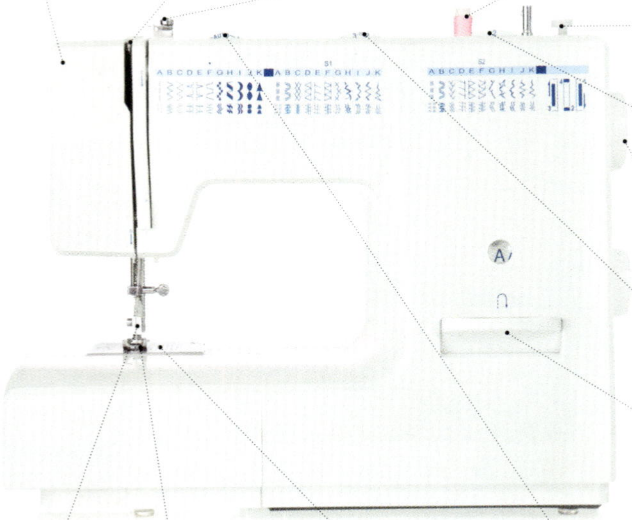

der Stichbreitenwähler
de **steeklengteknop**
[ˈsteklɛŋtəknɔp]

das Handrad
het **handwiel**
[ˈhantwil]

der Stichwähler
de **steekkeuzeknop**
[ˈstekøzəknɔp]

die Rückwärtsnähtaste
de **achteruitnaaiknop**
[ɑχtərˈœytnaiknɔp]

die Nadel
de **naald**
[nalt]

der Nähfuß
de **persvoet**
[ˈpɛrsfut]

die Stichplatte
de **steekplaat**
[ˈstekplat]

der Nähfußdruckregler
de **persvoetdrukregelaar**
[ˈpɛrsvudrœkreχela:r]

die Overlock
de **lockmachine**
[ˈlɔkmaʃinə]

das Maßband
het **meetlint**
[metlınt]

die Spule
de **spoel**
[spul]

das Nähgarn
het **naaigaren**
[ˈnaiχa:rən]

HOBBYS – HOBBY'S

Nähen und Stricken – Naaien en breien

die Schneiderpuppe
de **paspop**
[ˈpɑspɔp]

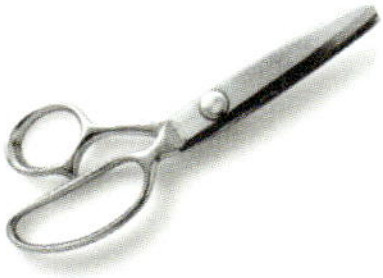

die Schere
de **schaar**
[sχaːr]

das Nähkästchen
de **naaidoos**
[ˈnaidos]

das Nadelkissen
het **speldenkussen**
[ˈspəldəkœsən]

das Schnittmuster
het **patroon**
[paˈtron]

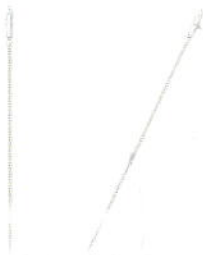

die Nähnadel
de **naald**
[nalt]

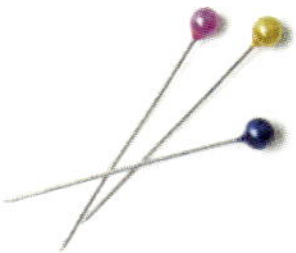

die Stecknadel
de **speld**
[spɛlt]

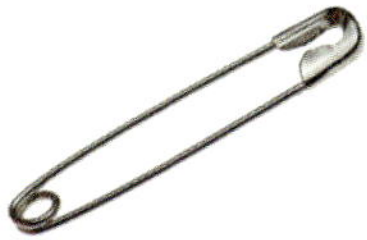

die Sicherheitsnadel
de **veiligheidsspeld**
[ˈvɛiləχɛitspɛlt]

der Stoff
de **stof**
[stɔf]

der Knopf
de **knoop**
[knop]

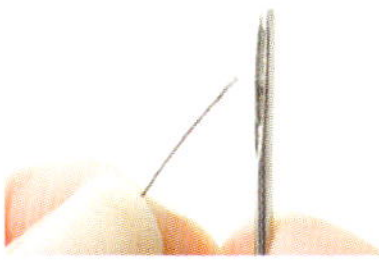

einen Faden einfädeln
een draad inrijgen
[ən drat ˈɪnrɛiχən]

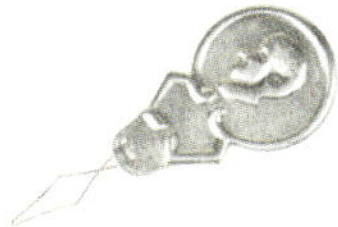

der Einfädler
de **draadinsteker**
[ˈdratɪnstekər]

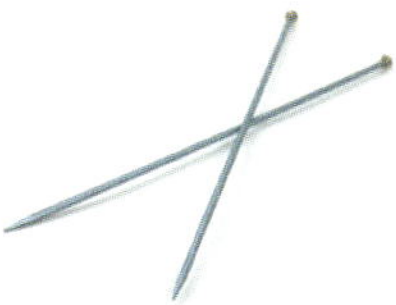

die Stricknadel
de **breinaald**
[ˈbrɛinalt]

die Wolle
de **wol**
[wɔl]

der Fingerhut
de **vingerhoed**
[ˈvɪŋərhut]

der Nahtauftrenner
het **tornmesje**
[ˈtɔrnmɛʃə]

HOBBYS – HOBBY'S

Nähen und Stricken – Naaien en breien

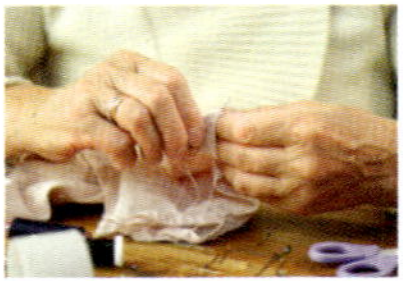

nähen
naaien
[ˈnajən]

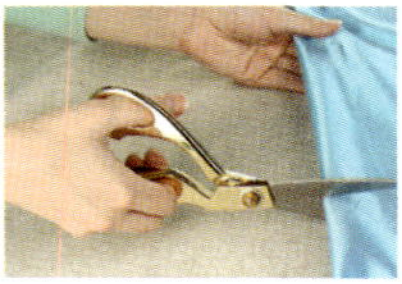

schneiden
knippen
[ˈknɪpən]

das Patchwork
het **patchwork**
[ˈpɛtʃwœɹk]

häkeln
haken
[ˈhakən]

der Kreuzstich
de **kruissteek**
[ˈkrœystek]

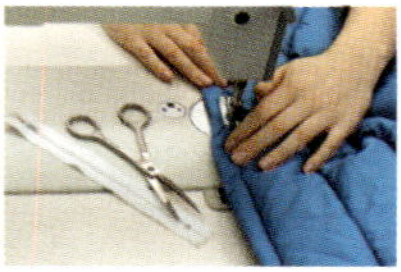

wattieren
watteren
[wɑˈteːrən]

stricken
breien
[ˈbrɛiən]

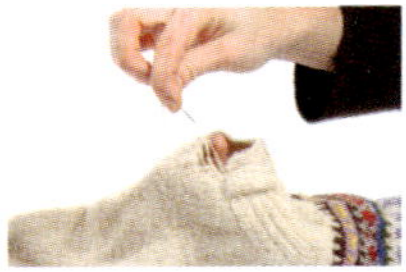

stopfen
stoppen
[ˈstɔpən]

weben
weven
[ˈwevən]

Spitze klöppeln
kantklossen
[ˈkɑntklɔsən]

einen Teppich knüpfen
een tapijt knopen
[ən taˈpɛit ˈknopən]

der Reißverschluss
de **ritssluiting**
[ˈrɪtslœytɪŋ]

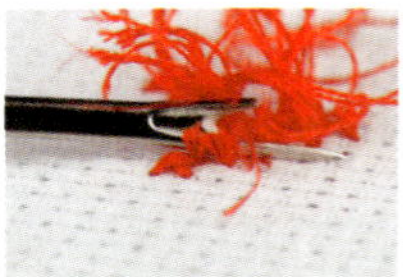

auftrennen
lostornen
[ˈlɔstɔrnən]

sticken	**borduren** [bɔrˈdyːrən]
das Leinen	het **linnen** [ˈlɪnən]
die Seide	de **zijde** [ˈzɛidə]
das Nylon®	het/de **nylon** [ˈnɛilɔn]
die Baumwolle	het/de **katoen** [kaˈtun]
der Polyester	het/de **polyester** [poliˈjɛstər]
der Stich	de **steek** [stek]
heften	**rijgen** [ˈrɛiχən]

HOBBYS – HOBBY'S

Das Kino – De bioscoop

der Kinosaal
de **bioscoopzaal**
[bijɔˈskopsal]

① *die Kinoleinwand*
het **witte doek**
[ˈwɪtə duk]

② *die Sitzreihe*
de **stoelenrij**
[ˈstulərɛi]

die Snackbar
de **snackbar**
[ˈsnɛgbɑr]

das Getränk
het **drankje**
[ˈdrɑŋkjə]

das Popcorn
de **popcorn**
[ˈpɔpkɔːɹn]

die Kinokasse
de **bioscoopkassa**
[bijɔˈskopkɑsa]

die Komödie
de **komedie**
[koˈmedi, ˈkɔmədi]

der Horrorfilm
de **horrorfilm**
[ˈhɔrɔrfɪl(ə)m]

der Liebesfilm
de **liefdesfilm**
[ˈliˑvdəsfɪl(ə)m]

der Zeichentrickfilm	de **tekenfilm** [ˈtekəfɪl(ə)m]
der Western	de **western** [ˈwɛstərn]
die Voraufführung	de **preview** [ˈpɹivju]
das Filmplakat	de **filmposter** [ˈfɪl(ə)mpostər]
die Premiere	de **première** [prəmˈjɛːrə]
der Thriller	de **thriller** [ˈθɹɪləɹ]
der Sciencefictionfilm	de **sciencefictionfilm** [sainsˈfɪkʃenfɪl(ə)m]
jugendfrei	**toegelaten voor jeugdige personen** [ˈtuχəlatən voːr ˈjøχdəχə pɛrˈsonən]

der 3D-Film
de **3D-film**
[driˈdefɪl(ə)m]

HOBBYS – HOBBY'S

Fotografieren – Fotograferen

die Programmwählscheibe
het **programmakeuzewiel**
[pro'χramakøzəwil]

die Spiegelreflexkamera
de **spiegelreflexcamera**
['spiχəlrəflεkskamεra]

der Blitzschuh
het **flitscontact**
['flɪtskɔntakt]

der (ausklappbare) Blitz
de **(uitklapbare) flitser**
[('œytklaba:rə) 'flɪtsər]

der/das Zoom
het **zoomobjectief**
[zumɔpjεktif]

das Objektiv
het **objectief**
[ɔpjεk'tif]

der Auslöser
de **sluiterknop**
['slœytərknɔp]

das Kameragehäuse
het **camerahuis**
['kamərahœys]

der Blendenregler
de **scherptedieptecontroleknop**
[sχεrptə'diptəkɔntrɔ:ləknɔp]

das Selbstauslöser-Lichtsignal
het **zelfontspannerlampje**
['zεlfɔntspanərlampjə]

die Einwegkamera
de **wegwerpcamera**
['wεχwεrpkamərə]

die Sofortbildkamera
de **directklaarcamera**
[di'rεktkla:rkamərə]

die Analogkamera
de **analoge camera**
[ana'loχə 'kamərə]

die Digitalkamera
de **digitale camera**
[diχi'talə 'kamərə]

das Stativ
het **statief**
[sta'tif]

der Aufsteckblitz
de **opzetflitser**
['ɔpsεtflɪtsər]

der Filter
de/het **filter**
['fɪltər]

der Objektivdeckel
de **lensdop**
['lεnzdɔp]

HOBBYS - HOBBY'S

Fotografieren - Fotograferen

der Film
de **film**
[fɪl(ə)m]

das Fotostudio
de **fotostudio**
[ˈfotostydijo]

ein Foto machen
een foto nemen
[ən ˈfoto ˈnemən]

die Bildbearbeitung
de **beeldbewerking**
[ˈbeldbəwɛrkɪŋ]

die Compact-Flash-Karte
de **CF-kaart**
[seˈɛfka:rt]

sich fotografieren lassen
zich laten fotograferen
[zɪχ ˈlatə fotograˈfe:rən]

die Kameratasche
de **cameratas**
[ˈkaməratas]

die Dunkelkammer
de **donkere kamer**
[ˈdɔŋkərə ˈkamər]

die Speicherkarte
de **geheugenkaart**
[χəˈhøχəka:rt]

unscharf
onscherp
[ɔnˈsχərp]

überbelichtet
overbelicht
[ovərbəˈlɪχt]

unterbelichtet
onderbelicht
[ɔndərbəˈlɪχt]

das Hochformat	het **staand formaat** [stant fɔrˈmat]
das Querformat	het **liggend formaat** [ˈlɪχənt fɔrˈmat]
die Vergrößerung	de **vergroting** [vərˈχrotɪŋ]
der Rote-Augen-Effekt	het **rode-ogeneffect** [rodəˈoχənɛfɛkt]
matt	**mat** [mat]
glänzend	**glanzend** [ˈχlanzənt]
das Fotoalbum	het **fotoalbum** [ˈfotoalbœm]
das Negativ	het **negatief** [neχaˈtif]

der digitale Bilderrahmen
de **digitale fotolijst**
[diχiˈtalə ˈfotolɛist]

HOBBYS – HOBBY'S

Spiele – Spelletjes

die Spielkarte
de **speelkaart**
[ˈspelkaːrt]

das Karo
ruiten
[ˈrœytən]

das Pik
schoppen
[ˈsχɔpən]

das Herz
harten
[ˈhɑrtən]

das Kreuz
klaveren
[ˈklavərən]

das Ass
de/het **aas**
[as]

der Joker
de **joker**
[ˈjokər]

der König
de **heer**
[heːr]

die Dame
de **vrouw**
[vrɑu]

der Bube
de **boer**
[buːr]

die Karten mischen
schudden
[ˈsχœdən]

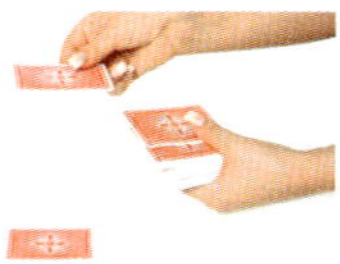

geben
geven
[ˈχevən]

das Blatt
de **hand met kaarten**
[hɑnt mɛt ˈkaːrtən]

Poker spielen
pokeren
[ˈpokərən]

der Dominostein
de **dominosteen**
[ˈdominosten]

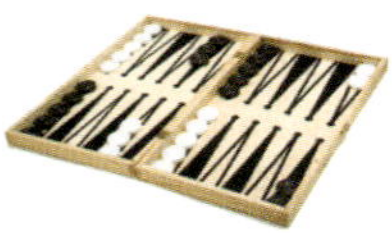

das Backgammon
het **backgammon**
[bɛˈgɛmɔn]

das Damespiel
het **damspel**
[ˈdɑmspɛl]

das Puzzle
de **legpuzzel**
[ˈlɛχpœzəl]

HOBBYS - HOBBY'S

Spiele - Spelletjes

das Schach
het **schaken**
[ˈsχakən]

der König
de **koning**
[ˈkonɪŋ]

die Dame
de **dame**
[ˈdamə]

der Läufer
de **loper**
[ˈlopər]

der Springer
het **paard**
[paːrt]

der Turm
de **toren**
[ˈtoːrən]

der Bauer
de **pion**
[piˈjɔn]

das weiße Feld
het **witte veld**
[ˈwɪtə vɛlt]

das Schachbrett
het **schaakbord**
[ˈsχagbɔrt]

das schwarze Feld
het **zwarte veld**
[ˈzwɑrtə vɛlt]

der Zug
de **zet**
[zɛt]

das Brettspiel
het **bordspel**
[ˈbɔrtspɛl]

das Monopoly®
het **monopoly®**
[monoˈpoli, moˈnɔpoli]

das Mensch ärgere dich nicht®
het **mens-erger-je-niet®**
[mɛnsˈɛrχerjənit]

würfeln	**de dobbelsteen gooien**	[də ˈdɔbəlsten ˈχojən]
mogeln	**vals spelen**	[ˈvɑlspelən]
das Glück	het **geluk**	[χəˈlœk]
das Pech	de **pech**	[pɛχ]
Wer ist dran?	**Wie is er aan de beurt?**	[wi ˈizər an də ˈbøːrt]
Du bist dran.	**Jij bent.**	[jɛi bɛnt]
gewinnen	**winnen**	[ˈwɪnən]
verlieren	**verliezen**	[vərˈlizən]

das Jenga®
het **jenga®**
[ˈdʒɛŋga]

der Würfel
de **dobbelsteen**
[ˈdɔbəlsten]

FERIEN – DE VAKANTIE

Am Strand – Op het strand

der Strand
het **strand**
[strɑnt]

die Stranddüne
de/het **duin**
[dœyn]

der Sonnenuntergang
de **zonsondergang**
[zɔnsˈɔndərχɑŋ]

das Meer
de **zee**
[ze]

der Strandkorb
de **strandkorf**
[ˈstrɑntkɔrf]

der Sand
het **zand**
[zɑnt]

die Küste
de **kust**
[kœst]

die Strandpromenade
de **strandboulevard**
[ˈstrɑndbuləvaːr]

der Liegestuhl
de **strandstoel**
[ˈstrɑntstul]

der Wasserball
de **strandbal**
[ˈstrɑndbɑl]

das Strandtuch
het **strandlaken**
[ˈstrɑntlakən]

die Kinderschaufel
de **kinderschep**
[ˈkɪndərsχɛp]

der Flip-Flop®
de **teenslipper**
[ˈtenslɪpər]

der Eimer
de **emmer**
[ˈɛmər]

FERIEN – DE VAKANTIE

Am Strand – Op het strand

der Sonnenschirm
de **parasol**
[paraˈsɔl]

der Steinstrand
het **kiezelstrand**
[ˈkizəlstrant]

die Strandmuschel
het **strandtentje**
[ˈstrantɛncə]

die Sandburg
het **zandkasteel**
[ˈzantkastel]

der Seetang
het **zeewier**
[ˈzewiːr]

die Sonnencreme
de **zonnebrandcrème**
[ˈzɔnəbrantkrɛːm]

das Strandresort
het **strandresort**
[ˈstrantrizɔrt]

der Steg
de **steiger**
[ˈstɛiχər]

das Kreuzworträtsel
het **kruiswoordraadsel**
[ˈkrœyswoːrtratsəl]

das Sudoku
de **sudoku**
[suˈdoku]

das Strandhäuschen
het **strandhuisje**
[ˈstranthœyʃə]

die Strandbar
de **strandtent**
[ˈstrantɛnt]

die Ebbe	**eb** [ɛp]
die Flut	**vloed** [vlut]
die Strömung	de **stroming** [ˈstromɪŋ]
der FKK-Strand	het **naaktstrand** [ˈnaktstrant]
das Strandgut	het **strandgoed** [ˈstrantχut]
schnorcheln	**snorkelen** [ˈsnɔrkələn]
der Sonnenbrand	de **zonnebrand** [ˈzɔnəbrant]
die Brandung	de **branding** [ˈbrandɪŋ]

sich sonnen
zonnebaden
[ˈzɔnəbadən]

FERIEN – DE VAKANTIE

Das Zelten – Het kamperen

das Wohnmobil
de **camper**
[ˈkɛmpər]

der Wohnwagen
de **caravan**
[ˈkɛrəvɛn]

der Campingbus
het **kampeerbusje**
[kamˈpeːrbœʃə]

das Indianerzelt
de **wigwam**
[ˈwɪχwam]

der Campingstuhl
de **kampeerstoel**
[kamˈpeːrstul]

der Gasbrenner
de **gasbrander**
[ˈχazbrandər]

der Grillrost
de/het **barbecuerooster**
[ˈbarbəkjurostər]

die Lagerfeuerstelle
de **kampvuurplaats**
[ˈkampfyːrplats]

der Campingplatz
de **camping**
[ˈkɛmpɪŋ]

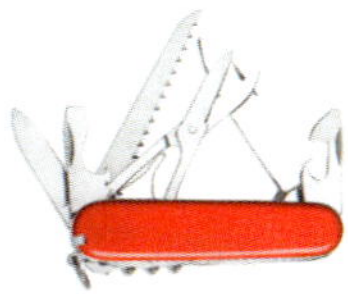

das Taschenmesser
het **zakmes**
[ˈzakmɛs]

die Hängematte
de **hangmat**
[ˈhaŋmat]

das Zelt
de **tent**
[tɛnt]

der Zeltplatz
de **staanplaats**
[ˈstamplats]

die Gasflasche	de **gasfles** [ˈχasflɛs]
das Propangas	het **propaan** [proˈpan]
die Stirnlampe	de **hoofdlamp** [ˈhoftlamp]
der Stromanschluss	de **stroomaansluiting** [ˈstromanslœytɪŋ]
die Duschen und Toiletten	de (pl) **douches en toiletten** [ˈduʃes ɛn twaˈlɛtən]
der Feueranzünder	het **aanmaakblokje** [ˈamakblɔkjə]
die Holzkohle	de **houtskool** [ˈhautskol]
der/das Insektenspray	de **insectenspray** [ɪnˈsɛktəspre]

FERIEN - DE VAKANTIE

Das Zelten - Het kamperen

der Schlafsack
de **slaapzak**
[ˈslapsɑk]

das Außenzelt
de **buitentent**
[ˈbœytətɛnt]

das Innenzelt
de **binnentent**
[ˈbɪnetɛnt]

der Zelteingang
de **tentingang**
[ˈtɛntɪŋχɑŋ]

die Zeltstange
de **tentstok**
[ˈtɛntstɔk]

der Zeltboden
het **grondzeil**
[ˈχrɔntsɛil]

der Reißverschluss
de **ritssluiting**
[ˈrɪtslœytɪŋ]

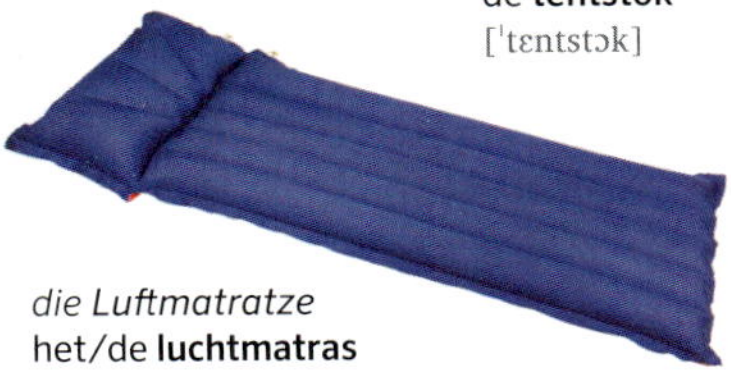

die Luftmatratze
het/de **luchtmatras**
[ˈlœχtmatrɑs]

der Rucksack
de **rugzak**
[ˈrœχsɑk]

die Isomatte
de **isolatiemat**
[izoˈla(t)simɑt]

der Trekkingstock
de **trekkingstok**
[ˈtrɛkɪŋstɔk]

der Wanderschuh
de **wandelschoen**
[ˈwɑndəlsχun]

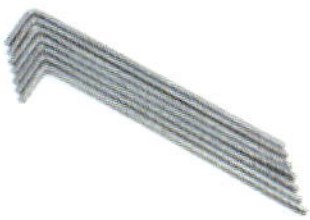

der Hering
de **haring**
[ˈha:rɪŋ]

die Taschenlampe
de **zaklamp**
[ˈzɑklɑmp]

die Petroleumlampe	de **petroleumlamp** [peˈtrolejœmlɑmp]
die Luftpumpe	de **luchtpomp** [ˈlœχ(t)pɔmp]
die Campingtoilette	het **chemisch toilet** [ˈχemis twaˈlɛt]
die Entsorgungsstation	de **leegplaats voor chemische toiletten** [ˈleχplats vo:r ˈχemisə twaˈlɛtən]
die Regenhaut®	de **lichtgewicht regenjas** [ˈlɪχtχəwɪχt ˈreχəjas]
die Thermowäsche	het **thermisch ondergoed** [ˈtɛrmis ˈɔndərχut]
das Moskitonetz	het **muggennet** [ˈmœχənɛt]
ein Zelt aufschlagen	**een tent opzetten** [ən tɛnt ˈɔpsɛtən]
Kann ich hier mein Zelt aufschlagen?	**Kan ik hier mijn tent opzetten?** [kɑn ɪk hi:r mən tɛnt ˈɔpsɛtən]

der Wasserkanister
de **jerrycan**
[ˈdʒɛrikɛn]

KÖRPER UND GESUNDHEIT

LICHAAM EN GEZONDHEID

DER KÖRPER – HET LICHAAM

der Mann
de **man**
[mɑn]

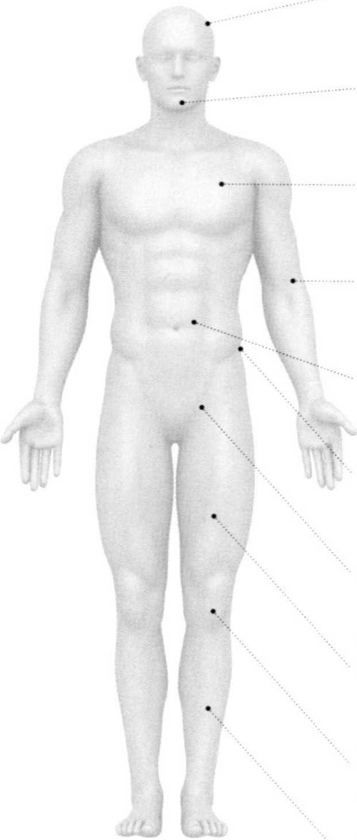

der Kopf
het **hoofd**
[hoft]

das Kinn
de **kin**
[kɪn]

der Brustkorb
de **borstkas**
[ˈbɔrstkɑs]

der Arm
de **arm**
[ɑr(ə)m]

der Bauch
de **buik**
[bœyk]

die Hüfte
de **heup**
[høp]

die Leiste
de **lies**
[lis]

der Oberschenkel
de **dij**
[dɛi]

das Knie
de **knie**
[kni]

das Schienbein
de **scheen**
[sχen]

die Frau
de **vrouw**
[vrɑu]

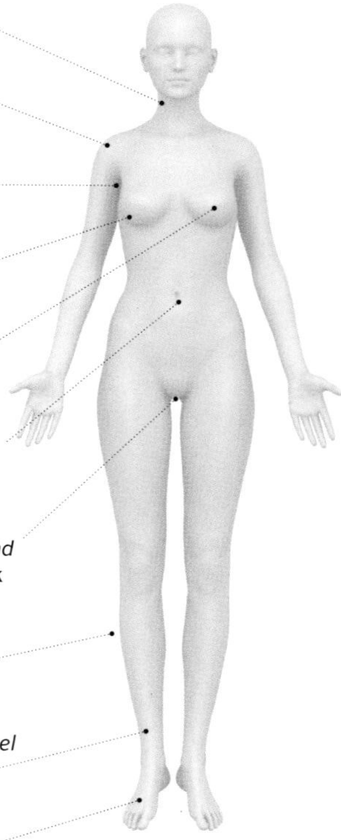

der Hals
de **hals**
[hɑls]

die Schulter
de **schouder**
[ˈsχɑudər]

die Achselhöhle
de **oksel**
[ˈɔksəl]

die Brust
de **borst**
[bɔrst]

die Brustwarze
de **tepel**
[ˈtepəl]

der Bauchnabel
de **navel**
[ˈnavəl]

die Schamgegend
de **schaamstreek**
[ˈsχamstrek]

das Bein
het **been**
[ben]

der Unterschenkel
het **onderbeen**
[ˈɔndərben]

der Fuß
de **voet**
[vut]

DER KÖRPER – HET LICHAAM

die Frau
de **vrouw**
[vrɑu]

der Mann
de **man**
[mɑn]

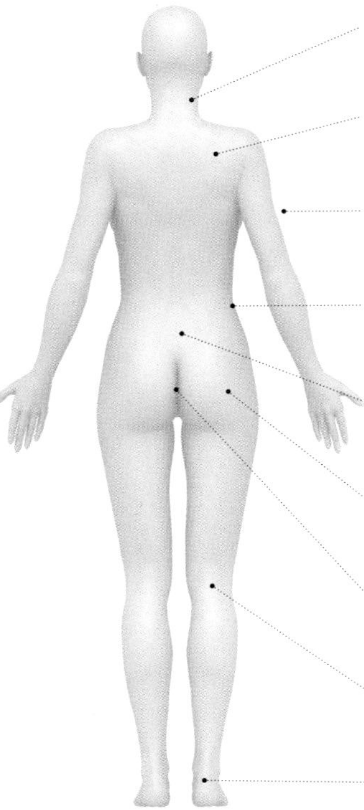

der Nacken
de **nek**
[nɛk]

das Schulterblatt
het **schouderblad**
[ˈsχɑudərblɑt]

der Arm
de **arm**
[ɑr(ə)m]

die Taille
het **middel**
[ˈmɪdəl]

die Lende
de **lende**
[ˈlɛndə]

das Gesäß
het **zitvlak**
[ˈzɪtflɑk]

die Gesäßspalte
de **bilspleet**
[ˈbɪlsplet]

die Kniekehle
de **knieholte**
[ˈknihɔltə]

die Ferse
de **hiel**
[hil]

der Oberarm
de **bovenarm**
[ˈbovənɑrm]

der Ellbogen
de **elleboog**
[ˈɛləboχ]

der Unterarm
de **onderarm**
[ˈɔndərɑrn]

der Rücken
de **rug**
[rœχ]

das Handgelenk
de **pols**
[pɔls]

die Hand
de **hand**
[hɑnt]

die Gesäßbacke
de **bil**
[bɪl]

die Wade
de **kuit**
[kœyt]

der Knöchel
de **enkel**
[ˈɛŋkəl]

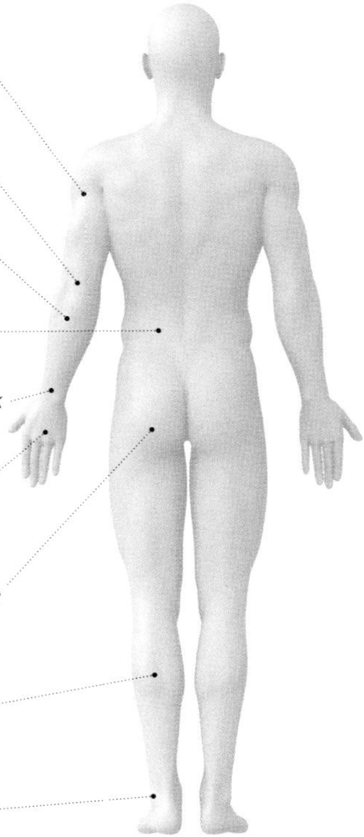

DER KÖRPER – HET LICHAAM

Die Hand und der Fuß – De hand en de voet

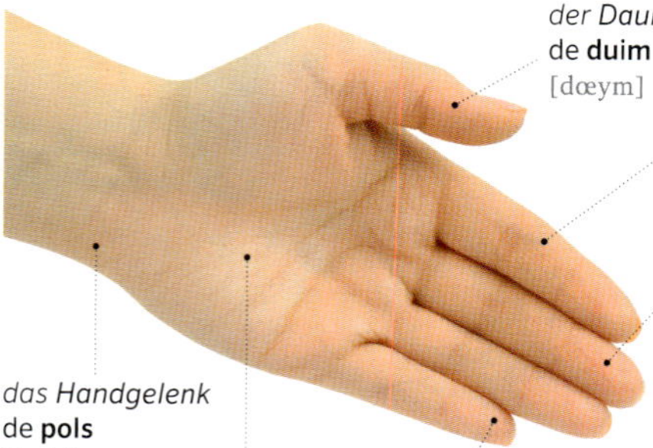

der Daumen
de **duim**
[dœym]

der Zeigefinger
de **wijsvinger**
[ˈwɛisfɪŋər]

der Mittelfinger
de **middelvinger**
[ˈmɪdəlvɪŋər]

das Handgelenk
de **pols**
[ˈpɔls]

die Handfläche
de **handpalm**
[ˈhɑntpɑl(ə)m]

die Fingerkuppe
de **vingertop**
[ˈvɪŋərtɔp]

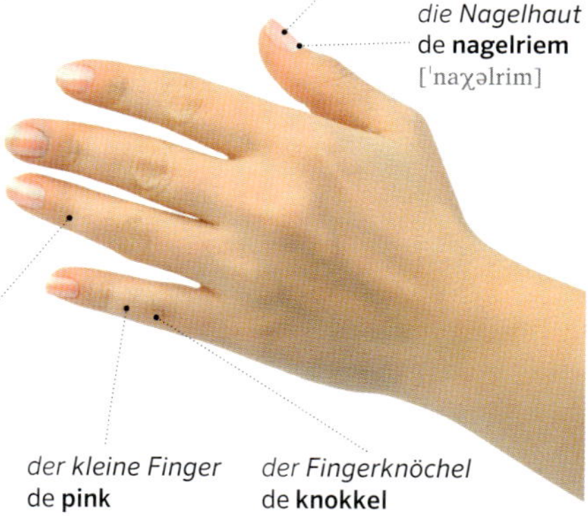

der Fingernagel
de **vingernagel**
[ˈvɪŋərnaχəl]

die Nagelhaut
de **nagelriem**
[ˈnaχəlrim]

der Ringfinger
de **ringvinger**
[ˈrɪŋvɪŋər]

der kleine Finger
de **pink**
[pɪŋk]

der Fingerknöchel
de **knokkel**
[ˈknɔkəl]

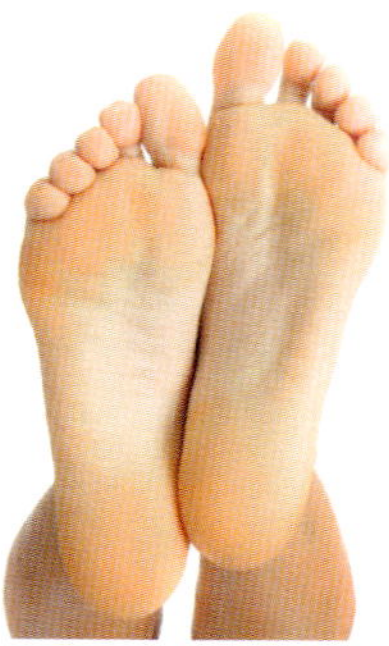

die Fußsohle
de **voetzool**
[ˈvutsol]

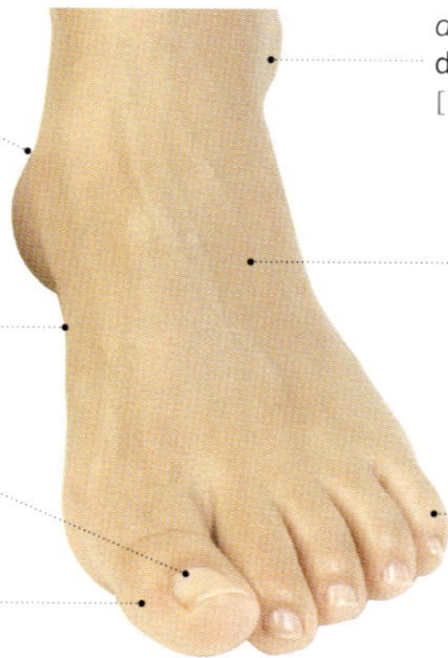

die Ferse
de **hiel**
[hil]

das Fußgelenk
de **enkel**
[ˈɛŋkəl]

der Fußrücken
de **wreef**
[wref]

das Fußgewölbe
de **voetholte**
[ˈvuthɔltə]

der Zehennagel
de **teennagel**
[ˈtenaχəl]

der kleine Zeh
de **kleine teen**
[ˈklɛinə ten]

der große Zeh
de **grote teen**
[ˈχrotə ten]

DER KÖRPER – HET LICHAAM

Der Kopf – Het hoofd

das Gehirn
de (pl) **hersenen**
[ˈhɛrsənən]

das Großhirn
de (pl) **grote hersenen**
[ˈχrotə ˈhɛrsənən]

das Kleinhirn
de (pl) **kleine hersenen**
[ˈklɛinə ˈhɛrsənən]

der Hirnstamm
de **hersenstam**
[ˈhɛrsə(n)stɑm]

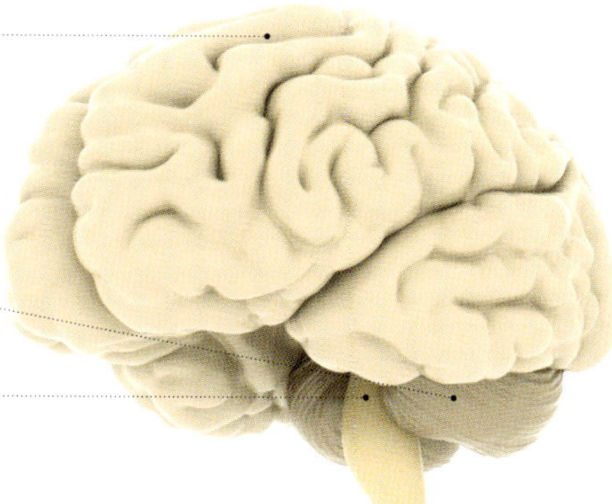

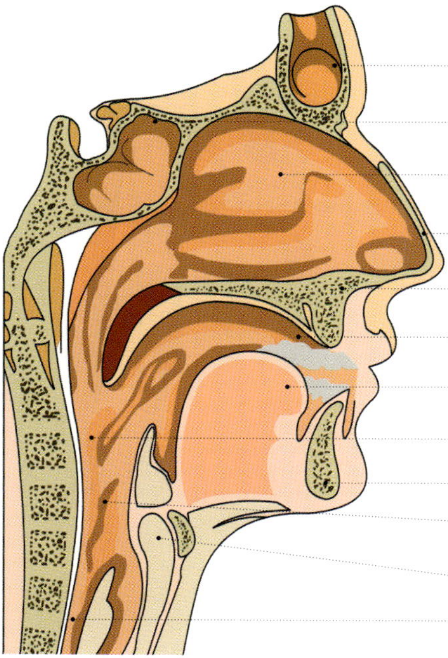

die Stirnhöhle
de **voorhoofdsholte**
[ˈvoːrhof(t)shɔltə]

die Keilbeinhöhle
de **wiggenbeensholte**
[ˈwɪχebenshɔltə]

die Nasenhöhle
de **neusholte**
[ˈnøshɔltə]

das Nasenbein
het **neusbeen**
[ˈnøzben]

der Oberkiefer
de **bovenkaak**
[ˈbovəkak]

der Gaumen
het **gehemelte**
[χəˈheməltə]

die Zunge
de **tong**
[tɔŋ]

der Rachen
de **keelholte**
[ˈkelhɔltə]

der Unterkiefer
de **onderkaak**
[ˈɔndərkak]

die Kehle
de **keel**
[kel]

der Kehlkopf
het **strottenhoofd**
[ˈstrɔtəhoft]

die Speiseröhre
de **slokdarm**
[ˈslɔgdɑr(ə)m]

DER KÖRPER – HET LICHAAM

Die Muskeln – De spieren

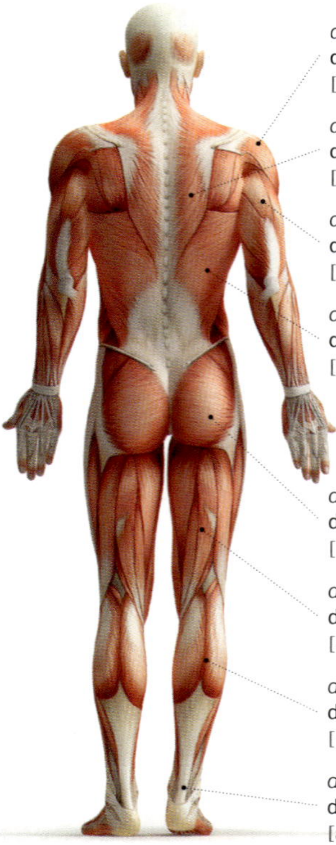

der Deltamuskel
de **deltaspier**
[ˈdɛltaspiːr]

der Kapuzenmuskel
de **monnikskapspier**
[ˈmɔnɪkskɑpspiːr]

der Trizeps
de **triceps**
[ˈtrisɛps]

der Rückenmuskel
de **rugspier**
[ˈrœχspiːr]

der Gesäßmuskel
de **bilspier**
[ˈbɪlspiːr]

die ischiocruralen Muskeln
de **achterdijbeenspier**
[ɑχtərˈdɛibenspiːr]

der Wadenmuskel
de **kuitspier**
[ˈkœytspiːr]

die Achillessehne
de **achillespees**
[aˈχɪləspes]

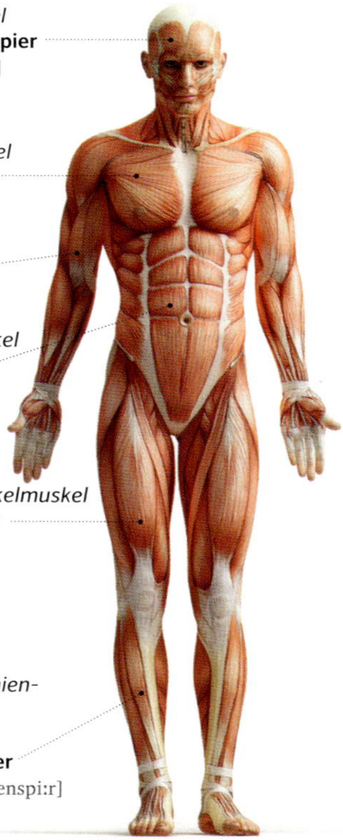

der Stirnmuskel
de **voorhoofdsspier**
[ˈvoːrhof(t)spiːr]

der Brustmuskel
de **borstspier**
[ˈbɔr(st)spiːr]

der Bizeps
de **biceps**
[ˈbisɛps]

der Bauchmuskel
de **buikspier**
[ˈbœykspiːr]

der Oberschenkelmuskel
de **dijbeenspier**
[ˈdɛibenspiːr]

der vordere Schienbeinmuskel
de **voorste scheenbeenspier**
[ˈvoːrstə ˈsχembenspiːr]

DER KÖRPER – HET LICHAAM

Das Skelett – Het skelet

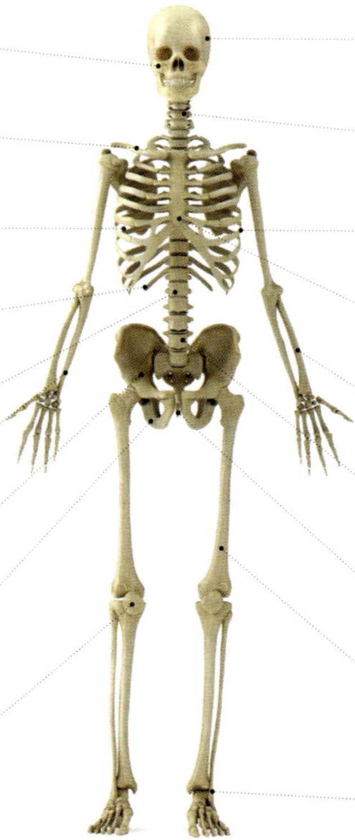

das Jochbein
het **jukbeen**
[ˈjœgben]

das Schlüsselbein
het **sleutelbeen**
[ˈsløtəlben]

der Brustkorb
de **borstkas**
[ˈbɔrs(t)kɑs]

die freie Rippe
de **zwevende rib**
[ˈzwevəndə rɪp]

die Wirbelsäule
de **wervelkolom**
[ˈwɛrvəlkolɔm]

die Elle
de **ellepijp**
[ˈɛləpɛip]

das Becken
het **bekken**
[ˈbɛkən]

das Sitzbein
het **zitbeen**
[ˈzɪdben]

die Kniescheibe
de **knieschijf**
[ˈknisχɛif]

der Schädel
de **schedel**
[ˈsχedəl]

der Halswirbel
de **halswervel**
[ˈhɑlswɛrvəl]

die Rippe
de **rib**
[rɪp]

das Brustbein
het **borstbeen**
[ˈbɔrs(t)ben]

die Speiche
het **spaakbeen**
[ˈspagben]

der Lendenwirbel
de **lendenwervel**
[ˈlɛndəwɛrvəl]

das Steißbein
het **stuitbeen**
[ˈstœydben]

der Oberschenkelknochen
het **dijbeen**
[ˈdɛiben]

das Fersenbein
het **hielbeen**
[ˈhilben]

DER KÖRPER – HET LICHAAM

Die inneren Organe – De inwendige organen

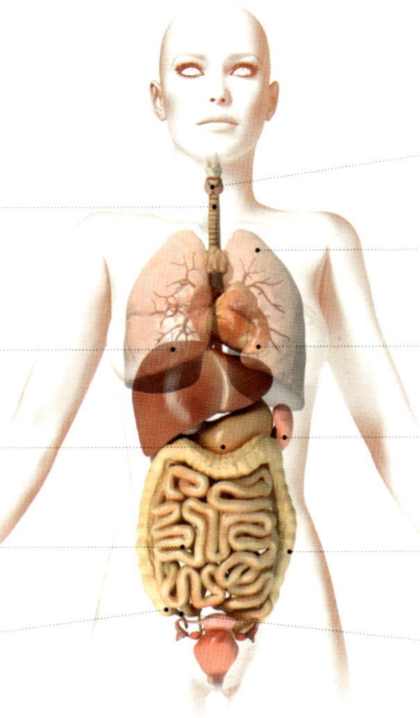

die Niere	de **nier** [niːr]
die Bauchspeicheldrüse	de **alvleesklier** [ˈɑlvleskliːr]
der Zwölffingerdarm	de **twaalfvingerige darm** [ˈtw[ˈtwal(ə)fvɪŋərəχə dɑr(ə)m]
die Gallenblase	de **galblaas** [ˈχɑlblas]
das Zwerchfell	het **middenrif** [ˈmɪdərɪf]
das Gewebe	het **weefsel** [ˈwefsəl]
die Sehne	de **pees** [pes]
die Drüse	de **klier** [kliːr]
der Knorpel	het **kraakbeen** [ˈkragben]

DER KÖRPER – HET LICHAAM

Die Körpersysteme – De lichaamsstelsels

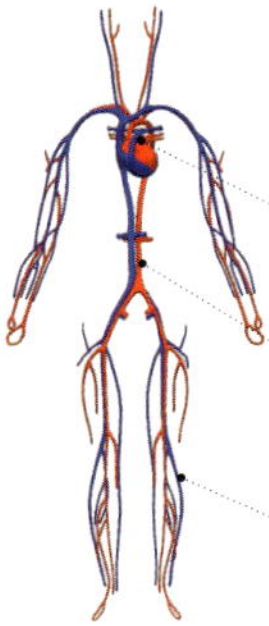

das Herz-Kreislauf-System
hart en bloedvaten
[hart ɛn ˈblutfatən]

das Herz
het **hart**
[hart]

die Arterie
de **slagader**
[ˈslaχadər]

die Vene
de **ader**
[ˈadər]

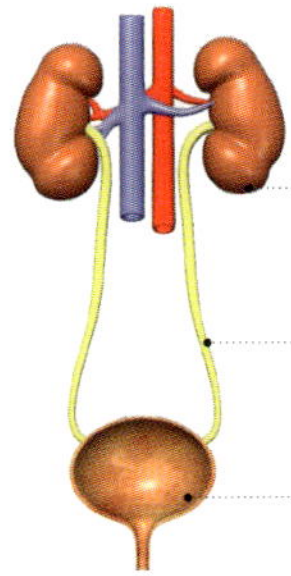

das Harnsystem
de (pl) **urinewegen**
[yˈrinəweχən]

die Niere
de **nier**
[niːr]

der Harnleiter
de **urineleider**
[yˈrinəlɛidər]

die Harnblase
de **blaas**
[blas]

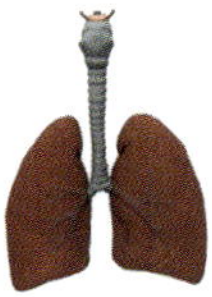

das Atmungssystem
het **ademhalingsstelsel**
[ˈadəmhalɪŋstɛlsəl]

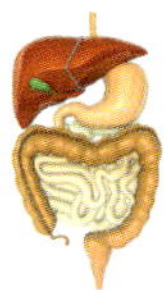

das Verdauungssystem
het **spijsverteringsstelsel**
[ˈspɛisfərteːrɪŋstɛlsəl]

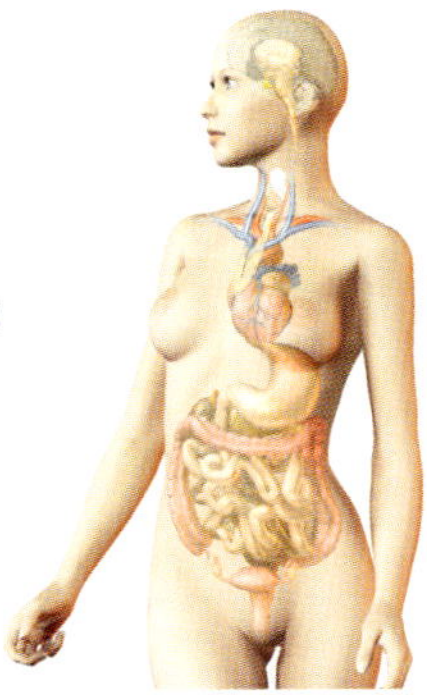

das endokrine System
het **hormoonstelsel**
[hɔrˈmonstɛlsəl]

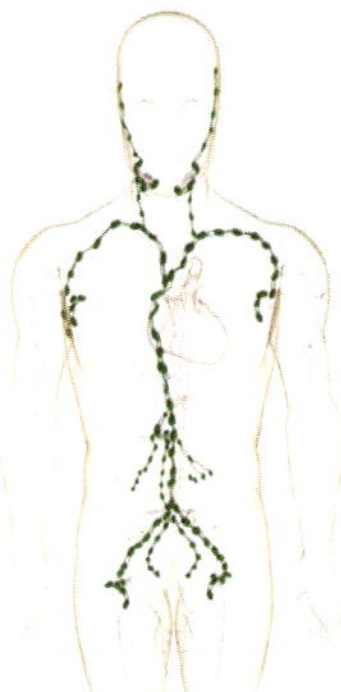

das lymphatische System
het **lymfvatenstelsel**
[ˈlɪmfatəstɛlsəl]

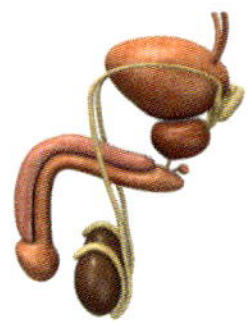

das männliche Fortpflanzungssystem
de (pl) **mannelijke voortplantingsorganen**
[ˈmanələkə ˈvoːrtplantɪŋsɔrχanən]

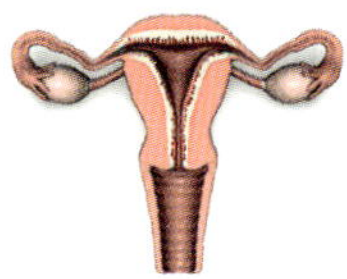

das weibliche Fortpflanzungssystem
de (pl) **vrouwelijke voortplantingsorganen**
[ˈvrauwələkə ˈvoːrtplantɪŋsɔrχanən]

das Nervensystem	het **zenuwstelsel** [ˈzenywstɛlsəl]
der Blutkreislauf	de **bloedsomloop** [ˈblutsɔmlop]
der Tastsinn	de **tastzin** [ˈta(st)sɪn]
der Sehsinn	het **gezichtsvermogen** [χəˈzɪχ(t)sfərmoχən]
der Hörsinn	het **gehoor** [χəˈhoːr]
der Geruchssinn	de **reukzin** [ˈrøksɪn]
der Geschmackssinn	de **smaakzin** [ˈsmaksɪŋ]
der Gleichgewichtssinn	het **evenwichtsgevoel** [evəwɪχ(t)sχəvul]

DER KÖRPER – HET LICHAAM

Die Geschlechtsorgane – De geslachtsorganen

die männlichen Geschlechtsorgane
de (pl) **mannelijke geslachtsorganen**
[ˈmɑnələkə χəˈslaχ(t)sɔrχanən]

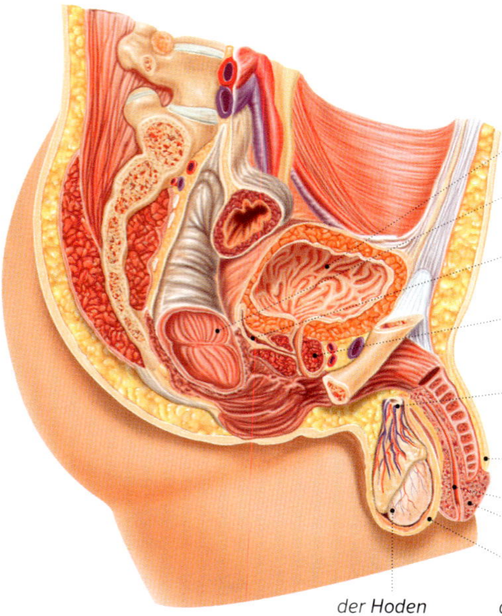

die Erektion	de **erectie** [eˈrɛksi]
die Vorhaut	de **voorhuid** [ˈvoːrhœyt]
die Beschneidung	de **besnijdenis** [bəˈsnɛidənɪs]
der Samenerguss	de **zaadlozing** [ˈzatlozɪŋ]
potent/impotent	**potent/impotent** [poˈtɛnt/ˈɪmpotɛnt]
das Hormon	het **hormoon** [hɔrˈmon]
der Geschlechtsverkehr	de **geslachtsgemeenschap** [χəˈslaχ(t)sχemensχɑp]
die Geschlechtskrankheit	de **geslachtsziekte** [χəˈslɑχ(t)siktə]

DER KÖRPER – HET LICHAAM

Die Geschlechtsorgane – De geslachtsorganen

die weiblichen Geschlechtsorgane
de (pl) **vrouwelijke geslachtsorganen**
[ˈvrauwələkə χəˈslaχ(t)sɔrχanən]

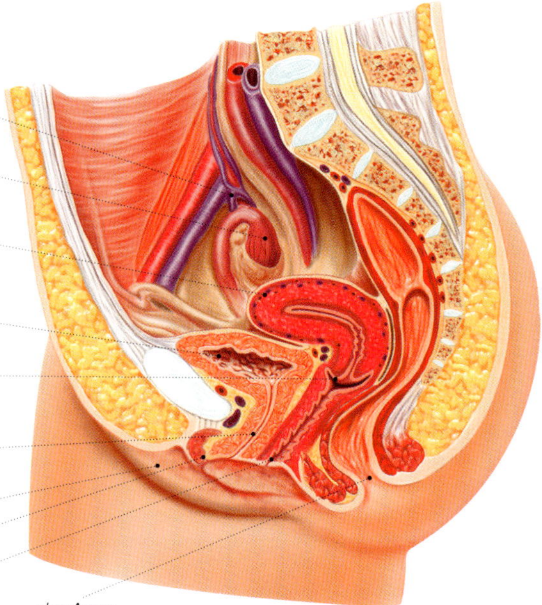

die Spirale	het **spiraaltje** [spiˈraltjə]
das Pessar	het **pessarium** [pɛˈsaːrijœm]
das Diaphragma	het **diafragma** [dijaˈfraχma]
die Empfängnisverhütung	de **anticonceptie** [antikɔnˈsɛpsi]
der Eisprung	de **eisprong** [ˈɛisprɔŋ]
die Menstruation	de **menstruatie** [mɛnstryˈwa(t)si]
unfruchtbar/fruchtbar	**onvruchtbaar/vruchtbaar** [ˈɔnvrœχdbaːr/ˈvrœχdbaːr]
der Schwangerschaftsabbruch	de **abortus** [aˈbɔrtœs]

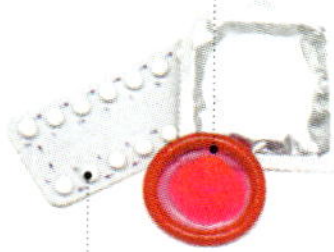

SCHWANGERSCHAFT UND GEBURT – ZWANGERSCHAP EN BEVALLING

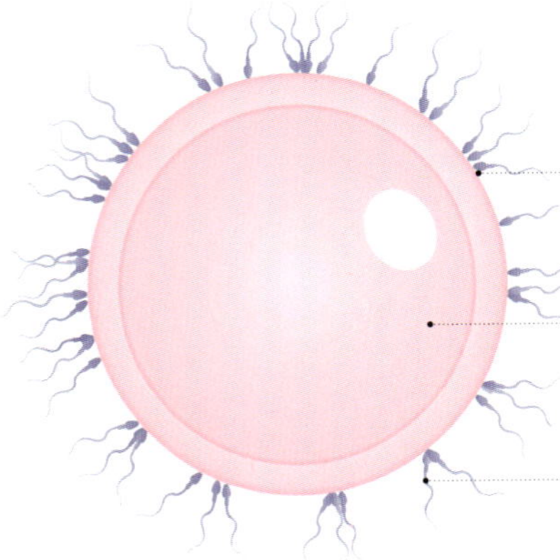

die Empfängnis
de **conceptie**
[kɔnˈsɛpsi]

die Befruchtung
de **bevruchting**
[bəˈvrœχtɪŋ]

die Eizelle
de **eicel**
[ˈɛisɛl]

das Spermium
de **zaadcel**
[ˈzatsɛl]

die Ultraschall-aufnahme
de **echo**
[ˈɛχo]

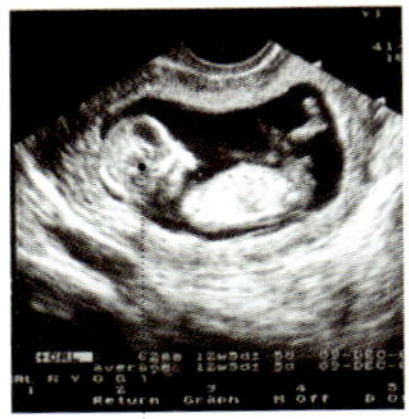

der/das Embryo
het **embryo**
[ˈɛmbrijo]

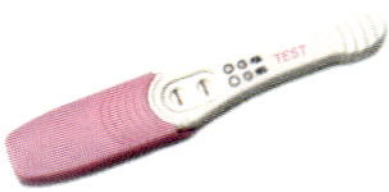

der Schwangerschafts-test
de **zwangerschapstest**
[ˈzwaŋərsχapstɛst]

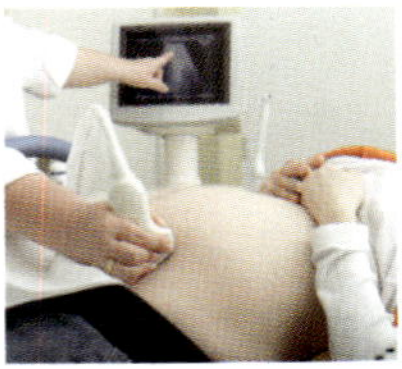

die Ultraschall-untersuchung
de **echoscopie**
[ɛχoskoˈpi]

die Hebamme
de **vroedvrouw**
[ˈvrutfrau]

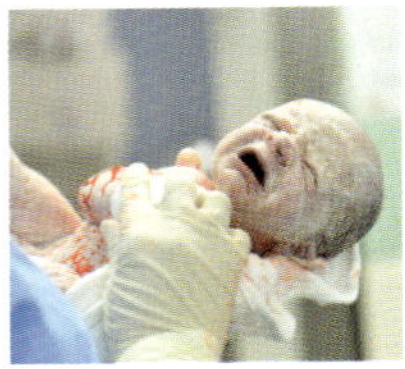

die Geburt
de **bevalling**
[bəˈvalɪŋ]

schwanger	**in verwachting** [ɪn vərˈwaχtɪŋ]
die Wehen	de (pl) **weeën** [ˈwejən]
die Geburt einleiten	**de bevalling inleiden** [də bəˈvalɪŋ ˈɪnlɛidən]
pressen	**persen** [ˈpɛrsən]
die Nabelschnur	de **navelstreng** [ˈnavəlstrɛŋ]
die Plazenta	de **moederkoek** [ˈmudərkuk]
das Fruchtwasser	het **vruchtwater** [ˈvrœχtwatər]
die Fruchtblase	de **vruchtblaas** [ˈvrœχ(t)blas]

SCHWANGERSCHAFT UND GEBURT – ZWANGERSCHAP EN BEVALLING

das Fläschchen
de **fles**
[flɛs]

der Messlöffel
het **maatlepeltje**
[ˈmatlepəltjə]

das Milchpulver
het **melkpoeder**
[ˈmɛl(ə)kpudər]

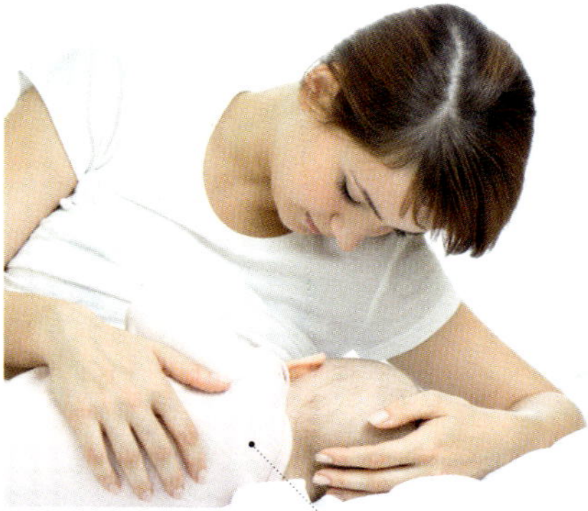

stillen
borstvoeding geven
[ˈbɔrstfudɪŋ ˈχevən]

der Säugling
de **zuigeling**
[ˈzœyχəlɪŋ]

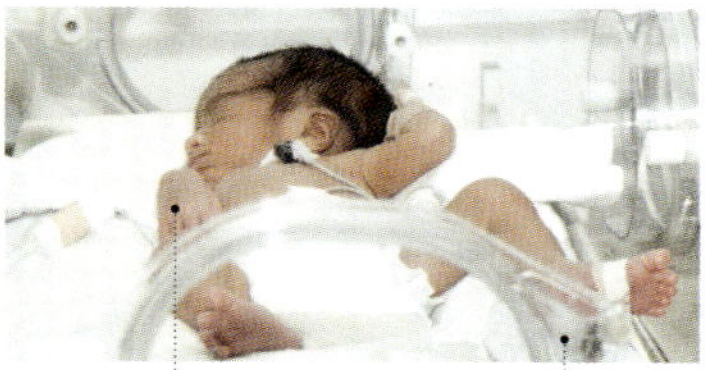

das Frühchen
de **te vroeg geboren baby**
[tə vruχ χəˈbo:rə ˈbebi]

der Brutkasten
de **couveuse**
[kuˈvøzə]

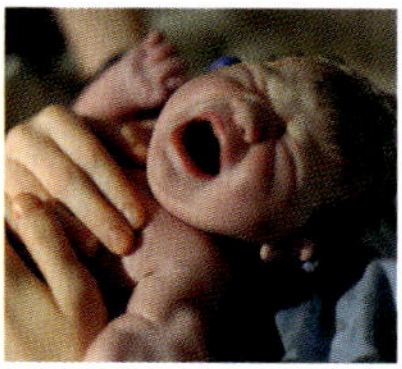

das Neugeborene
de **pasgeboren baby**
[ˈpɑsχəbo:rə ˈbebi]

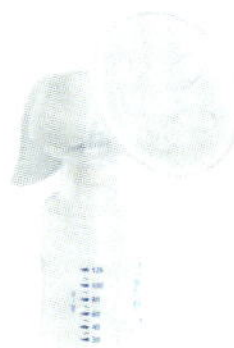

die Milchpumpe
de **borstpomp**
[ˈbɔrstpɔmp]

der Kreißsaal	de **verloskamer** [vərˈlɔskamər]
der Kaiserschnitt	de **keizersnede** [ˈkɛizərsnedə]
die Frühgeburt	de **vroeggeboorte** [ˈvruχəbo:rtə]
die Fehlgeburt	de **miskraam** [ˈmɪskram]
die eineiigen Zwillinge	de **eeneiige tweeling** [ˈenɛijəχə ˈtwelɪŋ]
die zweieiigen Zwillinge	de **twee-eiige tweeling** [ˈtweɛijəɛə ˈtwelɪŋ]
das Geburtsgewicht	het **geboortegewicht** [χəˈbo:rtəχəwɪχt]
die Impfung	de **inenting** [ˈɪnɛntɪŋ]

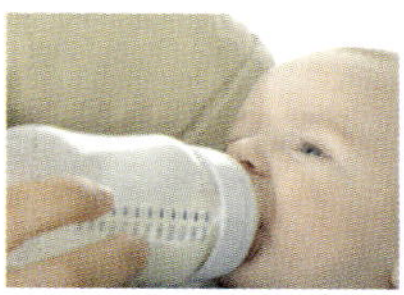

mit der Flasche füttern
de fles geven
[də flɛs ˈχevən]

DER ARZTBESUCH – BIJ DE DOKTER

den Blutdruck messen
de **bloeddruk meten**
[də ˈbludrœk ˈmetən]

das Wartezimmer
de **wachtkamer**
[ˈwɑχ(t)kamər]

das Rezept
het **recept**
[rəˈsɛpt]

die Ärztin
de **dokter**
[ˈdɔktər]

die Patientin
de **patiënte**
[paˈʃɛntə]

die Manschette
de/het **drukmanchet**
[ˈdrœkmɑnʃɛt]

das Sprechzimmer
de **spreekkamer**
[ˈsprekamər]

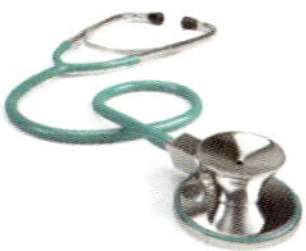

das Stethoskop
de **stethoscoop**
[stetoˈskop]

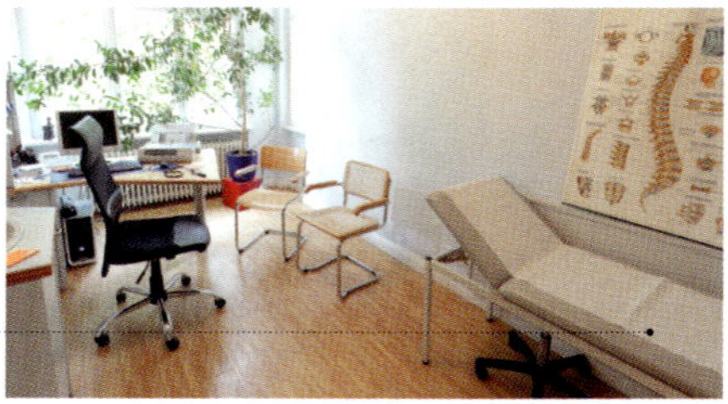

die Untersuchungsliege
de **onderzoektafel**
[ˈɔndərzuktafəl]

das Blutdruckmessgerät
de **bloeddrukmeter**
[ˈbludrœkmetər]

die Sprechstunde	het **spreekuur** [ˈspreky:r]
jemandem Blut abnehmen	**bloed afnemen bij iemand** [ˈblutɑfnemən bɛi ˈimɑnt]
der Termin	de **afspraak** [ˈɑfsprak]
die Behandlung	de **behandeling** [bəˈhɑndəlɪŋ]
die Diagnose	de **diagnose** [dijaˈχnozə]
die Überweisung	de **verwijzing** [vərˈwɛizɪŋ]
die Ergebnisse	de **uitslag** [ˈœytslɑχ]
die Krankenkasse	de **zorgverzekering** [ˈzɔr(ə)χvərzekərɪŋ]

SYMPTOME UND KRANKHEITEN – SYMPTOMEN EN AANDOENINGEN

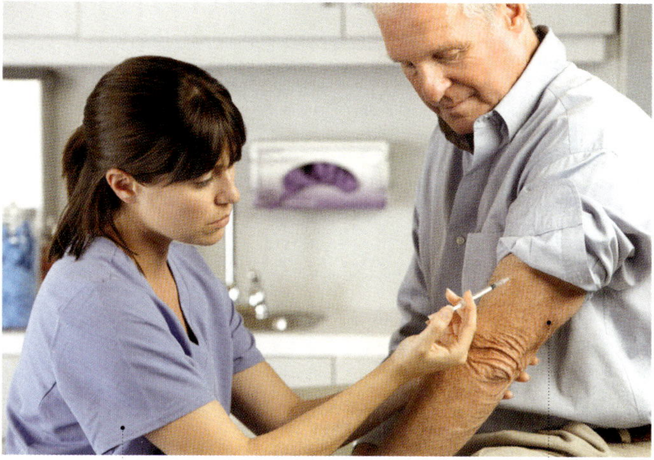

jemandem eine Spritze geben
iemand een injectie geven
['imɑnt ən ɪn'jəksi 'χevən]

eine Spritze bekommen
een injectie krijgen
[ən ɪn'jɛksi 'krɛiχən]

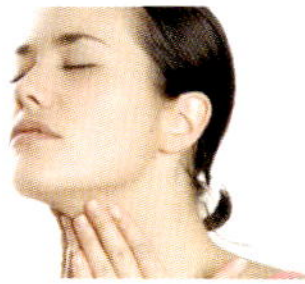

die Halsschmerzen
de **keelpijn**
['kelpɛin]

die Kopfschmerzen
de **hoofdpijn**
[hof(t)pɛin]

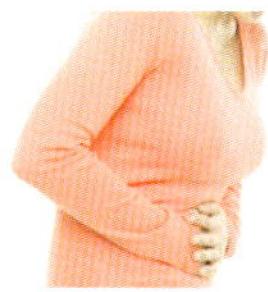

die Magenschmerzen
de **maagpijn**
['maχpɛin]

die Zahnschmerzen
de **kiespijn**
['kispɛin]

das Virus	het **virus** ['virœs]
der Infekt	de **infectie** [ɪn'fɛksi]
die Allergie	de **allergie** [ɑlɛr'χi]
der Hautausschlag	de **huiduitslag** ['hœytœytslɑχ]
das Ekzem	het/de **eczeem** [ɛk'sem]
die Migräne	de **migraine** [mi'grɛːnə]
das Nasenbluten	de **bloedneus** ['blutnøs]
die Bindehautentzündung	de **bindvliesontsteking** ['bɪntflisɔntstekɪŋ]
die Mittelohrentzündung	de **middenoorontsteking** ['mɪdənoːrɔntstekɪŋ]
der Durchfall	de **diarree** [dija're]
die Darmgrippe	de **buikgriep** ['bœykχrip]
der Schwindel	de **duizeligheid** ['dœyzələχɛit]
die Übelkeit	de **misselijkheid** ['mɪsələkhɛit]
der Krampf	de **kramp** [krɑmp]
die Bronchitis	de **bronchitis** [brɔn'χitəs]
die Blasenentzündung	de **blaasontsteking** ['blasɔntstekɪŋ]

SYMPTOME UND KRANKHEITEN – SYMPTOMEN EN AANDOENINGEN

krank
ziek
[zik]

der Schnupfen
de **neusverkoudheid**
[ˈnøsfərkauthɛit]

der Husten
de **hoest**
[hust]

gesund
gezond
[χəˈzɔnt]

die Erkältung
de **verkoudheid**
[vərˈkauthɛit]

die Grippe
de **griep**
[χrip]

das Niesen
het **niezen**
[ˈnizən]

das Fieber
de **koorts**
[ko:rts]

der Heuschnupfen
de **hooikoorts**
[ˈhoiko:rts]

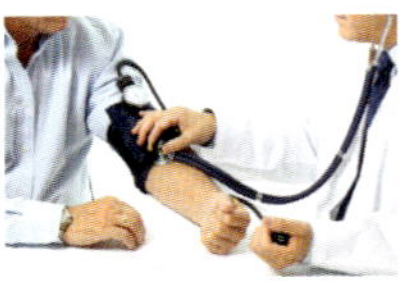

der hohe/niedrige Blutdruck
de **hoge/lage bloeddruk**
[ˈhoχe/laχə ˈbludrœk]

die Entzündung	de **ontsteking** [ˈɔntstekɪŋ]
die Gürtelrose	de **gordelroos** [ˈχɔrdəlros]
die Mangelerscheinung	het **deficiëntieverschijnsel** [defiˈʃɛn(t)sivərsχɛinsəl]
die Blutvergiftung	de **bloedvergiftiging** [ˈblutfərχɪftəχɪŋ]
die Schuppenflechte	de **psoriasis** [psoriˈjasɪs]
die Kinderkrankheit	de **kinderziekte** [ˈkɪndərziktə]
die Röteln	de **rodehond** [rodəˈhɔnt]
der/das Scharlach	de **roodvonk** [ˈrotfɔŋk]
die Windpocken	de (pl) **waterpokken** [ˈwatərpɔkən]
der Mumps	de **bof** [bɔf]
der Keuchhusten	de **kinkhoest** [ˈkɪŋkhust]
die Masern	de (pl) **mazelen** [ˈmazələn]
die Kinderlähmung	de **polio** [ˈpolijo]
der Wundstarrkrampf	de **tetanus** [ˈtetanœs]
die Tuberkulose	de **tuberculose** [tybərkyˈlozə]
die Rachitis	de **Engelse ziekte** [ˈɛŋəlsə ˈziktə]
die Hirnhautentzündung	de **hersenvliesontsteking** [ˈhɛrsəvlisɔntstekɪŋ]
die Diphtherie	de **difterie** [dɪftəˈri]
die Tollwut	de **hondsdolheid** [hɔn(t)sˈdɔlhɛit]

SYMPTOME UND KRANKHEITEN – SYMPTOMEN EN AANDOENINGEN

das Asthma
de **astma**
[ˈɑstma]

der Inhalator
de **inhalator**
[ɪnhaˈlatɔr]

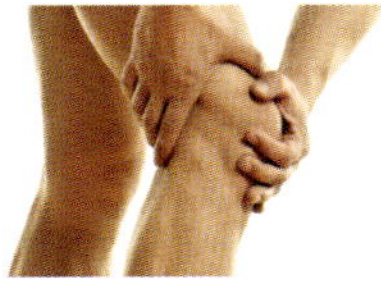

das Rheuma
de **reuma**
[ˈrøma]

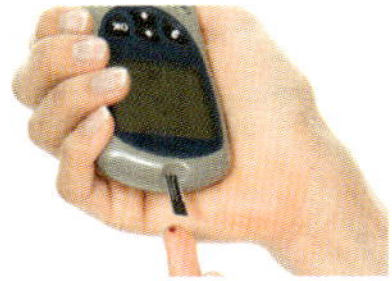

der Diabetes
de **suikerziekte**
[ˈsœykərziktə]

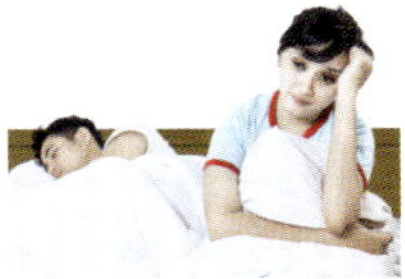

die Schlafstörung
de **slaapstoornis**
[ˈslapsto:rnɪs]

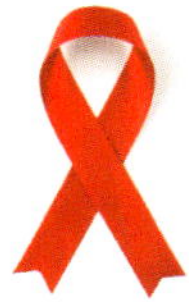

das Aids
de **aids**
[ets]

die Atemnot	de **ademnood** [ˈadəmnot]
der Alzheimer	de **alzheimer** [ˈɑltshɛimər]
die Demenz	de **dementie** [deˈmɛn(t)si]
die Parkinsonkrankheit	de **parkinson** [ˈpɑrkɪnsɔn]
der Krebs	de **kanker** [ˈkɑŋkər]
das Geschwür	het **gezwel** [χəˈzwɛl]
die Schilddrüsenkrankheit	de **schildklieraandoening** [ˈsχɪltkli:randunɪŋ]
der Herzinfarkt	de **hartaanval** [ˈhɑrtanvɑl]
der Schlaganfall	de **beroerte** [bəˈru:rtə]
HIV-positiv/negativ	**hiv-positief/negatief** [ha-i-ˈvepozitif/neχatif]
die multiple Sklerose	de **multiple sclerose** [mœlˈtiplə skleˈrozə]
die Epilepsie	de **epilepsie** [epilɛpˈsi]
die Depression	de **depressie** [deˈprɛsi]
die Essstörung	de **eetstoornis** [ˈetsto:rnɪs]
die Sucht	de **verslaving** [vərˈslavɪŋ]

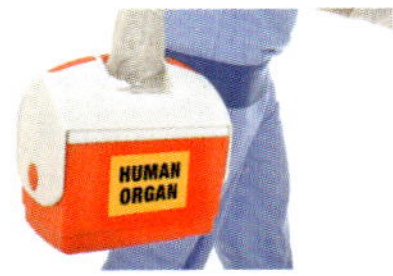

die Transplantation
de **transplantatie**
[trɑnsplɑnˈta(t)si]

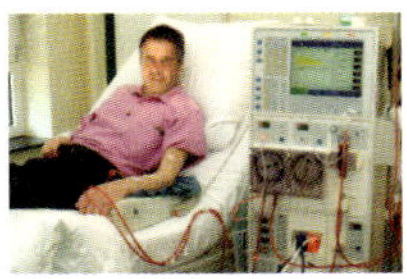

die Dialyse
de **dialyse**
[dijaˈlizə]

BEHINDERUNGEN – HANDICAPS

der Blindenhund
de **blindengeleidehond**
[blɪndəχə'lɛidəhɔnt]

der Rollstuhl
de **rolstoel**
['rɔlstul]

der Schiebegriff
het **handvat**
['hantfat]

die Armlehne
de **armleuning**
['armlønɪŋ]

der Greifreifen
de **duwring**
['dywrɪŋ]

die Fußstütze
de **voetsteun**
['vutstøn]

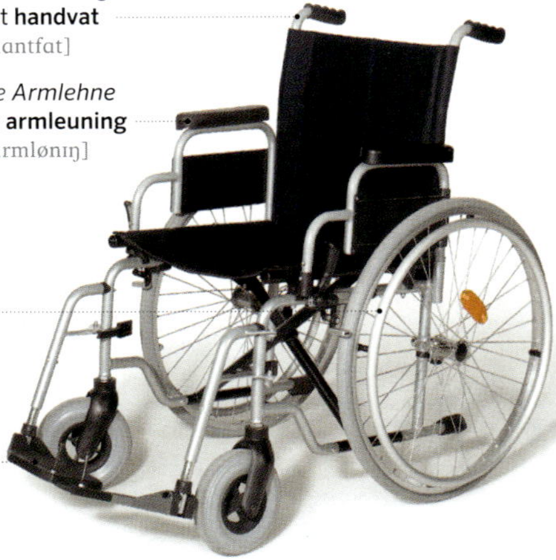

der Blindenstock
de **blindenstok**
[blɪndəstɔk]

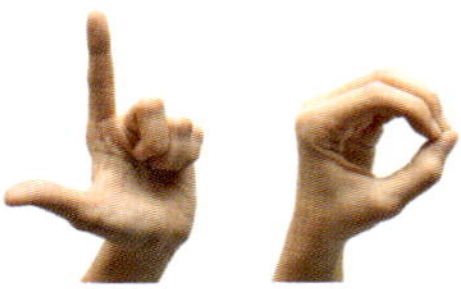

die Gebärdensprache
de **gebarentaal**
[χə'ba:rətal]

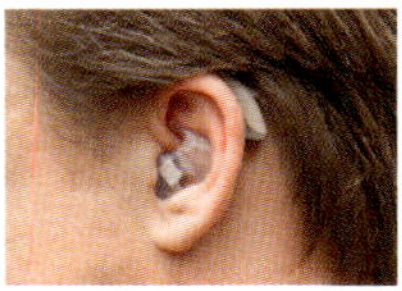

das Hörgerät
het **gehoorapparaat**
[χə'ho:raparat]

der Rollator
de **rollator**
[rɔ'latɔr]

die Krücke
de **kruk**
[krœk]

die Prothese
de **prothese**
[pro'tezə]

gelähmt	**verlamd** [vərlamt]
die spastische Lähmung	de **spastische verlamming** ['spastisə vər'lamɪŋ]
hinken	**mank lopen** ['maŋklopən]
blind	**blind** [blɪnt]
schwerhörig	**slechthorend** [slɛχt'ho:rənt]
gehörlos	**doof** [dof]
behindert	**gehandicapt** [χə'hɛndikɛpt]
schwerbehindert	**zwaar gehandicapt** [zwa:r χə'hɛndikɛpt]

VERLETZUNGEN – VERWONDINGEN

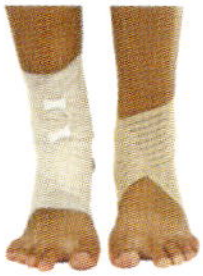

die Verstauchung
de **verstuiking**
[vərˈstœykɪŋ]

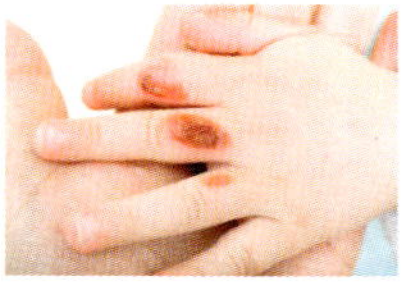

die Verbrennung
de **verbranding**
[vərˈbrɑndɪŋ]

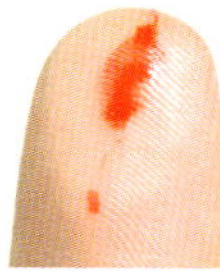

die Schnittwunde
de **snijwond**
[ˈsnɛiwɔnt]

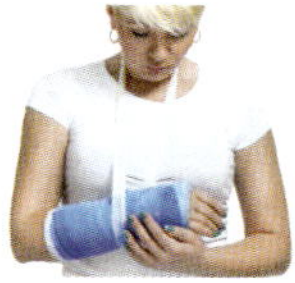

der Knochenbruch
de **botbreuk**
[ˈbɔdbrøk]

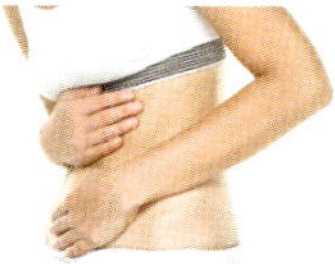

die Vergiftung
de **vergiftiging**
[vərˈχɪftəχɪŋ]

der Insektenstich
de **insectenbeet**
[ɪnˈsɛktəbet]

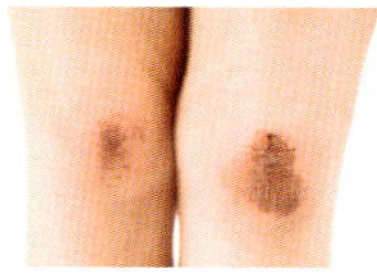

die Schürfwunde
de **schaafwond**
[ˈsχafwɔnt]

in Ohnmacht fallen
flauwvallen
[ˈflɑuvɑlən]

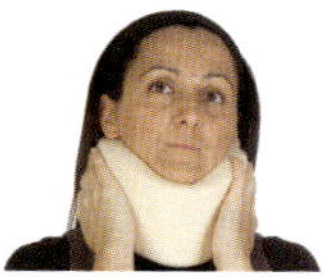

das Schleudertrauma
de **whiplash**
[ˈwɪplɛʃ]

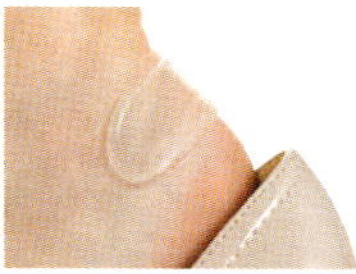

die Blase
de **blaar**
[blaːr]

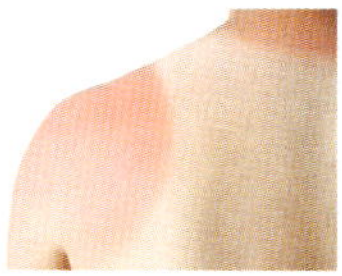

der Sonnenbrand
de **zonnebrand**
[ˈzɔnəbrɑnt]

der Bandscheiben-vorfall
de **hernia**
[ˈhɛrnija]

die Wunde	de **wond** [wɔnt]
die Brandwunde	de **brandwond** [ˈbrɑntwɔnt]
das Blut	het **bloed** [blut]
bluten	**bloeden** [ˈbludən]
die Blutung	de **bloeding** [ˈbludɪŋ]
die Gehirnerschütterung	de **hersenschudding** [ˈhɛrsəsχœdɪŋ]
sich den Arm/einen Wirbel ausrenken	**z'n arm uit de kom hebben** [zən ɑr(ə)m œydə kɔm ˈhɛbən]
sich den Fuß verstauchen/brechen	**zijn voet verstuiken/breken** [zən vut vərˈstœykən/ˈbrekən]

der elektrische Schlag
de **elektrische schok**
[eˈlɛktrisə sχɔk]

BEIM ZAHNARZT – BIJ DE TANDARTS

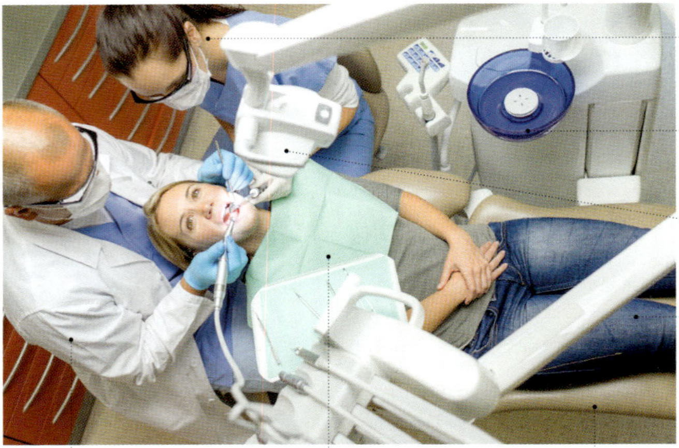

die Zahnarzthelferin
de **tandartsassistente**
[ˈtandartsasistɛntə]

das Mundspülbecken
het **spittoon**
[spɪˈtun]

die Behandlungslampe
de **behandellamp**
[bəˈhandəlamp]

die Patientin
de **patiënte**
[paˈʃɛntə]

der Zahnarzt
de **tandarts**
[ˈtandarts]

der Patientenumhang
het **patiëntenschort**
[paˈʃɛntəsχɔrt]

der Zahnarztstuhl
de **tandartsstoel**
[ˈtandartstœl]

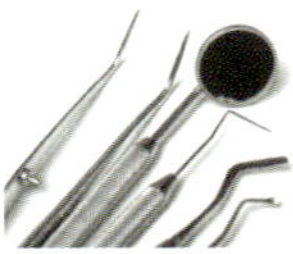

das Zahnarztbesteck
de (pl) **tandheelkundige instrumenten**
[ˈtanthelkœndəχə ɪnstryˈmɛntən]

der Mundschutz
het **mondmasker**
[ˈmɔntmaskər]

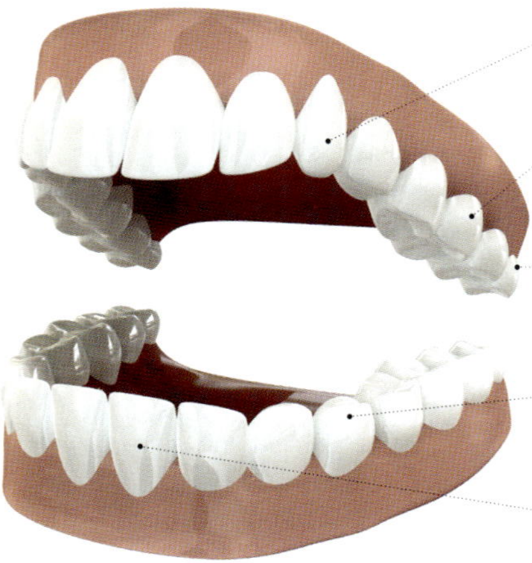

der Eckzahn
de **hoektand**
[ˈhuktant]

der hintere Backenzahn
de **molaar**
[moˈlaːr]

der Weisheitszahn
de **verstandskies**
[vərˈstan(t)skis]

der vordere Backenzahn
de **premolaar**
[premoˈlaːr]

der Schneidezahn
de **snijtand**
[ˈsnɛitant]

BEIM ZAHNARZT – BIJ DE TANDARTS

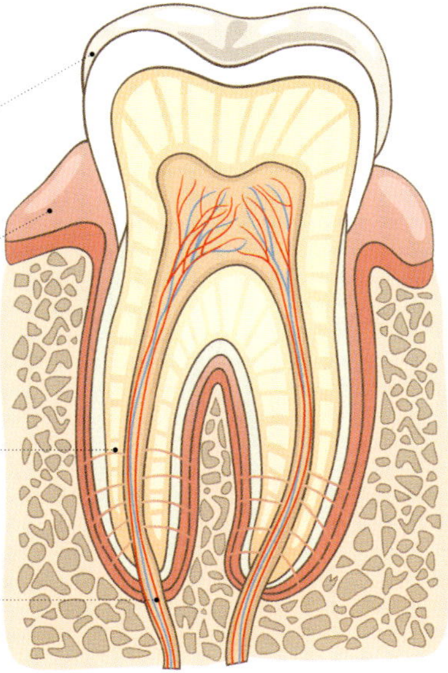

der Zahn
de **tand**
[tɑnt]

der Zahnschmelz
het **tandglazuur**
[ˈtɑntχlazyːr]

das Zahnfleisch
het **tandvlees**
[ˈtɑntfles]

die Zahnwurzel
de **wortel**
[ˈwɔrtəl]

der Nerv
de **zenuw**
[ˈzenyw]

die Zahnprothese
de **tandprothese**
[ˈtɑntprotezə]

die Knirscherschiene
het **knarsbitje**
[ˈknɑrsbɪtjə]

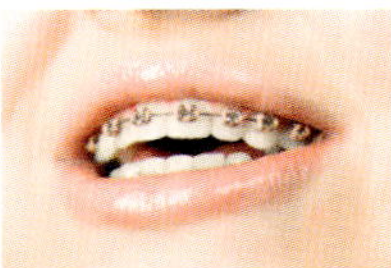

die Zahnspange
de **beugel**
[ˈbøχəl]

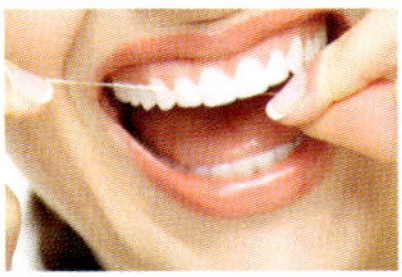

mit Zahnseide reinigen
flossen
[ˈflɔsən]

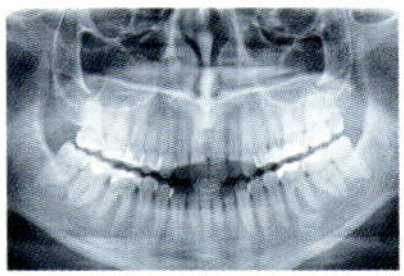

die Röntgenaufnahme
de **röntgenfoto**
[ˈrœntχəfoto]

die Krone
de **kroon**
[kron]

das Implantat	het **implantaat** [ɪmplɑnˈtat]
einen Zahn ziehen	**een tand trekken** [ən tɑnt ˈtrɛkən]
die örtliche Betäubung	de **plaatselijke verdoving** [ˈplatsələkə vərˈdovɪŋ]
die Mundhygiene	de **mondhygiëne** [ˈmɔnthiχ(i)jenə]
der Zahnbelag	de **tandplaque** [ˈtɑntplɑk]
die Karies	de **cariës** [ˈkaːrijɛs]
die Zahnfüllung	de **vulling** [ˈvœlɪŋ]
die Wurzelbehandlung	de **wortelkanaalbehandeling** [wɔrtəlkaˈnalbəhɑndelɪŋ]

das Mundwasser
het **mondwater**
[ˈmɔndwatər]

BEIM AUGENOPTIKER – BIJ DE OPTICIEN

das Auge
het **oog**
[oχ]

die Pupille
de **pupil**
[pyˈpɪl]

der Sehnerv
de **oogzenuw**
[ˈoχzenyw]

die Linse
de **lens**
[lɛns]

die Hornhaut
het **hoornvlies**
[ˈho:r(ə)nvlis]

die Netzhaut
het **netvlies**
[ˈnɛtflis]

die Iris
de **iris**
[ˈi:rɪs]

die Brille
de **bril**
[brɪl]

das Brillengestell
het **montuur**
[mɔnˈty:r]

das Brillenglas
het **brillenglas**
[ˈbrɪləχlɑs]

der Kontaktlinsenbehälter
het **lenzendoosje**
[ˈlɛnzədoʃə]

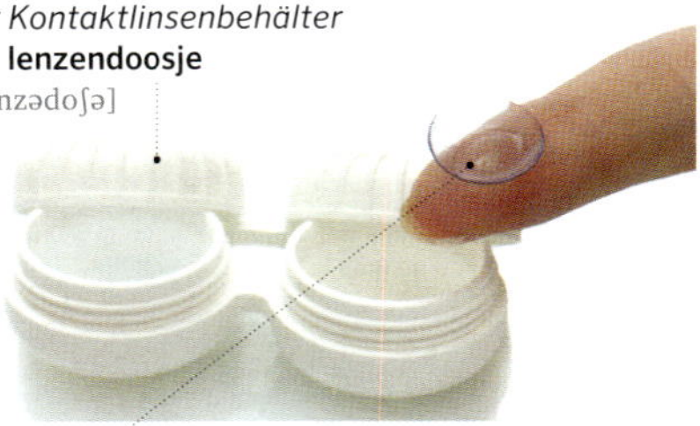

die Kontaktlinse
de **contactlens**
[kɔnˈtɑktlɛns]

die Optikerin
de **optometriste**
[ɔptomeˈtrɪstə]

der Sehtest
de **oogtest**
[ˈoχtɛst]

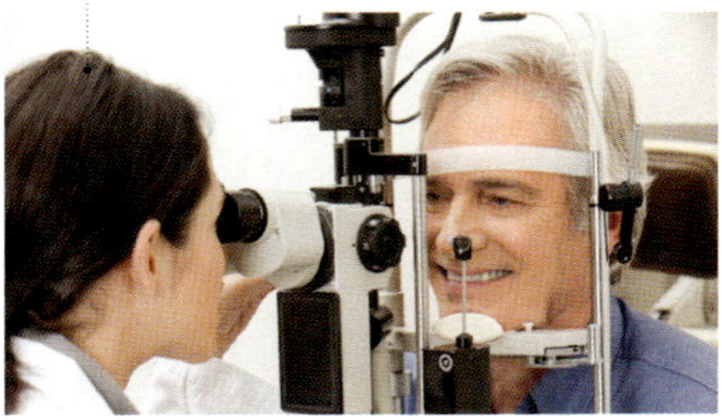

das Brillenputztuch	het **brillendoekje** [ˈbrɪlədukjə]
die Augentropfen	de (pl) **oogdruppels** [ˈoχdrœpəls]
die Lesebrille	de **leesbril** [ˈlezbrɪl]
weitsichtig	**verziend** [ˈvɛrzint]
kurzsichtig	**bijziend** [ˈbɛizint, bɛiˈzint]
die Gleitsichtbrille	de **multifocale bril** [ˈmœltifokalə brɪl]
der graue Star	de **grauwe staar** [ˈχrauwə sta:r]
der grüne Star	de **groene staar** [ˈχrunə sta:r]

IM KRANKENHAUS – IN HET ZIEKENHUIS

das Krankenzimmer
de **ziekenzaal**
[ˈzikəzal]

das Einzelzimmer
de **eenpersoonskamer**
[empɛrˈsonskamər]

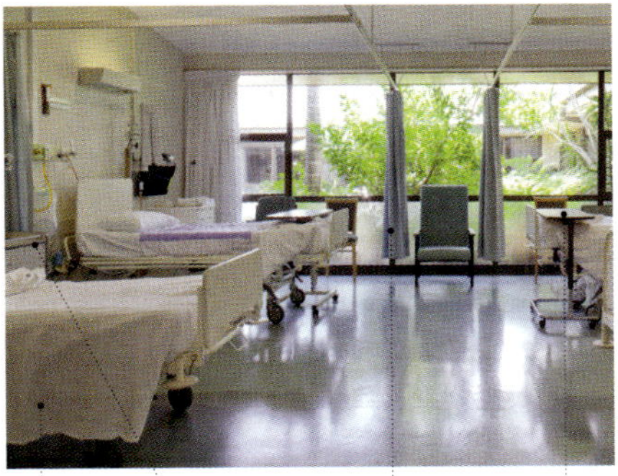

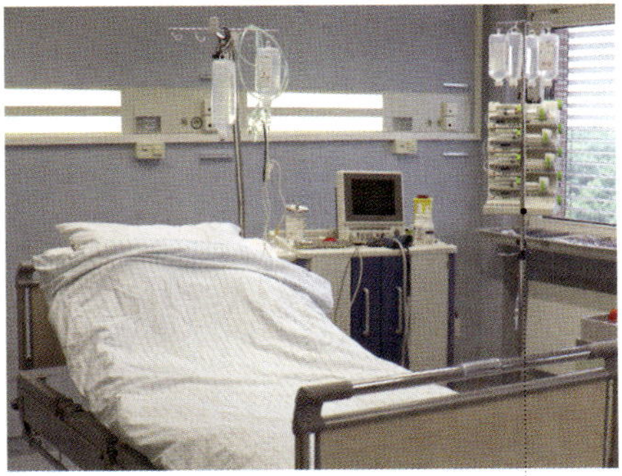

der Nachttisch
de **bedkast**
[ˈbɛtkɑst]

der Krankentisch
de **zwenktafel**
[ˈzwɛŋktafəl]

der Infusionsständer
de **infuusstandaard**
[ɪmˈfystɑndaːrt]

das Krankenhausbett
het **ziekenhuisbed**
[ˈzikəhœyzbɛt]

der Trennvorhang
het **separatiegordijn**
[sepaˈra(t)siχɔrdɛin]

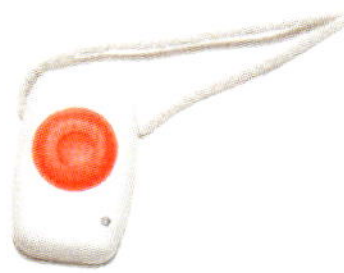

der Notrufknopf
de **alarmknop**
[aˈlɑr(ə)mknɔp]

aufgenommen werden	**opgenomen worden** [ˈɔpχənomə ˈwɔrdən]
entlassen werden	**ontslagen worden** [ˈɔntslaχə ˈwɔrdən]
der ambulante Patient	de **ambulante patiënt** [ɑmbyˈlɑntə paˈʃɛnt]
der stationäre Patient	de **stationaire patiënt** [staʃoˈnɛːrə paˈʃɛnt]
die Besuchszeiten	de (pl) **bezoektijden** [bəˈzuktɛidən]
die Kinderstation	de **kinderafdeling** [ˈkɪndərɑvdelɪŋ]
die Neurologie	de **neurologie** [nøːroloˈχi]
die Onkologie	de **oncologie** [ɔŋkoloˈχi]
die Orthopädie	de **orthopedie** [ɔrtopeˈdi]
die Kardiologie	de **cardiologie** [kɑrdijoloˈχi]
die Gastroenterologie	de **gastro-enterologie** [χɑstro-ɛntəroloˈχi]
die Gynäkologie	de **gynaecologie** [χinekoloˈχi]
die Abteilung für Hals-Nasen-Ohrenheilkunde	de **afdeling keel-, neus en oorheelkunde (kno)** [ˈɑvdelɪŋ kel nøs ɛn ˈoːrhelkœndə (kaɛnˈo)]
die Quarantäne	de **quarantaine** [karɑnˈtɛːnə]

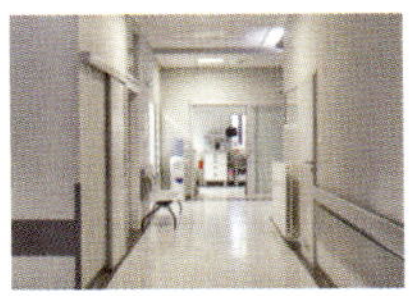

die Station
de **afdeling**
[ˈɑvdelɪŋ]

IM KRANKENHAUS – IN HET ZIEKENHUIS

Die Chirurgie – De chirurgie

die Operation
de **operatie**
[opəˈra(t)si]

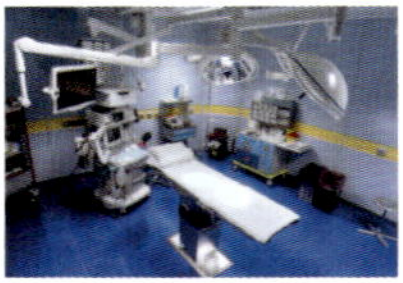

der Operationssaal
de **operatiezaal**
[opəˈra(t)sizal]

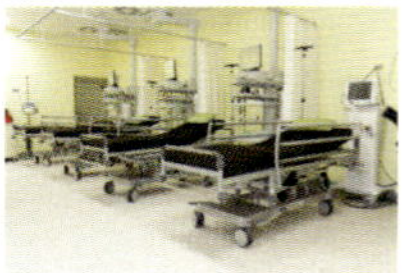

der Aufwachraum
de **verkoeverkamer**
[vərˈkuvərkamər]

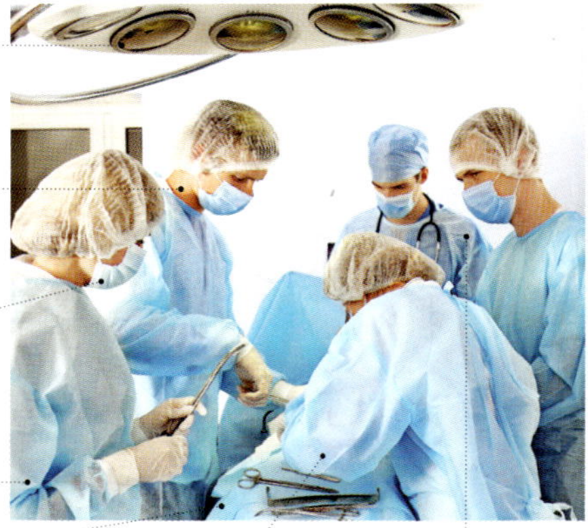

die Operationsleuchte
de **operatielamp**
[opəˈra(t)silamp]

der Chirurg
de **chirurg**
[ʃiˈrœr(ə)χ]

der Mundschutz
het **mondmasker**
[ˈmɔntmaskər]

die OP-Schwester
de **OK-verpleegkundige**
[okavərpleχˈkœndəχə]

der Operationstisch
de **operatietafel**
[opəˈra(t)sitafəl]

der OP-Mantel
de **OK-jas**
[oˈkajas]

der Anästhesist
de **anesthesist**
[anɛsteˈsɪst]

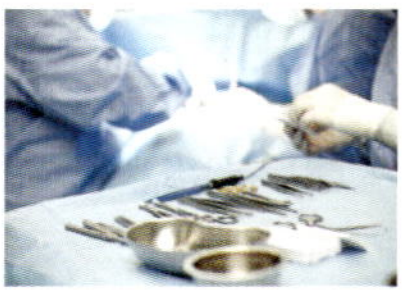

das Operationsbesteck
de (pl) **operatie-instrumenten**
[opəˈra(t)siɪnstrymɛntən]

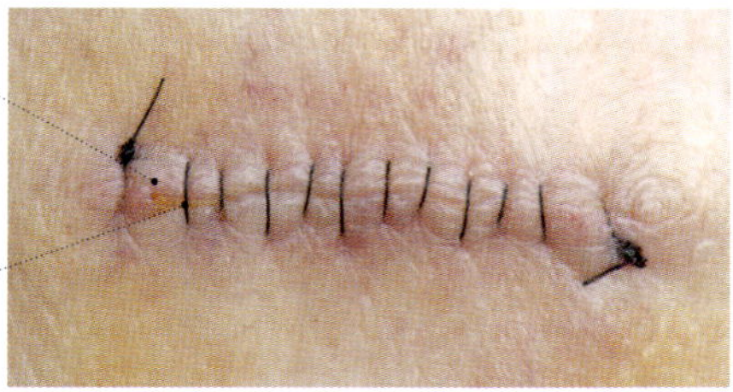

die Narbe
het **litteken**
[ˈlɪtekən]

die Fäden
de **draadhechtingen**
[ˈdrathɛχtɪŋən]

die Lokalanästhesie	de **plaatselijke verdoving** [ˈplatsələkə vərˈdovɪŋ]
die Vollnarkose	de **volledige narcose** [vɔˈledəχə narˈkozə]
die Rehabilitation	de **revalidatie** [revaliˈda(t)si]
die medizinische Nachversorgung	de **nazorg** [ˈnazɔr(ə)χ]
die Bettruhe	de **bedrust** [ˈbɛtrœst]
die Genesung	de **genezing** [χəˈnezɪŋ]
tot	**overleden** [ovərˈledən]
der Tod	de **dood** [dot]

IM KRANKENHAUS – IN HET ZIEKENHUIS

Die Unfallstation – Spoedeisende Hulp (SEH)

die Intensivstation
de **intensive care**
[ɪnˈtɛnsif kɛːr]

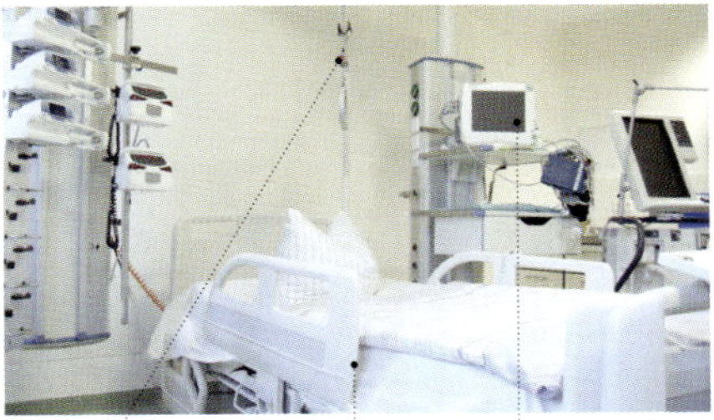

der Rufknopf
de **oproepknop**
[ˈɔprupknɔp]

der Herzmonitor
de **hartmonitor**
[ˈhɑrtmonitɔr]

das Krankenhausbett
het **ziekenhuisbed**
[ˈzikəhœyzbɛt]

die Notaufnahme
de **spoedopname**
[ˈsputɔpnamə]

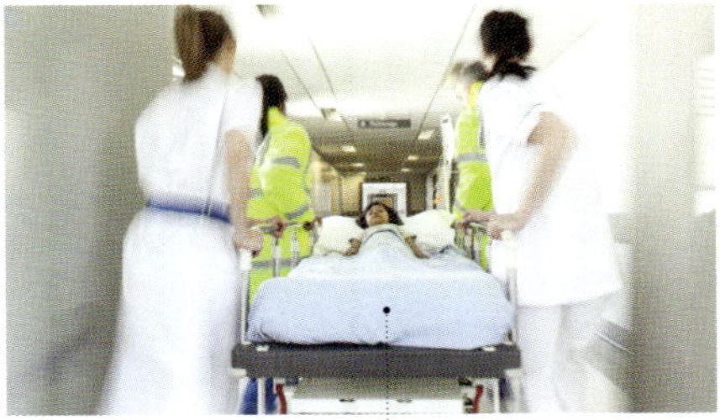

die Fahrtrage
de **rijdende brancard**
[ˈrɛidəndə brɑŋˈkaːr]

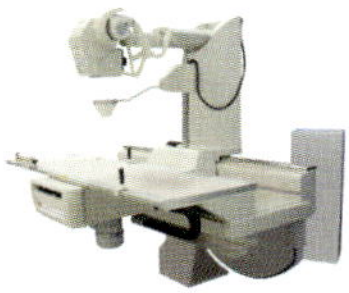

das Röntgengerät
het **röntgenapparaat**
[ˈrœntχənɑparat]

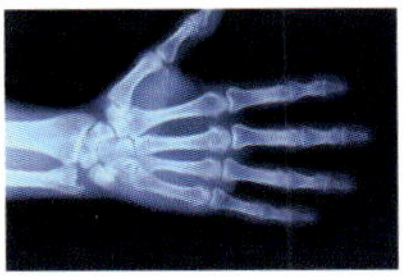

das Röntgenbild
de **röntgenfoto**
[ˈrœntχefoto]

der Warteraum
de **wachtkamer**
[ˈwɑχ(t)kamər]

die Oberärztin
de **chef-arts**
[ˈʃɛfɑrts]

die Computertomografie	de **CT-scan** [seˈteskɛn]
die Strahlung	de **straling** [ˈstralɪŋ]
eine Diagnose stellen	**een diagnose stellen** [ən dijaˈχnozə ˈstɛlən]
das Koma	het/de **coma** [ˈkoma]
bewusstlos	**bewusteloos** [bəˈwœstəlos]
die Beatmung	de **beademing** [bəˈadəmɪŋ]
wieder zu Bewusstsein kommen	**weer bijkomen** [weːr ˈbɛikomən]
wieder gesund werden	**herstellen** [hɛrˈstɛlən]

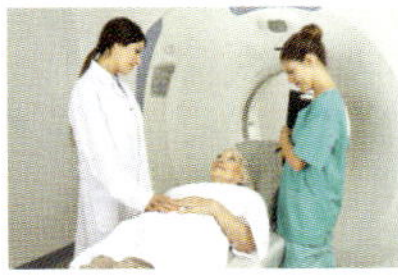

die Kernspintomografie
de **MRI-scan**
[ɛmɛrˈiskɛn]

DIE APOTHEKE – DE APOTHEEK

das Medikament
het **geneesmiddel**
[χeˈnesmɪdəl]

die Kapsel
de **capsule**
[kɑpˈsylə]

der Hustensaft
het **hoestdrankje**
[ˈhusdrɑŋkjə]

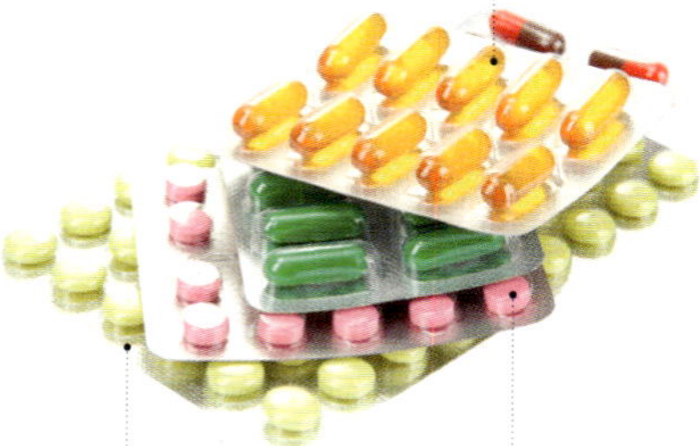

die Sichtverpackung
de **doordrukstrip**
[ˈdoːrdrœkstrɪp]

die Tablette
de/het **tablet**
[taˈblɛt]

die Dosierung
de **dosering**
[doˈzeːrɪŋ]

der Messbecher
de **maatbeker**
[ˈmadbekər]

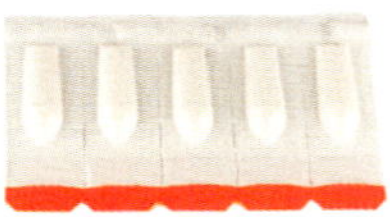

das Zäpfchen
de **zetpil**
[ˈzɛtpɪl]

die Salbe
de **zalf**
[zɑl(ə)f]

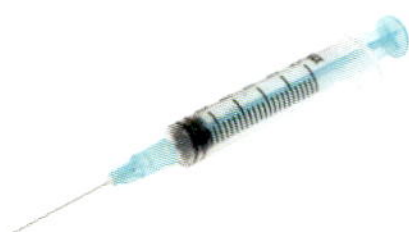

die Spritze
de **injectiespuit**
[ɪnˈjɛksispœyt]

die Apothekerin
de **apothekeres**
[apotekəˈrɛs]

die Tropfen
de (pl) **druppels**
[ˈdrœpəls]

der/das Spray
de **spray**
[spre]

die Vitamintablette
de **vitaminepil**
[vitaˈminəpɪl]

die Brausetablette
de/het **bruistablet**
[ˈbrœystablɛt]

DIE APOTHEKE – DE APOTHEEK

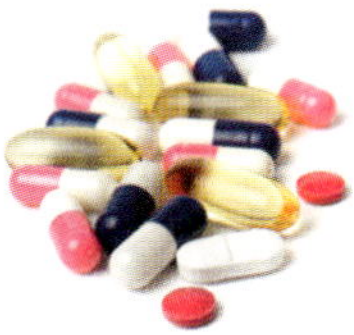

das Nahrungsergänzungsmittel
het **voedingssupplement**
[ˈvudɪŋsœpləmɛnt]

das Sonnenschutzmittel
de **zonnebrandcrème**
[ˈzɔnebrɑntkrɛːm]

der/das Mückenspray
de **muggenspray**
[ˈmœχəspre]

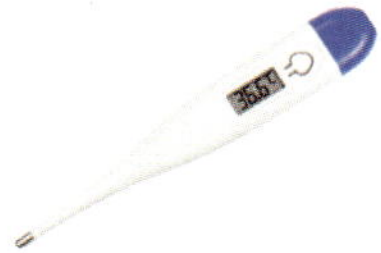

das/der Fieberthermometer
de **koortsthermometer**
[koːrtstɛrmometər]

die Nagelfeile
de **nagelvijl**
[ˈnaχəlvɛil]

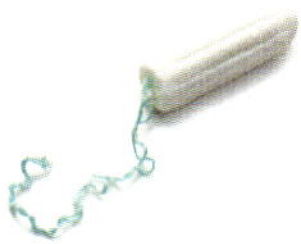

der Tampon
de **tampon**
[tɑmˈpɔn]

die Slipeinlage
het **inlegkruisje**
[ˈɪnlɛχkrœʃə]

das Feuchttuch
het **vochtig doekje**
[ˈvɔχtəχ ˈdukjə]

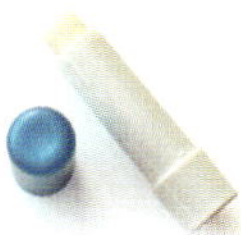

der Lippenpflegestift
de **lippenbalsem**
[ˈlɪpəbɑlsəm]

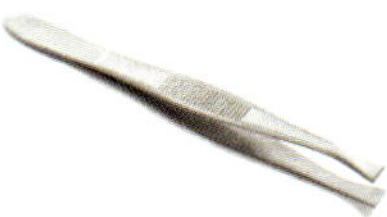

die Pinzette
het/de **pincet**
[pɪnˈsɛt]

das Deodorant
de **deodorant**
[dejodoˈrɑnt]

das/der Hustenbonbon
de **hoestpastille**
[ˈhus(t)pɑstijə]

das Symptom	het **symptoom** [sɪmpˈtom]
die Nebenwirkung	de **bijwerking** [ˈbɛiwɛrkɪŋ]
der Beipackzettel	de **bijsluiter** [ˈbɛislœytər]
die Hautpflege	de **huidverzorging** [ˈhœytfərzɔrχɪŋ]
das Schmerzmittel	de **pijnstiller** [ˈpɛinstɪlər]
das Beruhigungsmittel	het **kalmeermiddel** [kɑlˈmeːrmɪdəl]
die Schlaftablette	de **slaappil** [ˈslapɪl]
das Verfallsdatum	de **houdbaarheidsdatum** [ˈhɑutbaːrhɛitsdatœm]

der Ohrstöpsel
het **oordopje**
[ˈoːrdɔpjə]

DIE ALTERNATIVMEDIZIN – DE ALTERNATIEVE GENEESKUNST

die Meditation
de **meditatie**
[medi'ta(t)si]

das Yoga
de **yoga**
['joχa]

das Tai-Chi
het **tai chi**
[tai'tʃi]

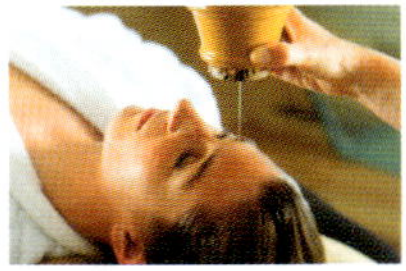

das Ayurveda
de **ayurveda**
[ajur'veda]

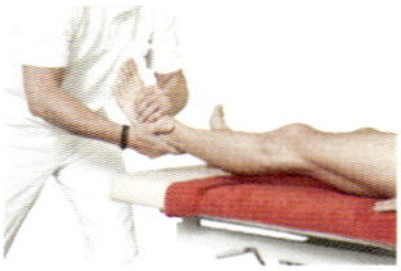

die Osteopathie
de **osteopathie**
[ɔstejopa'ti]

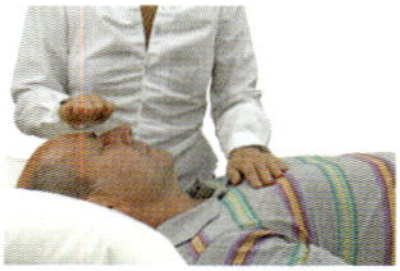

das Reiki
het **reiki**
['rɛiki]

die Massage
de **massage**
[mɑ'saʒə]

die Hypnose
de **hypnose**
[hip'nozə]

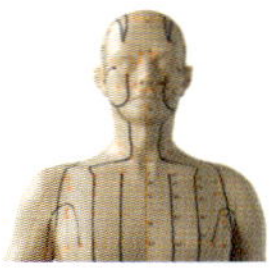

die traditionelle chinesische Medizin
de **traditionele Chinese geneeskunde**
[tradi(t)ʃo'nelə ʃi'nesə χə'neskœndə]

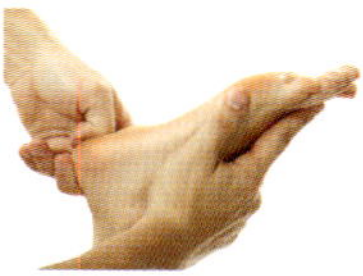

die Fußreflexzonen-massage
de **voetzoolreflex-massage**
[vutsolrə'flɛksmɑsaʒə]

das homöopathische Heilmittel
het **homeopathisch geneesmiddel**
[homejo'patis χə'nesmɪdəl]

die Kräuterheilkunde
de **kruidengeneeskunde**
['krœydəχəneskœnde]

die Akupunktur
de **acupunctuur**
[akypœŋk'ty:r]

die Kur	de **kuur** [ky:r]
die Palliativmedizin	de **palliatieve zorg** [pɑlija'tivə zɔr(ə)χ]
die Entspannung	de **ontspanning** ['ɔntspɑnɪŋ]
die Entgiftung	de **ontslakking** ['ɔntslɑkɪŋ]
die Entziehungskur	de **ontwenningskuur** [ɔntwenɪŋsky:r]
einen Entzug machen	**afkicken** ['ɑfkɪkən]
die Therapie	de **therapie** [tera'pi]
die Lichttherapie	de **lichttherapie** ['lɪχterapi]

WELLNESS – WELLNESS

die Gesichtsbehandlung
de **gezichtsbehandeling**
[χəˈzɪχ(t)sbəhɑndəlɪŋ]

die Kosmetikerin
de **schoonheidsspecialiste**
[ˈsχonhɛitspeʃalɪstə]

die Gesichtsmaske
het **gezichtsmasker**
[χəˈzɪχ(t)smɑskər]

die Sauna
de **sauna**
[ˈsɑuna]

der Ofen
de **kachel**
[ˈkɑχəl]

die Bank
de **bank**
[bɑŋk]

der Kopfkeil
de **hoofdsteun**
[ˈhof(t)støn]

der Aufgusskübel
de **opgietemmer**
[ˈɔpχitɛmər]

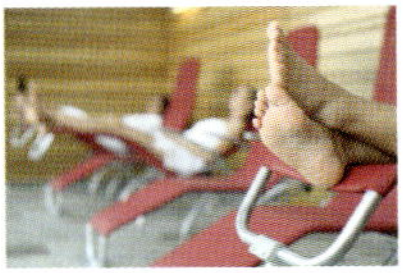

der Ruheraum
de **rustruimte**
[ˈrœstrœymtə]

das Mineralbad
het **bronnenbad**
[ˈbrɔnəbɑt]

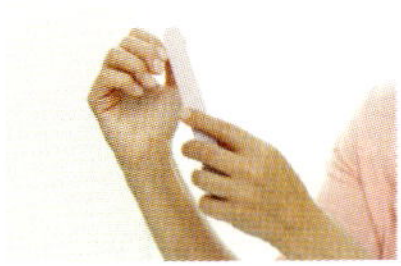

die Maniküre
de **manicure**
[maniˈky:rə]

die Pediküre
de **pedicure**
[pediˈky:rə]

die Wachsenthaarung	de **wasontharing** [ˈwɑsɔntharɪŋ]
das Dampfbad	het **stoombad** [ˈstombɑt]
der Aufguss	het **opgietmiddel** [ˈɔpχitmɪdəl]
das Peeling	de **peeling** [pi:lɪŋ]
der Teint	de **teint** [tɛ:nt]
reinigen	**reinigen** [ˈrɛinəχən]
Ich habe empfindliche/ trockene Haut.	**Ik heb gevoelige/droge huid.** [ɪk hɛp χəˈvuləχə/ˈdroχə hœyt]
Ich habe fettige/normale Haut.	**Ik heb vettige/normale huid.** [ɪk hɛp ˈvɛtəχə/nɔrˈmalə hœyt]

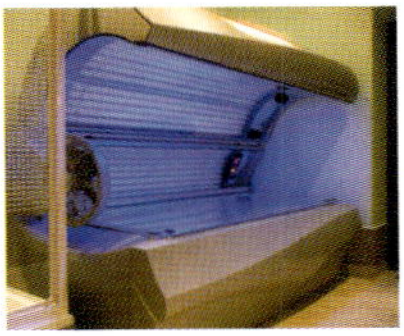

das Solarium
het **solarium**
[soˈlarijœm]

NOTFÄLLE

NOOD-SITUATIES

ERSTE HILFE – DE EERSTE HULP

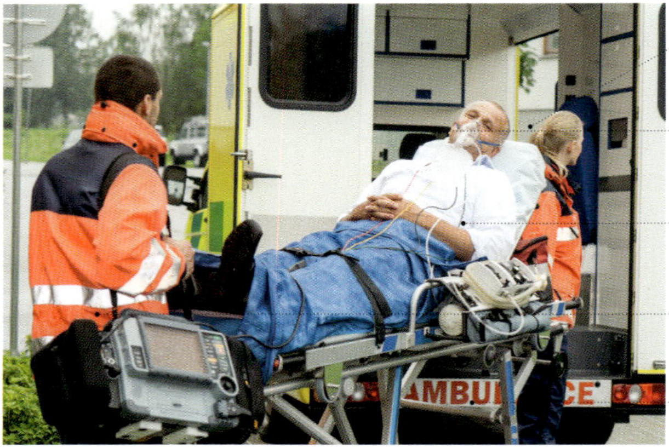

der Rettungswagen
de **ambulance**
[ambyˈlɑ̃:s]

die Sanitäterin
de **ambulanceverpleegkundige**
[ambylɑ̃:sfərpleχˈkœndəχe]

die Sauerstoffmaske
het **zuurstofmasker**
[ˈzy:rstɔfmaskər]

das Unfallopfer
het **slachtoffer**
[ˈslaχtɔfər]

der Sanitäter
de **ambulanceverpleegkundige**
[ambylɑ̃:sfərpleχˈkœndəχe]

die Trage
de **brancard**
[braŋˈka:r]

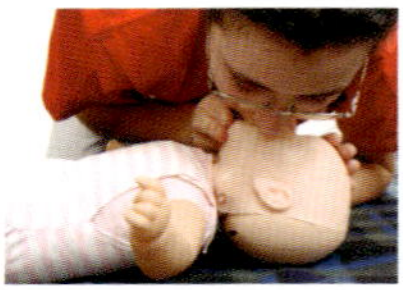

die Mund-zu-Mund-Beatmung
de **mond-op-mond-beademing**
[mɔntɔpˈmɔntbəadəmɪŋ]

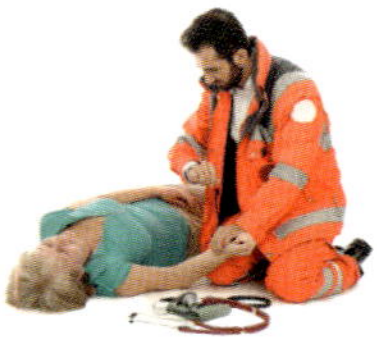

die Pulsmessung
het **polsmeten**
[ˈpɔlsmetən]

die stabile Seitenlage
de **stabiele zijligging**
[staˈbilə ˈzɛilɪχɪŋ]

der Unfallort
de **plaats van het ongeval**
[plats van ət ˈɔŋχəval]

der Rettungsdienst
de **ambulancehulpdienst**
[ambylɑ̃:sˈhœlbdinst]

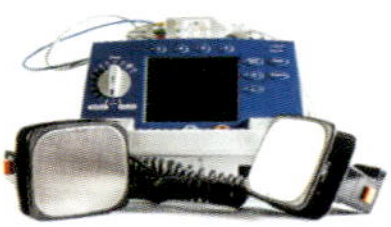

der Defibrillator
de **defibrillator**
[defibrɪˈlatɔr]

der Unfall	het **ongeval** [ˈɔŋχəval]
die Wiederbelebung	de **reanimatie** [ˈɔŋχəval]
die Herzdruckmassage	de **hartmassage** [ˈhartmasaʒə]
der Puls	de **polsslag** [ˈpɔlslaχ]
bewusstlos	**bewusteloos** [bəˈwœstəlos]
erste Hilfe leisten	**eerste hulp verlenen** [ˈe:rstə ˈhœl(ə)p vərˈlenən]
der Notarzt	de **spoedeisende-hulparts** [sputɛisəndəˈhœlparts]
die Notärztin	de **spoedeisende-hulparts** [sputɛisəndəˈhœlparts]

ERSTE HILFE – DE EERSTE HULP

das Verbandszeug
het **verbandmateriaal**
[vərˈbɑntmatər(i)jal]

der Verband
het **verband**
[vərˈbɑnt]

das Leukoplast®
de **leukoplast®**
[ˈløkoplɑst]

das Pflaster
de **pleister**
[ˈplɛistər]

die Verbandschere
de **verbandschaar**
[vərˈbɑntsχa:r]

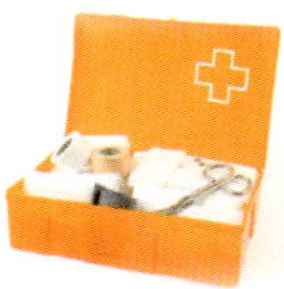

der Erste-Hilfe-Kasten
de **EHBO-trommel**
[ehabeˈotrɔməl]

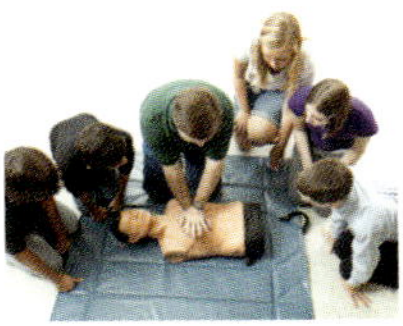

der Erste-Hilfe-Kurs
de **EHBO-cursus**
[ehabeˈokœrzœs]

das Desinfektions-mittel
het **desinfectiemiddel**
[dɛsɪmˈfɛksimɪdəl]

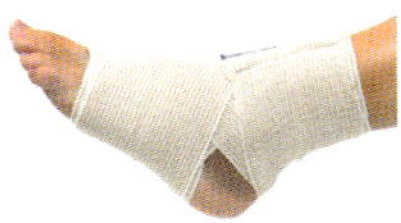

die Bandage
het **steunverband**
[ˈstønvərbɑnt]

steril	**steriel** [steˈril]
überleben	**overleven** [ovərˈlevən]
traumatisiert	**getraumatiseerd** [χetrɑumatiˈze:rt]
unter Schock stehen	**in shocktoestand verkeren** [ɪn ˈʃɔktustɑnt vərˈke:rən]
der Schock	de **shock** [ʃɔk]
die Blutspende	de **bloeddonatie** [ˈbludona(t)si]
die Organspende	de **orgaandonatie** [ɔrˈχandona(t)si]
das Adrenalin	de **adrenaline** [adrenaˈlinə]

die Mullbinde
het **verbandgaas**
[vərˈbɑntχas]

DIE POLIZEI – DE POLITIE

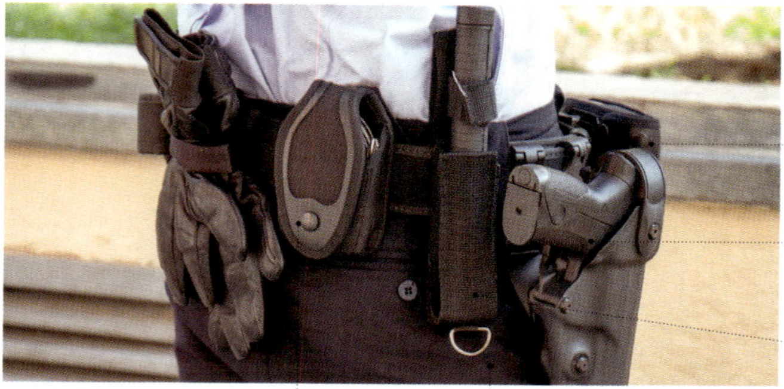

der Dienstgürtel
de **koppel**
[ˈkɔpəl]

das Handfunkgerät
de **portofoon**
[pɔrtoˈfon]

die Pistole
het **pistool**
[piˈstol]

der Schlagstock
de **wapenstok**
[ˈwapəstɔk]

die Handschellen
de (pl) **handboeien**
[ˈhɑndbujən]

die Uniform
het **uniform**
[ˈynifɔr(ə)m]

der Fingerabdruck
de **vingerafdruk**
[ˈvɪŋərɑvdrœk]

der Tatort
de **plaats delict**
[plats deˈlɪkt]

die Polizistin
de **politieagente**
[poˈli(t)siaχɛntə]

der Polizist
de **politieagent**
[poˈli(t)siaχɛnt]

das Polizeiabzeichen
het **politie-embleem**
[poˈli(t)siɛmblem]

der Zeuge	de **getuige** [χəˈtœyχə]
die Zeugin	de **getuige** [χəˈtœyχə]
der Verbrecher	de **crimineel** [krimiˈnel]
die Verbrecherin	de **crimineel** [krimiˈnel]
der Kriminalbeamte	de **opsporingsambtenaar** [ˈɔpspo:rɪŋsɑmptəna:r]
die Kriminalbeamtin	de **opsporingsambtenaar** [ˈɔpspo:rɪŋsɑmptəna:r]
der/die Verdächtige	de **verdachte** [vərˈdɑχte]
die Ermittlung	het **onderzoek** [ˈɔndərzuk]

DIE POLIZEI – DE POLITIE

das Polizeiauto
de **politieauto**
[poˈli(t)siauto]

die Lichtleiste
de **lichtbalk**
[ˈlɪχ(t)bɑlk]

das Martinshorn
de **sirene**
[siˈrenə]

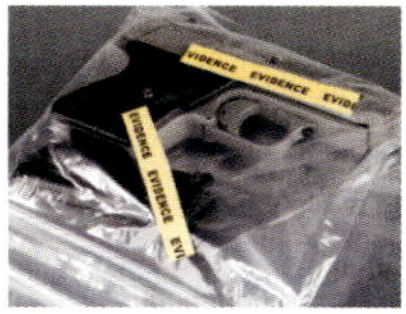

das Beweisstück
het **bewijsstuk**
[bəˈwɛistœk]

das Gefängnis
de **gevangenis**
[χeˈvɑŋənɪs]

der Einbruch
de **inbraak**
[ˈɪmbrak]

der Diebstahl
de **diefstal**
[ˈdifstɑl]

die Festnahme
de **arrestatie**
[ɑrɛˈsta(t)si]

die Gewalt
het **geweld**
[χəˈwɛlt]

der Raubüberfall
de **roofoverval**
[ˈrofovərvɑl]

der Taschendiebstahl
het **zakkenrollen**
[ˈzɑkərɔlən]

die Entführung
de **ontvoering**
[ɔntˈfuːrɪŋ]

die Straftat	het **delict** [deˈlɪkt]
die Körperverletzung	het **lichamelijk letsel** [lɪˈχamələk ˈlɛtsəl]
die Vergewaltigung	de **verkrachting** [vərˈkrɑχtɪŋ]
der Mord	de **moord** [moːrt]
der Überfall	de **overval** [ˈovərvɑl]
fliehen	**vluchten** [ˈvlœχtən]
belästigen	**lastigvallen** [ˈlɑstəχfɑlən]
die Schuld	de **schuld** [sχœlt]

die Polizeiabsperrung
de **politieafzetting**
[poˈli(t)siɑfzɛtɪŋ]

DIE FEUERWEHR – DE BRANDWEER

der Feuerlöscher
de **brandblusser**
[ˈbrandblœsər]

der Hydrant
de **brandkraan**
[ˈbrantkran]

der Feuerwehrmann
de **brandweerman**
[ˈbrantwe:rman]

das Visier
het **vizier**
[viˈzi:r]

der Feuerwehrhelm
de **brandweerhelm**
[ˈbrantwe:rhɛl(ə)m]

die Feuerwehrschutzjacke
het **brandweerjack**
[ˈbrantwe:rjɛk]

der Reflexstreifen
de (pl) **reflecterende strepen**
[reflɛkˈte:rəndə ˈstrepən]

der Feuerwehrschlauch
de **brandslang**
[ˈbrantslaŋ]

die Brandbekämpfung
de **brandbestrijding**
[ˈbrandbəstrɛidıŋ]

der Notausgang
de **nooduitgang**
[ˈnotœytχaŋ]

die Axt
de **bijl**
[bɛil]

der Rauchmelder
de **rookmelder**
[ˈrokmɛldər]

die Feuerwache
de **brandweerkazerne**
[ˈbrantwe:rkazɛrnə]

das Löschfahrzeug
de **brandweerwagen**
[ˈbrantwe:rwaχən]

IN DEN BERGEN - IN DE BERGEN

der Helm
de **helm**
[hɛl(ə)m]

der Karabiner
de **karabijnhaak**
[kara'bɛinhak]

das Seil
het **touw**
[tɑu]

die Bergwacht
de **bergreddingsdienst**
[bɛrχ'rɛdıŋzdinst]

der Rettungseinsatz
de **reddingsactie**
['rɛdıŋsɑksi]

die Einsatzkraft
de **reddingswerker**
['rɛdıŋswɛrkər]

der Rettungsschlitten
de **reddingsslee**
['rɛdıŋsle]

das Schneemobil
de **sneeuwscooter**
['snewskutər]

das Fangnetz
het **vangnet**
['vɑŋnɛt]

die Lawine
de **lawine**
[la'winə]

das LVS-Gerät
de **lawinepieper**
[la'winəpipər]

der Rettungshund
de **reddingshond**
['rɛdıŋshɔnt]

der Rettungshub-schrauber
de **traumahelikopter**
['trɑumahelikɔptər]

der Lawinenschutz
het **lawinehek**
[la'winəhɛk]

das Lawinenwarn-schild
het **lawinewaarschu-wingsbord**
[lawinə'waːrsχywıŋzbɔrt]

DAS MEER - OP ZEE

die Schwimmweste
het **zwemvest**
[ˈzwɛmvɛst]

der Rettungsring
de **reddingsboot**
[ˈrɛdɪŋzbot]

der Sammelpunkt
de **verzamelplaats**
[vərˈzaməlplats]

der Sturm
de **storm**
[ˈstɔr(ə)m]

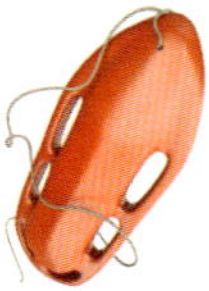

die Rettungsboje
de **reddingsboei**
[ˈrɛdɪŋzbui]

der Rettungsschwimmer
de **reddingszwemmer**
[ˈrɛdɪŋswɛmər]

der Wachturm
de **wachttoren**
[ˈwɑχto:rən]

der Tsunami
de **tsunami**
[tsuˈnami]

das Küstenwachboot
de **kustreddingsboot**
[ˈkœstrɛdɪŋzbot]

das Rettungsboot
de **reddingsband**
[ˈrɛdɪŋzbɑnt]

kentern
kapseizen
[ˈkɑpsɛizən]

der Schiffbruch
de **schipbreuk**
[ˈsχɪbrøk]

der/die Vermisste	de **vermiste persoon** [vərˈmɪstə pɛrˈson]
das Rettungstau	de **reddingslijn** [ˈrɛdɪŋslɛin]
die Wetterbedingungen	de (pl) **weersomstandigheden** [ˈwe:rsɔmstɑndəχedən]
der Seewetterbericht	het **scheepsweerbericht** [sχepsˈwe:rbərɪχt]
die Suche	de **zoekactie** [ˈzukɑksi]
ertrinken	**verdrinken** [vərˈdrɪŋkən]
die Havarie	de **averij** [avəˈrɛi]
in Seenot geraten	**in zeenood raken** [ɪn ˈzenot ˈrakən]

WEITERE NOTSITUATIONEN – OVERIGE NOODSITUATIES

die Explosion
de **ontploffing**
[ɔnt'plɔfɪŋ]

die Epidemie
de **epidemie**
[epide'mi]

die Evakuierung
de **evacuatie**
[evaky'wa(t)si]

der Bombenalarm
het **bomalarm**
['bɔmalɑr(ə)m]

die nukleare Katastrophe
de **nucleaire ramp**
[nykle'jɛːrə rɑmp]

die Notlandung
de **noodlanding**
['notlɑndɪŋ]

der Terrorangriff
de **terreuraanslag**
[tɛ'røːranslɑχ]

retten
redden
['rɛdən]

die Notrufnummer
het **alarmnummer**
[a'lɑr(ə)mnœmər]

die Überwachungskamera
de **bewakingscamera**
[bə'wakɪŋskamərɑ]

der Verletzte
de **gewonde**
[χə'wɔndə]

die Verletzung
de **verwonding**
[vər'wɔndɪŋ]

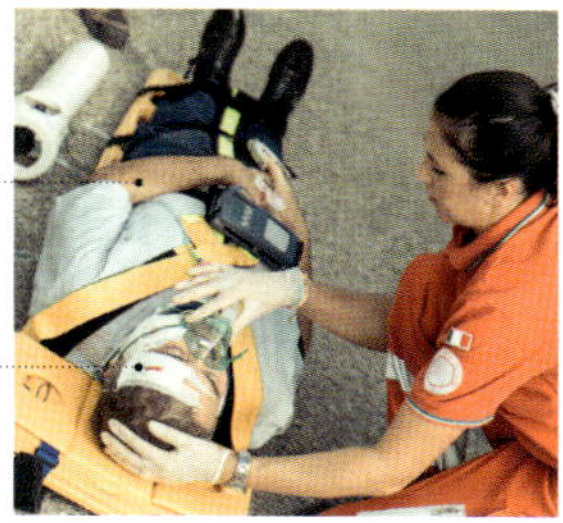

der/die Vermisste	de **vermiste persoon** [vər'mɪstə pɛr'son]
die Suchmannschaft	het **zoekteam** ['zuktim]
die Gefahr	het **gevaar** [χə'vaːr]
Hilfe!	**Help!** [hɛl(ə)p]
Es ist ein Unfall passiert!	**Er is een ongeluk gebeurd!** [ɛr ɪs ən 'ɔŋχəlœk χe'bøːrt]
Rufen Sie einen Rettungswagen!	**Bel een ziekenwagen!** [bɛl ən 'zikəwaχən]
Rufen Sie die Polizei!	**Bel de politie!** [bɛl də po'li(t)si]
Rufen Sie die Feuerwehr!	**Bel de brandweer!** [bɛl də 'brɑntweːr]

Achtung, Gefahr!
pas op, gevaar!
[pɑs ɔp χə'vaːr]

ERDE UND NATUR

AARDE EN NATUUR

DER WELTRAUM – DE RUIMTE

das Sonnensystem
het **zonnestelsel**
[ˈzɔnəstɛlsəl]

① *die Sonne*
de **zon**
[zɔn]

② *der Merkur*
Mercurius
[mɛrˈky:rijœs]

③ *die Venus*
Venus
[ˈvenœs]

④ *die Erde*
de **aarde**
[ˈa:rdə]

⑤ *der Mars*
Mars
[mɑrs]

die Mondphasen
de (pl) **maanfasen**
[ˈmanfazən]

⑤ *die Mondsichel*
de **maansikkel**
[ˈmansɪkəl]

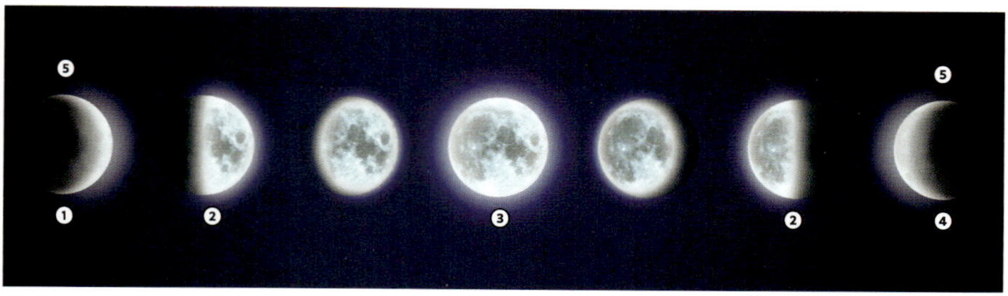

① *der zunehmende Mond*
de **wassende maan**
[ˈwɑsəndə man]

② *der Halbmond*
het **eerste/laatste kwartier**
[ˈe:rstə/ˈlɑtsə kwɑrˈti:r]

③ *der Vollmond*
de **volle maan**
[ˈvɔlə man]

④ *der abnehmende Mond*
de **afnemende maan**
[ˈɑfnemәndə man]

DER WELTRAUM – DE RUIMTE

⑥ *der Jupiter*
Jupiter
[ˈjypitər]

⑦ *der Saturn*
Saturnus
[saˈtœrnœs]

⑧ *der Uranus*
Uranus
[yˈranœs]

⑨ *der Neptun*
Neptunus
[nɛpˈtynœs]

das Raumschiff
het **ruimteschip**
[ˈrœymtəsχɪp]

① *der Außentank*
de **externe tank**
[ɛksˈtɛrnə tɛŋk]

② *der Booster*
de **startraket**
[ˈstɑrtrakɛt]

③ *der Orbiter*
de **orbiter**
[ˈɔrbitər]

DER WELTRAUM – DE RUIMTE

die Sonnenfinsternis
de **zonsverduistering**
[ˈzɔnsfərdœystərɪŋ]

die Galaxie
het **sterrenstelsel**
[ˈstɛrəstɛlsəl]

die Milchstraße
de **Melkweg**
[ˈmɛl(ə)kwɛχ]

der Komet
de **komeet**
[koˈmet]

der Asteroid
de **asteroïde**
[ɑsteroˈwidə]

der Planet
de **planeet**
[plaˈnet]

der Meteor
de **meteoor**
[meteˈjo:r]

das Universum
het **heelal**
[heˈlɑl]

der Astronaut
de **astronaut**
[ɑstroˈnɑut]

der Satellit
de **satelliet**
[satəˈlit]

die Sternwarte
de **sterrenwacht**
[ˈstɛrəwɑχt]

das Radioteleskop
de **radiotelescoop**
[ˈradijotelə̨skop]

der Nebel
de **nevel**
[ˈnevəl]

das schwarze Loch	het **zwarte gat** [ˈzwɑrtə χɑt]
die Schwerkraft	de **zwaartekracht** [ˈzwa:rtəkrɑχt]
die Umlaufbahn	de **omloopbaan** [ˈɔmloban]
das Lichtjahr	het **lichtjaar** [ˈlɪχtja:r]
der Urknall	de **oerknal** [u:rknɑl]
der Stern	de **ster** [stɛr]
die Raumstation	het **ruimtestation** [ˈrœymtəstaʃɔn]
die Astronomie	de **sterrenkunde** [ˈstɛrəkœndə]

DIE ERDE – DE AARDE

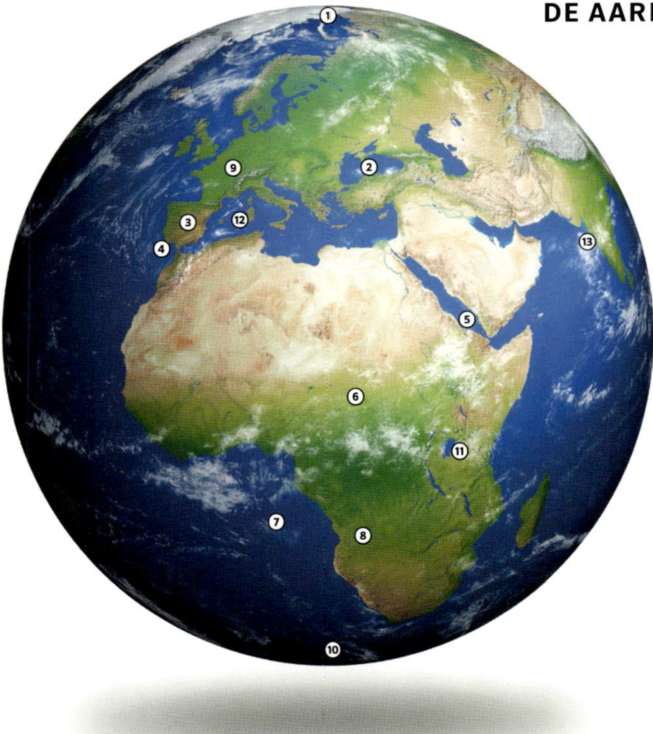

① *der Nordpol*
de **Noordpool**
[ˈnoːrtpol]

② *das Binnenmeer*
de **binnenzee**
[ˈbɪnəze]

③ *die Halbinsel*
het **schiereiland**
[ˈsχiːrɛilɑnt]

④ *die Meerenge*
de **zeestraat**
[ˈzestrat]

⑤ *der Golf*
de **golf**
[χɔl(ə)f]

⑥ *der Kontinent*
het **continent**
[kɔntiˈnɛnt]

⑦ *das Meer*
de **zee**
[ze]

⑧ *das Land*
het **land**
[lɑnt]

⑨ *die Gebirgskette*
de **bergketen**
[ˈbɛr(ə)χketən]

⑩ *der Südpol*
de **Zuidpool**
[ˈzœytpol]

⑪ *der See*
het **meer**
[meːr]

⑫ *die Insel*
het **eiland**
[ˈɛilɑnt]

⑬ *die Bucht*
de **baai**
[bai]

die Atmosphäre	de **dampkring** [ˈdɑmpkrɪŋ]
der Erdmantel	de **aardmantel** [ˈaːrtmɑntəl]
die Erdkruste	de **aardkorst** [ˈaːrtkɔrst]
der innere Erdkern	de **binnenkern** [ˈbɪnəkɛr(ə)n]
der äußere Erdkern	de **buitenkern** [ˈbœytəkɛr(ə)n]
die Platte	de **plaat** [plat]
das Grundgestein	het **grondgesteente** [ˈχrɔntχəsten:ə]
die Erde	de **aarde** [ˈaːrdə]

DIE WELTKARTE – DE WERELDKAART

① *das Nordpolarmeer*
de **Noordelijke IJszee**
[ˈnoːrdələkə ˈɛise]

⑥ *der Pazifische Ozean*
de **Stille Oceaan**
[ˈstɪlə oseˈjan]

⑦ *der Atlantische Ozean*
de **Atlantische Oceaan**
[ɑtˈlɑntisə oseˈjan]

⑧ *der Indische Ozean*
de **Indische Oceaan**
[ˈɪndisə oseˈjan]

⑨ *das Arabische Meer*
de **Arabische Zee**
[arabisəˈze]

⑩ *das Karibische Meer*
de **Caraïbische Zee**
[karaˈibisə ze]

⑪ *das Mittelmeer*
de **Middellandse Zee**
[mɪdəlɑn(t)səˈze]

⑫ *die Nordsee*
de **Noordzee**
[ˈnoːrtse]

⑬ *die Ostsee*
de **Oostzee**
[ˈostse]

⑭ *das Kaspische Meer*
de **Kaspische Zee**
[kɑspisəˈze]

⑮ *das Schwarze Meer*
de **Zwarte Zee**
[zwɑrtəˈze]

⑯ *der Ärmelkanal*
het **Kanaal**
[kaˈnal]

⑰ *das Rote Meer*
de **Rode Zee**
[rodəˈze]

⑱ *das Südpolarmeer*
de **Antarctische Oceaan**
[ɑnˈtɑrktisə oseˈjan]

② *der Himalaja*
de **Himalaya**
[himaˈlaja]

③ *die Alpen*
de (pl) **Alpen**
[ˈɑlpən]

④ *die Anden*
het **Andesgebergte**
[ˈɑndɛsχəbɛrχtə]

⑤ *die Rocky Mountains*
de (pl) **Rocky Mountains**
[rɔkiˈmɑuntəns]

⑲ *das Great Barrier Reef*
het **Groot Barrièrerif**
[χrot bɑriˈjɛːrərɪf]

⑳ *Amazonien*
het **Amazonebekken**
[amaˈzɔːnəbɛkən]

㉑ *die Sahara*
de **Sahara**
[saˈhaːra]

DIE WELTKARTE – DE WERELDKAART

die Nordhalbkugel
het **noordelijk halfrond**
[ˈno:rdələk hɑlfrɔnt]

die Arktis
het **noordpoolgebied**
[ˈno:rtpolχəbit]

der nördliche Wendekreis
de **Kreeftskeerkring**
[ˈkref(t)ske:rkrɪŋ]

die westliche Hemisphäre
het **westelijk halfrond**
[ˈwɛstələk ˈhɑlfrɔnt]

die östliche Hemisphäre
het **oostelijk halfrond**
[ˈostələk ˈhɑlfrɔnt]

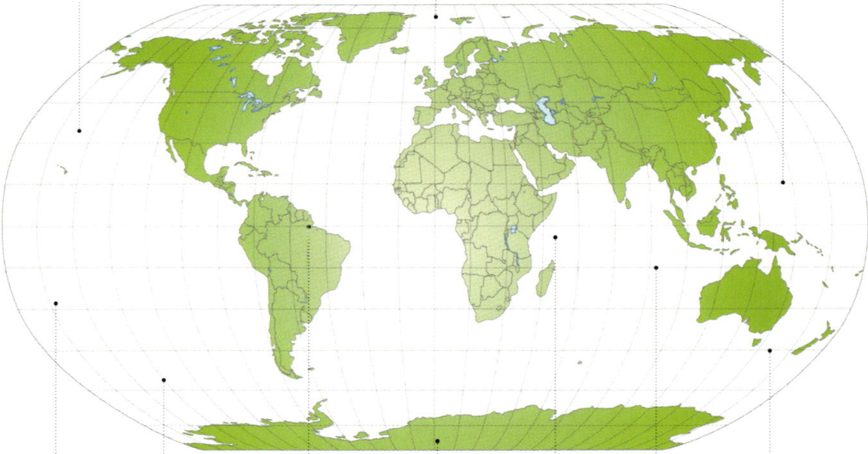

die geografische Länge
de **geografische lengte**
[χejoˈgrafisə ˈlɛŋtə]

die Antarktis
het **zuidpoolgebied**
[ˈzœytpolχəbit]

die geografische Breite
de **geografische breedte**
[χejoˈχrafisə ˈbretə]

die Südhalbkugel
het **zuidelijk halfrond**
[ˈzœydələk ˈhɑlfrɔnt]

der Äquator
de **evenaar**
[ˈevər.a:r]

die Tropen
de (pl) **tropen**
[ˈtropən]

der südliche Wendekreis
de **Steenbokskeerkring**
[ˈstembɔkske:rkrɪŋ]

der nördliche Polarkreis	de **noordpoolcirkel** [ˈno:rtpolsɪrkəl]
der südliche Polarkreis	de **zuidpoolcirkel** [ˈzœytpolsɪrkəl]
das Land	het **land** [lɑnt]
der Staat	de **staat** [stat]
die Nation	de **natie** [ˈna(t)si]
das Territorium	het **grondgebied** [ˈχrɔntχəbit]

das Fürstentum	het **vorstendom** [ˈvɔrstədɔm]
das Königreich	het **koninkrijk** [ˈkonɪŋkrɛik]
die Republik	de **republiek** [repyˈblik]
die Kolonie	de **kolonie** [koˈloni]
die Provinz	de **provincie** [proˈvɪnsi]
die Zone	de **zone** [zɔ:nə]
die Region	de **regio** [ˈreχijo]
die Hauptstadt	de **hoofdstad** [ˈhof(t)stɑt]

UN-MITGLIEDSSTAATEN – VN-LIDSTATEN

Europa – Europa

Albanien
Albanië
[ɑlˈbanijə]

Andorra
Andorra
[ɑnˈdɔra]

Belgien
België
[ˈbɛlχijə]

Bosnien und Herzegowina
Bosnië en Herzegovina
[ˈbɔsnijə ɛn hɛrzəgɔˈwina]

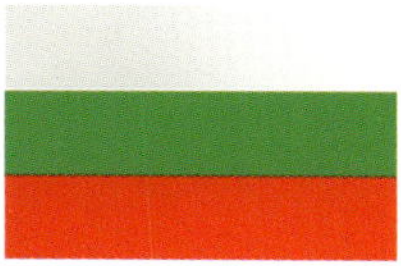

Bulgarien
Bulgarije
[bœlχaˈrɛijə]

Dänemark
Denemarken
[ˈdenəmɑrkən]

Deutschland
Duitsland
[ˈdœytslɑnt]

die ehemalige jugoslawische Republik Mazedonien
de **voormalige Joegoslavische republiek Macedonië**
[voːrˈmaləχə juχoˈslavisə repyˈblik masəˈdonijə]

Estland
Estland
[ˈɛstlɑnt]

Finnland
Finland
[ˈfɪnlɑnt]

Frankreich
Frankrijk
[ˈfrɑŋkrɛik]

Griechenland
Griekenland
[ˈχrikəlɑnt]

Irland
Ierland
[ˈiːrlɑnt]

Island
IJsland
[ˈɛislɑnt]

Italien
Italië
[iˈtalijə]

Kroatien
Kroatië
[kroˈwatsijə]

UN-MITGLIEDSSTAATEN – VN-LIDSTATEN

Europa – Europa

Lettland
Letland
[ˈlɛtlɑnt]

Liechtenstein
Liechtenstein
[ˈliχtəstɛin]

Litauen
Litouwen
[ˈlitɑuwən, liˈtɑuwən]

Luxemburg
Luxemburg
[ˈlyksəmbœrχ]

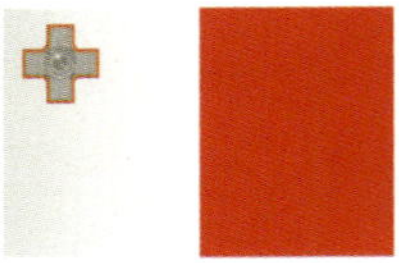

Malta
Malta
[ˈmɑlta]

Moldawien
Moldavië
[mɔlˈdavijə]

Monaco
Monaco
[moˈnako]

Montenegro
Montenegro
[mɔntəˈnegro]

die Niederlande
Nederland
[ˈnedərlɑnt]

Norwegen
Noorwegen
[ˈnoːrweχən]

Österreich
Oostenrijk
[ˈostərɛik]

Polen
Polen
[ˈpolən]

Portugal
Portugal
[ˈpɔrtyχɑl]

Rumänien
Roemenië
[ruˈmenijə]

Russland
Rusland
[ˈrœslɑnt]

San Marino
San Marino
[sɑmaˈrino]

UN-MITGLIEDSSTAATEN - VN-LIDSTATEN

Europa – Europa

Schweden
Zweden
[ˈzwedən]

die Schweiz
Zwitserland
[ˈzwɪtsərlɑnt]

Serbien
Servië
[ˈsɛrvijə]

die Slowakei
Slowakije
[slowaˈkɛijə]

Slowenien
Slovenië
[sloˈvenijə]

Spanien
Spanje
[ˈspɑɲə]

Tschechien
Tsjechië
[ˈtʃɛχijə]

die Ukraine
Oekraïne
[ukraˈinə]

Ungarn
Hongarije
[hɔŋχaˈrɛijə]

das Vereinigte Königreich
het **Verenigd Koninkrijk**
[vərˈenəχt ˈkonɪŋkrɛik]

Weißrussland
Wit-Rusland
[wɪtˈrœslɑnt]

Zypern
Cyprus
[ˈsiprœs]

Nord- und Mittelamerika – Noord- en Midden-Amerika

Antigua und Barbuda
Antigua en Barbuda
[ɑnˈtigwa ɛn bɑrˈbuda]

die Bahamas
de (pl) **Bahama's**
[baˈhamas]

Barbados
Barbados
[ˈbɑrbadɔs]

Belize
Belize
[beˈli:zə]

UN-MITGLIEDSSTAATEN – VN-LIDSTATEN

Nord- und Mittelamerika – Noord- en Midden-Amerika

Costa Rica
Costa Rica
[kɔstaˈrika]

Dominica
Dominica
[doˈminika]

die Dominikanische Republik
de **Dominicaanse Republiek**
[dominiˈkansə repyˈblik]

El Salvador
El Salvador
[ɛlˈsɑlvadɔr]

Grenada
Grenada
[grəˈnada, χrəˈnada]

Guatemala
Guatemala
[guwatəˈmala]

Haiti
Haïti
[haˈiti]

Honduras
Honduras
[hɔnˈduːrɑs]

Jamaika
Jamaica
[jaˈmɑika]

Kanada
Canada
[ˈkanada]

Kuba
Cuba
[ˈkyba]

Mexiko
Mexico
[ˈmɛksiko]

Nicaragua
Nicaragua
[nikaˈrag(u)wa]

Panama
Panama
[ˈpanama]

St. Kitts und Nevis
Saint Kitts en Nevis
[sentˈkɪts ɛn ˈnivɪs]

St. Lucia
Saint Lucia
[sent ˈluːʃa]

UN-MITGLIEDSSTAATEN – VN-LIDSTATEN

Nord- und Mittelamerika – Noord- en Midden-Amerika

St. Vincent und die Grenadinen
Saint Vincent en de Grenadines
[sent ˈvɪncənt ɛn də grɛnaˈdins]

Trinidad und Tobago
Trinidad en Tobago
[ˈtrinidɑt ɛn toˈbago]

die Vereinigten Staaten
de (pl) **Verenigde Staten**
[vərˈenəχdə ˈstatən]

Südamerika – Zuid-Amerika

Argentinien
Argentinië
[ɑrχɛnˈtinijə]

Bolivien
Bolivia
[boˈlivija]

Brasilien
Brazilië
[braˈzilijə]

Chile
Chili
[ˈʃili]

Ecuador
Ecuador
[ˈekwadɔr, ekwaˈdɔr]

Guyana
Guyana
[gwiˈjana]

Kolumbien
Colombia
[koˈlɔmbija]

Paraguay
Paraguay
[paraˈgwɑi]

Peru
Peru
[paraˈgwɑi]

Suriname
Suriname
[syriˈnamə]

Uruguay
Uruguay
[ˈurugwɑj]

Venezuela
Venezuela
[venezyˈwela]

UN-MITGLIEDSSTAATEN – VN-LIDSTATEN

Afrika – Afrika

Ägypten
Egypte
[eˈχɪptə]

Algerien
Algerije
[ɑlχəˈrɛijə]

Angola
Angola
[ɑŋˈχola]

Äquatorialguinea
Equatoriaal-Guinea
[ekwatoriˈjaal χ(w)iˈneja]

Äthiopien
Ethiopië
[etiˈjopijə]

Benin
Benin
[beˈnin]

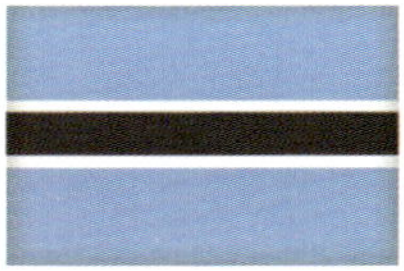

Botswana
Botswana
[bɔtˈswana]

Burkina Faso
Burkina Faso
[burˈkina ˈfɑso]

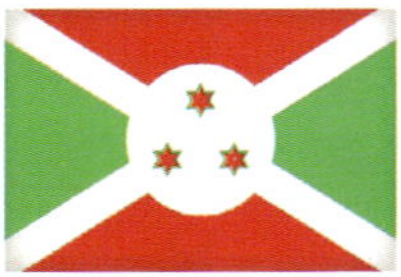

Burundi
Burundi
[buˈrundi]

die Demokratische Republik Kongo
Congo-Kinshasa
[ˈkɔŋχo-kɪnˈʃasa]

Dschibuti
Djibouti
[dʒiˈbuti]

die Elfenbeinküste
Ivoorkust
[iˈvoːrkœst]

Eritrea
Eritrea
[eriˈtreja]

Gabun
Gabon
[ˈχabɔn]

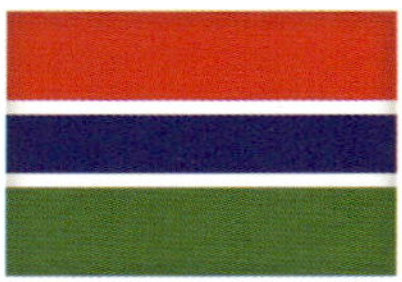

Gambia
Gambia
[ˈχɑmbija]

Ghana
Ghana
[ˈχana]

UN-MITGLIEDSSTAATEN – VN-LIDSTATEN

Afrika – Afrika

Guinea
Guinee
[χ(w)iˈne]

Guinea-Bissau
Guinee-Bissau
[χ(w)iˈne biˈsɑu]

Kamerun
Kameroen
[kaməˈrun]

Kap Verde
Kaapverdië
[kapˈvɛrdijə]

Kenia
Kenia
[ˈkenija]

die Komoren
de (pl) **Comoren**
[koˈmoːrən]

Lesotho
Lesotho
[leˈsoto]

Liberia
Liberia
[liˈbeːrija]

Libyen
Libië
[ˈlibijə]

Madagaskar
Madagaskar
[madaˈχɑskɑr]

Malawi
Malawi
[maˈlawi]

Mali
Mali
[ˈmali]

Mauretanien
Mauritanië
[mɑuriˈtanijə]

Mauritius
Mauritius
[mɑuri(t)sijœs]

Marokko
Marokko
[maˈrɔko]

Mosambik
Mozambique
[mozɑmˈbik]

UN-MITGLIEDSSTAATEN – VN-LIDSTATEN

Afrika – Afrika

Namibia
Namibië
[naˈmibijə]

(der) Niger
Niger
[ˈniχər]

Nigeria
Nigeria
[niˈχeːrija]

die Republik Kongo
Congo-Brazzaville
[ˈkɔŋχo-brazaˈvil]

Ruanda
Rwanda
[ˈrwɑnda]

Sambia
Zambia
[ˈzɑmbija]

São Tomé und Príncipe
Sao Tomé en Principe
[saotoˈme ɛn ˈprɪn(t)sipe]

(der) Senegal
Senegal
[ˈseneχɑl]

die Seychellen
de (pl) **Seychellen**
[sɛiˈʃɛlən]

Sierra Leone
Sierra Leone
[ˈʃɛra leˈonə]

Simbabwe
Zimbabwe
[zɪmˈbɑpwə]

Somalia
Somalië
[soˈmalijə]

Südafrika
Zuid-Afrika
[zœytˈafrika]

der Sudan
(de) **Soedan**
[suˈdan]

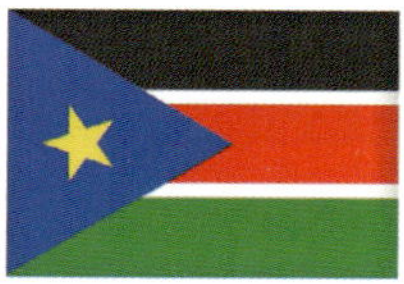

der Südsudan
Zuid-Soedan
[ˈzœytsudan]

Swasiland
Swaziland
[ˈswazilɑnt]

UN-MITGLIEDSSTAATEN – VN-LIDSTATEN

Afrika – Afrika

Tansania
Tanzania
[tɑnzaˈnija]

Togo
Togo
[ˈtoχo]

der Tschad
Tsjaad
[tʃat]

Tunesien
Tunesië
[tyˈnezijə]

Uganda
Oeganda
[uˈχɑnda]

die Zentralafrikanische Republik
de **Centraal-Afrikaanse Republiek**
[cɛnˈtralafrikansə repyˈblik]

Asien – Azië

Afghanistan
Afghanistan
[ɑfˈχanistɑn]

Armenien
Armenië
[ɑrˈmenijə]

Aserbaidschan
Azerbeidzjan
[azɛrbɛiˈdʒɑn]

Bahrain
Bahrein
[baˈχrɛin]

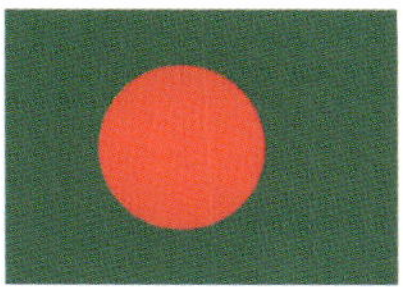

Bangladesch
Bangladesh
[bɑŋlaˈdɛʃ]

Bhutan
Bhutan
[buˈtɑn]

Brunei
Brunei
[bruˈnɛi]

China
China
[ˈʃina]

UN-MITGLIEDSSTAATEN – VN-LIDSTATEN

Asien – Azië

Georgien
Georgië
[χeˈjɔrχijə]

Indien
India
[ˈɪndija]

Indonesien
Indonesië
[ɪndoˈnezijə]

(der) Irak
Irak
[iˈrɑk]

(der) Iran
Iran
[iˈrɑn]

Israel
Israël
[ˈɪsraɛl]

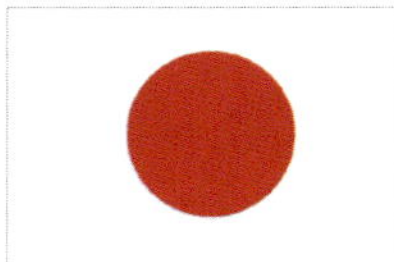

Japan
Japan
[jaˈpɑn]

(der) Jemen
Jemen
[ˈjemən]

Jordanien
Jordanië
[jɔrˈdanijə]

Kambodscha
Cambodja
[kɑmˈbɔtja]

Kasachstan
Kazachstan
[ˈkazɑχstɑn]

Kirgisistan
Kirgizië
[kɪrˈχizijə]

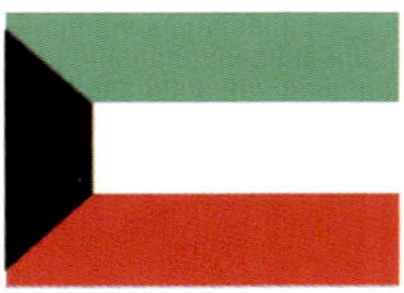

Kuwait
Koeweit
[ˈkuwɛit]

Laos
Laos
[ˈlaɔs]

(der) Libanon
Libanon
[ˈlibanɔn]

Katar
Qatar
[kaˈtɑr]

UN-MITGLIEDSSTAATEN – VN-LIDSTATEN

Asien – Azië

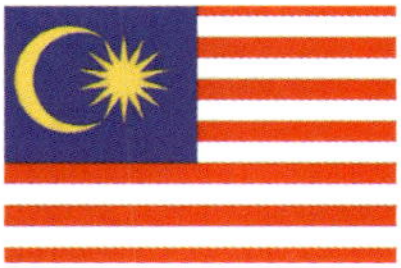

Malaysia
Maleisië
[maˈlɛizijə]

die Malediven
de (pl) **Malediven**
[maləˈdivən]

die Mongolei
Mongolië
[mɔŋˈχolijə]

Myanmar
Myanmar
[mijɑnˈmɑr]

Nepal
Nepal
[ˈnepɑl]

Nordkorea
Noord-Korea
[noːrtkoreja]

Oman
Oman
[oˈmɑn]

Osttimor
Oost-Timor
[osˈtimɔr]

Pakistan
Pakistan
[ˈpakistɑn]

die Philippinen
de (pl) **Filipijnen**
[filiˈpɛinən]

Saudi-Arabien
Saoedi-Arabië
[saˈudi aˈrabijə]

Singapur
Singapore
[ˈsɪŋχapoːr]

Sri Lanka
Sri Lanka
[sriˈlɑŋka]

Südkorea
Zuid-Korea
[zœytkoˈreja]

Syrien
Syrië
[ˈsiːrijə]

Tadschikistan
Tadzjikistan
[taˈdʒikistɑn]

UN-MITGLIEDSSTAATEN – VN-LIDSTATEN

Asien – Azië

Thailand
Thailand
[ˈtɑjlɑnt]

die Türkei
Turkije
[tœrˈkɛijə]

Turkmenistan
Turkmenistan
[tœrkˈmenistɑn]

Usbekistan
Oezbekistan
[uzˈbekistɑn]

die Vereinigten Arabischen Emirate
de (pl) **Verenigde Arabische Emiraten**
[vərˈenəχdə aˈrabisə emiˈratən]

Vietnam
Vietnam
[vjɛtˈnɑm]

Ozeanien – Oceanië

Australien
Australië
[ɑuˈstralijə]

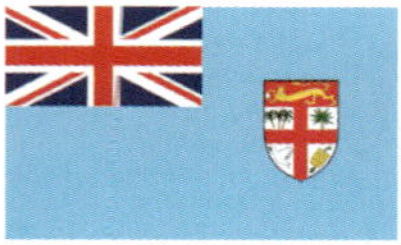

Fidschi
Fiji
[ˈfidʒi]

Kiribati
Kiribati
[ˈkiribas]

die Marshallinseln
de (pl) **Marshalleilanden**
[ˈmaːrʃəl ˈɛilɑndən]

Mikronesien
Micronesia
[mikroˈnezija]

Nauru
Nauru
[naˈuːru]

Neuseeland
Nieuw-Zeeland
[niwˈzelɑnt]

Palau
Palau
[paˈlɑu]

UN-MITGLIEDSSTAATEN – VN-LIDSTATEN

Ozeanien – Oceanië

Papua-Neuguinea
Papoea-Nieuw-Guinea
[ˈpapuwa niwχ(w) iˈneja]

die Salomonen
de (pl) **Salomons-eilanden**
[ˈsalomɔnsɛilɑndən]

Samoa
Samoa
[saˈmowa]

Tonga
Tonga
[ˈtɔŋχa]

Tuvalu
Tuvalu
[tuˈvalu]

Vanuatu
Vanuatu
[vanuˈwatu]

Internationale Organisationen – Internationale organisaties

die Europäische Union (EU)
de **Europese Unie (EU)**
[øroˈpesə ˈyni (eˈy)]

die Vereinten Nationen (UN)
de **Verenigde Naties (VN)**
[vərˈenəχdə ˈna(t)sis (veˈɛn)]

die Organisation des Nordatlantikvertrags (NATO)
de **Noord-Atlantische Verdragsorganisatie (NAVO)**
[noːrtɑtˈlɑntisə vərˈdrɑχsɔrχaniza(t)si (ˈnavo)]

die Afrikanische Union
de **Afrikaanse Unie**
[afriˈkansə ˈyni]

die Arabische Liga
de **Arabische Liga**
[aˈrabisə ˈliχa]

die UNESCO
de **Unesco**
[yˈnɛsco]

das Commonwealth
het **Gemenebest**
[χəmenəˈbɛst]

DAS WETTER – HET WEER

sonnig
zonnig
[ˈzɔnəχ]

wolkig
bewolkt
[bəˈwɔl(ə)kt]

neblig
mistig
[ˈmɪstəχ]

windig
winderig
[ˈwɪndərəχ]

heiß
heet
[het]

warm
warm
[wɑr(ə)m]

kalt
koud
[kɑut]

bedeckt
bewolkt
[bəˈwɔl(ə)kt]

vereist
met ijs bedekt
[mɛt ɛis bəˈdɛkt]

verschneit
besneeuwd
[bəˈsnewt]

regnerisch
regenachtig
[ˈreχənɑχtəχ]

stürmisch
stormachtig
[ˈstɔr(ə)mɑχtəχ]

feucht
vochtig
[ˈvɔχtəχ]

die Temperatur	de **temperatuur** [tɛmpəraˈty:r]
der Grad	de **graad** [χrat]
Celsius	**Celsius** [ˈsɛlsijœs]
Fahrenheit	**Fahrenheit** [ˈfarənhɛit]
die Wettervorhersage	de **weersverwachting** [ˈwe:rsvərwɑχtɪŋ]
Wie ist das Wetter?	**Hoe is het weer?** [hu ɪsət we:r]
Es ist schön/trüb/nasskalt.	**Het is mooi/nat/waterkoud.** [hət ɪs moi/nɑt/ˈwatərkɑut]
Es regnet/schneit.	**Het regent/sneeuwt.** [hət ˈreχənt/snewt]

DAS WETTER – HET WEER

der Regen
de **regen**
[ˈreχən]

der Regenbogen
de **regenboog**
[ˈreχəboχ]

der Sonnenschein
de **zonneschijn**
[ˈzɔnəsχɛin]

der Wind
de **wind**
[wɪnt]

das Gewitter
het **onweer**
[ˈɔnweːr]

der Donner
de **donder**
[ˈdɔndər]

der Blitz
de **bliksem**
[ˈblɪksəm]

der Hagel
de **hagel**
[ˈhaχəl]

der Raureif
de **rijp**
[rɛip]

der Schnee
de **sneeuw**
[snew]

der Frost
de **vorst**
[vɔrst]

das Eis
het **ijs**
[ɛis]

die Brise	de **bries** [bris]
die Windgeschwindigkeit	de **windsnelheid** [ˈwɪntsnɛlhɛit]
der Pollenflug	de (pl) **vliegende pollen** [ˈvliχəndə ˈpɔlən]
die UV-Strahlen	de **uv-straling** [yˈvestralɪŋ]
der Ozon	het/de **ozon** [ˈozɔn]
die Ozonschicht	de **ozonlaag** [ˈozɔnlaχ]
die Stratosphäre	de **stratosfeer** [stratoˈsfeːr]
die Troposphäre	de **troposfeer** [tropoˈsfeːr]

der Smog
de **smog**
[smɔk]

DAS WETTER – HET WEER

Naturkatastrophen – Natuurrampen

die Dürre
de **droogte**
['droχtə]

der Hurrikan
de **cycloon**
[si'klon]

der Tornado
de **tornado**
[tɔr'nado]

der Monsun
de **moesson**
['musɔn]

die Überschwemmung
de **overstroming**
[ovər'stromɪŋ]

das Erdbeben
de **aardbeving**
['a:rdbevɪŋ]

der Vulkanausbruch
de **vulkaanuitbarsting**
[vœl'kanœydbɑrstɪŋ]

der Tsunami
de **tsunami**
[tsu'nami]

der Erdrutsch
de **aardverschuiving**
['a:rtərsχœyvɪŋ]

der Waldbrand
de **bosbrand**
['bɔzbrɑnt]

die Hitzewelle
de **hittegolf**
['hɪtəχɔl(ə)f]

der Sturm
de **storm**
[stɔr(ə)m]

die Lawine
de **lawine**
[la'winə]

der Schneesturm
de **sneeuwstorm**
['snewstɔr(ə)m]

der (tropische) Wirbelsturm
de **(tropische) wervelstorm**
[('tropisə) 'wɛrvəlstɔr(ə)m]

die Pandemie
de **pandemie**
[pɑnde'mi]

DIE LANDSCHAFT – HET LANDSCHAP

der Berg
de **berg**
[bɛr(ə)χ]

der Gipfel
de **top**
[tɔp]

das Gebirge
het **gebergte**
[χəˈbɛrχtə]

der Wald
het **bos**
[bɔs]

der Berghang
de **berghelling**
[ˈbɛr(ə)χhɛlıŋ]

der See
het **meer**
[meːr]

der Felsen
de **rots**
[rɔts]

das Tal
het **dal**
[dɑl]

der Fluss
de **rivier**
[riˈviːr]

die Flussmündung
de **riviermonding**
[riˈviːrmɔndıŋ]

die Höhle
de **grot**
[χrɔt]

die Klippe
de **klip**
[klıp]

die Küste
de **kust**
[kœst]

der Gletscher
de **gletsjer**
[ˈχlɛtʃər, ˈglɛtʃər]

der Wasserfall
de **waterval**
[ˈwatərvɑl]

DIE LANDSCHAFT – HET LANDSCHAP

das Plateau
het **plateau**
[plaˈto]

der Hügel
de **heuvel**
[ˈhøvəl]

die Ebene
de **vlakte**
[ˈvlɑktə]

die Schlucht
het **ravijn**
[raˈvɛin]

die Wüste
de **woestijn**
[wuˈstɛin]

die Wiese
de **weide**
[ˈwɛidə]

das Feuchtgebiet
het **moerasland**
[muˈrɑslɑnt]

die Heide
de **hei**
[hɛi]

das Grasland
het **grasland**
[ˈχrɑslɑnt]

der Geysir
de **geiser**
[ˈχɛizər]

die Thermalquelle
de **warmwaterbron**
[wɑr(ə)mˈwatərbrɔn]

der Vulkan
de **vulkaan**
[vœlˈkan]

die Bucht
de **baai**
[baj]

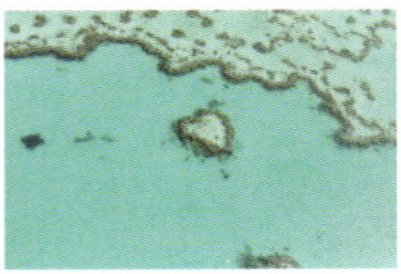

das Korallenriff
het **koraalrif**
[koˈralrɪf]

die Insel
het **eiland**
[ˈɛilɑnt]

der Gebirgsbach
de **bergbeek**
[ˈbɛr(ə)ɣbek]

STEINE UND MINERALIEN – GESTEENTEN EN MINERALEN

das Eisenerz
het **ijzererts**
[ˈɛizərɛrts]

der Sandstein
het/de **zandsteen**
[ˈzɑntsten]

der Asphalt
het **asfalt**
[ˈɑsfɑlt]

der Granit
het **graniet**
[χraˈnit]

der Kalkstein
het/de **kalksteen**
[ˈkɑl(ə)ksten]

die Kreide
het **krijt**
[krɛit]

die Kohle
de **(steen)kool**
[(ˈsteŋ)kol]

der Schiefer
het/de **leisteen**
[ˈlɛisten]

der Marmor
het **marmer**
[ˈmɑrmər]

der Schwefel
de **zwavel**
[ˈzwavəl]

der Grafit
het **grafiet**
[χraˈfit]

das Gold
het **goud**
[χɑut]

das Silber
het **zilver**
[ˈzɪlvər]

das Kupfer
het **koper**
[ˈkopər]

das Quecksilber
het **kwik**
[kwɪk]

der Bauxit
het **bauxiet**
[bɑuˈksit]

STEINE UND MINERALIEN – GESTEENTEN EN MINERALEN

Edel- und Halbedelsteine – Edel- en halfedelstenen

der Rubin
de/het **robijn**
[roˈbɛin]

der Aquamarin
de/het **aquamarijn**
[akwamaˈrɛin]

der Jade
de/het **jade**
[ˈjadə]

der Smaragd
de/het **smaragd**
[smaˈrɑχt]

der Saphir
de/het **saffier**
[sɑˈfiːr]

der Amethyst
de/het **amethist**
[ameˈtɪst]

der Quarz
het **kwarts**
[kwɑrts]

der Diamant
de/het **diamant**
[dijaˈmɑnt]

der Turmalin
de/het **toermalijn**
[tuːrmalɛin]

der Topas
de/het **topaas**
[toˈpas]

der Granat
de/het **granaat**
[χraˈnat]

das/der Tigerauge
het **tijgeroog**
[ˈtɛiχəroχ]

der Opal
de/het **opaal**
[oˈpal]

der Bernstein
de/het **barnsteen**
[ˈbɑɪ(ə)nsten]

der Türkis
de/het **turkoois**
[tœrˈkojs]

der Rosenquarz
het **rozenkwarts**
[ˈrozəkwɑrts]

der Onyx
de/het **onyx**
[ˈonɪks]

die Perle
de **parel**
[ˈpaːrəl]

der Lapislazuli
de **lazuursteen**
[laˈzyːrsten]

der Citrin
de **citrien**
[siˈtrin]

PFLANZEN – PLANTEN

Bäume – Bomen

die Eiche
de **eik**
[ɛik]

das Laub
het **gebladerte**
[χəˈbladərtə]

der Ast
de **tak**
[tɑk]

der Stamm
de **stam**
[stɑm]

die Wurzel
de **wortel**
[ˈwɔrtəl]

die Krone
de **kroon**
[kron]

das Blatt
het **blad**
[blɑt]

die Borke
de **schors**
[sχɔrs]

die Seitenwurzel
de **zijwortel**
[ˈzɛiwɔrtəl]

die Pfahlwurzel
de **penwortel**
[ˈpɛnwɔrtəl]

die Weide
de **wilg**
[wɪl(ə)χ]

die Esche
de **es**
[ɛs]

die Buche
de **beuk**
[bøk]

die Ulme
de **iep**
[ip]

die Birke	de **berk** [bɛr(ə)k]
der Ahorn	de **esdoorn** [ˈɛzdo:r(ə)n]
die Linde	de **linde** [ˈlɪndə]
die Tanne	de **den** [dɛn]
die Fichte	de **spar** [spɑr]
der Nadelbaum	de **naaldboom** [ˈnaldbom]
der Laubbaum	de **loofboom** [ˈlovbom]
der immergrüne Baum	de **altijdgroene boom** [ˈaltɛitχrunə bom]

der Eukalyptus
de **eucalyptus**
[økaˈlɪptœs]

PFLANZEN – PLANTEN

Wildpflanzen – Wilde planten

die Flechte
het **korstmos**
['kɔrstmɔs]

das Moos
het **mos**
[mɔs]

die Distel
de **distel**
['dɪstəl]

der Pilz
de **paddenstoel**
['pɑdəstul]

die Brennnessel
de **brandnetel**
['brɑntnetəl]

der Fingerhut
het **vingerhoedskruid**
['vɪŋərɦutskrœyt]

der Bärenklau
de **berenklauw**
['be:rəklɑu]

der Löwenzahn
de **paardenbloem**
['pa:rdəblum]

das Gänseblümchen
het **madeliefje**
[madə'lifjə]

das Heidekraut
de **heide**
['hɛicə]

das Hasenglöckchen
het **grasklokje**
['χrɑsklɔkjə]

der Klee
de **klaver**
['klavər]

die Kamille
de **kamille**
[ka'mɪlə]

das Maiglöckchen
het **lelietje-van-dalen**
[le:icəvɑn'dalən]

die Pusteblume
de **pluizenbloem**
['plœyzəblum]

die Butterblume
de **boterbloem**
['botərblum]

PFLANZEN – PLANTEN

Zierblumen – Sierbloemen

die Rose
de **roos**
[ros]

das Blütenblatt
het **bloemblad**
[ˈblumblɑt]

die Blüte
de **bloem**
[blum]

der Stängel
de **stengel**
[ˈstɛŋəl]

der Stiel
de **steel**
[stel]

die Knospe
de **knop**
[knɔp]

der Dorn
de **doorn**
[do:r(ə)n]

das Blatt
het **blad**
[blɑt]

das Schneeglöckchen
het **sneeuwklokje**
[ˈsnewklɔkjə]

der Krokus
de **krokus**
[ˈkrokœs]

die Seerose
de **waterlelie**
[ˈwatərleli]

der Lavendel
de **lavendel**
[laˈvɛndəl]

der Flieder	de **sering** [səˈrɪŋ]
der/das Rhododendron	de **rododendron** [rodoˈdɛndrɔn]
blühen	**bloeien** [ˈblujən]
duften	**geuren** [ˈχø:rən]
verwelken	**verwelken** [vərˈwɛlkən]
keimen	**kiemen** [ˈkimən]
die Frühlingsblume	de **voorjaarsbloem** [ˈvo:rja:rzblum]
der Nachtblüher	de **nachtbloem** [ˈnɑχ(t)blum]

die Petunie
de **petunia**
[peˈtynija]

PFLANZEN – PLANTEN

Zierblumen – Sierbloemen

die Nelke
de **anjer**
[ˈɑɲər]

die Primel
de **sleutelbloem**
[ˈsløtəlblum]

die Gerbera
de **gerbera**
[ˈχɛrbəra]

die Tulpe
de **tulp**
[tœl(ə)p]

die Narzisse
de **narcis**
[nɑrˈsɪs]

die Iris
de **iris**
[ˈiːrɪs]

die Chrysantheme
de **chrysant**
[χriˈzɑnt]

die Hyazinthe
de **hyacint**
[hijaˈsɪnt]

die Ringelblume
de **goudsbloem**
[ˈχɑutsblum]

das Stiefmütterchen
het **viooltje**
[viˈjɔltjə]

die Orchidee
de **orchidee**
[ɔrχiˈde]

der Rosenstrauch
de **rozenstruik**
[ˈrozəstrœyk]

die Lilie
de **lelie**
[ˈleli]

die Sonnenblume
de **zonnebloem**
[ˈzɔnəblum]

die Geranie
de **geranium**
[χəˈranijœm]

die Hortensie
de **hortensia**
[hɔrˈtɛnzija]

PFLANZEN – PLANTEN

Gartenpflanzen – Tuinplanten

der/das Efeu
de **klimop**
[klɪˈmɔp]

der Obstbaum
de **fruitboom**
[ˈfrœydbom]

die Baumblüte
de **bloesem**
[ˈblusəm]

der Trieb
de **loot**
[lot]

der Formschnitt
de **vormboom**
[ˈvɔr(ə)mbom]

das Unkraut
het **onkruid**
[ˈɔŋkrœyt]

blühen
bloeien
[ˈblujən]

verwelken
verwelken
[vərˈwɛlkən]

die Palme
de **palmboom**
[ˈpɑl(ə)mbom]

der Rasen
het **gazon**
[χaˈzɔn]

die Blumenwiese
de **bloemenweide**
[ˈbluməwɛidə]

die Mohnblume
de **klaproos**
[ˈklɑpros]

die Kletterpflanze
de **klimplant**
[ˈklɪmplɑnt]

einjährig
eenjarig
[ˈenja:rəχ]

zweijährig
tweejarig
[ˈtweja:rəχ]

mehrjährig
meerjarig
[ˈme:rja:rəχ]

TIERE – DIEREN

Säugetiere – Zoogdieren

die Ratte
de **rat**
[rɑt]

der Maulwurf
de **mol**
[mɔl]

die Katze
de **kat**
[kɑt]

der Hund
de **hond**
[hɔnt]

das Kaninchen
het **konijn**
[koˈnɛin]

das Meerschweinchen
de **cavia**
[ˈkavija]

die Maus
de **muis**
[mœys]

der Hamster
de **hamster**
[ˈhɑmstər]

die Fledermaus
de **vleermuis**
[vleːrmœys]

das Eichhörnchen
de **eekhoorn**
[ˈekhoːr(ə)n]

der Igel
de **egel**
[ˈeχəl]

das Frettchen
de **fret**
[frɛt]

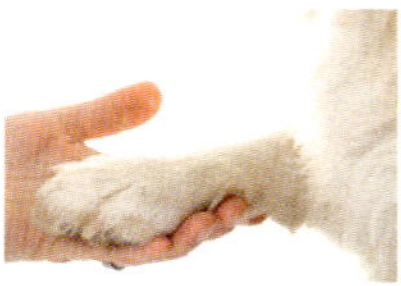

die Pfote
de **poot**
[pot]

das Schnurrhaar	de **snorhaar** [ˈsnɔrhaːr]
das Fell	het **vel** [vɛl]
das Maul	de **bek** [bɛk]
der Schwanz	de **staart** [staːrt]
das Horn	de **hoorn** [hoːr(ə)n]
die Kralle	de **klauw** [klɑu]
die Tatze	de **poot** [pot]
der Huf	de **hoef** [huf]

TIERE – DIEREN

Säugetiere – Zoogdieren

der Gepard
de **jachtluipaard**
[ˈjaχtlœypa:rt]

der Puma
de **poema**
[ˈpuma]

der Wolf
de **wolf**
[wɔl(ə)f]

der Waschbär
de **wasbeer**
[ˈwɑzbe:r]

das Stinktier
het **stinkdier**
[ˈstɪŋgdi:r]

das Erdmännchen
het **stokstaartje**
[ˈstɔksta:rtjə]

der Leopard
de **luipaard**
[ˈlœypa:rt]

der Dachs
de **das**
[dɑs]

der Fuchs
de **vos**
[vɔs]

der Jaguar
de **jaguar**
[ˈjaχywɑr]

der Löwe
de **leeuw**
[lew]

der Tiger
de **tijger**
[ˈtɛiχər]

der Bär
de **beer**
[be:r]

der Eisbär
de **ijsbeer**
[ˈɛizbe:r]

der Koala
de **koala**
[koˈwala]

der Pandabär
de **pandabeer**
[ˈpɑndabe:r]

TIERE – DIEREN

Säugetiere – Zoogdieren

das Schwein
het **varken**
[ˈvɑr(ə)kən]

die Ziege
de **geit**
[χɛit]

das Pferd
het **paard**
[paːrt]

die Giraffe
de **giraf**
[ʒiˈrɑf]

das Schaf
het **schaap**
[sχap]

das Lama
de **lama**
[ˈlama]

der Esel
de **ezel**
[ˈezəl]

das Reh
de/het **ree**
[re]

das Rentier
het **rendier**
[ˈrɛndiːr]

das Kamel
de **kameel**
[kaˈmel]

die Kuh
de **koe**
[ku]

der Stier
de **stier**
[stiːr]

das Nilpferd
het **nijlpaard**
[ˈnɛilpaːrt]

das Nashorn
de **neushoorn**
[ˈnøshoːr(ə)n]

der Elefant
de **olifant**
[ˈolifɑnt]

das Zebra
de **zebra**
[ˈzebra]

TIERE – DIEREN

Säugetiere – Zoogdieren

das Walross
de **walrus**
['wɑlrœs]

der Seelöwe
de **zeeleeuw**
['zelew]

der Seehund
de **zeehond**
['zehɔnt]

der Delfin
de **dolfijn**
[dɔl'fɛin]

der Schwertwal
de **orka**
['ɔrka]

der Otter
de **otter**
['ɔtər]

die Biberratte
de **beverrat**
['bevərɑt]

der Gorilla
de **gorilla**
[χo'rɪla]

der Orang-Utan
de **orang-oetan**
[ɔrɑŋ'utɑn]

der Gibbon
de **gibbon**
['χɪbɔn]

der Pavian
de **baviaan**
[bavi'jan]

der Schimpanse
de **chimpansee**
[ʃɪmpɑn'se]

das Faultier
de **luiaard**
['lœya:rt]

der Ameisenbär
de **miereneter**
['mi:rənetər]

das Känguru
de **kangoeroe**
['kɑŋχəru]

das Jungtier
het **jong**
[jɔŋ]

TIERE – DIEREN

Vögel – Vogels

der Specht
de **specht**
[spɛχt]

der Spatz
de **mus**
[mœs]

der Kolibri
de **kolibrie**
[ˈkolibri]

der Tukan
de **toekan**
[ˈtukan]

das Rotkehlchen
het **roodborstje**
[ˈrodbɔrsʃə]

die Schwalbe
de **zwaluw**
[ˈzwalyw]

der Habicht
de **havik**
[ˈhavɪk]

die Taube
de **duif**
[dœyf]

der Rabe
de **raaf**
[raf]

die Krähe
de **kraai**
[kraj]

der Fink
de **vink**
[vɪŋk]

die Möwe
de **meeuw**
[mew]

der Kanarienvogel
de **kanarie**
[‘k(a’)na:ri]

der Schnabel	de **snavel** [ˈsnavəl]
das Küken	het **kuiken** [ˈkœykən]
der Flügel	de **vleugel** [ˈvløχəl]
die Kralle	de **klauw** [klɑu]
die Feder	de **veer** [ve:r]
das Federkleid	het **verenkleed** [ˈve:rəklet]
zwitschern	**tjilpen** [ˈtʃɪlpən]
flattern	**fladderen** [ˈflɑdərən]

TIERE – DIEREN

Vögel – Vogels

der Storch
de **ooievaar**
[ˈojəvaːr]

der Flamingo
de **flamingo**
[flaˈmɪŋχo, flaˈmɪŋgo]

der Strauß
de **struisvogel**
[ˈstrœysfoɣəl]

der Adler
de **adelaar**
[ˈadəlaːr]

der Pinguin
de **pinguïn**
[ˈpɪŋχwɪn, pɪŋgwɪn]

der Kakadu
de **kaketoe**
[ˈkakətu]

der Papagei
de **papegaai**
[pɑpəˈχaj]

die Eule
de **uil**
[œyl]

der Truthahn
de **kalkoen**
[kɑlˈkun]

der Schwan
de **zwaan**
[zwan]

die Gans
de **gans**
[χɑns]

die Ente
de **eend**
[ent]

der Hahn
de **haan**
[han]

das Huhn
de **kip**
[kɪp]

die Wachtel
de **kwartel**
[ˈkwɑrtəl]

der Pfau
de **pauw**
[pɑu]

TIERE – DIEREN

Reptilien und Amphibien – Reptielen en amfibieën

die Schlange
de **slang**
[slaŋ]

das Krokodil
de **krokodil**
[kroko'dɪl]

der Alligator
de **alligator**
[ɑli'χatɔr]

die Eidechse
de **hagedis**
[haχə'dɪs]

das Chamäleon
de **kameleon**
[kamele'jɔn]

der Leguan
de **leguaan**
[leχy'wan]

die Schildkröte
de **schildpad**
['sχɪltpɑt]

die Wasserschildkröte
de **waterschildpad**
['watərsχɪltpɑt]

der Frosch
de **kikker**
['kɪkər]

die Kröte
de **pad**
[pɑt]

die Kaulquappe
het **kikkervisje**
['kɪkərvɪʃe]

der Salamander
de **salamander**
[sala'mɑndər]

der Gecko
de **gekko**
['χɛko]

der Panzer	het **schild** ['sχɪlt]
die Schuppen	de (pl) **schubben** ['sχœbən]
das Gift	het **vergif** [vər'χɪf]
der Giftzahn	de **giftand** ['χɪftɑnt]
das wechselwarme Tier	de **koudbloedige** [kɑud'bludəχə]
kriechen	**kruipen** ['krœypən]
zischen	**sissen** ['sɪsən]
quaken	**kwaken** ['kwakən]

TIERE – DIEREN

Fische – Vissen

der Kugelfisch
de **kogelvis**
[ˈkoχəlvɪs]

der Hornhecht
de **geep**
[χep]

der Piranha
de **piranha**
[piˈrɑɲa]

der Fliegende Fisch
de **vliegende vis**
[ˈvliχəndə vɪs]

der Fächerfisch
de **marlijn**
[mɑrˈlɛin]

der Rochen
de **rog**
[rɔχ]

der Weiße Hai
de **witte haai**
[ˈwɪtə haj]

der Tigerhai
de **tijgerhaai**
[ˈtɛiχərhaj]

der Goldfisch
de **goudvis**
[ˈχɑutfɪs]

der Koi
de **koikarper**
[ˈkɔjkɑrpər]

der Aal
de **paling**
[ˈpalɪŋ]

der Wels
de **meerval**
[meːrvɑl]

der Fischschwarm	de **school vissen** [sχol ˈvɪsən]
die Flosse	de **vin** [vɪn]
die Kiemen	de **kieuw** [kiw]
das Tiefseetier	het **diepzeedier** [ˈdipsediːr, diˈpsediːr]
der Rogen	de **kuit** [kœyt]
der Süßwasserfisch	de **zoetwatervis** [zutˈwatərvɪs]
der Seefisch	de **zeevis** [ˈzevɪs]
das Aquarium	het **aquarium** [aˈkwarijœm]

das Seepferdchen
het **zeepaardje**
[ˈzepaːrtjə]

TIERE – DIEREN

Insekten und Spinnen – Insecten en spinnen

der Schmetterling
de **vlinder**
[ˈvlɪndər]

die Raupe
de **rups**
[rœps]

die Puppe
de **pop**
[pɔp]

der Nachtfalter
de **nachtvlinder**
[ˈnɑχ(t)flɪndər]

die Biene
de **bij**
[bɛi]

die Hummel
de **hommel**
[ˈhɔməl]

die Wespe
de **wesp**
[wɛsp]

die Hornisse
de **horzel**
[ˈhɔrzəl]

die Fliege
de **vlieg**
[vliχ]

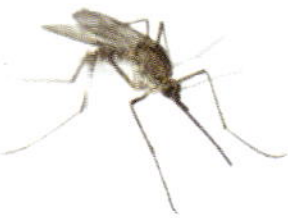

die Stechmücke
de **steekmug**
[ˈstekmœχ]

die Zikade
de **cicade**
[siˈkadə]

der Maikäfer
de **meikever**
[ˈmɛikevər]

die Libelle
de **libel**
[liˈbɛl]

die Gottesanbeterin
de **bidsprinkhaan**
[ˈbɪtsprɪŋkhan]

die Heuschrecke
de **sprinkhaan**
[ˈsprɪŋkhan]

die Grille
de **krekel**
[ˈkrekəl]

TIERE – DIEREN

Insekten und Spinnen – Insecten en spinnen

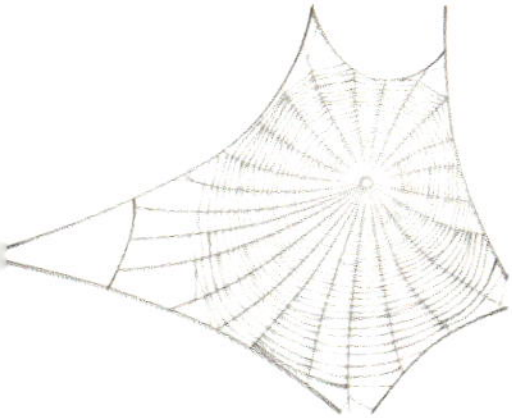

das Spinnennetz
het **spinnenweb**
[ˈspɪnəwɛp]

die Spinne
de **spin**
[spɪn]

der Floh
de **vlo**
[vlo]

die Assel
de **pissebed**
[ˈpɪsəbɛt]

die Stinkwanze
de **stinkwants**
[ˈstɪŋkwɑnts]

der Marienkäfer
het **lieveheersbeestje**
[livəˈheːrzbeʃə]

die Schabe
de **kakkerlak**
[ˈkɑkərlɑk]

der Wasserläufer
de **schaatsenrijder**
[ˈsχatsərɛidər]

der Hundertfüßer
de **duizendpoot**
[ˈdœyzəntpot]

die Nacktschnecke
de **naaktslak**
[ˈnaktslɑk]

die Schnecke
de **slak**
[slɑk]

der Wurm
de **worm**
[wɔr(ə)m]

die Termite
de **termiet**
[tɛrˈmit]

die Ameise
de **mier**
[miːr]

die Zecke
de **teek**
[tek]

der Skorpion
de **schorpioen**
[sχɔrpiˈjun]

8

ZAHLEN UND MAßE

GETALLEN EN MATEN

DIE ZAHLEN – DE GETALLEN

Die Kardinalzahlen – De hoofdtelwoorden

null
nul
[nœl]

eins
een
[en]

zwei
twee
[twe]

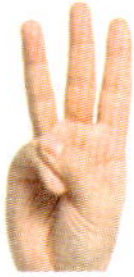

drei
drie
[dri]

vier
vier
[viːr]

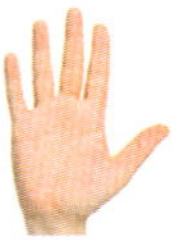

fünf
vijf
[vɛif]

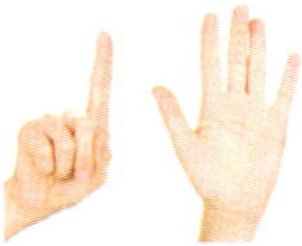

sechs
zes
[zɛs]

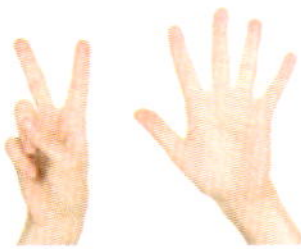

sieben
zeven
[ˈzevən, zøvən]

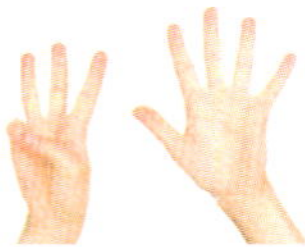

acht
acht
[ɑχt]

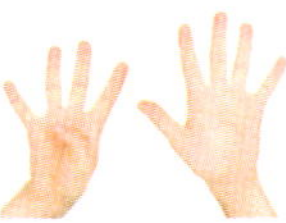

neun
negen
[ˈneχən]

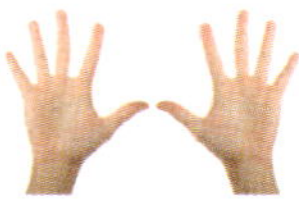

zehn
tien
[tin]

elf	**elf** [ɛl(ə)f]
zwölf	**twaalf** [twal(ə)f]
dreizehn	**dertien** [ˈdɛrtin]
vierzehn	**veertien** [ˈveːrtin]
fünfzehn	**vijftien** [ˈvɛiftin]
sechzehn	**zestien** [ˈzɛstin]
siebzehn	**zeventien** [ˈzevə(n)tin]
achtzehn	**achttien** [ˈɑχtin]
neunzehn	**negentien** [ˈneχə(n)tin]
zwanzig	**twintig** [ˈtwɪntəχ]
einundzwanzig	**eenentwintig** [ˈenəntwɪntəχ]
zweiundzwanzig	**tweeëntwintig** [ˈtweəntwɪntəχ]
dreiundzwanzig	**drieëntwintig** [ˈdriəntwɪntəχ]
dreißig	**dertig** [ˈdɛrtəχ]
vierzig	**veertig** [ˈveːrtəχ]
fünfzig	**vijftig** [ˈvɛiftəχ]
sechzig	**zestig** [ˈˈsɛstəχ]
siebzig	**zeventig** [ˈsevə(n)təχ]
achtzig	**tachtig** [ˈtɑχtəχ]
neunzig	**negentig** [ˈneχə(n)təχ]
hundert	**honderd** [ˈhɔndərt]

DIE ZAHLEN – DE GETALLEN

zweihundertzweiundzwanzig	**tweehonderdtweeëntwintig** [ˈtwehɔndert ˈtwejən ˈtwɪntəχ]
tausend	**duizend** [ˈdœyzənt]
zehntausend	**tienduizend** [ˈtindœyzənt]
zwanzigtausend	**twintigduizend** [ˈtwɪntəχdœyzənt]
fünfzigtausend	**vijftigduizend** [ˈvɛiftəχdœyzənt]
fünfundfünfzigtausend	**vijfenvijftigduizend** [ˈvɛifənvɛiftəχdœyzənt]
hunderttausend	**honderdduizend** [ˈhɔndərdœyzənt]
eine Million	**een miljoen** [en milˈjun]
eine Milliarde	**een miljard** [en mɪlˈjɑrt]
eine Billion	**een biljoen** [en bɪlˈjun]

Die Ordinalzahlen – De rangtelwoorden

erste(r, s)	**eerste** [ˈeːrstə]
zweite(r, s)	**tweede** [ˈtweˈde]
dritte(r, s)	**derde** [ˈdɛrdə]
vierte(r, s)	**vierde** [ˈviːrdə]
fünfte(r, s)	**vijfde** [ˈvɛivdə]
sechste(r, s)	**zesde** [ˈzɛzdə]
siebte(r, s)	**zevende** [ˈzevəndə]
achte(r, s)	**achtste** [ˈɑχ(t)stə]
neunte(r, s)	**negende** [ˈneχəndə]
zehnte(r, s)	**tiende** [tində]
elfte(r, s)	**elfde** [ˈɛl(ə)fdə]
zwölfte(r, s)	**twaalfde** [ˈtwal(ə)fdə]
dreizehnte(r, s)	**dertiende** [ˈdɛrtində]
vierzehnte(r, s)	**veertiende** [ˈveːrtində]
fünfzehnte(r, s)	**vijftiende** [ˈvɛiftində]
sechzehnte(r, s)	**zestiende** [ˈzɛstində]
siebzehnte(r, s)	**zeventiende** [ˈzevə(n)tində]
achtzehnte(r, s)	**achttiende** [ˈɑχtində]
neunzehnte(r, s)	**negentiende** [ˈneχə(n)tində]
zwanzigste(r, s)	**twintigste** [ˈtwɪntəχstə]
einundzwanzigste(r, s)	**eenentwintigste** [ˈenəntwɪntəχstə]
zweiundzwanzigste(r, s)	**tweeëntwintigste** [ˈtwejəntwɪntəχstə]

DIE ZAHLEN – DE GETALLEN

dreißigste(r, s)	**dertigste** [ˈdɛrtəχstə]
vierzigste(r, s)	**veertigste** [ˈveːrtəχstə]
fünfzigste(r, s)	**vijftigste** [ˈvɛiftəχste]
sechzigste(r, s)	**zestigste** [ˈsɛstəχstə]
siebzigste(r, s)	**zeventigste** [ˈsevə(n)təχstə]
achtzigste(r, s)	**tachtigste** [ˈtɑχtəχstə]
neunzigste(r, s)	**negentigste** [ˈneχə(n)təχstə]
hundertste(r, s)	**honderdste** [ˈhɔndertstə]
zweihunderterste(r, s)	**tweehonderdste** [ˈtwehɔndertstə]
zweihundertfünfundzwanzigste(r, s)	**tweehonderdvijfentwintigste** [ˈtwehɔndərt ˈvɛifənˈtwɪntəχʃtə]
dreihundertste(r, s)	**driehonderdste** [ˈdrihɔndertstə]
tausendste(r, s)	**duizendste** [ˈdœyzən(t)stə]
zehntausendste(r, s)	**tienduizendste** [ˈtindœyzən(t)stə]
millionste(r, s)	**miljoenste** [mɪlˈjunstə]
zehnmillionste(r, s)	**tienmiljoenste** [ˈtimɪljunstə]
vorletzte(r, s)	**een-na-laatste** [ˈenalatstə]
letzte(r, s)	**laatste** [ˈlatstə]

Die Bruchzahlen – Breuken

ein halber/ein halbes/eine halbe	**een half** [ən ˈhɑl(ə)f]
ein Drittel	**een derde** [ən ˈdɛrdə]
ein Viertel	**een kwart** [əŋ ˈkwɑrt]
ein Fünftel	**een vijfde** [ən ˈvɛivdə]
ein Achtel	**een achtste** [ən ˈɑχ(t)stə]
drei Viertel	**drie vierde** [driˈviːrdə]
zwei Fünftel	**twee vijfde** [tweˈvɛivdə]
siebeneinhalb	**zeven en een half** [ˈzevən ɛn ən hɑl(ə)f]
zwei Siebzehntel	**twee zeventiende** [twe zevə(n)ˈtində]
fünf und drei Achtel	**vijf en drie achtste** [vɛif ɛn driˈɑχ(t)stə]

DIE ZAHLEN – DE GETALLEN

Weitere Zahlwörter – Nog meer telwoorden

einmal	**eenmaal** [ˈemal]
zweimal	**tweemaal** [ˈtwemal]
dreimal	**driemaal** [ˈdrimal]
viermal	**viermaal** [ˈviːrmal]
mehrmals	**meermaals** [ˈmeːrmals]
manchmal	**soms** [sɔms]
niemals	**nooit** [nojt]
einfach	**enkel** [ˈɛŋkəl]
doppelt/zweifach	**dubbel** [ˈdœbəl]
dreifach	**drievoudig** [driˈvaudəχ]
vierfach	**viervoudig** [viːrˈvaudəχ]
fünffach	**vijfvoudig** [vɛiˈfaudəχ]
sechsfach	**zesvoudig** [zɛsˈfaudəχ]
mehrfach/vielfach	**veelvoudig** [velˈvaudəχ]

ein Paar	**een paar** [em paːr]
ein halbes Dutzend	**een half dozijn** [ən hɑl(ə)f doˈzɛin]
ein Dutzend	**een dozijn** [ən doˈzɛin]
ein Gros	**een gros** [əŋ χrɔs]
ein paar	**een paar** [əm paːr]
wenige	**weinig** [ˈwɛinəχ]
einige	**enkele** [ˈɛŋkələ]
etliche	**verschillende** [vərˈsχɪləndə]
manche	**sommige** [ˈsɔməχə]
viele	**veel** [vel]
beide	**beide** [ˈbɛidə]
sämtliche	**alle** [ˈɑlə]
alle	**alle** [ˈɑlə]
jeder/jede/jedes	**ieder** [ˈidər]

der Taschenrechner
de **zakrekenmachine**
[ˈzɑkrekəmaʃinə]

die Quadratwurzel
de **wortel**
[ˈwɔrtəl]

das Prozent
het **procent**
[proˈsɛnt]

die Ziffer
het **cijfer**
[ˈsɛifər]

der Dezimalpunkt
het **decimaalteken**
[desiˈmaltekən]

dividieren
delen
[ˈdelən]

multiplizieren
vermenigvuldigen
[vərmenəχˈfœldəχən]

subtrahieren
aftrekken
[ˈɑftrɛkən]

addieren
optellen
[ˈɔptɛlən]

ist gleich
is gelijk aan
[ɪs χəˈlɛik an]

DIE ZEIT – DE TIJD

Die Uhrzeit – De kloktijden

ein Uhr
een uur ('s nachts)
[en yːr (snɑχ(t)s)]

zwei Uhr
twee uur ('s nachts)
[twe yːr (snɑχ(t)s)]

drei Uhr
drie uur ('s nachts)
[dri yːr (snɑχ(t)s)]

vier Uhr
vier uur ('s morgens)
[viːr yːr (ˈsmorχəns)]

fünf Uhr
vijf uur ('s morgens)
[vɛif yːr (ˈsmorχəns)]

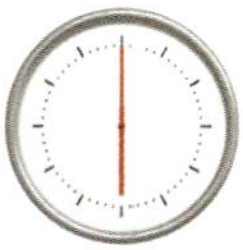

sechs Uhr
zes uur ('s morgens)
[zɛs yːr (ˈsmorχəns)]

sieben Uhr
zeven uur ('s morgens)
[ˈzevən yːr (ˈsmorχəns)]

acht Uhr
acht uur ('s morgens)
[ɑχt yːr (ˈsmorχəns)]

neun Uhr
negen uur ('s morgens)
[ˈneχən yːr (ˈsmorχəns)]

zehn Uhr
tien uur ('s morgens)
[tin yːr (ˈsmorχəns)]

elf Uhr
elf uur ('s morgens)
[ɛl(ə)f yːr (ˈsmorχəns)]

zwölf Uhr mittags
twaalf uur ('s middags)
[twal(ə)f yːr ˈsmɪdɑχs]

dreizehn Uhr
een uur ('s middags)
[en yːr ˈsmɪdɑχs]

die Stunde	het **uur** [yːr]
die Minute	de **minuut** [miˈnyt]
eine halbe Stunde	het **half uur** [hɑl(ə)fˈyːr]
die Sekunde	de **seconde** [səˈkɔndə]
Wie viel Uhr ist es?	**Hoe laat is het?** [huˈlat ˈɪsət]
Es ist zwei Uhr.	**Het is twee uur.** [hɛt ɪs twe yːr]
Um wie viel Uhr?	**Hoe laat?** [huˈlat]
Um sieben Uhr.	**Om zeven uur.** [ɔm ˈzevən yːr]

DIE ZEIT – DE TIJD

Die Uhrzeit – De kloktijden

vierzehn Uhr
twee uur ('s middags)
[twe yːr (ˈsmɪdaχs)]

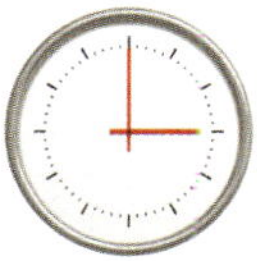

fünfzehn Uhr
drie uur ('s middags)
[dri yːr (ˈsmɪdaχs)]

sechzehn Uhr
vier uur ('s middags)
[viːr yːr (ˈsmɪdaχs)]

siebzehn Uhr
vijf uur ('s middags)
[vɛif yːr (ˈsmɪdaχs)]

achtzehn Uhr
zes uur ('s avonds)
[zɛs yːr (ˈsavɔn(t)s)]

neunzehn Uhr
zeven uur ('s avonds)
[ˈzevən yːr (ˈsavɔn(t)s)]

zwanzig Uhr
acht uur ('s avonds)
[aχt yːr (ˈsavɔn(t)s)]

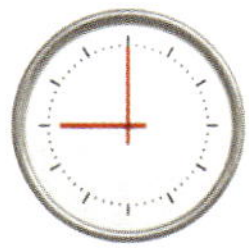

einundzwanzig Uhr
negen uur ('s avonds)
[ˈneɣən yːr (ˈsavɔn(t)s)]

zweiundzwanzig Uhr
tien uur ('s avonds)
[tin yːr (ˈsavɔn(t)s)]

dreiundzwanzig Uhr
elf uur ('s avonds)
[ɛl(ə)f yːr (ˈsavɔn(t)s)]

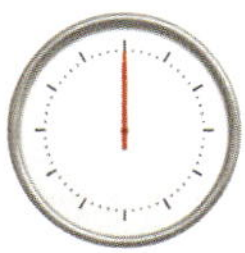

Mitternacht
middernacht
[mɪdərˈnaχt]

fünf nach zwölf
vijf over twaalf
[vɛif ˈovər twal(ə)f]

halb elf	**half elf** [hal(ə)f ɛl(ə)f]
zwanzig vor sieben	**tien over half zeven** [tin ˈovər hal(ə)f ˈzevən]
Viertel vor zwölf	**kwart voor twaalf** [kwart voːr twal(ə)f]
Vor/in zehn Minuten.	**Tien minuten geleden/over tien minuten.** [ti(n) miˈnytə χəˈledən/ˈovər ti(n) miˈnytən]
Gegen Mittag.	**Rond het middaguur.** [rɔnt ət ˈmɪdaχyːr]
Seit wann?	**Sinds wanneer?** [sɪn(t)s waˈneːr]
Seit gestern.	**Sinds gisteren.** [sɪn(t)s ˈχɪstərən]

Viertel nach neun
kwart over negen
[kwart ˈovər ˈneɣən]

DIE ZEIT – DE TIJD

Tag und Nacht – Dag en nacht

die Mitternacht
middernacht
[mɪdərˈnɑχt]

die Morgendämmerung
de **ochtendschemering**
[ˈɔχtəntsχemərɪŋ]

der Sonnenaufgang
de **zonsopgang**
[zɔnsˈɔpχɑŋ]

der Morgen
de **morgen**
[ˈmɔrχən]

der Mittag
het **middaguur**
[ˈmɪdɑχy:r]

der Nachmittag
de **middag**
[‘mɪdɑχ]

der Sonnenuntergang
de **zonsondergang**
[zɔnˈsɔndərχɑŋ]

die Abenddämmerung
de **avondschemering**
[ˈavɔntsχemərɪŋ]

der Abend
de **avond**
[ˈavɔnt]

der Frühling
de **lente**
[ˈlɛntə]

der Sommer
de **zomer**
[ˈzomər]

der Herbst
de **herfst**
[ˈhɛr(ə)fst]

der Winter
de **winter**
[ˈwɪntər]

heute/morgen	**vandaag/morgen** [vɑnˈdaχ/ˈmɔrχən]
übermorgen	**overmorgen** [ovərˈmɔrχən]
gestern	**gisteren** [ˈχɪstərən]
vorgestern	**eergisteren** [e:rˈχɪstərən]
Welches Datum haben wir heute?	**Wat is het voor datum vandaag?** [wɑt ˈɪsət vo:r ˈdatœm vɑnˈdaχ]
der 9. September 2019	**9 september 2019** [ˈneχə(n) sɛpˈtɛmbər ˈtwedœyzənt ˈneχə(n)tin]
der Feiertag	de **feestdag** [ˈfesdɑχ]

DIE ZEIT – DE TIJD

Der Kalender – De kalender

der Sonntag de **zondag** [ˈzɔndɑχ]

der Dienstag de **dinsdag** [ˈdɪnzdɑχ]

der Donnerstag de **donderdag** [ˈdɔndərdɑχ]

der Monat de **maand** [mant]

der Montag de **maandag** [ˈmandɑχ]

der Mittwoch de **woensdag** [ˈwunzdɑχ]

der Freitag de **vrijdag** [ˈvrɛidɑχ]

der Samstag de **zaterdag** [ˈzatərdɑχ]

der Wochentag de **weekdag** [ˈwegdɑχ]

die Woche de **week** [wek]

der Tag de **dag** [dɑχ]

das Wochenende het **weekend** [ˈwikɛnt]

das Datum de **datum** [ˈdatœm]

das Jahr het **jaar** [jaːr]

der Januar	**januari** [jɑnyˈwari]
der Februar	**februari** [febryˈwari]
der März	**maart** [maːrt]
der April	**april** [aˈprɪl]
der Mai	**mei** [mɛi]
der Juni	**juni** [ˈjyni]

der Juli	**juli** [ˈjyli]
der August	**augustus** [ɑuˈχœstœs]
der September	**september** [sɛpˈtɛmbər]
der Oktober	**oktober** [ɔkˈtobər]
der November	**november** [noˈvɛmbər]
der Dezember	**december** [deˈsɛmbər]

MAßE – MATEN

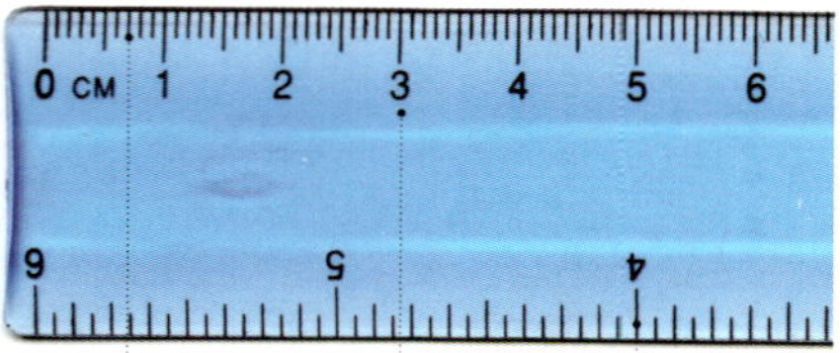

der/das Millimeter
de **millimeter**
[ˈmilimetər]

der/das Zentimeter
de **centimeter**
[ˈsɛntimetər]

der Zoll
de **duim**
[dœym]

der/das Liter
de **liter**
[ˈlitər]

der/das Milliliter
de **milliliter**
[ˈmililitər]

die Unze
de **(fluid) ounce**
[(ˈfluwɪt) ɑuns]

das Pint
de **pint**
[pɪnt]

der Kilometer
de **kilometer**
[ˈkilometər]

die Meile
de **mijl**
[mɛil]

das Yard
de **yard**
[jaːrt]

der Acre/Morgen
de **acre/morgen**
[ˈejkər/ˈmɔrχən]

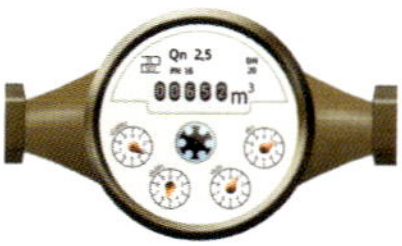

der/das Kubikmeter
de **kubieke meter**
[ˈkybikə ˈmetər]

der Fuß	de **voet** [vut]
der/das Meter	de **meter** [ˈmetər]
der/das Quadratmeter	de **vierkante meter** [ˈviːrkantə ˈmetər]
der Quadratfuß	de **vierkante voet** [ˈviːrkantə vut]
der/das Hektar	de **hectare** [hɛkˈtaːrə]
die Tasse	de **cup** [kœp]
der Esslöffel	de **eetlepel** [ˈetlepəl]
der Teelöffel	de **theelepel** [ˈtelepəl]

DAS GEWICHT – GEWICHT

die Tonne
de **ton**
[tɔn]

das Kilogramm
het/de **kilogram**
[ˈkiloχrɑm]

das Gramm
het/de **gram**
[χrɑm]

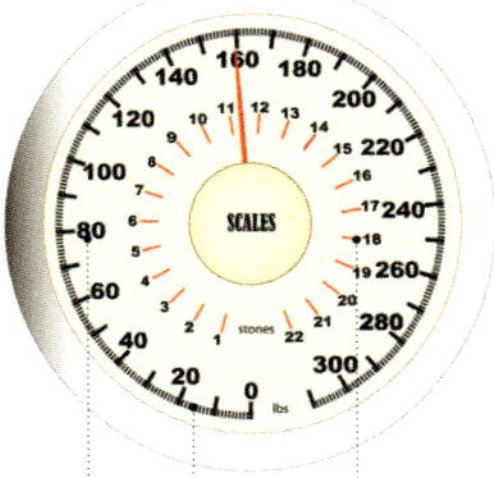

das Pfund
het **pond**
[pɔnt]

das Stone
(= 6,35 kg)
de **stone**
[ston]

die Unze
de **ounce (avoirdupoids)**
[ɑuns (avwardyˈpwa)]

DIE WÄHRUNG – VALUTA

$

der Dollar
de **dollar**
[ˈdɔlɑr]

£

das Pfund
het **pond**
[pɔnt]

€

der Euro
de **euro**
[ˈøːro]

¥

der Yen
de **yen**
[jɛn]

der Baht	de **baht** [bat]
die Rupie	de **roepi** [ˈrupi]
der Dinar	de **dinar** [ˈdinɑr]
der Franc	de **frank** [frɑŋk]
der Schweizer Franken	de **Zwitserse frank** [ˈzwɪtsərsə frɑŋk]
die Krone	de **kroon** [kron]

der Rand	de **rand** [rɑnt]
der Peso	de **peso** [ˈpezo]
der Real	de **real** [reˈjal]
der Yuan	de **yuan** [ˈjoewɑn]
die Lira	de **lira** [ˈliːra]
der Rubel	de **roebel** [ˈrubəl]

DIE WICHTIGSTEN SÄTZE –
DE BELANGRIJKSTE ZINNEN

DIE VERBEN –
DE WERKWOORDEN

INDEX –
INDEX

DIE WICHTIGSTEN SÄTZE – DE BELANGRIJKSTE ZINNEN

Mit diesen nützlichen Wörtern und Sätzen drücken Sie sich in den wichtigsten und häufigsten Situationen mit Sicherheit aus.

IM GESPRÄCH – IN GESPREK

BEGRÜẞEN UND VERABSCHIEDEN – GEDAG ZEGGEN

Guten Tag!	Dag! [dɑχ]
Guten Abend!	Goedenavond! [χudəˈnavɔnt]
Hallo!	Hallo! [hɑˈlo]
Auf Wiedersehen!	Tot ziens! [tɔtˈsins]
Tschüss!	Dag! [ˈdɑhɑχ]

HÖFLICHKEIT – BELEEFDHEID

bitte	graag [χraχ]
danke	dank u/dank je [ˈdɑŋku/ˈdɑŋkjə]
bitte schön	alstublieft/alsjeblieft [ɑlstyˈblift/ɑ(l)ʃəˈblift]
Ja, bitte.	Ja graag. [ja χraχ]
Nein, danke.	Nee bedankt. [ne bəˈdɑŋkt]
Keine Ursache!	Graag gedaan! [χraχəˈdan]
Entschuldigung!	Pardon! [pɑrˈdɔn]
Entschuldigen Sie, ...	Neemt u me niet kwalijk, ... [nemt y mə nit ˈkwalək]
Das tut mir leid.	Dat spijt me. [dɑt spɛit mə]

Wie geht's?	Hoe maakt u het/hoe gaat het met je? [hu makt ywət/hu ˈχatət mɛt jə]
Danke, gut. Und Ihnen/dir?	Bedankt, goed. En hoe gaat het met u/jou? [bəˈdɑŋkt χut ɛn hu ˈχatət mɛt y/jɑu]

KOMMUNIKATION – COMMUNICATIE

Wie bitte?	Wat zegt u/wat zeg je? [wɑt sɛχt y/wɑt sɛχ jə]
Ich verstehe.	Ik begrijp het. [ɪk bəχrɛip ət]
Ich verstehe nicht.	Ik versta u/je niet. [ɪk vərsta y/jə nit]
Könnten Sie das bitte wiederholen?	Kunt u dat nog een keer zeggen? [kœnt y dɑt nɔχ əŋ keːr ˈzɛχən]
Könnten Sie bitte langsamer sprechen?	Kunt u wat langzamer spreken? [kœnt y wɑt ˈlɑŋzamər ˈsprekən]
Könnten Sie das bitte aufschreiben?	Kunt u dat even opschrijven? [kœnt y dɑt ˈevən ˈɔpsχrɛivən]
Was bedeutet ...?	Wat betekent...? [wɑt bəˈtekənt]

SICH VORSTELLEN – ZICH VOORSTELLEN

Wie heißt du?	Hoe heet je? [hu ˈhecə]
Wie heißen Sie?	Wat is uw naam? [wɑt ɪs yw nam]
Ich heiße ...	Ik heet ... [ɪk het]
Woher kommen Sie?	Waar komt u vandaan? [waːr kɔmt y vɑnˈdan]
Woher kommst du?	Waar kom je vandaan? [waːr kɔm jə vɑnˈdan]
Ich komme aus ...	Ik kom uit ... [ɪk kɔm œyt]

Das ist mein Mann.	Dit is mijn man. [dɪt ɪs mɛin mɑn]
Das ist meine Frau.	Dit is mijn vrouw. [dɪt ɪs mɛin vrɑuw]
Das ist mein Partner.	Dit is mijn partner. [dɪt ɪs mɛin ˈpɑrtnər]
Das ist meine Partnerin.	Dit is mijn partner. [dɪt ɪs mɛin ˈpɑrtnər]
Das ist mein Sohn.	Dit is mijn zoon. [dɪt ɪs mɛin zon]
Das ist meine Tochter.	Dit is mijn dochter. [dɪt ɪs mɛin ˈdɔχtər]
Hier ist meine E-Mail-Adresse.	Hier is mijn mailadres. [hiˈr ɪs mɛin ˈmeladrɛs]
Hier ist meine Telefonnummer.	Hier is mijn telefoonnummer. [hi:r ɪs mɛin teləˈfonœmər]

BEIM TELEFONIEREN – BIJ HET TELEFONEREN

Ich hätte gern eine SIM-Karte, bitte.	Een simkaart graag. [ən ‘sɪmka:rt χraχ]
Mein Akku ist leer.	Mijn batterij is leeg. [mɛin bɑtəˈrɛi ɪs leχ]
Hier spricht …	U spreekt met … [y sprekt mɛt]
Mit wem spreche ich bitte?	Met wie spreek ik? [mɛt wi sprek ɪk]
Kann ich bitte Herrn/Frau … sprechen?	Kan ik meneer/mevrouw … even spreken? [kɑn ɪk məˈne:r/məˈvrɑu ˈevən ˈsprekən]
Tut mir leid, er/sie ist nicht da.	Het spijt me, die is niet aanwezig. [hɛt spɛit mə di ɪs nit anˈwezəχ]
Kann er/sie Sie zurückrufen?	Kan hij/zij terugbellen? [kɑn hɛi/zɛi ˈtrœχbɛlən]

UNTERWEGS – OP REIS

TOILETTE UND BAD – TOILET EN BAD

Wo ist bitte die Toilette?	Kunt u me zeggen waar het toilet is? [kœnt y mə ˈzɛχən wa:r hɛt twɑˈlɛt ɪs]
Damen	Dames [ˈdaməs]
Herren	Heren [ˈhe:rən]
die Damentoilette	de dames-wc [ˈdaməswese]
die Herrentoilette	de heren-wc [ˈhe:rəwese]

BAHN – TREIN

Wann fährt der nächste Zug ab?	Wanneer vertrekt de volgende trein? [wɑˈne:r vərˈtrɛkt də ˈvɔlχəndə trɛin]
Wo muss ich umsteigen?	Waar moet ik overstappen? [wa:r mut ɪk ˈovərstɑpən]
Von welchem Gleis fährt der Zug nach …?	Van welk spoor vertrekt de trein naar … ? [vɑn wɛl(ə)k spo:r vərˈtrɛkt də trɛin na:r]
Ist dieser Platz noch frei?	Is deze plaats nog vrij? [ɪz ˈdezə plats nɔχ vrɛi]
Hält dieser Zug in …?	Stopt deze trein in … ? [stɔpt dezə trɛin ɪn]

BUS – BUS

Welche Linie fährt nach …?	Welke lijn rijdt naar … ? [ˈwɛlkə lɛin rɛit na:r]
Welche Linie fährt zum Bahnhof?	Welke lijn gaat naar het station? [ˈwɛlkə lɛin χat na:r ət staˈʃɔn]

Wann fährt der nächste Bus nach …?	Wanneer gaat de volgende bus naar … ? [wɑˈneːr χat də ˈvɔlχəndə bœs naːr]
Wo muss ich aussteigen?	Waar moet ik uitstappen? [waːr mut ɪk ˈœytstɑpən]
Wie viele Haltestellen sind es?	Hoeveel haltes zijn het? [ˈhuvel ˈhɑltəs zɛinət]
Fährt dieser Bus nach …?	Gaat deze bus naar … ? [χad dezə bœs naːr]

AUTO – AUTO

der Führerschein	het rijbewijs [ˈrɛibəwɛis]
Entschuldigen Sie bitte, wie komme ich nach …?	Meneer/mevrouw, weet u misschien hoe ik naar … kɔm? [məˈneːr/məˈvrɑu wet y mɪˈsχin hu ɪk naːr … kɔm]
Entschuldigen Sie bitte, wo ist …?	Meneer/mevrouw, weet u misschien waar … is? [məˈneːr/məˈvrɑu wet y mɪˈsχin waːr … ɪs]
Wie weit ist es?	Hoe ver is het? [hu vɛr ˈɪsət]

BEIM ARZT – BIJ DE DOKTER

Ich bin krankenversichert.	Ik heb een zorgverzekering. [ɪk hɛp ən ˈzɔrχvərzekərɪŋ]
Ich möchte von einer Ärztin behandelt werden, bitte.	Ik wil graag worden behandeld door een vrouwelijke arts. [ɪk wɪl χraχ wɔrdə bəˈhɑndəlt doːr ən ˈvrɑuwələkə ɑrts]
Es tut hier weh.	Hier doet het pijn. [hiːr dutət pɛin]
Ich bin ohnmächtig geworden.	Ik ben flauwgevallen. [ɪk bɛn ˈflɑuχəvɑlə(n)]
Ich habe mich erbrochen.	Ik moest overgeven. [ɪk must ˈovərχevə(n)]
Ich habe Herzbeschwerden.	Ik heb hartklachten. [ɪk hɛp ˈhɑrtklɑχtə(n)]
Ich habe Atembeschwerden.	Ik heb ademproblemen. [ɪk hɛp ˈadəmproblemə(n)]
Ich habe Zahnschmerzen.	Ik heb kiespijn. [ɪk hɛp ˈkispɛin]
Ich habe eine Füllung verloren.	Ik ben een vulling kwijt. [ɪg bɛn ən ˈvœlɪŋ kwɛit]
Ich bin allergisch gegen Antibiotika.	Ik ben allergisch voor antibiotica. [ɪg bɛn ɑˈlɛrχis voːr ɑntibiˈjotika]
Ich bin allergisch gegen Bienen.	Ik ben allergisch voor bijen. [ɪg bɛn ɑˈlɛrχis voːr ˈbɛijə(n)]
Ich bin allergisch gegen Pollen.	Ik ben allergisch voor pollen. [ɪg bɛn ɑˈlɛrχis voːr ˈpɔlə(n)]
Ich bin Diabetiker/Diabetikerin.	Ik ben diabeticus/diabetica. [ɪg bɛn dijaˈbetikœs/dijaˈbetika]
Ist es ansteckend?	Is het besmettelijk? [isət bəˈsmɛtələk]
Ich brauche ein Rezept für …	Ik wil graag een recept voor … [ɪk wɪl χraχ ən rəˈsɛpt voːr]
Ich nehme Medikamente gegen …	Ik neem medicijnen tegen … [ɪk nem mediˈsɛinə(n) ˈtexə(n)]

DIE VERBEN – DE WERKWOORDEN

Wenn es darum geht, eigene Sätze zu bilden, hilft Ihnen unsere ausführliche Verbliste, wo Sie auch abstrakte Verben, die sich nicht abbilden lassen, nachschlagen und übersetzen können.

A

abbeißen	afbijten [ˌɑvbɛitə(n)]
abbiegen	afbuigen [ˌɑvbœyɣə(n)]
abbringen	afbrengen [ˌɑvbrɛŋə(n)]
abfahren	vertrekken [vərtrˈɛkə(n)]
abfärben	afgeven [ˌɑfxevə(n)]
abfinden	schadeloosstellen [sxadəˈlostɛlə(n)]
abfragen	overhoren [ovərˈhorə(n)]
abführen	zich (af)splitsen [zɪx ˌɑfsplɪtsə(n)]
abfüllen	vullen [ˌvʏlə(n)]
abgeben	afgeven [ˌɑfxevə(n)]
abgewöhnen	ontwennen [ɔntˈwɛnə(n)]
abgrenzen	afbakenen [ˌɑvbakənə(n)]
abhaken	afhaken [ˌɑfhakə(n)]
abhalten	afhouden [ˌɑfhɑudə(n)]
abhärten	harden [ˌhɑrdə(n)]
abhauen	ervandoor gaan [ɛrvɑnˈdor ɣan]
abheben	opstijgen [ˌɔpstɛiɣə(n)]
abholen	afhalen [ˌɑfhalə(n)]
abklären	ophelderen [ˌɔphɛldərə(n)]
abklingen	afnemen [ˌɑfnemən]
abkochen	uitkoken [ˌœytkokə(n)]
abkühlen	afkoelen [ˌɑfkulə(n)]
abkürzen	afkorten [ˌɑfkɔrtə(n)]
abladen	afladen [ˌɑfladə(n)]
ablaufen	aflopen [ˌɑflopə(n)]
ablecken	aflikken [ˌɑflɪkə(n)]
ablegen	afleggen [ˌɑflɛɣə(n)]
ablehnen	afwijzen [ˌɑfwɛizə(n)]
ablenken	afleiden [ˌɑflɛidə(n)]
abmagern	vermageren [vərˈmaɣərə(n)]
abmalen	afschilderen [ˌɑfsxɪldərə(n)]
abmelden	afmelden [ˌɑfmɛldə(n)]
abmessen	afmeten [ˌɑfmetə(n)]
abnehmen	afnemen [ˌɑfnemən]
abnutzen	verslijten [vərˈslɛitə(n)]
abonnieren	zich abonneren op [zɪx abɔˈnerə(n) ɔp]
abprallen	terugkaatsen [təˈrʏxkatsə(n)]
abputzen	afpoetsen [ˌɑfputsə(n)]
abraten	afraden [ˌɑfradə(n)]
abräumen	afruimen [ˌɑfrœymə(n)]
abreagieren	afreageren [ˌɑfrejaɣerə(n)]
abrechnen	afrekenen [ˌɑfrekənə(n)]
abregen	kalmeren [kɑlˈmerə(n)]
abreisen	vertrekken [vərˈtrɛkə(n)]
abreißen	afscheuren [ˌɑfsxørə(n)]
abrunden	afronden [ˌɑfrɔndə(n)]
abrutschen	afglijden [ˌɑfxlɛidə(n)]
absagen	afzeggen [ˌɑfsɛɣə(n)]
abschaffen	afschaffen [ˌɑfsxɑfə(n)]
abschalten	uitschakelen [ˌœytsxakələ(n)]

abschätzen	schatten [ˌsxɑtə(n)]
abschauen	afkijken [ˌɑfkɛikə(n)]
abschicken	versturen [vərˈstyrə(n)]
abschleppen	wegslepen [ˌwɛxslepə(n)]
abschließen	afsluiten [ˌɑfslœytə(n)]
abschminken	afschminken [ˌɑfʃmiŋkə(n)]
abschneiden	afsnijden [ˌɑfsnɛidə(n)]
abschreiben	afschrijven [ˌɑfsxrɛivə(n)]
abschwächen	afzwakken [ˌɑfswɑkə(n)]
abschweifen	afdwalen [ˌɑvdwalə(n)]
abschwellen	slinken [ˌslɪŋkə(n)]
absehen	overzien [ovərˈzin]
absenden	versturen [vərˈstyrə(n)]
absetzen	afzetten [ˌɑfsɛtə(n)]
absichern	beveiligen [bəˈvɛiləɣə(n)]
absinken	afzinken [ˌɑfzɪŋkə(n)]
abspeichern	opslaan [ˌɔpslan]
abspielen	afspelen [ˌɑfspelə(n)]
abspringen	wegspringen [ˌwɛxsprɪŋə(n)]
abspülen	afspoelen [ˌɑfspulə(n)]
abstammen	afstammen [ˌɑfstɑmə(n)]
abstehen	uitsteken [ˌœytstekə(n)]
abstellen	wegzetten [ˌwɛxzɛtə(n)]
absterben	afsterven [ˌɑfstɛrvə(n)]
abstimmen	stemmen [ˌstɛmə(n)]
abstoßen	afstoten [ˌɑfstotə(n)]
abstreiten	ontkennen [ɔntˈkɛnə(n)]
abstumpfen	afstompen [ˌɑfstɔmpə(n)]
abstürzen	neerstorten [ˌnerstɔrtə(n)]
abstützen	ondersteunen [ɔndərˈstønə(n)]
absuchen	afzoeken [ˌɑfsukə(n)]
abtreiben	afdrijven [ˌɑvdrɛivə(n)]
abtrocknen	afdrogen [ˌɑvdroɣə(n)]
abtropfen	afdruipen [ˌɑvdrœypə(n)]
abverlangen	vragen van [ˌvraɣə(n) vɑn]
abwägen	afwegen [ˌɑfweɣə(n)]
abwarten	afwachten [ˌɑfwɑxtə(n)]
abwaschen	afwassen [ˌɑfwɑsə(n)]
abwechseln	afwisselen [ˌɑfwɪsələ(n)]
abwehren	pareren [paˈrerə(n)]
abweichen	afwijken [ˌɑfwɛikə(n)]
abweisen	afwijzen [ˌɑfwɛizə(n)]
abwerten	devalueren [devalyˈwerə(n)]
abwischen	afwissen [ˌɑfwɪsə(n)]
abzahlen	afbetalen [ˌɑvbətalə(n)]
abziehen	(af)trekken [ˌɑftrɛkə(n)]
achten	opletten [ˌɔplɛtə(n)]
ächzen	kreunen [ˌkrønə(n)]
addieren	toevoegen [ˌtuvuɣə(n)]
adoptieren	adopteren [adɔpˈterə(n)]
adressieren	adresseren [adrɛˈserə(n)]
agieren	handelen [ˌhɑndələ(n)]
ähneln	lijken op [ˌlɛikə(n) ɔp]
ahnen	vermoeden [vərˈmudə(n)]
aktivieren	activeren [ˌɑktiverə(n)]
aktualisieren	actualiseren [ɑktywaliˈzerə(n)]
akzeptieren	aanvaarden [anˈvardə(n)]
alarmieren	alarmeren [alɑrˈmerə(n)]

amputieren	amputeren [ɑmpyˈterə(n)]
amüsieren	amuseren [amyˈzerə(n)]
analysieren	analyseren [analiˈzerə(n)]
anbauen	verbouwen [vərˈbɑuwə(n)]
anbeten	aanbidden [amˈbɪdə(n)]
anbiedern	opdringen [ˌɔbdrɪŋə(n)]
anbieten	aanbieden [amˈbidə(n)]
anblicken	aankijken [ˌaŋkɛikə(n)]
anbrüllen	toesnauwen [ˌtusnɑuwə(n)]
andauern	voortduren [ˌvordyrə(n)]
ändern	veranderen [vərˈɑndərə(n)]
andeuten	zinspelen op [ˌzɪnspelə(n) ɔp]
androhen	bedreigen [bəˈdrɛiɣə(n)]
aneignen	toe-eigenen [ˌtuɛiɣənə(n)]
anekeln	doen walgen [dun ˌwɑlɣə(n)]
anerkennen	erkennen [ɛrˈkɛnə(n)]
anfangen	beginnen [bəˈɣɪnə(n)]
anfassen	aanraken [ˌanrakə(n)]
anfertigen	maken [ˌmakə(n)]
anfeuern	aanmoedigen [ˌamudəɣə(n)]
anflehen	smeken [ˌsmekə(n)]
anfordern	verzoeken (om) [vərˈzukə(n) ɔm]
anfreunden	bevriend raken (met) [bəˈvrint rakə(n) mɛt]
anfühlen	aanvoelen [ˌanvulə(n)]
anführen	leiden [ˌlɛidə(n)]
angeben	bluffen [ˌblʏfə(n)]
angehören	horen bij [ˌhorə(n) bɛi]
angeln	vissen [ˌvɪsə(n)]
angewöhnen	aanwennen [ˌanwɛnə(n)]
angleichen	aanpassen [ˌanpɑsə(n)]
angreifen	aanvallen [ˌanvɑlə(n)]
ängstigen	beangstigen [bəˈɑŋstɪxə(n)]
angucken	aankijken [ˌankɛikə(n)]
anhaben	aan hebben [an ˌhɛbə(n)]
anhalten	stoppen [ˌstɔpə(n)]
anhängen	aanhangen [ˌanhɑŋə(n)]
anhimmeln	ophemelen [ˌɔphemələ(n)]
anhören	luisteren naar [ˌlœystərə(n) nar]
anklagen	aanklagen [ˌanklaxə(n)]
ankleben	aanplakken [ˌamplɑkə(n)]
anklicken	aanklikken [ˌklɪkə(n)]
anklopfen	aankloppen [ˌanklɔpə(n)]
anknüpfen	aanknopen [ˌanknopə(n)]
ankommen	aankomen [ˌankomə(n)]
ankreuzen	aankruisen [ˌankrœysə(n)]
ankündigen	aankondigen [ˌankɔndəxə(n)]
anlächeln	glimlachen naar [ˌxlɪmlɑxə(n) nar]
anlachen	toelachen [ˌtulɑxə(n)]
anlehnen	aanleunen [ˌanlønə(n)]
anleiten	onderwijzen [ɔndərˈwɛizə(n)]
anlocken	aanlokken [ˌanlɔkə(n)]
anlügen	voorliegen [ˌvorliɣə(n)]
anmachen	aanpappen met [ˌampɑpə(n) mɛt]
anmaßen	aanmatigen [ˌamatəɣə(n)]
anmelden	aanmelden [ˌamɛldə(n)]
anmerken	aanmerken [ˌamɛrkə(n)]
annähern	naderen [ˌnadərə(n)]

annehmen	aannemen	[ˌanemə(n)]
annullieren	annuleren	[ɑnyˈlerə(n)]
anordnen	ordenen	[ˌɔrdənə(n)]
anpacken	aanpakken	[ˌampɑkə(n)]
anpassen	aanpassen	[ˌampɑsə(n)]
anpflanzen	verbouwen	[vərˈbɑuwə(n)]
anprobieren	passen	[ˌpɑsə(n)]
anreden	aanspreken	[ˌansprekə(n)]
anrufen	bellen	[ˌbɛlə(n)]
ansagen	aankondigen	[ˌaŋkɔndəɣə(n)]
ansammeln	accumuleren	[ˌɑkymylerə(n)]
anschalten	inschakelen	[ˌɪnsxakələ(n)]
anschauen	bekijken	[bəˈkɛikə(n)]
anschieben	duwen	[ˌdywə(n)]
anschleichen	aansluipen	[ˌanslœypə(n)]
anschließen	aansluiten	[ˌanslœytə(n)]
anschmiegen	zich vlijen tegen	[zɪx ˌvlɛiə(n) ˌteɣə(n)]
anschnallen	gespen	[ˌɣɛspə(n)]
anschnauzen	snauwen	[ˌsnɑuwə(n)]
anschreien	schreeuwen	[ˌsxrewə(n)]
anschuldigen	beschuldigen	[bəˈsxʏldəɣə(n)]
anschweigen	zwijgen	[ˌzwɛiɣə(n)]
anschwellen	aanzwellen	[ˌanzwɛlə(n)]
anschwindeln	beliegen	[bəˈliɣə(n)]
ansehen	bekijken	[bəˈkɛikə(n)]
anspannen	aanspannen	[ˌanspɑnə(n)]
anspielen	zinspelen	[ˌzɪnspelə(n)]
anspitzen	aanpunten	[ˌampʏntə(n)]
anspornen	aansporen	[ˌansporə(n)]
ansprechen	aanspreken	[ˌansprekə(n)]
anspringen	aanspringen	[ˌansprɪŋə(n)]
anspucken	spugen	[ˌspyɣə(n)]
anstarren	aanstaren	[ˌanstarə(n)]
anstecken	aansteken	[ˌanstekə(n)]
anstehen	in de rij wachten	[ɪn də rɛi ˌwɑxtə(n)]
ansteigen	toenemen	[ˌtunemə(n)]
anstellen	plaatsen	[ˌplatsə(n)]
anstimmen	aanheffen	[ˌanhɛfə(n)]
anstoßen	klinken	[ˌklɪŋkə(n)]
anstrahlen	bestralen	[bəˈstralə(n)]
anstreben	streven naar	[ˌstrevə(n) nar]
anstreichen	schilderen	[ˌsxɪldərə(n)]
anstrengen	inspannen	[ˌɪnspɑnə(n)]
antreffen	aantreffen	[ˌantrɛfə(n)]
antreiben	aandrijven	[ˌandrɛivə(n)]
antreten	aantreden	[ˌantredə(n)]
antun	aandoen	[ˌandun]
antworten	antwoorden	[ˌɑntwordə(n)]
anvertrauen	toevertrouwen	[ˌtuvərtrɑuwə(n)]
anweisen	instrueren	[ɪnstryˈwerə(n)]
anwenden	toepassen	[ˌtupɑsə(n)]
anwidern	afstoten	[ˌɑfstotə(n)]
anzeigen	tonen	[ˌtonə(n)]
anziehen	aantrekken	[ˌantrɛkə(n)]
anzünden	aansteken	[ˌanstekə(n)]
anzweifeln	betwijfelen	[bəˈtwɛifələ(n)]
applaudieren	applaudisseren	[ɑplɑudiˈserə(n)

arbeiten	werken [ˌwɛrkə(n)]
ärgern	ergeren [ˌɛrɣərə(n)]
atmen	ademen [ˌadəmə(n)]
aufarbeiten	opwerken [ˌɔpwɛrkə(n)]
aufatmen	herademen [hɛrˈadəmə(n)]
aufbauen	opbouwen [ˌɔbɑuwə(n)]
aufbewahren	bewaren [bəˈwarə(n)]
aufblasen	opblazen [ˌɔblazə(n)]
aufbleiben	opblijven [ˌɔblɛivə(n)]
aufbrauchen	verbruiken [vərˈbrœykə(n)]
aufbrausen	opvliegen [ˌɔpfliɣə(n)]
aufbrechen	opbreken [ˌɔbrekə(n)]
aufbringen	opbrengen [ˌɔbrɛŋə(n)]
aufdecken	onthullen [ɔntˈhʏlə(n)]
aufdrängen	opdringen [ˌɔbdrɪŋə(n)]
aufdrehen	opendraaien [ˌopə(n)drajə(n)]
aufeinander-folgen	op elkaar volgen [ɔp ɛlkar ˌvɔlɣə(n)]
aufessen	opeten [ˌɔpetə(n)]
auffallen	opvallen [ˌɔpfɑlə(n)]
auffangen	opvangen [ˌɔpfɑŋə(n)]
auffassen	opvatten [ˌɔpfɑtə(n)]
auffordern	verzoeken [vərˈzukə(n)]
aufführen	opvoeren [ˌɔpfurə(n)]
aufgeben	opgeven [ˌɔpxevə(n)]
aufgreifen	oppakken [ˌɔpɑkə(n)]
aufhaben	ophebben [ˌɔphɛbə(n)]
aufhalten	stoppen [ˌstɔpə(n)]
aufhängen	ophouden [ˌɔphɑudə(n)]
aufheben	opheffen [ˌɔphɛfə(n)]

aufhetzen	ophitsen [ˌɔphɪtsə(n)]
aufholen	innalen [ˌɪnhalə(n)]
aufhören	ophouden [ˌɔphɑudə(n)]
aufkleben	opplakken [ˌɔplɑkə(n)]
aufladen	opladen [ˌɔpladə(n)]
auflassen	openlaten [ˌopə(n)latə(n)]
auflauern	belagen [bəˈlaɣə(n)]
aufleben	opleven [ˌɔplevə(n)]
auflehnen	rebelleren [rəbɛˈlerə(n)]
auflockern	loswerken [ˌlɔswɛrkə(n)]
auflösen	oplossen [ˌɔplɔsə(n)]
aufmachen	openmaken [ˌopə(n)makə(n)]
aufmuntern	opmonteren [ˌɔpmɔntərə(n)]
aufnehmen	opnemen [ˌɔpnemə(n)]
aufpassen	opletten [ˌɔplɛtə(n)]
aufplatzen	openbarsten [ˌopə(n)bɑrstə(n)]
aufpumpen	oppompen [ˌɔpɔmpə(n)]
aufraffen	oprapen [ˌɔprapə(n)]
aufräumen	opruimen [ˌɔprœymə(n)]
aufrechterhal-ten	onderhouden [ɔndərˈhɑudə(n)]
aufregen	opwinden [ˌɔpwɪndə(n)]
aufrunden	naar boven afronden [nar ˌbovə(n) ˌɑfrɔndə(n)]
aufsammeln	verzamelen [vərˈzamələ(n)]
aufschieben	uitstellen [ˌœytstɛlə(n)]
aufschließen	aansluiten [ˌanslœytə(n)]
aufschreiben	opschrijven [ˌɔpsxrɛivə(n)]
aufspringen	opspringen [ˌɔpsprɪŋə(n)]
aufstacheln	opruien [ˌɔprœyə(n)]

aufstehen	opstaan [ˌɔpstan]
aufstellen	opstellen [ˌɔpstɛlə(n)]
aufstützen	steunen [ˌstønə(n)]
aufsuchen	bezoeken [bəˈzukə(n)]
auftauchen	opduiken [ˌɔbdœykə(n)]
aufteilen	verdelen [vərˈdelə(n)]
auftragen	aanbrengen [ˌambrɛŋə(n)]
auftreiben	opjagen [ˌɔpjaɣə(n)]
auftreten	optreden [ˌɔptredə(n)]
aufwachen	wakker worden [ˌwɑkər ˌwɔrdə(n)]
aufwachsen	opgroeien [ˌɔpxrujə(n)]
aufwärmen	opwarmen [ˌɔpwɑrmə(n)]
aufwecken	wekken [ˌwɛkə(n)]
aufweichen	verzachten [vərˈzɑxtə(n)]
aufweisen	tonen [ˌtonə(n)]
aufwischen	opvegen [ˌɔpfeɣə(n)]
aufwühlen	opwoelen [ˌɔpwulə(n)]
aufzählen	opsommen [ˌɔpsɔmə(n)]
aufzeichnen	registreren [reɣiˈstrerə(n)]
aufzeigen	aantonen [ˌantonə(n)]
aufzwingen	opleggen [ˌɔplɛɣə(n)]
ausarbeiten	uitwerken [ˌœytwɛrkə(n)]
ausatmen	uitademen [ˌœytadəmə(n)]
ausbessern	verbeteren [vərˈbetərə(n)]
ausbleiben	uitblijven [ˌœydblɛivə(n)]
ausbrechen	uitbreken [ˌœydbrekə(n)]
ausbreiten	verspreiden [vərˈsprɛidə(n)]
ausdehnen	uitbreiden [ˌœydbrɛidə(n)]
ausdenken	bedenken [bəˈdɛŋkə(n)]
auseinander-brechen	uiteenvallen [œytˈenvɑlə(n)]
ausfallen	uitvallen [ˌœytfɑlə(n)]
ausfragen	uithoren [ˌœythorə(n)]
ausfüllen	invullen [ˌɪnvʏlə(n)]
ausgeben	uitgeven [ˌœytxevə(n)]
ausgehen	uitgaan [ˌœytxan]
ausgleichen	opheffen [ˌɔphɛfə(n)]
aushaben	vrij zijn [ˌvrɛi zɛin]
aushalten	uithouden [ˌœythɑudə(n)]
aushelfen	helpen [ˌhɛlpə(n)]
auskennen	bekend zijn [bəˈkɛnt zɛin]
auskommen	uitkomen [ˌœytkomə(n)]
auslachen	uitlachen [ˌœytlɑxə(n)]
auslaufen	uitlopen [ˌœytlopə(n)]
ausleeren	legen [ˌleɣə(n)]
***ausleihen** von jemandem*	lenen [ˌlenə(n)]
ausloggen	uitloggen [ˌœytlɔɣə(n)]
auslösen	veroorzaken [vərˈorzakə(n)]
ausmachen	uitschakelen [ˌœytsxakələ(n)]
ausmalen	kleuren [ˌklørə(n)]
ausmessen	meten [ˌmetə(n)]
ausnutzen	benutten [bəˈnʏtə(n)]
auspacken	uitpakken [ˌœytpɑkə(n)]
ausplaudern	verklappen [vərˈklɑpə(n)]
auspressen	uitpersen [ˌœytpɛrsə(n)]
ausprobieren	uitproberen [ˌœytproberə(n)]
ausrasten	losspringen [ˌlɔsprɪŋə(n)]
ausrauben	beroven [bəˈrovə(n)]
ausrechnen	berekenen [bəˈrekənə(n)]

ausreden	uitpraten [ˌœytpratə(n)]
ausreichen	volstaan [vɔlˈstan]
ausreisen	vertrekken [vərˈtrɛkə(n)]
ausrichten	richten [ˌrɪxtə(n)]
ausruhen	uitrusten [ˌœytrʏstə(n)]
ausrutschen	uitglijden [ˌœytxlɛidə(n)]
ausschalten	uitschakelen [ˌœytsxakələ(n)]
ausscheiden	aftreden [ˌɑftredə(n)]
ausschimpfen	uitschelden [ˌœytsxɛldə(n)]
ausschlafen	uitslapen [ˌœytslapə(n)]
ausschließen	uitsluiten [ˌœytslœytə(n)]
ausschneiden	uitknippen [ˌœytknɪpə(n)]
aussehen	uitzien [ˌœytsin]
äußern	uitdrukken [ˌœydrʏkə(n)]
aussetzen	blootstellen [ˌblotstɛlə(n)]
aussprechen	uitspreken [ˌœytsprekə(n)]
ausstehen	uitstaan [ˌœytstan]
aussteigen	uitstappen [ˌœytstɑpə(n)]
aussterben	uitsterven [ˌœytstɛrvə(n)]
ausstrecken	uitstrekken [ˌœytstrɛkə(n)]
aussuchen	kiezen [ˌkizə(n)]
austauschen	uitwisselen [ˌœytwɪsələ(n)]
austeilen	uitdelen [ˌœydelə(n)]
austoben	uitleven [ˌœytlevə(n)]
austreten	uittreden [ˌœytredə(n)]
austricksen	uitspelen [ˌœytspelə(n)]
austrinken	uitdrinken [ˌœydrɪŋkə(n)]
ausüben	uitoefenen [ˌœytufənə(n)]
auswählen	kiezen [ˌkizə(n)]
auswandern	emigreren [emiˈɣrerə(n)]
auswaschen	uitwassen [ˌœytwɑsə(n)]
auswechseln	vervangen [vərˈvɑŋə(n)]
ausweichen	ontwijken [ɔntˈwɛikə(n)]
auswerten	beoordelen [bəˈordelə(n)]
auswirken	uitwerken [ˌœytwɛrkə(n)]
auszählen	tellen [ˌtɛlə(n)]
auszeichnen	onderscheiden [ɔndərˈsxɛidə(n)]
ausziehen	uittrekken [ˌœytrɛkə(n)]

B

babysitten	babysitten [ˌbebisɪtə(n)]
backen	bakken [ˌbɑkə(n)]
baden	zwemmen [ˌzwɛmə(n)]
baggern	baggeren [ˌbɑɣərə(n)]
basteln	knutselen [ˌknʏtsələ(n)]
bauen	bouwen [ˌbɑuwə(n)]
beabsichtigen	nastreven [ˌnastrevə(n)]
beachten	opvolgen [ˌɔpfɔlɣə(n)]
beängstigen	beangstigen [bəˈɑŋstəɣə(n)]
beanspruchen	claimen [ˌklemə(n)]
beantragen	aanvragen [ˌanvraɣə(n)]
beantworten	beantwoorden [bəˈɑntwordə(n)]
bearbeiten	bewerken [bəˈwɛrkə(n)]
beatmen	beademen [bəˈadəmə(n)]
beaufsichtigen	toezicht houden [ˌtuzɪxt ˌhɑudə(n)]
beauftragen	opdragen [ˌɔbdraɣə(n)]
bedanken	bedanken [bəˈdɑŋkə(n)]
bedauern	betreuren [bəˈtrørə(n)]
bedecken	bedekken [bəˈdɛkə(n)]
bedenken	bedenken [bəˈdɛŋkə(n)]
bedeuten	betekenen [bəˈtekənə(n)]
bedienen	bedienen [bəˈdinə(n)]
bedrängen	benauwen [bəˈnɑuwə(n)]
bedrohen	bedreigen [bəˈdrɛiɣə(n)]
bedrücken	beklemmen [bəˈklɛmə(n)]
beeilen	haasten [ˌhastə(n)]
beeindrucken	imponeren [ɪmpoˈnerə(n)]
beeinflussen	beïnvloeden [bəˈɪnvludə(n)]
beeinträchtigen	aantasten [ˌantɑstə(n)]
beenden	beëindigen [bəˈɛindəɣə(n)]
beerdigen	begraven [bəˈɣravə(n)]
befassen	belasten [bəˈlɑstə(n)]
befehlen	bevelen [bəˈvelə(n)]
befestigen	bevestigen [bəˈvɛstəɣə(n)]
befeuchten	bevochtigen [bəˈvɔxtəɣə(n)]
befinden	bevinden [bəˈvɪndə(n)]
befolgen	volgen [ˌvɔlɣə(n)]
befragen	raadplegen [ˌratpleɣə(n)]
befreien	bevrijden [bəˈvrɛidə(n)]
befriedigen	bevredigen [bəˈvredəɣə(n)]
befruchten	bevruchten [bəˈvrʏxtə(n)]
befürchten	vrezen [ˌvrezə(n)]
befürworten	verdedigen [vərˈdedəɣə(n)]
begegnen	ontmoeten [ɔntˈmutə(n)]
begehen	betreden [bətˈredə(n)]
begehren	begeren [bəˈɣerə(n)]
begeistern	bezielen [bəˈzilə(n)]
beginnen	beginnen [bəˈɣɪnə(n)]
begleiten	vergezellen [vɛrɣəˈzɛlə(n)]
beglückwünschen	feliciteren [felisiˈterə(n)]
begraben	begraven [bəˈɣravə(n)]
begreifen	begrijpen [bəˈɣrɛipə(n)]
begrenzen	begrenzen [bəˈɣrɛnzə(n)]
begründen	motiveren [motiˈverə(n)]
begrüßen	begroeten [bəˈɣrutə(n)]
begünstigen	bevoordelen [bəˈvordelə(n)]
begutachten	beoordelen [bəˈordelə(n)]

behalten	behouden [bəˈhaudə(n)]
behandeln	behandelen [bəˈhandələ(n)]
beharren	aandringen [ˌandrıŋə(n)]
behaupten	beweren [bəˈwerə(n)]
beheben	verhelpen [vərˈhɛlpə(n)]
behelfen	behelpen [bəˈhɛlpə(n)]
beherrschen	beheersen [bəˈhersə(n)]
beherzigen	behartigen [bəˈhartəɣə(n)]
behindern	hinderen [ˌhındərə(n)]
behüten	behoeden [bəˈhudə(n)]
beibehalten	handhaven [ˌhanthavə(n)]
beibringen	onderwijzen [ɔndərˈwɛizə(n)]
beichten	biechten [ˌbixtə(n)]
beifügen	bijvoegen [ˌbɛivuɣə(n)]
beinhalten	bevatten [bəˈvatə(n)]
beipflichten	beamen [bəˈamə(n)]
beirren	van de wijs brengen [van də wɛis ˌbrɛŋə(n)]
beißen	bijten [ˌbɛitə(n)]
beistehen	bijstaan [ˌbɛistan]
beitragen	bijdragen [ˌbɛidraɣə(n)]
beitreten	toetreden [ˌtutredə(n)]
bejahen	goedkeuren [ˌɣutkørə(n)]
bejubeln	toejuichen [ˌtujœyxə(n)]
bekämpfen	bestrijden [bəˈstrɛidə(n)]
bekehren	bekeren [bəˈkerə(n)]
bekennen	bekennen [bəˈkɛnə(n)]
beklagen	klagen [ˌklaɣə(n)]
bekleckern	bemorsen [bəˈmɔrsə(n)]
bekommen	krijgen [ˌkrɛiɣə(n)]

bekräftigen	bevestigen [bəˈvɛstəɣə(n)]
beladen	laden [ˌladə(n)]
belasten	belasten [bəˈlastə(n)]
belästigen	lastig vallen [ˌlastəx ˌvalə(n)]
belauschen	afluisteren [ˌaflœystərə(n)]
beleidigen	beledigen [bəˈledəɣə(n)]
bellen	blaffen [ˌblafə(n)]
belohnen	belonen [bəˈlonə(n)]
belügen	voorliegen [ˌvorliɣə(n)]
bemerken	opmerken [ˌɔpmɛrkə(n)]
bemitleiden	beklagen [bəˈklaɣə(n)]
bemühen	moeite doen [ˌmujtə dun]
benachrichtigen	inlichten [ˌınlıxtə(n)]
benehmen	gedragen [ɣəˈdraɣə(n)]
beneiden	benijden [bəˈnɛidə(n)]
benennen	benoemen [bəˈnumə(n)]
benoten	waarderen [warˈderə(n)]
benötigen	nodig hebben [ˌnodəx ˌhɛbə(n)]
beobachten	observeren [ɔpsɛrˈverə(n)]
beraten	adviseren [atfiˈzerə(n)]
berechnen	berekenen [bəˈrekənə(n)]
bereden	bespreken [bəˈsprekə(n)]
bereiten	bereiden [bəˈrɛidə(n)]
bereithalten	gereedhouden [ɣəˈrethaudə(n)]
bereitmachen	gereedmaken [ɣəˈretmakə(n)]
bereuen	spijt hebben van [spɛit ˌhɛbə(n) van]
berichten	meedelen [ˌmedelə(n)]

berichtigen	corrigeren [kɔriˈʒerə(n)]
berücksichtigen	bedenken [bəˈdɛŋkə(n)]
beruhigen	kalmeren [kɑlˈmerə(n)]
berühren	aanraken [ˌanrakə(n)]
beschädigen	beschadigen [bəˈsxadəɣə(n)]
beschaffen	bezorgen [bəˈzɔrɣə(n)]
beschäftigen	bezighouden [ˌbezəxhɑudə(n)]
bescheinigen	attesteren [ɑˈtɛstˈerə(n)]
beschenken	schenken [ˌsxɛŋkə(n)]
beschimpfen	uitschelden [ˌœytsxɛldə(n)]
beschleunigen	versnellen [vərˈsnɛlə(n)]
beschließen	besluiten [bəˈslœytə(n)]
beschmutzen	bevuilen [bəˈvœylə(n)]
beschränken	beperken [bəˈpɛrkə(n)]
beschreiben	beschrijven [bəˈsxrɛivə(n)]
beschuldigen	beschuldigen [bəˈsxʏldəɣə(n)]
beschützen	beschermen [bəˈsxɛrmə(n)]
beschweren	klagen [ˌklaɣə(n)]
beseitigen	elimineren [elimiˈnerə(n)]
besetzen	bezetten [bəˈzɛtə(n)]
besichtigen	bezichtigen [bəˈzɪxtəɣə(n)]
besiegen	overwinnen [ovərˈwɪnə(n)]
besitzen	bezitten [bəˈzɪtə(n)]
besorgen	bezorgen [bəˈzɔrɣə(n)]
besprechen	bespreken [bəˈsprekə(n)]
bestätigen	bevestigen [bəˈvɛstəɣə(n)]
bestatten	begraven [bəˈɣravə(n)]
bestaunen	bewonderen [bəˈwɔndərə(n)]
bestehen	bestaan [bəˈstan]
bestellen	bestellen [bəˈstɛlə(n)]
bestimmen	bepalen [bəˈpalə(n)]
bestrafen	bestraffen [bəˈstrɑfə(n)]
bestreiten	bestrijden [bəˈstrɛidə(n)]
besuchen	bezoeken [bəˈzukə(n)]
betätigen	bedienen [bəˈdinə(n)]
betäuben	verdoven [vərˈdovə(n)]
beteiligen	deelnemen [ˌdelnemə(n)]
beten	bidden [ˌbɪdə(n)]
beteuern	bezweren [bəˈzwerə(n)]
betonen	benadrukken [bəˈnadrʏkə(n)]
betören	betoveren [bəˈtovərə(n)]
betrachten	beschouwen [bəˈsxɑuwə(n)]
betreuen	verzorgen [vərˈzɔrɣə(n)]
betrügen	bedriegen [bəˈdriɣə(n)]
betteln	bedelen [ˌbedələ(n)]
beugen	buigen [ˌbœyɣə(n)]
beunruhigen	verontrusten [vərɔntˈrʏstə(n)]
beurteilen	beoordelen [bəˈordelə(n)]
bevorzugen	verkiezen [vərˈkizə(n)]
bewachen	bewaken [bəˈwakə(n)]
bewaffnen	bewapenen [bəˈwapənə(n)]
bewältigen	aankunnen [aŋˈkʏnə(n)]
bewegen	bewegen [bəˈweɣə(n)]
beweisen	bewijzen [bəˈwɛizə(n)]
bewerben	solliciteren [sɔlisiˈterə(n)]
bewerten	waarderen [warˈderə(n)]
bewirken	veroorzaken [vərˈorzakə(n)]
bewohnen	bewonen [bəˈwonə(n)]
bewundern	bewonderen [bəˈwɔndərə(n)]

bezahlen	betalen [bəˈtalə(n)]
bezeichnen	aanduiden [ˌandœydə(n)]
bezweifeln	betwijfelen [bəˈtwɛifələ(n)]
biegen	buigen [ˌbœyɣə(n)]
bieten	bieden [ˌbidə(n)]
bilden	vormen [ˌvɔrmə(n)]
bitten	vragen [ˌvraɣə(n)]
blamieren	blameren [blaˈmerə(n)]
blasen	pijpen [ˌpɛipə(n)]
bleiben	blijven [ˌblɛivə(n)]
blenden	verblinden [vərˈblɪndə(n)]
blinken	knipperen [ˌknɪpərə(n)]
blinzeln	knipogen [ˌknɪpoɣə(n)]
blitzen	flitsen [ˌflɪtsə(n)]
blockieren	blokkeren [blɔˈkerə(n)]
blühen	bloeien [ˌblujə(n)]
bluten	bloeden [ˌbludə(n)]
bohren	boren [ˌborə(n)]
boxen	boksen [ˌbɔksə(n)]
boykottieren	boycotten [ˌbɔjkɔtə(n)]
braten	braden [ˌbradə(n)]
brauchen	nodig hebben [ˌnodəx ˌhɛbə(n)]
brechen	breken [ˌbrekə(n)]
bremsen	remmen [ˌrɛmə(n)]
brennen	branden [ˌbrɑndə(n)]
bringen	brengen [ˌbrɛŋə(n)]
bröckeln	brokkelen [ˌbrɔkələ(n)]
brüllen	brullen [ˌbrʏlə(n)]
brummen	brommen [ˌbrɔmə(n)]

brüten	broeden [ˌbrudə(n)]
buchen	boeken [ˌbukə(n)]
buchstabieren	spellen [ˌspɛlə(n)]
bücken	bukken [ˌbʏkə(n)]
bügeln	strijken [ˌstrɛikə(n)]
bummeln	flaneren [flaˈnerə(n)]
bürsten	borstelen [ˌbɔrstələ(n)]

C

campen	kamperen [kɑmˈperə(n)]
charakterisieren	karakteriseren [karɑkteriˈzerə(n)]
chatten	babbelen [ˌbɑbələ(n)]

D

dableiben	blijven hangen [ˌblɛivə(n) hɑŋə(n)]
danebenbenehmen	zich misdragen [zɪx mɪzˈdraɣə(n)]
danken	bedanken [bəˈdɑŋkə(n)]
darstellen	weergeven [ˌwerɣevə(n)]
dastehen	er staan [ɛr ˌstan]
dauern	duren [ˌdyrə(n)]
decken	dekken [ˌdɛkə(n)]
dehnen	rekken [ˌrɛkə(n)]
dementieren	ontkennen [ɔntˈkɛnə(n)]
demonstrieren	demonstreren [demɔnˈstrerə(n)]
demütigen	vernederen [vərˈnedərə(n)]
denken	denken [ˌdɛŋkə(n)]
deprimieren	deprimeren [depriˈmerə(n)]
desinfizieren	desinfecteren [dɛsɪnfɛkˈterə(n)]
deuten	interpreteren [ɪntərpreˈterə(n)]
dienen	dienen [ˌdinə(n)]
diskriminieren	discrimineren [dɪskrimiˈnerə(n)]
diskutieren	discussiëren [dɪskʏˈʃerə(n)]
disqualifizieren	diskwalificeren [dɪskwalifiˈserə(n)]
distanzieren	distantiëren [dɪstɑnˈʃerə(n)]
dividieren	delen [ˌdelə(n)]
donnern	donderen [ˌdɔndərə(n)]
dosieren	doseren [doˈzerə(n)]
downloaden	downloaden [ˌdɑunlodə(n)]

dramatisieren	dramatiseren [dramatiˈzerə(n)]
dranbleiben	erbij blijven [ɛrˈbɛi ˌblɛivə(n)]
drängeln	dringen [ˌdrɪŋən]
drängen	aandringen [ˌandrɪŋə(n)]
drankommen	aan de beurt komen [an də børt ˌkomə(n)]
drehen	draaien [ˌdrajə(n)]
drohen	bedreigen [bəˈdrɛiɣə(n)]
drucken	afdrukken [ˌɑvdrʏkə(n)]
drücken	drukken [ˌdrʏkə(n)]
ducken	snel intrekken [snɛl ˌɪntrɛkə(n)]
duften	ruiken [ˌrœykə(n)]
dulden	dulden [ˌdʏldə(n)]
durchdenken	doordenken [ˌdordɛŋkə(n)]
durcheinander-bringen	van streek brengen [vɑn strek ˌbrɛŋə(n)]
durchführen	uitvoeren [ˌœytfurə(n)]
durchsagen	aankondigen [ˌaŋkɔndəɣə(n)]
durchschauen	doorzien [dorˈzin]
durchsetzen	doorzetten [ˌdorzɛtə(n)]
durchsickern	doorsijpelen [ˌdorsɛipələ(n)]
durchstöbern	doorsnuffelen [ˌdorsnʏfələ(n)]
durchstreichen	doorstrepen [ˌdorstrepə(n)]
durchwühlen	doorwoelen [ˌdorwulə(n)]
durchziehen	doortrekken [ˌdortrɛkə(n)]
dürfen	mogen [ˌmoɣə(n)]
duschen	douchen [ˌduʃə(n)]
duzen	tutoyeren [tytwɑˈjerə(n)]

E

ebnen	effenen [ˌɛfənə(n)]
ehren	eren [ˌerə(n)]
eignen	geschikt zijn [ɣəˈsxɪkt zɛin]
eilen	haasten [ˌhastə(n)]
einatmen	inademen [ˌɪnadəmə(n)]
einbilden	inbeelden [ˌɪmbeldə(n)]
einbrechen	inbreken [ˌɪmbrekə(n)]
einchecken	inchecken [ˌɪntʃɛkə(n)]
eincremen	insmeren [ˌɪnsmerə(n)]
eindringen	penetreren [penəˈtrerə(n)]
eindrücken	indrukken [ˌɪndrʏkə(n)]
einengen	beperken [bəˈpɛrkə(n)]
einfädeln	insteken [ˌɪnstekə(n)]
einfahren	inrijden [ˌɪnrɛidə(n)]
einfallen	invallen [ˌɪnvɑlə(n)]
einfangen	vangen [ˌvɑŋə(n)]
einfügen	invoegen [ˌɪnvuɣə(n)]
einfühlen	inleven [ˌɪnlevə(n)]
einführen	inleiden [ˌɪnlɛidə(n)]
eingeben	invoeren [ˌɪnvurə(n)]
eingestehen	toegeven [ˌtuɣevə(n)]
eingreifen	ingrijpen [ˌɪŋɣrɛipə(n)]
eingrenzen	afbakenen [ˌɑvbakənə(n)]
einholen	inhalen [ˌɪnhalə(n)]
einigen	verzoenen [vərˈzunə(n)]
einkaufen	winkelen [ˌwɪŋkələ(n)]
einkleben	inplakken [ˌɪmplɑkə(n)]
einklemmen	inklemmen [ˌɪŋklɛmə(n)]

einladen	uitnodigen	[ˌœytnɔdəɣə(n)]
einleben	aarden	[ˌardə(n)]
einlenken	bijdraaien	[ˌbɛidrajə(n)]
einleuchten	overtuigen	[ovərˈtœyɣə(n)]
einliefern	leveren	[ˌlevərə(n)]
einloggen	inloggen	[ˌɪnlɔɣə(n)]
einlösen	inlossen	[ˌɪnlɔsə(n)]
einmischen	inmengen	[ˌɪmɛŋə(n)]
einordnen	plaatsen	[ˌplatsə(n)]
einpacken	inpakken	[ˌɪmpɑkə(n)]
einparken	inparkeren	[ˌɪmpɑrkerə(n)]
einpflanzen	planten	[ˌplɑntə(n)]
einplanen	plannen	[ˌplɛnə(n)]
einprägen	inprenten	[ˌɪmprɛntə(n)]
einräumen	toegeven	[ˌtuɣevə(n)]
einreden	aanpraten	[ˌampratə(n)]
einreiben	inwrijven	[ˌɪnvrɛivə(n)]
einreisen	binnenreizen	[ˌbɪnə(n)rɛizə(n)]
einrosten	vastroesten	[ˌvɑstrustə(n)]
einschalten	inschakelen	[ˌɪnsxakələ(n)]
einschätzen	inschatten	[ˌɪnsxɑtə(n)]
einschenken	inschenken	[ˌɪnsxɛŋkə(n)]
einschlafen	inslapen	[ˌɪnslapə(n)]
einschließen	omvatten	[ɔmˈvɑtə(n)]
einschränken	beperken	[bəˈpɛrkə(n)]
einschreiten	ingrijpen	[ˌɪŋɣrɛipə(n)]
einschüchtern	intimideren	[ɪntimiˈderə(n)]

einschulen	als leerling aannemen	[ɑls ˌlerlɪŋ ˌanemə(n)]
einsehen	inzien	[ˌɪnzin]
einsetzen	gebruiken	[ˌɣəbrœykə(n)]
einsperren	opsluiten	[ˌɔpslœytə(n)]
einspringen	inspringen	[ˌɪnsprɪŋə(n)]
einstecken	insteken	[ˌɪnstekə(n)]
einsteigen	instappen	[ˌɪnstɑpə(n)]
einstellen	instellen	[ˌɪnstɛlə(n)]
einstürzen	instorten	[ˌɪnstɔrtə(n)]
eintauchen	onderdompelen	[ˌɔndərdɔmpələ(n)]
einteilen	indelen	[ˌɪndelə(n)]
eintragen	inschrijven	[ˌɪnsxrɛivə(n)]
eintreffen	aankomen	[ˌaŋkomə(n)]
eintreten	binnentreden	[ˌbɪnə(n)tredə(n)]
einwandern	immigreren	[ɪmiˈɣrerə(n)]
einwechseln	inwisselen	[ˌɪnwɪsələ(n)]
einweichen	inweken	[ˌɪnwekə(n)]
einweihen	inwijden	[ˌɪnwɛidə(n)]
einweisen	laten opnemen	[ˌlatə(n) ˌɔpnemə(n)]
einwenden	tegenwerpen	[ˌteɣə(n)wɛrpə(n)]
einwilligen	inwilligen	[ˌɪnwɪləɣə(n)]
einzahlen	storten	[ˌstɔrtə(n)]
eitern	etteren	[ˌɛtərə(n)]
ekeln	walgen	[ˌwɑlɣə(n)]
empfangen	ontvangen	[ɔntˈfɑŋə(n)]
empfehlen	aanbevelen	[ˌambəvelə(n)]

empfinden	voelen [ˌvulə(n)]
enden	eindigen [ˌɛindəɣə(n)]
entdecken	ontdekken [ɔnˈdɛkə(n)]
entfachen	ontsteken [ɔntˈstekə(n)]
entfallen	vervallen [vərˈvɑlə(n)]
entfernen	verwijderen [vərˈwɛidərə(n)]
entführen	ontvoeren [ɔntˈfurə(n)]
entgegen-bringen	toedragen [ˌtudraɣə(n)]
entgegnen	antwoorden [ˌɑntwordə(n)]
entgleisen	ontsporen [ɔntˈsporə(n)]
enthalten	bevatten [bəˈvɑtə(n)]
entkommen	ontsnappen [ɔntˈsnɑpə(n)]
entlanggehen	langs iets gaan [ˌlɑŋs its ɣan]
entlassen	vrijlaten [ˌvrɛilatə(n)]
entlasten	verlichten [vərˈlɪxtə(n)]
entlaufen	weglopen [ˌwɛxlopə(n)]
entscheiden	beslissen [bəˈslɪsə(n)]
entschließen	beslissen [bəˈslɪsə(n)]
entschuldigen	verontschuldigen [vərɔntˈsxʏldəɣə(n)]
entsetzen	ontstellen [ɔntˈstɛlə(n)]
entsorgen	afvoeren [ˌɑfurə(n)]
entspannen	ontspannen [ɔntˈspɑnə(n)]
entsprechen	overeenstemmen [ovərˈenstɛmə(n)]
entstehen	ontstaan [ɔntˈstan]
entstellen	misvormen [mɪsˈfɔrmə(n)]
enttäuschen	teleurstellen [təˈlørstɛlə(n)]
entwaffnen	ontwapenen [ɔntˈwapənə(n)]
entweichen	ontwijken [ɔntˈwɛikə(n)]
entwerfen	ontwerpen [ɔntˈwɛrpə(n)]
entwickeln	ontwikkelen [ɔntˈwɪkələ(n)]
erben	erven [ˌɛrvə(n)]
erbrechen	overgeven [ˌovərɣevə(n)]
ereignen	gebeuren [ɣəˈbørə(n)]
erfahren	ervaren [ɛrˈvarə(n)]
erfinden	uitvinden [ˌœytfɪndə(n)]
erforschen	onderzoeken [ɔndərˈzukə(n)]
erfrieren	bevriezen [bəˈvrizə(n)]
erfrischen	verfrissen [vərˈfrɪsə(n)]
erfüllen	vervullen [vərˈvʏlə(n)]
ergänzen	aanvullen [ˌanvʏlə(n)]
ergeben	opbrengen [ˌɔbrɛŋə(n)]
erhalten	krijgen [ˌkrɛiɣə(n)]
erhoffen	hopen op [ˌhopə(n)]
erhöhen	toenemen [ˌtunemə(n)]
erholen	herstellen [hɛrˈstɛlə(n)]
erinnern	herinneren [hɛrˈɪnərə(n)]
erkälten	kou vatten [kɑu ˌvɑtə(n)]
erkennen	beseffen [bəˈsɛfə(n)]
erklären	uitleggen [ˌœytlɛɣə(n)]
erkundigen	informeren [ɪnfɔrˈmerə(n)]
erlauben	toestaan [ˌtustan]
erläutern	uitleggen [ˌœytlɛɣə(n)]
erleben	beleven [bəˈlevə(n)]
erledigen	uitvoeren [ˌœytfurə(n)]
erleichtern	verlichten [vərˈlɪxtə(n)]
erlösen	verlossen [vərˈlɔsə(n)]

ermahnen	vermanen [vərˈmanə(n)]
ermitteln	bepalen [bəˈpalə(n)]
ermöglichen	mogelijk maken [ˌmoɣələk ˌmakə(n)]
ermorden	vermoorden [vərˈmordə(n)]
ermuntern	opwekken [ˌɔpwɛkə(n)]
ermutigen	aanmoedigen [ˌamudəɣə(n)]
ernähren	voeden [ˌvudə(n)]
ernennen	benoemen [bəˈnumə(n)]
erneuern	vernieuwen [vərˈniwə(n)]
ernten	oogsten [ˌoxstə(n)]
eröffnen	openen [ˌopənə(n)]
erpressen	chanteren [ʃɑnˈterə(n)]
erregen	prikkelen [ˌprɪkələ(n)]
erreichen	bereiken [bəˈrɛikə(n)]
erscheinen	verschijnen [vərˈsxɛinə(n)]
erschrecken	schrikken [ˌsxrɪkə(n)]
erschüttern	schokken [ˌsxɔkə(n)]
erschweren	bemoeilijken [bəˈmujləkə(n)]
ersetzen	vervangen [vərˈvɑŋə(n)]
erstaunen	verbazen [vərˈbazə(n)]
ersticken	stikken [ˌstɪkə(n)]
ertappen	betrappen [bəˈtrɑpə(n)]
ertragen	verdragen [vərˈdraɣə(n)]
ertrinken	verdrinken [vərˈdrɪŋkə(n)]
erwähnen	noemen [ˌnumə(n)]
erwarten	verwachten [vərˈwɑxtə(n)]
erwidern	antwoorden [ˌɑntwordə(n)]
erwürgen	wurgen [ˌwʏrɣə(n)]
erzählen	vertellen [vərˈtɛlə(n)]
erzeugen	produceren [prodyˈserə(n)]
erziehen	opvoeden [ˌɔpfudə(n)]
erzwingen	dwingen [ˌdwɪŋə(n)]
essen	eten [ˌetə(n)]
existieren	bestaan [bəˈstan]
explodieren	ontploffen [ɔntˈplɔfə(n)]

F

fahren	rijden [ˌrɛidə(n)]
fallen	vallen [ˌvɑlə(n)]
fälschen	vervalsen [vəˈrvɑlsə(n)]
falten	vouwen [ˌvɑuwə(n)]
fangen	vangen [ˌvɑŋə(n)]
färben	kleuren [ˌklørə(n)]
fassen	grijpen [ˌɣrɛipə(n)]
fasten	vasten [ˌvɑstə(n)]
faszinieren	fascineren [fɑsiˈnerə(n)]
faulen	rotten [ˌrɔtə(n)]
faulenzen	luieren [ˌlœyərə(n)]
fechten	vechten [ˌvɛxtə(n)]
fegen	vegen [ˌveɣə(n)]
fehlen	ontbreken [ɔntˈbrekə(n)]
feiern	vieren [ˌvirə(n)]
feilen	vijlen [ˌvɛilə(n)]
fernsehen	tv kijken [teˈve ˌkɛikə(n)]
fernsteuern	op afstand bedienen [ɔp ˌɑfstɑnt bəˈstyrə(n)]
fertigmachen	klaarmaken [ˌklarmakə(n)]
fesseln	boeien [ˌbujə(n)]
festhalten	vasthouden [ˌvɑsthɑudə(n)]
festnehmen	arresteren [ɑrɛsˈterə(n)]
feststehen	vaststaan [ˌvɑstan]
feststellen	constateren [kɔnstaˈterə(n)]
filmen	filmen [ˌfɪlmə(n)]
filtern	filteren [ˌfɪltərə(n)]
finanzieren	financieren [finɑnˈsirə(n)]
finden	vinden [ˌvɪndə(n)]

flehen	smeken [ˌsmekə(n)]
flicken	oplappen [ˌɔplɑpə(n)]
fliegen	vliegen [ˌvliɣə(n)]
fliehen	ontvluchten [ɔntˈflʏxtə(n)]
fließen	stromen [ˌstromə(n)]
flimmern	flikkeren [ˌflɪkərə(n)]
flirten	flirten [ˌflʏːrtə(n)]
fluchen	vloeken [ˌvlukə(n)]
flüchten	vluchten [ˌvlʏxtə(n)]
flüstern	fluisteren [ˌflœystərə(n)]
föhnen	föhnen [ˌfønə(n)]
folgen	volgen [ˌvɔlɣə(n)]
folgern	concluderen [kɔŋklyˈderə(n)]
foltern	martelen [ˌmɑrtələ(n)]
fordern	eisen [ˌɛisə(n)]
fördern	steunen [ˌstønə(n)]
formulieren	formuleren [fɔrmyˈlerə(n)]
forschen	onderzoeken [ɔndərˈzukə(n)]
fortbilden	bijscholen [ˌbɛisxolə(n)]
fortfahren	voortgaan [ˌvortxan]
fortsetzen	voortzetten [ˌvortsɛtə(n)]
fotografieren	fotograferen [fotoɣraˈferə(n)]
fragen	vragen [ˌvraɣə(n)]
frankieren	frankeren [frɑŋˈkerə(n)]
freigeben	vrijgeven [ˌvrɛiɣevə(n)]
freihaben	vrij hebben [vrɛi ˌhɛbə(n)]
freilassen	vrijlaten [ˌvrɛilatə(n)]
freisprechen	vrijspreken [vrɛiˈsprekə(n)]
fremdgehen	vreemdgaan [ˌvremdɣan]
fressen	vreten [ˌvretə(n)]

freuen	verheugen [vərˈhøɣə(n)]
frieren	kleumen [ˌklømə(n)]
frühstücken	ontbijten [ɔndˈbɛitə(n)]
frustrieren	frustreren [frʏˈstrerə(n)]
fühlen	voelen [ˌvulə(n)]
führen	leiden [ˌlɛidə(n)]
füllen	vullen [ˌvʏlə(n)]
funktionieren	functioneren [fʏŋkʃoˈnerə(n)]
fürchten	vrezen [ˌvrezə(n)]

G

gähnen	geeuwen [ˌɣewə(n)]
garantieren	garanderen [ɣarɑnˈderə(n)]
geben	geven [ˌɣevə(n)]
gefährden	bedreigen [bəˈdrɛiɣə(n)]
gefallen	bevallen [bəˈvɑlə(n)]
gehen	gaan [ɣan]
gehorchen	gehoorzamen [ɣəˈhorzamə(n)]
gehören	behoren [bəˈhorə(n)]
gelangen	bereiken [bəˈrɛikə(n)]
gelingen	slagen [ˌslaɣə(n)]
gelten	gelden [ˌɣɛldə(n)]
genehmigen	goedkeuren [ˌɣutkørə(n)]
genesen	genezen [ɣəˈnezə(n)]
genieren	schamen [ˌsxamə(n)]
genießen	genieten [ɣəˈnitə(n)]
genügen	volstaan [vɔlˈstan]
geschehen	gebeuren [ɣəˈbørə(n)]
gestatten	toestaan [ˌtustan]
gestehen	bekennen [bəˈkɛnə(n)]
gestikulieren	gebaren [ɣəˈbarə(n)]
gewinnen	winnen [ˌwɪnə(n)]
gewittern	onweren [ˌɔnwerə(n)]
gewöhnen	wennen [ˌwɛnə(n)]
gießen	gieten [ˌɣitə(n)]
glänzen	glanzen [ˌɣlɑnzə(n)]
glätten	gladmaken [ˌɣlɑtmakə(n)]
glauben	geloven [ɣəˈlovə(n)]
gleichen	lijken op [ˌlɛikə(n) ɔp]

gleiten	glijden [ˌɣlɛidə(n)]
gliedern	indelen [ˌɪndelə(n)]
glitzern	glinsteren [ˌɣlɪnstərə(n)]
glühen	gloeien [ˌɣlujə(n)]
gönnen	gunnen [ˌɣʏnə(n)]
graben	graven [ˌɣravə(n)]
gratulieren	feliciteren [felisiˈterə(n)]
greifen	grijpen [ˌɣrɛipə(n)]
grenzen	grenzen [ˌɣrɛnzə(n)]
grillen	barbecueën [ˌbɑːrbəkjuwə(n)]
grinsen	grijnzen [ˌɣrɛinzə(n)]
grübeln	piekeren [piˈkərə(n)]
gründen	oprichten [ˌɔprɪxtə(n)]
grunzen	knorren [ˌknɔrə(n)]
gruseln	griezelen [ˌɣrizələ(n)]
grüßen	begroeten [bəˈɣrutə(n)]
gucken	kijken [ˌkɛikə(n)]
gurgeln	gorgelen [ˌɣɔrɣələ(n)]
gutmachen	goedmaken [ˌɣutmakə(n)]

H

haaren	verharen [vərˈharə(n)]
haben	hebben [ˌhɛbə(n)]
hacken	hakken [ˌhɑkə(n)]
hadern	ruziën [ˌryzijə(n)]
hageln	hagelen [ˌhaɣələ(n)]
häkeln	haken [ˌhakə(n)]
halbieren	halveren [hɑlˈverə(n)]
halten	houden [ˌhɑudə(n)]
hämmern	hameren [ˌhamərə(n)]
handeln	handelen [ˌhɑndələ(n)]
handhaben	handhaven [ˌhɑnthavə(n)]
hängen	hangen [ˌhɑŋə(n)]
harmonieren	harmoniëren [hɑrmoniˈjerə(n)]
hassen	haten [ˌhatə(n)]
hauen	slaan [slan]
heben	tillen [ˌtɪlə(n)]
hecheln	hijgen [ˌhɛiɣə(n)]
heften	hechten [ˌhɛxtə(n)]
hegen	koesteren [ˌkustərə(n)]
heilen	genezen [ˌɣənezə(n)]
heimfahren	naar huis rijden [nar hœys ˌrɛidə(n)]
heimzahlen	betaald zetten [bəˈtalt zɛtə(n)]
heiraten	trouwen [ˌtrɑuwə(n)]
heißen	heten [ˌhetə(n)]
heizen	stoken [ˌstokə(n)]
helfen	helpen [ˌhɛlpə(n)]
herausfordern	uitdagen [ˌœydaɣə(n)]

herrschen	heersen	[ˌhersə(n)]
hervorrufen	tevoorschijn roepen	[təˈvorsxɛin ˌrupə(n)]
hetzen	opjagen	[ˌɔpjaɣə(n)]
heucheln	huichelen	[ˌhœyxələ(n)]
heulen	huilen	[ˌhœylə(n)]
hinken	hinken	[ˌhɪŋkə(n)]
hinrichten	terechtstellen	[təˈrɛxtstɛlə(n)]
hinterfragen	vragen naar het waarom	[ˌvraɣə(n) nar ət warˈɔm]
hinweisen	attent maken	[ɑˈtɛnt ˌmakə(n)]
hinzufügen	toevoegen	[ˌtuvuɣə(n)]
hobeln	schaven	[ˌsxavə(n)]
hocken	hurken	[ˌhʏrkə(n)]
hoffen	hopen	[ˌhopə(n)]
holen	halen	[ˌhalə(n)]
hören	horen	[ˌhorə(n)]
humpeln	hinken	[ˌhɪŋkə(n)]
hungern	hongeren	[ˌhɔŋərə(n)]
hupen	toeteren	[ˌtutərə(n)]
hüpfen	huppelen	[ˌhʏpələ(n)]
husten	hoesten	[ˌhustə(n)]
hüten	bewaken	[bəˈwakə(n)]
hypnotisieren	hypnotiseren	[hipnotiˈzerə(n)]

I

identifizieren	identificeren	[idɛntifiˈserə(n)]
ignorieren	negeren	[nəˈɣerə(n)]
impfen	vaccineren	[vɑksiˈnerə(n)]
infizieren	infecteren	[ɪnfɛkˈterə(n)]
informieren	informeren	[ɪnfɔrˈmerə(n)]
innehaben	bekleden	[bəˈkledə(n)]
inspirieren	inspireren	[ɪnspiˈrerə(n)]
installieren	installeren	[ɪnstɑˈlerə(n)]
integrieren	integreren	[ɪnteˈɣrerə(n)]
interessieren	interesseren	[ɪntərɛˈserə(n)]
interpretieren	interpreteren	[ɪntərpreˈterə(n)]
interviewen	interviewen	[ˌɪntərvjuwə(n)]
investieren	investeren	[ɪnvɛsˈterə(n)]
irreführen	misleiden	[mɪsˈlɛidə(n)]
irren	dwalen	[ˌdwalə(n)]
irritieren	irriteren	[iriˈterə(n)]
isolieren	isoleren	[izoˈlerə(n)]

J

jagen	jagen [ˌjaɣə(n)]
jammern	klagen [ˌklaɣə(n)]
joggen	joggen [ˌdʒɔgə(n)]
jubeln	juichen [ˌjœyxə(n)]
jucken	jeuken [ˌjøkə(n)]

K

kämmen	kammen [ˌkɑmə(n)]
kämpfen	vechten [ˌvɛxtə(n)]
kapitulieren	capituleren [kapityˈlerə(n)]
kaputtgehen	kapotgaan [kaˈpɔtxan]
kassieren	incasseren [ɪŋkɑˈserə(n)]
kauen	kauwen [ˌkɑuwə(n)]
kauern	hurken [ˌhʏrkə(n)]
kaufen	kopen [ˌkopə(n)]
kehren	vegen [ˌveɣə(n)]
kehrtmachen	omdraaien [ˌɔmdrajə(n)]
kennen	kennen [ˌkɛnə(n)]
kennzeichnen	kenmerken [ˌkɛmɛrkə(n)]
keuchen	hijgen [ˌhɛiɣə(n)]
kichern	giechelen [ˌɣixələ(n)]
kidnappen	kidnappen [ˌkɪtnɛpə(n)]
kitzeln	kietelen [ˌkitələ(n)]
klaffen	gapen [ˌɣapə(n)]
klagen	klagen [ˌklaɣə(n)]
klammern	klemmen [ˌklɛmə(n)]
klappen	klappen [ˌklɑpə(n)]
klappern	klapperen [ˌklɑpərə(n)]
klären	ophelderen [ˌɔphɛldərə(n)]
klargehen	goed verlopen [ɣut vərˈlopə(n)]
klarkommen	klaarspelen [ˌklarspelə(n)]
klatschen	applaudisseren [ɑplaudiˈserə(n)]
kleben	plakken [ˌplɑkə(n)]
kleckern	morsen [ˌmɔrsə(n)]
klettern	klimmen [ˌklɪmə(n)]

klicken	klikken [ˌklɪkə(n)]
klingeln	bellen [ˌbɛlə(n)]
klingen	klinken [ˌklɪŋkə(n)]
klopfen	kloppen [ˌklɔpə(n)]
knabbern	knabbelen [ˌknɑbələ(n)]
knacken	kraken [ˌkrakə(n)]
knallen	knallen [ˌknɑlə(n)]
kneifen	knijpen [ˌknɛipə(n)]
kneten	kneden [ˌknedə(n)]
knicken	knikken [ˌknɪkə(n)]
knien	knielen [ˌknilə(n)]
knirschen	knarsen [ˌknɑrsə(n)]
knistern	knetteren [ˌknɛtərə(n)]
knittern	kreukelen [ˌkrøkələ(n)]
knöpfen	knopen [ˌknopə(n)]
knurren	grollen [ˌɣrɔlə(n)]
kochen	koken [ˌkokə(n)]
kombinieren	combineren [ˌkɔmbinerə(n)]
kommen	komen [ˌkomə(n)]
kommentieren	becommentariëren [bəkɔmɛntariˈjerə(n)]
können	kunnen [ˌkʏnə(n)]
konstruieren	construeren [kɔnstryˈwerə(n)]
konsumieren	consumeren [kɔnsyˈmerə(n)]
kontrollieren	controleren [kɔntroˈlerə(n)]
konzentrieren	concentreren [kɔnsɛnˈtrerə(n)]
kooperieren	coöpereren [koɔpəˈrerə(n)]
koordinieren	coördineren [koɔrdiˈnerə(n)]
kopieren	kopiëren [kopiˈjerə(n)]
korrigieren	corrigeren [kɔriˈʒerə(n)]

kosten	kosten [ˌkɔstə(n)]
krabbeln	kruipen [ˌkrœypə(n)]
krankmelden	ziek melden [zik ˌmɛldə(n)]
kratzen	krassen [ˌkrɑsə(n)]
kraulen	krauwen [ˌkrɑuwə(n)]
kräuseln	krullen [ˌkrʏlə(n)]
kreisen	draaien [ˌdrajə(n)]
kreuzen	kruisen [ˌkrœysə(n)]
kribbeln	kriebelen [ˌkribələ(n)]
kriechen	kruipen [ˌkrœypə(n)]
kriegen	krijgen [ˌkrɛiɣə(n)]
kritisieren	bekritiseren [bəkritiˈzerə(n)]
krümeln	kruimelen [ˌkrœymələ(n)]
krümmen	krommen [ˌkrɔmə(n)]
kühlen	koelen [ˌkulə(n)]
kümmern	verkommeren [vərˈkɔmərə(n)]
kündigen	opzeggen [ˌɔpsɛɣə(n)]
kürzen	verkorten [vərˈkɔrtə(n)]
kuscheln	knuffelen [ˌknʏfələ(n)]
küssen	kussen [ˌkʏsə(n)]

L

lächeln	glimlachen [ˌɣlɪmlɑxə(n)]
lachen	lachen [ˌlɑxə(n)]
laden	laden [ˌladə(n)]
lagern	bewaren [bəˈwarə(n)]
lähmen	verlammen [vərˈlɑmə(n)]
lahmlegen	lamleggen [ˌlɑmlɛɣə(n)]
landen	landen [ˌlɑndə(n)]
langweilen	vervelen [vərˈvelə(n)]
lassen	laten [ˌlatə(n)]
lästern	roddelen [ˌrɔdələ(n)]
lauern	loeren [ˌlurə(n)]
laufen	lopen [ˌlopə(n)]
läuten	luiden [ˌlœydə(n)]
leben	leven [ˌlevə(n)]
lecken	likken [ˌlɪkə(n)]
leeren	legen [ˌleɣə(n)]
legen	leggen [ˌlɛɣə(n)]
lehnen	leunen [ˌlønə(n)]
lehren	onderwijzen [ɔndərˈwɛizə(n)]
leiden	lijden [ˌlɛidə(n)]
***leihen** an jemanden*	lenen [ˌœytlenə(n)]
leisten	presteren [prɛsˈterə(n)]
leiten	leiden [ˌlɛidə(n)]
lenken	sturen [ˌstyrə(n)]
lernen	leren [ˌlerə(n)]
lesen	lezen [ˌlezə(n)]
leugnen	ontkennen [ɔntˈkɛnə(n)]
lieben	liefhebben [ˌlifhɛbə(n)]
liebkosen	liefkozen [ˌlifkozə(n)]
liefern	leveren [ˌlevərə(n)]
liegen	liggen [ˌlɪɣə(n)]
lispeln	lispelen [ˌlɪspələ(n)]
loben	loven [ˌlovə(n)]
locken	lokken [ˌlɔkə(n)]
lockern	losmaken [ˌlɔsmakə(n)]
löffeln	lepelen [ˌlepələ(n)]
lohnen	waard zijn [ˌwart zɛin]
löschen	blussen [ˌblʏsə(n)]
lösen	oplossen [ˌɔplɔsə(n)]
losfahren	wegrijden [ˌwɛxrɛidə(n)]
loswerden	kwijtraken [ˌkwɛitrakə(n)]
lüften	ventileren [vɛntiˈlerə(n)]
lügen	liegen [ˌliɣə(n)]
lutschen	zuigen [ˌzœyɣə(n)]

M

machen	maken [ˌmakə(n)]
mahnen	manen [ˌmanə(n)]
mailen	e-mailen [ˌimelə(n)]
malen	schilderen [ˌsxɪldərə(n)]
manipulieren	manipuleren [manipyˈlerə(n)]
markieren	markeren [mɑrˈkerə(n)]
massieren	masseren [mɑˈserə(n)]
meditieren	mediteren [mediˈterə(n)]
meiden	mijden [ˌmɛidə(n)]
meinen	denken [ˌdɛŋkə(n)]
meistern	bedwingen [bəˈdwɪŋə(n)]
melden	melden [ˌmɛldə(n)]
merken	onthouden [ɔntˈhɑudə(n)]
messen	meten [ˌmetə(n)]
miauen	miauwen [miˈjɑuwə(n)]
mieten	huren [ˌhyrə(n)]
mindern	verminderen [vərˈmɪndərə(n)]
mischen	mengen [ˌmɛŋə(n)]
missachten	minachten [ˌmɪnɑxtə(n)]
missbilligen	afkeuren [ˌɑfkørə(n)]
missbrauchen	misbruiken [mɪzˈbrœykə(n)]
missen	missen [ˌmɪsə(n)]
missfallen	mishagen [mɪsˈhaɣə(n)]
missglücken	mislukken [mɪsˈlʏkə(n)]
misshandeln	mishandelen [mɪsˈhɑndələ(n)]
misslingen	mislukken [mɪsˈlʏkə(n)]
misstrauen	wantrouwen [ˌwɑntrɑuwə(n)]
missverstehen	misvatten [ˌmɪsvɑtə(n)]
mitbekommen	meekrijgen [ˌmekrɛiɣə(n)]
mitfahren	meerijden [ˌmerɛidə(n)]
mitfühlen	meevoelen [ˌmevulə(n)]
mitmachen	meedoen [ˌmedun]
mitteilen	meedelen [ˌmedelə(n)]
mixen	mengen [ˌmɛŋə(n)]
mögen	mogen [ˌmoɣə(n)]
morden	moorden [ˌmordə(n)]
motivieren	motiveren [motiˈverə(n)]
multiplizieren	vermenigvuldigen [vərmenəxˈfʏldəɣə(n)]
murmeln	murmelen [ˌmʏrmələ(n)]
müssen	moeten [ˌmutə(n)]
mutmaßen	vermoeden [vərˈmudə(n)]

N

nachahmen	imiteren [imiˈterə(n)]
nachdenken	nadenken [ˌnadɛŋkə(n)]
nachgeben	toegeven [ˌtuɣevə(n)]
nachholen	inhalen [ˌɪnhalə(n)]
nachkommen	nakomen [ˌnakomə(n)]
nachtragen	nadragen [ˌnadraɣə(n)]
nagen	knagen [ˌknaɣə(n)]
nahekommen	naderen [ˌnadərə(n)]
nahen	naderen [ˌnadərə(n)]
nähen	naaien [ˌnajə(n)]
nähern	naderen [ˌnadərə(n)]
nahestehen	in nauwe betrekking staan [ɪn ˌnɑuwə bəˈtrɛkɪŋ stan]
naschen	snoepen [ˌsnupə(n)]
necken	plagen [ˌplaɣə(n)]
nehmen	nemen [ˌnemə(n)]
neiden	benijden [bəˈnɛidə(n)]
neigen	neigen [ˌnɛiɣə(n)]
nennen	noemen [ˌnumə(n)]
nerven	op de zenuwen werken [ɔp də ˌzenywən ˌwɛrkə(n)]
nicken	knikken [ˌknɪkə(n)]
niederknien	knielen [ˌknilə(n)]
niederlassen	vestigen [ˌvɛstəɣə(n)]
nieseln	motregenen [ˌmɔtreɣənə(n)]
niesen	niezen [ˌnizə(n)]
nörgeln	mopperen [ˌmɔpərə(n)]
nummerieren	nummeren [ˌnʏmərə(n)]
nuscheln	mompelen [ˌmɔmpələ(n)]

O

öffnen	openen [ˌopənə(n)]
ölen	oliën [ˌolijə(n)]
operieren	opereren [opəˈrerə(n)]
opfern	offeren [ˌɔfərə(n)]
ordnen	ordenen [ˌɔrdənə(n)]
organisieren	organiseren [ɔrɣaniˈzerə(n)]
orientieren	oriënteren [orijɛnˈterə(n)]

P

packen	pakken [ˌpɑkə(n)]
paddeln	kanoën [ˌkanowə(n)]
parken	parkeren [pɑrˈkerə(n)]
passen	passen [ˌ(n)]
passieren	gebeuren [ɣəˈbørə(n)]
petzen	klikken [ˌklɪkə(n)]
pfeffern	peperen [ˌpepərə(n)]
pfeifen	fluiten [ˌflœytə(n)]
pflanzen	planten [ˌplɑntə(n)]
pflegen	onderhouden [ɔndərˈhɑudə(n)]
pflücken	plukken [ˌplʏkə(n)]
picknicken	picknicken [ˌpɪknɪkə(n)]
piepen	piepen [ˌpipə(n)]
piepsen	piepen [ˌpipə(n)]
plagen	plagen [ˌplaɣə(n)]
planen	plannen [ˌplɛnə(n)]
planschen	plassen [ˌplɑsə(n)]
plappern	babbelen [ˌbɑbələ(n)]
platzen	barsten [ˌbɑrstə(n)]
platzieren	plaatsen [ˌplatsə(n)]
plaudern	babbelen [ˌbɑbələ(n)]
pleitegehen	bankroet gaan [bɑŋˈkrut ɣan]
pokern	pokeren [ˌpokərə(n)]
posieren	poseren [poˈzerə(n)]
prägen	vormen [ˌvɔrmə(n)]
prahlen	opscheppen [ˌɔpsxɛpə(n)]
prallen	botsen [ˌbɔtsə(n)]
präsentieren	presenteren [prezɛnˈterə(n)]
pressen	persen [ˌpɛrsə(n)]
probieren	proberen [proˈberə(n)]
protestieren	protesteren [protɛsˈterə(n)]
provozieren	uitlokken [ˌœytlɔkə(n)]
prüfen	controleren [kɔntroˈlerə(n)]
prügeln	knokken [ˌknɔkə(n)]
pupsen	een wind laten [en wɪnt ˌlatə(n)]
pusten	blazen [ˌblazə(n)]
putzen	schoonmaken [ˌsxomakə(n)]

Q

quaken	kwaken [ˌkwakə(n)]
quälen	kwellen [ˌkwɛlə(n)]
qualmen	walmen [ˌwɑlmə(n)]
quengeln	zeuren [ˌzørə(n)]
quieken	piepen [ˌpipə(n)]
quietschen	piepen [ˌpipə(n)]

R

rächen	wreken [ˌvrekə(n)]
radeln	fietsen [ˌfitsə(n)]
rascheln	ruisen [ˌrœysə(n)]
rasen	jakkeren [ˌjɑkərə(n)]
rasieren	scheren [ˌsxerə(n)]
rasseln	ratelen [ˌratələ(n)]
raten	raden [ˌradə(n)]
rätseln	gissen [ˌɣɪsə(n)]
rattern	rammelen [ˌrɑmələ(n)]
rauben	roven [ˌrovə(n)]
rauchen	roken [ˌrokə(n)]
rauschen	ruisen [ˌrœysə(n)]
räuspern	kuchen [ˌkʏxə(n)]
rausschmeißen	eruit gooien [ɛrˈœyt ˌɣojə(n)]
reagieren	reageren [rejaˈɣerə(n)]
realisieren	realiseren [rejaliˈzerə(n)]
rebellieren	rebelleren [rəbɛˈlerə(n)]
rechnen	rekenen [ˌrekənə(n)]
rechtfertigen	rechtvaardigen [rɛxtˈfardəɣə(n)]
recyceln	recyclen [riˈsɑjk(ə)lə(n)]
reden	praten [ˌpratə(n)]
regeln	regelen [ˌreɣələ(n)]
regen	bewegen [bəˈweɣə(n)]
regieren	regeren [rəˈɣerə(n)]
registrieren	registreren [reɣiˈstrerə(n)]
regnen	regenen [ˌreɣənə(n)]
reiben	wrijven [ˌvrɛivə(n)]
reichen	geven [ˌɣevə(n)]

reimen	rijmen	[ˌrɛimə(n)]
reinigen	reinigen	[ˌrɛinəɣə(n)]
reinlegen	belazeren	[bəˈlazərə(n)]
reisen	reizen	[ˌrɛizə(n)]
reißen	scheuren	[ˌsxørə(n)]
reiten	rijden	[ˌrɛidə(n)]
reizen	irriteren	[iriˈterə(n)]
rekeln	zich ongegeneerd uitrekken	[zɪx ˌɔŋɣəʒənert] ˌœytrɛkə(n)]
rennen	rennen	[ˌrɛnə(n)]
renovieren	renoveren	[renoˈverə(n)]
reparieren	repareren	[repaˈrerə(n)]
reservieren	reserveren	[rezɛrˈverə(n)]
respektieren	respecteren	[rɛspɛkˈterə(n)]
retten	redden	[ˌrɛdə(n)]
revanchieren	zich revancheren	[zɪx revɑ̃ˈʃerə(n)]
richtigstellen	gelijkzetten	[ɣəˈlɛiksɛtə(n)]
riechen	ruiken	[ˌrœykə(n)]
riskieren	riskeren	[rɪsˈkerə(n)]
rollen	rollen	[ˌrɔlə(n)]
röntgen	röntgenen	[ˌrœntgənə(n)]
rosten	roesten	[ˌrustə(n)]
rubbeln	krassen	[ˌkrɑsə(n)]
rückerstatten	terugbetalen	[təˈrʏɣbətalə(n)]
rudern	roeien	[ˌrujə(n)]
rufen	roepen	[ˌrupə(n)]
ruhen	rusten	[ˌrʏstə(n)]
rühren	roeren	[ˌrurə(n)]
ruinieren	ruïneren	[rywiˈnerə(n)]
rutschen	glijden	[ˌɣlɛidə(n)]
rütteln	schudden	[ˌsxʏdə(n)]

S

sagen	zeggen [ˌzɛɣə(n)]
sägen	zagen [ˌzaɣə(n)]
salzen	zouten [ˌzɑutə(n)]
sammeln	verzamelen [vərˈzamələ(n)]
säubern	schoonmaken [ˌsxomakə(n)]
saugen	zuigen [ˌzœyɣə(n)]
schaden	schaden [ˌsxadə(n)]
schaffen	creëren [kreˈjerə(n)]
schälen	schillen [ˌsxɪlə(n)]
schalten	schakelen [ˌsxakələ(n)]
schämen	schamen [ˌsxamə(n)]
schätzen	waarderen [warˈderə(n)]
schauen	kijken [ˌkɛikə(n)]
schaufeln	scheppen [ˌsxɛpə(n)]
schaukeln	schommelen [ˌsxɔmələ(n)]
schäumen	schuimen [ˌsxœymə(n)]
scheinen	schijnen [ˌsxɛinə(n)]
scheitern	mislukken [mɪsˈlʏkə(n)]
schenken	geven [ˌɣevə(n)]
scherzen	schertsen [ˌsxɛrtsə(n)]
scheuchen	verjagen [vərˈjaɣə(n)]
scheuen	schuwen [ˌsxywə(n)]
schicken	sturen [ˌstyrə(n)]
schieben	duwen [ˌdywə(n)]
schiefgehen	misgaan [ˌmɪsxan]
schielen	loensen [ˌlunzə(n)]
schießen	schieten [ˌsxitə(n)]
schildern	beschrijven [bəˈsxrɛivə(n)]
schimmeln	schimmelen [ˌsxɪmələ(n)]
schimpfen	schelden [ˌsxɛldə(n)]
schlafen	slapen [ˌslapə(n)]
schlagen	slaan [slan]
schlecken	likken [ˌlɪkə(n)]
schleichen	sluipen [ˌslœypə(n)]
schleppen	slepen [ˌslepə(n)]
schließen	sluiten [ˌslœytə(n)]
schluchzen	snikken [ˌsnɪkə(n)]
schlucken	slikken [ˌslɪkə(n)]
schlüpfen	slippen [ˌslɪpə(n)]
schmarotzen	klaplopen [ˌklɑplopə(n)]
schmatzen	smakken [ˌsmɑkə(n)]
schmecken	smaken [ˌsmakə(n)]
schmeißen	gooien [ˌɣojə(n)]
schmelzen	smelten [ˌsmɛltə(n)]
schmerzen	pijn doen [ˌpɛin dun]
schminken	opmaken [ˌɔpmakə(n)]
schmollen	pruilen [ˌprœylə(n)]
schmücken	sieren [ˌsirə(n)]
schmunzeln	meesmuilen [ˌmesmœylə(n)]
schnarchen	snurken [ˌsnʏrkə(n)]
schnauben	snuiven [ˌsnœyvə(n)]
schnaufen	snuiven [ˌsnœyvə(n)]
schneiden	snijden [ˌsnɛidə(n)]
schneien	sneeuwen [ˌsnewə(n)]
schnurren	snorren [ˌsnɔrə(n)]
schocken	schokken [ˌsxɔkə(n)]
schockieren	choqueren [ʃɔˈkerə(n)]
schonen	besparen [bəˈsparə(n)]
schrauben	schroeven [ˌsxruvə(n)]

schreiben	schrijven [ˌsxrɛivə(n)]
schreien	schreeuwen [ˌsxreːwə(n)]
schubsen	stoten [ˌstotə(n)]
schummeln	bedriegen [bəˈdriɣə(n)]
schütteln	schudden [ˌsxʏdə(n)]
schütten	storten [ˌstɔrtə(n)]
schützen	beschermen [bəˈsxɛrmə(n)]
schwächen	verzwakken [vərˈzwɑkə(n)]
schwanken	schommelen [ˌsxɔmələ(n)]
schwänzen	spijbelen [ˌspɛibələ(n)]
schwärmen	dwepen [ˌdwepə(n)]
schwarzfahren	zwartrijden [ˌzwɑrtrɛidə(n)]
schweben	zweven [ˌzwevə(n)]
schweigen	zwijgen [ˌzwɛiɣə(n)]
schwerfallen	tegenvallen [ˌteɣə(n)ˌvɑlə(n)]
schwimmen	zwemmen [ˌzwɛmə(n)]
schwindeln	oplichten [ˌɔplɪxtə(n)]
schwingen	slingeren [ˌslɪŋərə(n)]
schwirren	zoemen [ˌzumə(n)]
schwitzen	zweten [ˌzwetə(n)]
schwören	zweren [ˌzwerə(n)]
segeln	zeilen [ˌzɛilə(n)]
sehen	zien [ˌzin]
sehnen	verlangen [vərˈlɑŋə(n)]
sein	zijn [ˌzɛin]
senden	sturen [ˌstyrə(n)]
senken	neerlaten [ˌnerlatə(n)]
servieren	serveren [sɛrˈverə(n)]
setzen	zetten [ˌzɛtə(n)]
seufzen	zuchten [ˌzʏxtə(n)]
sichergehen	geen risico nemen [ɣen ˌriziko ˌnemə(n)]
sichern	beveiligen [bəˈvɛiləɣə(n)]
sicherstellen	verzekeren [vərˈzekərə(n)]
siegen	overwinnen [ovərˈwɪnə(n)]
siezen	met 'Sie' aanspreken [mɛt ziː ˌansprekə(n)]
simsen	sms'en [ɛsɛˈmɛsə(n)]
singen	zingen [ˌzɪŋə(n)]
sinken	zinken [ˌzɪŋkə(n)]
sitzen	zitten [ˌzɪtə(n)]
skaten	skaten [ˌsketə(n)]
sollen	moeten [ˌmutə(n)]
sonnen	zonnen [ˌzɔnə(n)]
sorgen	zorgen [ˌzɔrɣə(n)]
sortieren	sorteren [sɔrˈterə(n)]
sparen	besparen [bəˈsparə(n)]
spaßen	schertsen [ˌsxɛrtsə(n)]
spazieren	wandelen [ˌwɑndələ(n)]
speichern	opslaan [ˌɔpslan]
speisen	dineren [diˈnerə(n)]
spekulieren	speculeren [spekyˈlerə(n)]
spenden	schenken [ˌsxɛŋkə(n)]
sperren	blokkeren [blɔˈkerə(n)]
spiegeln	spiegelen [ˌspiɣələ(n)]
spielen	spelen [ˌspelə(n)]
spinnen	spinnen [ˌspɪnə(n)]
spitzen	spitsen [ˌspɪtsə(n)]
spotten	spotten [ˌspɔtə(n)]
sprechen	spreken [ˌsprekə(n)]
spreizen	spreiden [ˌsprɛidə(n)]

sprengen	opblazen [ˌɔblazə(n)]
sprießen	kiemen [ˌkimə(n)]
springen	springen [ˌsprɪŋə(n)]
spritzen	spuiten [ˌspœytə(n)]
sprudeln	borrelen [ˌbɔrələ(n)]
sprühen	spatten [ˌspɑtə(n)]
spucken	spugen [ˌspyɣə(n)]
spuken	spoken [ˌspokə(n)]
spülen	afwassen [ˌɑfwɑsə(n)]
spüren	voelen [ˌvulə(n)]
stammen	stammen [ˌstɑmə(n)]
stapeln	stapelen [ˌstapələ(n)]
stärken	versterken [vərˈstɛrkə(n)]
starren	staren [ˌstarə(n)]
starten	starten [ˌstɑrtə(n)]
stattfinden	plaatsvinden [ˌplatsfɪndə(n)]
staunen	zich verbazen [zɪx vərˈbazə(n)]
stechen	steken [ˌstekə(n)]
stecken *Schlüssel*	steken [ˌstekə(n)]
stehen	staan [ˌstan]
stehlen	stelen [ˌstelə(n)]
steigen	stijgen [ˌstɛiɣə(n)]
steigern	toenemen [ˌtunemə(n)]
stellen	stellen [ˌstɛlə(n)]
sterben	sterven [ˌstɛrvə(n)]
steuern	sturen [ˌstyrə(n)]
stieren	staren [ˌstarə(n)]
stillen	stillen [ˌstɪlə(n)]
stillhalten	rustig blijven [ˌrʏstəx ˌblɛivə(n)]
stillliegen	stilleggen [ˌstɪlɛɣə(n)]
stimmen	stemmen [ˌstɛmə(n)]
stinken	stinken [ˌstɪŋkə(n)]
stöbern	snuffelen [ˌsnʏfələ(n)]
stocken	haperen [ˌhapərə(n)]
stöhnen	kreunen [ˌkrønə(n)]
stolpern	struikelen [ˌstrœykələ(n)]
stoppen	stoppen [ˌstɔpə(n)]
stören	storen [ˌstorə(n)]
stoßen	stoten [ˌstotə(n)]
stottern	stotteren [ˌstɔtərə(n)]
strafen	straffen [ˌstrɑfə(n)]
straffen	spannen [ˌspɑnə(n)]
strahlen	stralen [ˌstralə(n)]
strampeln	trappelen [ˌtrɑpələ(n)]
strapazieren	zwaar belasten [zwar bəˈlɑstə(n)]
sträuben	opzetten [ˌɔpsɛtə(n)]
streben	streven [ˌstrevə(n)]
strecken	strekken [ˌstrɛkə(n)]
streicheln	strelen [ˌstrelə(n)]
streichen	strijken [ˌstrɛikə(n)]
streifen	zwerven [ˌzwɛrvə(n)]
streiken	staken [ˌstakə(n)]
streiten	ruziën [ˌryzijə(n)]
streuen	strooien [ˌstrojə(n)]
stricken	breien [ˌbrɛiə(n)]
studieren	studeren [ˌstyderə(n)]
stürmen	stormen [ˌstɔrmə(n)]

stürzen	vallen [ˌvɑlə(n)]
stutzen	snoeien [ˌsnujə(n)]
stützen	steunen [ˌstønə(n)]
subtrahieren	aftrekken [ˌɑftrɛkə(n)]
suchen	zoeken [ˌzukə(n)]
summen	neuriën [ˌnørijə(n)]
sündigen	zondigen [ˌzɔndəɣə(n)]
surfen	surfen [ˌsʏːrfə(n)]
süßen	zoeten [ˌzutə(n)]

T

tadeln	berispen [bəˈrɪspə(n)]
tanken	tanken [ˌtɛŋkə(n)]
tanzen	dansen [ˌdɑnsə(n)]
tapezieren	behangen [bəˈhɑŋə(n)]
tappen	tasten [ˌtɑstə(n)]
tarnen	camoufleren [kamuˈflerə(n)]
tasten	tasten [ˌtɑstə(n)]
tauchen	duiken [ˌdœykə(n)]
tauen	dooien [ˌdojə(n)]
taufen	dopen [ˌdopə(n)]
taugen	deugen [ˌdøɣə(n)]
taumeln	wankelen [ˌwɑŋkələ(n)]
tauschen	ruilen [ˌrœylə(n)]
täuschen	misleiden [mɪsˈlɛidə(n)]
teilen	delen [ˌdelə(n)]
teilnehmen	deelnemen [ˌdelnemə(n)]
telefonieren	telefoneren [teləfoˈnerə(n)]
testen	testen [ˌtɛstə(n)]
ticken	tikken [ˌtɪkə(n)]
tippen	typen [ˌtipə(n)]
toben	ravotten [raˈvɔtə(n)]
tolerieren	tolereren [toleˈrerə(n)]
töten	doden [ˌdodə(n)]
totfahren	doodrijden [ˌdotrɛidə(n)]
totschießen	doodschieten [ˌdotsxitə(n)]
totschlagen	doodslaan [ˌdotslan]
tragen	dragen [ˌdraɣə(n)]
trainieren	trainen [ˌtrenə(n)]
trampeln	trappelen [ˌtrɑpələ(n)]

tränen	tranen [ˌtranə(n)]
transportieren	transporteren [transpɔrˈterə(n)]
trauen	vertrouwen [vərˈtrauwə(n)]
trauern	rouwen [ˌrauwə(n)]
träumen	dromen [ˌdromə(n)]
treffen	ontmoeten [ɔntˈmutə(n)]
trennen	scheiden [ˌsxɛidə(n)]
treten	stappen [ˌstapə(n)]
trinken	drinken [ˌdrɪŋkə(n)]
trocknen	drogen [ˌdroɣə(n)]
trödeln	treuzelen [ˌtrøzələ(n)]
trommeln	trommelen [ˌtrɔmələ(n)]
tröpfeln	druppelen [ˌdrʏpələ(n)]
tropfen	druppelen [ˌdrʏpələ(n)]
trösten	troosten [ˌtrostə(n)]
trotzen	trotseren [trɔtˈserə(n)]
trügen	bedriegen [bəˈdriɣə(n)]
tun	doen [dun]
turnen	gymmen [ˌxɪmə(n)]
tyrannisieren	tiranniseren [tiranisˈerə(n)]

U

üben	oefenen [ˌufənə(n)]
überanstrengen	overspannen [ovərˈspanə(n)]
überarbeiten	herzien [hɛrˈzin]
überblicken	overzien [ovərˈzin]
überbringen	overbrengen [ˌovərbrɛŋə(n)]
überbrücken	overbruggen [ovərˈbrʏɣə(n)]
überdenken	overdenken [ovərˈdɛŋkə(n)]
übereinstimmen	overeenstemmen [ovərˈenstɛmə(n)]
überfahren	overrijden [ovəˈrɛidə(n)]
überfallen	overvallen [ovərˈvalə(n)]
überfordern	overbelasten [ˌovərbəlastə(n)]
übergeben	overhandigen [ovərˈhandəɣə(n)]
überholen	inhalen [ˌɪnhalə(n)]
überhören	niet horen [nit ˌhorə(n)]
überlappen	overlappen [ovərˈlapə(n)]
überlassen	overlaten [ˌovərlatə(n)]
überleben	overleven [ovərˈlevə(n)]
überlegen	overwegen [ovərˈweɣə(n)]
überlisten	verschalken [vərˈsxalkə(n)]
übernachten	overnachten [ovərˈnaxtə(n)]
übernehmen	overnemen [ˌovərnemə(n)]
überprüfen	controleren [kɔntroˈlerə(n)]
überqueren	oversteken [ˌovərstekə(n)]
überraschen	verrassen [vəˈrasə(n)]
überreden	overtuigen [ovərˈtœyɣə(n)]
überreichen	overhandigen [ovərˈhandəɣə(n)]

überschatten	overschaduwen [ovərˈsxadywə(n)]
überschätzen	overschatten [ovərˈsxɑtə(n)]
überschlagen	overslaan [ˌovərslan]
überschnappen	uitschieten [ˌœytsxitə(n)]
überschneiden	overlappen [ovərˈlɑpə(n)]
überschütten	overgieten [ovərˈɣitə(n)]
überschwemmen	overstromen [ovərˈstromə(n)]
übersehen	overzien [ovərˈzin]
übersetzen	vertalen [vərˈtalə(n)]
überspielen	verdoezelen [vərˈduzələ(n)]
übersteigen	overtreffen [ovərˈtrɛfə(n)]
überstrapazieren	overbelasten [ˌovərbəlɑstə(n)]
überstürzen	overhaasten [ovərˈhastə(n)]
übertragen	overbrengen [ˌovərbrɛŋə(n)]
übertreffen	overtreffen [ovərˈtrɛfə(n)]
übertreiben	overdrijven [ovərˈdrɛivə(n)]
überwachen	bewaken [bəˈwakə(n)]
überwältigen	overmeesteren [ovərˈmestərə(n)]
überweisen	overmaken [ˌovərmakə(n)]
überwiegen	overwegen [ovərˈweɣə(n)]
überwinden	overwinnen [ovərˈwɪnə(n)]
überzeugen	overtuigen [ovərˈtœyɣə(n)]
überziehen	overtrekken [ovərˈtrɛkə(n)]
umarmen	omarmen [ɔmˈɑrmə(n)]
umbauen	verbouwen [vərˈbɑuwə(n)]
umbenennen	omdopen [ˌɔmdopə(n)]
umblättern	ombladeren [ˌɔmbladərə(n)]
umbringen	ombrengen [ˌɔmbrɛŋə(n)]
umdrehen	omdraaien [ˌɔmdrajə(n)]
umfallen	omvallen [ˌɔmvɑlə(n)]
umfassen	omvatten [ɔmˈvɑtə(n)]
umgehen	omgaan [ˌɔmɣan]
umhängen	omhangen [ˌɔmhɑŋə(n)]
umkehren	omkeren [ˌɔmkerə(n)]
umkippen	omkiepen [ˌɔmkipə(n)]
umklammern	omklemmen [ɔmˈklɛmə(n)]
umkommen	omkomen [ˌɔmkomə(n)]
umleiten	omleiden [ˌɔmlɛidə(n)]
umräumen	veranderen [vərˈɑndərə(n)]
umreißen	schetsen [ˌsxɛtsə(n)]
umrühren	omroeren [ˌɔmrurə(n)]
umschalten	omschakelen [ˌɔmsxakələ(n)]
umsehen	omkijken [ˌɔmkɛikə(n)]
umsetzen	omzetten [ˌɔmzɛtə(n)]
umsteigen	overstappen [ˌovərstɑpə(n)]
umstimmen	ompraten [ˌɔmpratə(n)]
umstürzen	omvallen [ˌɔmvɑlə(n)]
umtauschen	omruilen [ˌɔmrœylə(n)]
umwerfen	omgooien [ˌɔmɣojə(n)]
umziehen	verhuizen [vərˈhœyzə(n)]
unterbrechen	onderbreken [ɔndərˈbrekə(n)]
unterdrücken	onderdrukken [ɔndərˈdrʏkə(n)]
untergehen	ondergaan [ɔndərˈɣan]
unterhalten	vermaken [vərˈmakə(n)]
unterlassen	nalaten [ˌnalatə(n)]
unternehmen	ondernemen [ɔndərˈnemə(n)]

unterrichten	onderwijzen [ɔndərˈwɛizə(n)]
untersagen	verbieden [vərˈbidə(n)]
unterschätzen	onderschatten [ɔndərˈsxɑtə(n)]
unterscheiden	onderscheiden [ɔndərˈsxɛidə(n)]
unterschreiben	ondertekenen [ɔndərˈtekənə(n)]
unterstellen	aannemen [ˌanemə(n)]
unterstreichen	onderstrepen [ɔndərˈstrepə(n)]
unterstützen	ondersteunen [ɔndərˈstønə(n)]
untersuchen	onderzoeken [ɔndərˈzukə(n)]
untertauchen	onderduiken [ˌɔndərdœykə(n)]
unterteilen	indelen [ˌɪndelə(n)]
urteilen	oordelen [ˌordelə(n)]

V

verabreden	afspreken [ˌɑfsprekə(n)]
verabschieden	afscheid nemen [ˌɑfsxɛit ˌnemə(n)]
verachten	verachten [vərˈɑxtə(n)]
verallgemeinern	generaliseren [ɣenərαliˈzerə(n)]
verändern	veranderen [vərˈɑndərə(n)]
verängstigen	bang maken [bɑŋ ˌmakə(n)]
verantworten	verantwoorden [vərˈɑntwordə(n)]
verarbeiten	verwerken [vərˈwɛrkə(n)]
verärgern	ergeren [ˌɛrɣərə(n)]
verarzten	behandelen [bəˈhɑndələ(n)]
verbergen	verbergen [vərˈbɛrɣə(n)]
verbessern	verbeteren [vərˈbetərə(n)]
verbeugen	buigen [ˌbœyɣə(n)]
verbiegen	verbuigen [vərˈbœyɣə(n)]
verbieten	verbieden [vərˈbidə(n)]
verbinden	verbinden [vərˈbɪndə(n)]
verbleiben	verblijven [vərˈblɛivə(n)]
verbluten	doodbloeden [ˌdodbludə(n)]
verbrauchen	verbruiken [vərˈbrœykə(n)]
verbreiten	verspreiden [vərˈsprɛidə(n)]
verbrennen	verbranden [vərˈbrɑndə(n)]
verbringen	doorbrengen [ˌdorbrɛŋə(n)]
verdächtigen	verdenken [vərˈdɛŋkə(n)]
verdanken	te danken hebben [tə ˌdɑŋkə(n) hɛbə(n)]
verdauen	verteren [vərˈterə(n)]
verdecken	verbergen [vərˈbɛrɣə(n)]

verderben	bederven [bəˈdɛrvə(n)]
verdeutlichen	verduidelijken [vərˈdœydələkə(n)]
verdienen	verdienen [vərˈdinə(n)]
verdoppeln	verdubbelen [vərˈdʏbələ(n)]
verdrängen	verdringen [vərˈdrɪŋə(n)]
verdursten	verdorsten [vərˈdɔrstə(n)]
verehren	aanbidden [amˈbɪdə(n)]
vereinbaren	overeenkomen [ovərˈeŋkomə(n)]
vereinen	verenigen [vərˈenəɣə(n)]
vereinfachen	vereenvoudigen [vərenˈvaudəɣə(n)]
vereinheitlichen	uniform maken [yniˈfɔrm makə(n)]
vereinigen	verenigen [vərˈenəɣə(n)]
verfallen	vervallen [vərˈvɑlə(n)]
verfälschen	vervalsen [vərˈvɑlsə(n)]
verfassen	schrijven [ˌsxrɛivə(n)]
verfaulen	verrotten [vəˈrɔtə(n)]
verfehlen	missen [ˌmɪsə(n)]
verfeinern	verfijnen [vərˈfɛinə(n)]
verfluchen	vervloeken [vərˈvlukə(n)]
verfolgen	vervolgen [vərˈvɔlɣə(n)]
verfügen	beschikken [bəˈsxɪkə(n)]
verführen	verleiden [vərˈlɛidə(n)]
vergehen	vergaan [vərˈɣan]
vergelten	vergelden [vərˈɣɛldə(n)]
vergessen	vergeten [vərˈɣetə(n)]
vergeuden	verkwisten [vərˈkwɪstə(n)]
vergewaltigen	verkrachten [vərˈkrɑxtə(n)]

vergewissern	zich vergewissen [zɪx vɛrɣəˈwɪsə(n)]
vergiften	vergiftigen [vərˈɣɪftəɣə(n)]
vergleichen	vergelijken [vɛrɣəˈlɛikə(n)]
vergnügen	amuseren [amyˈzerə(n)]
vergraben	begraven [bəˈɣravə(n)]
vergrößern	vergroten [vərˈɣrotə(n)]
verhaften	arresteren [ɑrɛsˈterə(n)]
verhalten	gedragen [ɣəˈdraɣə(n)]
verhandeln	onderhandelen [ɔndərˈhɑndələ(n)]
verhängen	hangen [ˌhɑŋə(n)]
verharmlosen	bagatelliseren [bɑɣatɛliˈzerə(n)]
verharren	blijven [ˌblɛivə(n)]
verheilen	genezen [ɣəˈnezə(n)]
verheimlichen	geheimhouden [ɣəˈhɛimhɑudə(n)]
verherrlichen	verheerlijken [vərˈherləkə(n)]
verhexen	beheksen [bəˈhɛksə(n)]
verhindern	voorkomen [vorˈkomə(n)]
verhören	verhoren [vərˈhorə(n)]
verhüllen	omhullen [ɔmˈhʏlə(n)]
verhungern	verhongeren [vərˈhɔŋərə(n)]
verhüten	voorkomen [vorˈkomə(n)]
verirren	verdwalen [vərˈdwalə(n)]
verjagen	verjagen [vərˈjaɣə(n)]
verkaufen	verkopen [vərˈkopə(n)]
verklagen	aanklagen [ˌaŋklaɣə(n)]
verkleiden	verkleden [vərˈkledə(n)]
verkleinern	verkleinen [vərˈklɛinə(n)]

verknoten	een knoop leggen [ən knop ˌlɛɣə(n)]
verknüpfen	verbinden [vərˈbɪndə(n)]
verkommen	vervallen [vərˈvɑlə(n)]
verkörpern	belichamen [bəˈlɪxamə(n)]
verkraften	verwerken [vərˈwɛrkə(n)]
verkrampfen	verkrampen [vərˈkrɑmpə(n)]
verkümmern	verkommeren [vərˈkɔmərə(n)]
verkürzen	verkorten [vərˈkɔrtə(n)]
verlangen	vragen [ˌvraɣə(n)]
verlängern	verlengen [vərˈlɛŋə(n)]
verlangsamen	vertragen [vərˈtraɣə(n)]
verlassen	verlaten [vərˈlatə(n)]
verlaufen	verlopen [vərˈlopə(n)]
verleihen	verlenen [vərˈlenə(n)]
verlernen	verleren [vərˈlerə(n)]
verletzen	verwonden [vərˈwɔndə(n)]
verleugnen	verloochenen [vərˈloxənə(n)]
verleumden	lasteren [ˌlɑstərə(n)]
verlieben	verliefd worden [vərˈlift ˌwɔrdə(n)]
verlieren	verliezen [vərˈlizə(n)]
verloben	verloven [vərˈlovə(n)]
vermehren	vermenigvuldigen [vərmenəxˈfʏldəɣə(n)]
vermeiden	vermijden [vərˈmɛidə(n)]
vermieten	verhuren [vərˈhyrə(n)]
vermischen	vermengen [vərˈmɛŋə(n)]
vermissen	missen [ˌmɪsə(n)]
vermitteln	bemiddelen [bəˈmɪdələ(n)]
vermuten	vermoeden [vərˈmudə(n)]
vernach-lässigen	verwaarlozen [vərˈwarlozə(n)]
vernehmen	vernemen [vərˈnemə(n)]
verneigen	buigen [ˌbœyɣə(n)]
verneinen	ontkennen [ɔntˈkɛnə(n)]
vernichten	vernietigen [vərˈnitəɣə(n)]
veröffentlichen	publiceren [pybliˈserə(n)]
verordnen	voorschrijven [ˌvorsxrɛivə(n)]
verpacken	verpakken [vərˈpɑkə(n)]
verpassen	missen [ˌmɪsə(n)]
verpflichten	verplichten [vərˈplɪxtə(n)]
verprügeln	afranselen [ˌɑfrɑnsələ(n)]
verraten	verraden [vərˈadə(n)]
verrechnen	verrekenen [vərˈekənə(n)]
verreisen	op reis gaan [ɔp ˌrɛis ɣan]
verrenken	verzwikken [vərˈzwɪkə(n)]
verriegeln	vergrendelen [vərˈɣrɛndələ(n)]
verringern	verminderen [vərˈmɪndərə(n)]
versagen	falen [ˌfalə(n)]
versammeln	verzamelen [vərˈzamələ(n)]
versäumen	verzuimen [vərˈzœymə(n)]
verschenken	weggeven [ˌwɛxevə(n)]
verschicken	versturen [vərˈstyrə(n)]
verschieben	verschuiven [vərˈsxœyvə(n)]
verschimmeln	verschimmelen [vərˈsxɪmələ(n)]
verschlafen	verslapen [vərˈslapə(n)]
verschlechtern	verslechteren [vərˈslɛxtərə(n)]
verschließen	sluiten [ˌslœytə(n)]

verschlimmern	verergeren [vərˈɛrɣərə(n)]
verschlucken	inslikken [ˌɪnslɪkə(n)]
verschmutzen	vuil worden [vœyl ˌwɔrdə(n)]
verschonen	ontzien [ɔntˈsin]
verschönern	verfraaien [vərˈfrajə(n)]
verschütten	morsen [ˌmɔrsə(n)]
verschweigen	verzwijgen [vərˈzwɛiɣə(n)]
verschwenden	verspillen [vərˈspɪlə(n)]
verschwimmen	vervagen [vərˈvaɣə(n)]
verschwinden	verdwijnen [vərˈdwɛinə(n)]
verschwören	afzweren [ˌɑfswerə(n)]
versenden	versturen [vərˈstyrə(n)]
versetzen	verplaatsen [vərˈplatsə(n)]
verseuchen	besmetten [bəˈsmɛtə(n)]
versichern	verzekeren [vərˈzekərə(n)]
versickern	wegsijpelen [ˌwɛxsɛipələ(n)]
versinken	zinken [ˌzɪŋkə(n)]
versöhnen	verzoenen [vərˈzunə(n)]
versorgen	verzorgen [vərˈzɔrɣə(n)]
verspäten	te laat komen [tə ˌlat ˌkomə(n)]
versperren	versperren [vərˈspɛrə(n)]
verspotten	bespotten [bəˈspɔtə(n)]
versprechen	beloven [bəˈlovə(n)]
verspüren	voelen [ˌvulə(n)]
verständigen	verwittigen [vərˈwɪtəɣə(n)]
verstärken	versterken [vərˈstɛrkə(n)]
verstauben	stoffig worden [ˌstɔfəx wɔrdə(n)]
verstauchen	verstuiken [vərˈstœykə(n)]
verstecken	verstoppen [vərˈstɔpə(n)]

verstehen	begrijpen [bəˈɣrɛipə(n)]
versteigern	veilen [ˌvɛilə(n)]
verstellen	verstellen [vərˈstɛlə(n)]
verstopfen	verstoppen [vərˈstɔpə(n)]
verstoßen	overtreden [ovərˈtredə(n)]
verstreichen	verstrijken [vərsˈtrɛikə(n)]
verstummen	verstommen [vərsˈtɔmə(n)]
versuchen	proberen [proˈberə(n)]
versüßen	verzoeten [vərˈzutə(n)]
vertagen	uitstellen [ˌœytstɛlə(n)]
vertauschen	verruilen [vəˈrœylə(n)]
verteidigen	verdedigen [vərˈdedəɣə(n)]
verteilen	uitdelen [ˌœydelə(n)]
vertiefen	verdiepen [vərˈdipə(n)]
vertragen	verdragen [vərˈdraɣə(n)]
vertrauen	vertrouwen [vərˈtrɑuwə(n)]
vertreiben	verdrijven [vərˈdrɛivə(n)]
vertreten	vertegenwoordigen [vərteɣə(n)ˈwordəɣə(n)]
vertrocknen	uitdrogen [ˌœydroɣə(n)]
vertrödeln	verbeuzelen [vərˈbøzələ(n)]
vertrösten	paaien [ˌpajə(n)]
vertuschen	verdoezelen [vərˈduzələ(n)]
verübeln	kwalijk nemen [ˌkwalək nemə(n)]
verüben	begaan [bəˈɣan]
verunglücken	een ongeluk krijgen [ən ˌɔŋɣəlʏk ˌkrɛiɣə(n)]
verunsichern	onzeker maken [ɔnˈzekər ˌmakə(n)]
verunstalten	mismaken [ˌmɪsmakə(n)]

verursachen	veroorzaken	[vəˈorzakə(n)]
verurteilen	veroordelen	[vərˈordelə(n)]
verwechseln	verwisselen	[vərˈwɪsələ(n)]
verweigern	weigeren	[ˌwɛiɣərə(n)]
verwelken	verwelken	[vərˈwɛlkə(n)]
verwenden	gebruiken	[ɣəˈbrœykə(n)]
verwirklichen	realiseren	[rejaliˈzerə(n)]
verwirren	verwarren	[vərˈwɑrə(n)]
verwischen	vervagen	[vərˈvaɣə(n)]
verwöhnen	verwennen	[vərˈwɛnə(n)]
verwunden	kwetsen	[ˌkwɛtsə(n)]
verzaubern	betoveren	[bəˈtovərə(n)]
verzehren	opeten	[ˌɔpetə(n)]
verzeichnen	optekenen	[ˌɔptekənə(n)]
verzeihen	vergeven	[vərˈɣevə(n)]
verzerren	vervormen	[vərˈvɔrmə(n)]
verzichten	afzien van	[ˌɑfsin vɑn]
verzieren	versieren	[vərˈsirə(n)]
verzögern	vertragen	[vərˈtraɣə(n)]
verzweifeln	wanhopen	[ˌwɑnhopə(n)]
voraussagen	voorspellen	[vorˈspɛlə(n)]
vorbeifahren	voorbijrijden	[vorˈbɛirɛidə(n)]
vorbereiten	voorbereiden	[ˌvorbərɛidə(n)]
vorbeugen	voorkomen	[ˌvorkomə(n)]
vordrängeln	voordringen	[vor zɛin ˌbørt ɣan]
vorenthalten	onthouden	[ɔntˈhɑudə(n)]
vorfallen	gebeuren	[ɣəˈbørə(n)]
vorfinden	vinden	[ˌvɪndə(n)]
vorgeben	beweren	[bəˈwerə(n)]
vorhaben	voornemens zijn	[ˌvorneməns zɛin]
vorhersehen	voorzien	[vorˈzin]
vorkommen	voorkomen	[ˌvorkomə(n)]
vorlesen	voorlezen	[ˌvorlezə(n)]
vormachen	voordoen	[ˌvordun]
vornehmen	voornemen	[ˌvornemə(n)]
vorschlagen	voorstellen	[ˌvorstɛlə(n)]
vorschreiben	voorschrijven	[ˌvorsxrɛivə(n)]
vorsorgen	voorzorg nemen	[ˌvorzɔrx ˌnemə(n)]
vorstellen	voorstellen	[ˌvorstɛlə(n)]
vortäuschen	veinzen	[ˌvɛinzə(n)]
vortragen	voordragen	[ˌvordraɣə(n)]
vorübergehen	voorbijgaan	[vorˈbɛiɣan]
vorweisen	tonen	[ˌtonə(n)]
vorwerfen	beschuldigen	[bəˈsxʏldəɣə(n)]
vorzeigen	tonen	[ˌtonə(n)]
vorziehen	voortrekken	[ˌvortrɛkə(n)]

W

wachsen	groeien [ˌɣrujə(n)]
wackeln	wankelen [ˌwɑŋkələ(n)]
wagen	durven [ˌdʏrvə(n)]
wählen	kiezen [ˌkizə(n)]
wahrnehmen	waarnemen [ˌwarnemə(n)]
wandern	wandelen [ˌwɑndələ(n)]
warnen	waarschuwen [ˌwarsxywə(n)]
warten	wachten [ˌwɑxtə(n)]
waschen	wassen [ˌwɑsə(n)]
wechseln	wisselen [ˌwɪsələ(n)]
wecken	wekken [ˌwɛkə(n)]
wegfahren	wegtrekken [ˌwɛxtrɛkə(n)]
wegfallen	wegvallen [ˌwɛxfɑlə(n)]
weggehen	weggaan [ˌwɛxan]
weglassen	weglaten [ˌwɛxlatə(n)]
wegnehmen	wegnemen [ˌwɛxnemə(n)]
wegrennen	wegrennen [ˌwɛxrɛnə(n)]
wegschicken	wegsturen [ˌwɛxstyrə(n)]
wegschmeißen	weggooien [ˌwɛxojə(n)]
wehren	weren [ˌwerə(n)]
weigern	weigeren [ˌwɛiɣərə(n)]
weinen	huilen [ˌhœylə(n)]
welken	verwelken [vərˈwɛlkə(n)]
wellen	golven [ˌɣɔlvə(n)]
wenden	keren [ˌkerə(n)]
werden	zullen [ˌzʏlə(n)]
werfen	gooien [ˌɣojə(n)]
wetten	wedden [ˌwɛdə(n)]

***wickeln** Baby*	een luier aandoen [ən ˌlœyər ˌandun]
widerlegen	weerleggen [werˈlɛɣə(n)]
widersetzen	zich verzetten tegen [zɪx vərˈzɛtə(n) ˌteɣə(n)]
widerspiegeln	weerspiegelen [werˈspiɣələ(n)]
widerstehen	weerstaan [werˈstan]
widmen	wijden [ˌwɛidə(n)]
wiedergeben	weergeven [ˌwerɣevə(n)]
wiederholen	herhalen [hɛrˈhalə(n)]
wiederkehren	terugkeren [təˈrʏxkerə(n)]
wiederkommen	terugkomen [təˈrʏxkomə(n)]
wiedersehen	terugzien [təˈrʏxsin]
wiegen	wegen [ˌweɣə(n)]
wiehern	hinniken [ˌhɪnəkə(n)]
wimmeln	wemelen [ˌwemələ(n)]
wimmern	janken [ˌjɑŋkə(n)]
winden	winden [ˌwɪndə(n)]
winken	wenken [ˌwɛŋkə(n)]
winseln	huilen [ˌhœylə(n)]
wippen	wippen [ˌwɪpə(n)]
wirken	werken [ˌwɛrkə(n)]
wischen	wissen [ˌwɪsə(n)]
wispern	fluisteren [ˌflœystərə(n)]
wissen	weten [ˌwetə(n)]
wohnen	wonen [ˌwonə(n)]
wollen	willen [ˌwɪlə(n)]
wundern	verrassing [vəˈrɑsə(n)]
wünschen	wensen [ˌwɛnsə(n)]

würdigen	waarderen [warˈderə(n)]
würfeln	dobbelen [ˌdɔbələ(n)]
würgen	kokhalzen [ˌkɔkhɑlzə(n)]
würzen	kruiden [ˌkrœydə(n)]

Z

zahlen	betalen [bəˈtalə(n)]
zählen	tellen [ˌtɛlə(n)]
zähmen	temmen [ˌtɛmə(n)]
zanken	schelden [ˌsxɛldə(n)]
zappeln	spartelen [ˌspɑrtələ(n)]
zaubern	toveren [ˌtovərə(n)]
zeichnen	tekenen [ˌtekənə(n)]
zeigen	tonen [ˌtonə(n)]
zelten	kamperen [kɑmˈperə(n)]
zerbrechen	breken [ˌbrekə(n)]
zerdrücken	pletten [ˌplɛtə(n)]
zerfallen	vervallen [vərˈvɑlə(n)]
zerkleinern	fijnhakken [ˌfɛinhɑkə(n)]
zerknüllen	verfrommelen [vərˈfrɔmələ(n)]
zerkratzen	bekrassen [bəˈkrɑsə(n)]
zerkrümeln	verkruimelen [vərˈkrœymələ(n)]
zerreißen	verscheuren [vərˈsxørə(n)]
zerren	rukken [ˌrʏkə(n)]
zerschlagen	stukslaan [ˌstʏkslan]
zerspringen	springen [ˌsprɪŋə(n)]
zerstören	verwoesten [vərˈwustə(n)]
zertreten	vertrappen [vərˈtrɑpə(n)]
zertrümmern	vernielen [vərˈnilə(n)]
ziehen	trekken [ˌtrɛkə(n)]
zielen	doelen [ˌdulə(n)]
zieren	sieren [ˌsirə(n)]
zischen	sissen [ˌsɪsə(n)]

zittern	beven [ˌbevə(n)]
zögern	aarzelen [ˌarzələ(n)]
zoomen	zoomen [ˌzumə(n)]
zubeißen	toehappen [ˌtuhɑpə(n)]
zubereiten	bereiden [bəˈrɛidə(n)]
zubinden	dichtbinden [ˌdɪxtbɪndə(n)]
zublinzeln	knipogen [ˌknɪpoɣə(n)]
zucken	stuiptrekken [ˌstœyptrɛkə(n)]
zücken	trekken [ˌtrɛkə(n)]
zudecken	toedekken [ˌtudɛkə(n)]
zudrehen	dichtdraaien [ˌdɪɣdrajə(n)]
zufriedengeben	met iets genoegen nemen [mɛt its ɣəˈnuɣə(n) ˌnemə(n)]
zufriedenlassen	met rust laten [mɛt rʏst ˌlatə(n)]
zufügen	toevoegen [ˌtuvuɣə(n)]
zugeben	toegeven [ˌtuɣevə(n)]
zugreifen	toetasten [ˌtutɑstə(n)]
zugucken	toekijken [ˌtukɛikə(n)]
zuhören	luisteren [ˌlœystərə(n)]
zujubeln	toejuichen [ˌtujœyxə(n)]
zuknöpfen	dichtknopen [ˌdɪxtknopə(n)]
zulächeln	toelachen [ˌtulɑxə(n)]
zulassen	toelaten [ˌtulatə(n)]
zumachen	sluiten [ˌslœytə(n)]
zumuten	aandoen [ˌandun]
zünden	aansteken [ˌanstekə(n)]
zunehmen	toenemen [ˌtunemə(n)]
zunichtemachen	tenietdoen [təˈnidun]
zunicken	toeknikken [ˌtuknɪkə(n)]
zuordnen	indelen bij [ˌɪndelə(n)]
zupacken	grijpen [ˌɣrɛipə(n)]
zupfen	plukken [ˌplʏkə(n)]
zurechtfinden	de weg vinden [də wɛx ˌvɪndə(n)]
zurücknehmen	terugnemen [təˈrʏxnemə(n)]
zurufen	toeroepen [ˌturupə(n)]
zusagen	toezeggen [ˌtuzɛɣə(n)]
zusammenhängen	samenhangen [ˌsamə(n)hɑŋə(n)]
zusammenprallen	botsen [ˌbɔtsə(n)]
zusammenschreiben	aan elkaar schrijven [an ɛlˈkar ˌsxrɛivə(n)]
zuschicken	toesturen [ˌtustyrə(n)]
zuschlagen	toeslaan [ˌtuslan]
zuschließen	sluiten [ˌslœytə(n)]
zuschrauben	dichtschroeven [ˌdɪxtsxruvə(n)]
zusehen	toezien [ˌtuzin]
zusichern	beloven [bəˈlovə(n)]
zuspielen	toespelen [ˌtuspelə(n)]
zuspitzen	toespitsen [ˌtuspɪtsə(n)]
zustimmen	instemmen met [ˌɪnstɛmə(n) mɛt]
zustoßen	overkomen [ˌovərkomə(n)]
zutrauen	in staat achten tot [ɪn stat ˌɑxtə(n) tɔt]
zutreffen	waar zijn [ˌwar zɛin]
zuvorkommen	vóór zijn [ˌvor zɛin]
zuwenden	toedraaien [ˌtudrajə(n)]

zuziehen	zich vestigen [zɪx ˌvɛstəɣə(n)]
zwängen	persen [ˌpɛrsə(n)]
zweifeln	twijfelen [ˌtwɛifələ(n)]
zwicken	knijpen [ˌknɛipə(n)]
zwingen	dwingen [ˌdwɪŋə(n)]
zwinkern	knipperen [ˌknɪpərə(n)]

INDEX DEUTSCH – INDEX DUITS

INDEX NIEDERLÄNDISCH – INDEX NEDERLANDS

INDEX DEUTSCH – INDEX DUITS

F

G

H

I

L

M

N

Q

R

S

T

U

V

INDEX NIEDERLÄNDISCH – INDEX NEDERLANDS

L

Q

R

T

U

W

BILDNACHWEIS

* - © Fotolia.com

14 */Csaba Peterdi, **16** */Alexander Raths, **16** */Jeanette Dietl, **16** */Forgiss, **16** */paulmz, **16** */fotodesign-jegg.de, **16** */mimage-photos, **16** */Syda Productions, **16** */iko, **16** */Jeanette Dietl, **16** */drubig-photo, **16** */oocoskun, **17** */damato, **17** */vbaleha, **17** */Rido, **17** */Ljupco Smokovski, **17** */Jeanette Dietl, **17** */Janina Dierks, **17** */Valua Vitaly, **17** */Rido, **17** */Andres Rodriguez, **17** */Syda Productions, **17** */Valua Vitaly, **18** */Dmitry Lobanov, **18** */Samuel Borges, **18** */DenisNata, **18** */Pavel Losevsky, **18** */Gabriel Blaj, **18** */WONG SZE FEI, **18** */vgstudio, **18** */Picture-Factory, **18** */Ariwasabi, **19** */endostock, **19** */mma23, **19** */Jasmin Merdan, **19** */Tom Wang, **19** */Michael Gray, **19** */JanMika **19** */BeTa-Artworks, **19** */michaeljung, **19** */Savannah1969, **19** */patpitchaya, **19** */Sabphoto, **19** */Cello Armstrong, **19** */eyetronic, **20** */Danilo Rizzuti, **20** */Ruth Black, **20** */Smileus, **20** */chesterF, **20** iStockphoto/Catherine Yeulet, **20** */DenisNata, **20** */Melinda Nagy, **20** */Kaarsten, **20** */MISHELA, **20** */Eray, **20** */Unclesam, **20** */satin_111, **20** */Michael Fritzen, **21** */yanlev, **21** */BeTa-Artworks, **21** */Margit Power, **21** */Brenda Carson, **21** */Africa Studio, **21** */Piotr Marcinski, **21** */Fotowerk, **21** */AVRORA, **21** */stockyimages, **21** */Tyler Olson, **21** */ExQuisine, **21** */Glenda Powers, **21** Thinkstock/iStockphoto, **22** */Valua Vitaly, **22** */codiarts, **23** */Jaimie Duplass, **23** */krimar, **23** */magann, **23** */Stefan Balk, **23** */Kaponia Aliaksei, **23** */koji6aca, **23** */yuriyzhuravov, **23** */yuriyzhuravov, **23** */Ermolaev Alexandr, **23** */V.R.Murralinath, **23** */badmanproduction, **23** */Anton Zabielskyi, **23** */auremar, **23** */koji6aca, **24** */mimagephotos, **24** */Tiler84, **24** */velazquez, **24** */giorgiomtb, **24** */apops, **24** */dusk, **24** */Knut Wiarda, **24** */stokkete, **24** */Taiga, **24** */Taiga, **24** */Taiga, **24** */Taiga, **25** */Karramba Production, **25** */Robert Kneschke, **25** */cantor pannatto, **25** */Garrincha, **25** */Picture-Factory, **25** */bevangoldswain, **25** */WavebreakMediaMicro, **25** */Rido, **25** */Minerva Studio, **25** */cantor pannatto, **25** */Fotowerk, **25** */Fotowerk, **26** */Gelpi, **26** */stockyimages, **26** */WavebreakmediaMicro, **26** */pathdoc, **26** */Ilike, **26** */pathdoc, **26** */Andres Rodriguez, **26** */Garrincha, **26** */cantor pannatto, **26** */pressmaster, **26** */vladimirfloyd, **26** */Elnur, **26** */Klaus Eppele, **27** */boumenjapet, **27** */Vera Anistratenko, **27** */carol_anne, **27** */Andrey Armyagov, **27** Thinkstock/NikolayK, **27** */srdjan111, **27** */Zbyszek Nowak, **27** */Pamela Uyttendaele, **27** */Michaela Pucher, **27** */Katrina Brown, **28** */ghoststone, **28** */nito, **28** */zhekos, **28** */chiyacat, **28** */Alexandra Karamyshev, **28** */BEAUTYofLIFE, **28** */Lucky Dragon, **29** */Karramba Production, **29** */BEAUTYofLIFE, **29** */Khvost, **29** */Khvost, **29** */Elnur, **29** */Popova Olga, **29** */Artem Gorohov, **29** */Elnur, **29** */Ruslan Kudrin, **29** */Gordana Sermek, **29** */Alexandra Karamyshev, **30** */alaterphotog, **30** */Elnur, **30** */Elnur, **30** */Ruslan Kudrin, **30** */Alexandra Karamyshev, **30** */Alexandra Karamyshev, **30** */Oliver Preißner, **30** */Robert Lehmann, **30** */Alexandra Karamyshev, **31** */mimagephotos, **31** */Alexandra Karamyshev, **31** */Alexandra Karamyshev, **31** */ludmilafoto, **31** */okinawakasawa, **31** Thinkstock/Alexandru Chiriac, **31** */cedrov, **31** */Khvost, **31** */hifashion, **31** */Alexandra Karamyshev, **31** */Alexandra Karamyshev, **32** */Little_wine_fly, **32** */Jiri Hera, **32** */rangizzz, **32** */Jiri Hera, **32** */Andrew Buckin, **32** Thinkstock/Danny Chan, **32** */Artem Merzlenko, **32** */Cobalt, **32** */fotomatrix, **32** */Rozaliya, **32** */adisa, **32** */Kira Nova, **32** */Shariff Che'Lah, **32** */venusangel, **32** */Unclesam, **32** */srki66, **33** */adisa, **33** */adisa, **33** */lalouetto, **33** */PRILL Mediendesign, **33** */Africa Studio, **33** */adisa, **33** */Andrey Bandurenko, **33** */Nadinelle, **33** */design56, **33** */Sergey Rusakov, **33** */Jiri Hera, **33** */gemenacom, **33** */Andre Plath, **33** */Alexander Raths, **33** */Liaurinko, **33** */thaikrit, **33** */humbak, **34** */wiedzma, **34** */kontur-vid, **34** */Tharakorn, **34** */picsfive, **34** */pattarastock, **34** */NilsZ, **34** */picsfive, **34** */picsfive, **34** */ksena32, **34** */cristi180884, **34** */bpstocks, **34** */nito, **34** */Tarzhanova, **34** */bpstocks, **34** */terex, **34** */ibphoto, **35** */Gennadiy Poznyakov, **36** */stockone, **38** */JSB, **38** */stocker1970, **38** */photo 5000, **38** */Tiberius Gracchus, **38** */Ralf Gosch, **38** */visivasnc, **38** */Lasse Kristensen, **38** */Speedfighter **38** */Bokicbo, **38** */typomaniac, **38** */O.M., **38** */designsstock, **38** */Tatty, **39** */Kurhan, **39** */selensergen, **39** */Brilliant Eagle, **39** */Iriana Shiyan, **39** */terex, **39** */Sashkin, **39** */bcdesign, **39** */pyzata, **39** */Thomas Aumann, **39** */Tiberius Gracchus, **39** */Igor Kovalchuk, **39** */Maksym Yemelyanov, **39** */pabijan, **40** */Magda Fischer, **41** */Kasia Bialasiewicz, **41** */bennnn, **41** */Bert Folsom, **41** */Aleksandar Jocic, **41** */yevgenromanenko, **41** */Aleksandr Ugorenkov, **42** */Iriana Shiyan, **42** */luchshen, **42** */sokrub, **42** */sokrub, **42** */okinawakasawa, **43** */pics721, **43** */Delphimages, **43** */arteferretto, **43** */Kitch Bain, **43** */Chris Brignell, **44** */stock_for_free, **44** */kornienko, **45** */mrgarry, **45** */mariocigic, **45** Thinkstock/Hemera, **45** */Alexander Morozov, **45** */Denis Glackiy, **45** */Sergii Moscaliuk, **45** */sutsaiy, **45** */sutsaiy, **45** */okinawakasawa, **45** */Alexander Morozov, **45** */venusangel, **45** */bergamont, **45** */Alexander Morozov, **45** */sutsaiy, **45** */manipulateur, **45** */kmiragaya, **46** */fotyma, **46** */Denisa V, **46** */jonnysek, **46** */Kitch Bain, **46** */pholien, **46** */Alona Dudaieva, **46** */M.R. Swadzba, **46** Thinkstock/iStockphoto, **46** */bennyartist, **46** */Nikola Bilic, **46** */cretolamna, **46** */Igor Syrbu, **46** */Piotr Pawinski, **47** */cretolamna, **47** */Harald Biebel, **47** */gavran333, **47** */M.R. Swadzba, **47** */IrisArt, **47** */Diana Taliun, **47** */cretolamna, **47** */M S, **47** */nito, **47** */Bombaert Patrick, **47** */scol22 **47** */cretolamna, **47** */picsfive, **48** */Sunshine Pics, **48** */VRD, **48** */petrsalinger, **48** */cretolamna, **48** */gavran333, **48** */Uwe Landgraf, **48** */nito, **48** */Schwoab, **48** */cretolamna, **48** */Stefan Balk, **48** */karandaev, **48** */Lucky Dragon, **48** */PhotoSG, **49** */2mmedia, **50** */Andres Rodriguez, **50** */simmittorok, **50** */Liliia Rudchenko, **50** */venusangel, **50** */Ljupco Smokovski, **50** */Maksim Kostenko, **50** Thinkstock/Stockbyte, **50** */Xuejun li, **50** */Ljupco Smokovski, **50** */Coprid, **50** */Yingko, **51** */poligonchik, **52** */arsdigital, **53** */adpePhoto, **53** */Africa Studio, **53** */Tiler84, **53** */NilsZ, **53** */Africa Studio, **53** */Coprid, **54** */magraphics.eu, **54** */sommersby, **54** */ermess, **54** */AndG, **55** */ILYA AKINSHIN, **55** */Lusoimages, **55** */HamsterMan, **55** */jlcst, **55** */Foto-Ruhrgebiet, **55** */Dmytro Akulov, **55** */picsfive, **55** */ibphoto, **55** */Jonathan Stutz, **55** */Jackin, **55** */ganko, **55** */artmim, **55** */Klaus Eppele, **56** */Sashkin, **56** */Creatix, **56** */Andreja Donko, **56** */Katrina Brown, **56** */Ljupco Smokovski, **57** */Okea, **58** */kmit, **58** */luckylight, **58** */tuja66, **58** */tuja66, **58** */corund, **58** */tuja66, **58** */Rynio Productions, **58** */mick20, **58** */Denis Dryashkin, **58** */tuja66, **58** */claudio, **58** */CE Photography, **58** */tuja66, **58** */Бурдюков Андрей, **58** */vav63, **59** */Rynio Productions, **59** */Rynio Productions, **59** */Rynio Productions, **59** */PRILL Mediendesign, **59** */fefufoto, **59** */antonsov85, **60** */andersphoto, **60** */scs65, **60** */venusangel, **60** */Coprid, **60** */f9photos, **60** */tuja66, **60** */Konovalov Pavel, **60** */Freer, **60** */Nik, **60** */chungking, **60** */mariusz szczygieł, **61** */auremar, **61** */Africa Studio, **61** */ankiro, **61** */Ionescu Bogdan, **61** */piai, **61** */Denys Rudyi, **62** */Nomad_Soul, **62** */gradt, **62** */twister025, **62** */egorovvasily, **62** */womue, **62** Thinkstock/

iStockphoto, **62** Thinkstock/iStockphoto, **62** */cherezoff, **62** */by-studio, **63** */coco, **63** */D. Ott, **63** */D. Ott, **63** */federicofoto, **63** */babsi_w, **63** */Stibat Studio, **63** */Kara, **63** */Jeanette Dietl, **63** */sonne fleckl, **63** */keller, **63** */miket, **63** */WoGi, **63** */M. Schuppich , **63** */Marco Becker , **63** */kobra78 , **63** */Kalle Kolodziej, **64** */mallivan, **64** */Zbyszek Nowak, **64** */opasstudio, **64** */hsagencia, **64** */photka , **64** */photka , **64** */photka , **64** */photka , **64** */Gerald Bernard , **64** */Jaimie Duplass , **64** */ steamroller , **64** */tompet80 , **64** */schankz, **64** */keerati, **65** */hopfi23, **65** */Alex Petelin, **65** */Patryssia, **65** */D. Ott, **65** */ Horticulture, **65** */Kasia Bialasiewicz, **65** */mopsgrafik, **65** */B. Wylezich, **65** */fotoschab, **65** */Miredi, **65** */udra11, **65** */NinaMalyna, **65** */rupbilder, **66** */mates, **68** */unpict, **68** */Teamarbeit, **68** */Christian Jung, **68** Dreamstime/Christianjung, **68** */HLPhoto, **68** */ExQuisine , **68** */rdnzl, **68** */uckyo, **68** */ExQuisine, **68** */lefebvre_jonathan, **68** */Cornerman, **68** */Mara Zemgaliete, **68** iStockphoto/Vasko, **68** */Diana Taliun, **68** Thinkstock/Alena Dvorakova, **68** Shutterstock/marco mayer, **69** */ExQuisine, **69** */ ExQuisine, **69** */fotomaster, **69** */Eric Isselée, **69** */boguslaw, **69** */Eric Isselée, **69** */nito, **69** */ rina Khomenko, **69** */Viktor, **69** */Oran Tantapakul, **69** */lightpoet, **70** */Rémy MASSEGLIA, **70** */Natalia Merzlyakova, **70** Dreamstime/Witoldkr1, **70** */Picture Partners, **70** */antonio scarpi, **70** */Gaetan Soupa, **70** */o.meerson, **70** */ExQuisine, **70** Dreamstime/Pipa 100, **70** */lunamarina, **70** */HelleM, **70** */Dalmatin.o , **70** */Witold Krasowski, **70** */Andrei Nekrassov, **70** */Dionisvera, **70** */Dionisvera, **71** */angorius, **71** */Dani Vincek, **71** */felinda, **71** */Andrey Starostin, **71** */pedrolieb, **71** */ExQuisine, **71** Dreamstime/Onepony, **71** */dulsita, **71** */ Giuseppe Lancia, **71** */margo555, **71** */BSANI , **71** */womue, **71** */Jiri Hera, **72** */ExQuisine, **72** Dreamstime/Sethislav, **72** */volff , **73** */dimakp, **73** Shutterstock/Multiart, **73** Shutterstock/Krzysztof Slusarczyk, **73** */Daddy Cool, **73** */Brad Pict, **73** Dreamstime/ Jack14, **73** */cynoclub, **73** */Picture Partners, **73** */Lsantilli , **73** */Coprid, **73** */Fotofermer, **73** */Brad Pict, **73** */Mara Zemgaliete, **74** */Dani Vincek , **74** */Natika, **74** */Luis Carlos Jiménez, **74** */angorius, **74** */marrfa, **74** */Natika, **74** */fotogal, **74** */Shawn Hempel, **74** */Jessmine, **74** */Daorson, **74** */Jérôme Rommé, **74** */gcpics, **74** */Picture Partners, **75** */valeriy555, **75** */valeriy555, **75** */Barbara Pheby, **75** */volga1971, **75** Dreamstime/Robynmac, **75** */Anna Kucherova, **76** */jerome signoret, **76** */boguslaw, **76** */fotomatrix, **76** */World travel images, **76** */margo555 , **76** */margo555 , **76** */margo555 , **76** */margo555 , **76** */Wolfgang Jargstorff, **77** */valeriy555, **77** */silencefoto, **77** */valeriy555, **77** */valeriy555, **77** */silencefoto, **77** */valeriy555, **77** */photocrew, **77** */valeriy555, **77** */Anna Kucherova, **77** */valeriy555, **77** */Malyshchyts Viktar, **77** */charlottelake, **77** */valeriy555, **78** */tycoon101, **78** */Zbyszek Nowak, **78** */M.R. Swadzba, **78** */Schlierner, **78** */Ekaterina Lin, **78** */Andrey Starostin, **79** */azureus70, **79** */ azureus70, **79** */valeriy555, **79** */Dionisvera, **79** Thinkstock/anna1311, **79** */valeriy555, **79** */Andrea Wilhelm, **79** */valeriy555, **79** */ valeriy555, **79** */valeriy555, **79** */valeriy555, **79** */valeriy555, **79** */valeriy555, **79** */Anna Kucherova, **80** */Malyshchyts Viktar, **80** */Malyshchyts Viktar, **80** */Malyshchyts Viktar, **80** */Malyshchyts Viktar, **80** */Malyshchyts Viktar, **80** */Malyshchyts Viktar, **80** */ Malyshchyts Viktar, **80** */Malyshchyts Viktar, **80** */Malyshchyts Viktar, **80** */Malyshchyts Viktar, **80** */Natika, **80** */Malyshchyts Viktar, **80** */Malyshchyts Viktar, f9photos, **80** */Malyshchyts Viktar, **80** */Oleksiy Ilyashenko, **80** */Tim UR, **80** */valeriy555, **80** */ valeriy555, **80** */Natika, **80** */valeriy555, **81** Dreamstime/Skyper1975, **81** */Werner Fellner, **81** */marilyn barbone, **81** */nblxer, **81** */ goodween123, **82** */Popova Olga, **82** */Popova Olga, **82** */mates, **82** */Popova Olga, **82** */Popova Olga, **82** */Popova Olga, **82** */ Popova Olga, **82** */Popova Olga, **82** */pimponaco, **82** */Schlierner, **82** */svl861, **82** */svl861, **82** Dreamstime/Margouillat, **83** */ Team 5, **83** MDB/seli8, **83** */unpict, **83** */Tomboy2290, **83** */nbriam, **83** */Vera Kuttelvaserova, **83** */Vesna Cvorovic, **83** */Maceo, **83** */scis65, **84** Thinkstock/iStockphoto, **84** Thinkstock/iStockphoto, **84** Thinkstock/iStockphoto, **84** Thinkstock/iStockphoto, **84** Thinkstock/iStockphoto, **84** Thinkstock/iStockphoto, **84** Thinkstock/iStockphoto, **84** Thinkstock/iStockphoto, **84** */Popova Olga, **84** Thinkstock/iStockphoto, **84** Thinkstock/iStockphoto, **84** Thinkstock/iStockphoto, **84** Thinkstock/iStockphoto, **84** Thinkstock/ iStockphoto, **84** Thinkstock/iStockphoto, **84** Thinkstock/iStockphoto, **85** Dreamstime/Sergioz, **85** */Africa Studio, **85** */Orlando Bellini, **85** */Inga Nielsen, **85** */Inga Nielsen, **85** */Inga Nielsen, **85** */Boris Ryzhkov, **86** */Popova Olga, **86** */Popova Olga, **86** */ Popova Olga, **86** */Popova Olga, **86** */Popova Olga, **86** */Popova Olga, **86** */Popova Olga, **86** */Popova Olga, **86** */Popova Olga, **86** */Popova Olga, **86** */Popova Olga, **86** */Popova Olga, **86** */Popova Olga, **86** */Popova Olga, **86** */Elena Schweitzer, **86** */Picturefoods.com, **87** Dreamstime/Jirkaejc, **87** Dreamstime/Glasscuter, **87** */Andrzej Tokarski, **87** Dreamstime/Pryzmat, **87** */Stefano Neri , **87** */Roxana, **87** */enzo4, **87** */Stefano Neri, **87** */akulamatiau, **87** */zorandim75, **87** */marilyn barbone, **88** */pico, **88** */ Sergejs Rahunoks, **88** Dreamstime/Givaga, **88** */Piovanello, **88** */Piovanello, **88** */the_pixel, **88** */Liaurinko, **88** */nemez210769, **88** */midosemsem, **88** */Jiri Hera, **88** */juri semjonow, **88** */Brad Pict, **88** Dreamstime/Travelling-light, **88** Dreamstime/Synchronista, **88** */Julian Weber, **88** */IrisArt , **89** */BeTa-Artworks, **89** */Sergii Moscaliuk, **89** */Diana Taliun, **89** */Daniel Wiedemann, **89** Dreamstime/Nagme, **89** */lantapix, **89** */Olegich, **89** */scis65, **89** */Vidady, **89** */komar.maria, **90** */Petrov Vadim, **90** */unpict, **90** */Smart7, **90** */tycoon101, **90** */M. Schuppich, **90** */digifood, **90** */Schwoab, **90** */photocrew, **90** */chrisdorney, **90** */anakondasp, **90** */unpict, **90** */sorcerer11, **90** */Lucky Dragon, **91** */MarFot, **91** */ppi09, **91** */Kesu, **91** */Andrea Wilhelm, **91** */kehr design, **91** */gtranquillity, **91** */Corinna Gissemann, **91** */Lucky Dragon, **91** */Jiri Hera, **91** */sergojpg, **91** */Daryl Musser, **91** */ robysaba, **91** */unpict, **92** */Jiri Hera, **92** */Nitr, **92** */Nitr, **92** */ExQuisine, **92** */Natika , **92** */Inga Nielsen, **92** */Nitr, **92** */Nitr, **92** */Taffi, **92** */karandaev, **92** */unpict, **92** */baibaz, **92** */Africa Studio, **93** */pabijan, **93** */amenic181, **93** */Viktor, **93** */blende40, **93** */Fotofermer, **93** */Rob Stark, **93** */gtranquillity, **93** */gtranquillity, **93** */gtranquillity, **93** */gtranquillity, **93** */gtranquillity, **93** */ Inga Nielsen, **94** Thinkstock/puchkovo48, **94** */neirfy, **94** */Nitr, **94** */Nitr, **94** */Nitr, **94** */Taffi, **94** */Taffi, **94** */Taffi, **94** */Taffi, **94** */karandaev, **94** */karandaev, **94** */karandaev, **95** */Hemeroskopion, **95** */Hemeroskopion, **95** */Hemeroskopion, **95** */ Hemeroskopion, **95** */Hemeroskopion, **95** */Hemeroskopion, **95** */Hemeroskopion, **95** */Hemeroskopion, **95** */Hemeroskopion, **95** */Hemeroskopion, **95** */Hemeroskopion, **95** */Hemeroskopion, **95** */Hemeroskopion, **96** */kab-vision, **96** Shutterstock/ Multiart - Shutterstock.com, **96** */Volodymyr Shevchuk, **96** */Sergejs Rahunoks, **96** */sspice, **96** */Corinna Gisseman, **96** */ azureus70, **96** */Popova Olga, **96** */baibaz, **97** */Whitebox Media, **97** */angorius, **97** */Andrea Wilhelm, **97** Dreamstime/Margouillat, **97** */Viktor, **97** */Kesu, **97** */Peredniankina, **97** */margo555, **97** */Aleksandar Jocic, **98** */Jiri Hera, **98** */victoria p., **98** */djama, **98** */vagabondo, **98** */Jiri Hera, **98** */scis65, **98** */blende40, **98** */MUNCH!, **98** */Africa Studio, **98** */arinahabich, **98** */Marius Graf, **98** */Marius Graf, **98** */Marius Graf, **98** */Liaurinko, **98** */Brad Pict, **98** */juniart, **99** */Dmytro Sukharevskyy, **99** */Dmytro Sukharevskyy, **99** */Dmytro Sukharevskyy, **99** */Sergejs Rahunoks, **99** */canoncam, **99** */uckyo, **99** */torsakarin, **99** */Thibault Renard, **99** */eyewave, **99** */Orlando Bellini, **99** */Blue Wren, **99** */Dmytro Sukharevskyy, **99** */Dmytro Sukharevskyy, **100** */Jacek

Chabraszewski, **100** */Inga Nielsen, **100** */dusk, **100** */Road King, **100** */Jack Jelly, **100** Dreamstime/Tomislav Pinter, **100** */Jacek Chabraszewski, **100** */ExQuisine, **100** */aktifreklam, **100** */zhekos , **100** */Jess Yu, **100** */illustrez-vous, **100** */Andrea Wilhelm, **101** */Minerva Studio, **101** */Boris Ryzhkov, **101** */Nitr, **101** */unpict, **101** */Jacek Chabraszewski, **101** */photocrew, **101** */Viktor, **101** */ eyewave, **101** Dreamstime/Lightzoom, **101** iStockphoto/Gordana Sermek, **102** */Africa Studio, **102** */Vitaly Korovin, **102** */Coprid, **102** */Schlierner, **102** */Fotofermer, **103** */ashka2000, **103** */womue, **103** */EM Art, **103** */ExQuisine, **103** */photocrew, **103** */ jeehyun, **103** */reineg, **103** */reineg, **103** */reineg, **103** */reineg, **103** */Subbotina Anna, **103** */rangizzz, **103** */sjhuls, **104** */ Fotofermer, **106** Thinkstock/Keith Levit Photography, **106** Thinkstock/iStockphoto, **106** Thinkstock/iStockphoto, **106** Thinkstock/ iStockphoto, **106** Thinkstock/iStockphoto, **106** Thinkstock/iStockphoto, **106** Thinkstock/iStockphoto, **106** Thinkstock/iStockphoto, **106** Thinkstock/Fuse, **107** Thinkstock/Fuse, **107** Thinkstock/iStockphoto, **107** Thinkstock/iStockphoto, **107** Thinkstock/ iStockphoto, **107** Thinkstock/Comstock, **107** */Alexandra Gl, **108** */leremy, **108** */leremy, **108** */leremy, **108** */leremy, **108** */ leremy, **108** */leremy, **108** */mrtimmi, **108** */mrtimmi, **108** */mrtimmi, **108** */mrtimmi, **108** */mrtimmi, **108** */mrtimmi, **108** */ Bobo, **108** */leremy, **108** */leremy, **108** */FelixCHH, **109** Thinkstock/iStockphoto, **109** */Eisenhans, **109** Thinkstock/iStockphoto, **109** Thinkstock/iStockphoto, **109** Thinkstock/Hemera, **109** Thinkstock/Hemera, **109** Thinkstock/Hemera, **109** */Bombaert Patrick, **109** */algre, **109** Thinkstock/Hemera, **109** Thinkstock/iStockphoto, **109** Thinkstock/Hemera, **110** */Vladimir Kramin, **110** */ algre, **111** */algre, **111** */apttone, **112** Thinkstock/iStockphoto, **112** */Jenny Thompson, **112** */Aaron Amat, **112** */overthehill, **112** */ eldadcarin, **112** */Michael Seidel, **113** Thinkstock/iStockphoto, **113** */gradt, **113** */Lasse Kristensen, **113** */Željko Radojko, **113** */ golandr, **114** Thinkstock/iStockphoto, **114** Thinkstock/Stockbyte, **115** Thinkstock/iStockphoto, **115** Thinkstock/Hemera, **115** Thinkstock/iStockphoto, **115** Thinkstock/iStockphoto, **115** Thinkstock/iStockphoto, **115** */Bikeworldtravel, **116** */Idelfoto, **116** Thinkstock/iStockphoto, **116** Thinkstock/Hemera, **116** Thinkstock/Hemera, **116** Thinkstock/Hemera, **117** Thinkstock/iStockphoto, **117** Thinkstock/iStockphoto, **117** Thinkstock/iStockphoto, **118** Thinkstock/iStockphoto, **119** Thinkstock/Hemera, **119** Thinkstock/ iStockphoto, **119** Thinkstock/iStockphoto, **119** Thinkstock/iStockphoto, **119** Thinkstock/iStockphoto, **119** Thinkstock/iStockphoto, **119** Thinkstock/iStockphoto, **119** Thinkstock/iStockphoto, **119** Thinkstock/iStockphoto, **119** Thinkstock/iStockphoto, **119** Thinkstock/iStockphoto, **119** Thinkstock/iStockphoto, **119** Thinkstock/iStockphoto, **119** Thinkstock/iStockphoto, **119** Thinkstock/ Hemera, **119** Thinkstock/iStockphoto, **120** Thinkstock/iStockphoto, **120** Thinkstock/Hemera, **120** Thinkstock/Photos.com, **120** Thinkstock/iStockphoto, **120** */photo 5000, **120** Thinkstock/iStockphoto, **120** Thinkstock/iStockphoto, **120** Thinkstock/Hemera, **120** Thinkstock/Hemera, **121** */Eisenhans, **121** Thinkstock/iStockphoto, **121** Thinkstock/iStockphoto, **121** Thinkstock/Stockbyte, **121** Thinkstock/Hemera, **121** Thinkstock/iStockphoto, **121** Thinkstock/Julio de la Higuera Rodrigo, **121** */DeVIce, **121** */Artem Gorohov, **121** */Lukas Sembera, **121** Thinkstock/iStockphoto, **121** Thinkstock/iStockphoto, **121** */Eisenhans, **121** Thinkstock/iStockphoto, **121** Thinkstock/iStockphoto, **121** */auremar, **122** */laurenthuet, **122** */Nikolai Sorokin, **122** */Dmitry Vereshchagin, **122** */Ettore, **122** */ tr3gi, **122** */12ee12, **122** Thinkstock/Vladimir Arndt, **123** */Fotito, **123** */mschick, **123** */BlueSkyImages, **123** */contrastwerkstatt, **123** Thinkstock/iStockphoto, **123** Thinkstock/Hemera Technologies, **124** */Okea, **124** */Marcus Lindström - iStockphoto.com, **125** */CandyBox Images, **125** */TMAX, **125** */michaeljung, **125** */Maygutyak, **125** */Steve Mann, **125** */nui7711, **125** */Jörg Hackemann, **126** */Sashkin, **126** */virtabo, **126** Thinkstock/iStockphoto, **126** */Ben Chams, **126** */Ben Chams, **126** */Ben Chams, **126** */mindscanner , **126** */swx, **126** */michaeljung, **126** */alexmillos, **126** Thinkstock/iStockphoto, **126** */Bergringfoto, **126** Thinkstock/ iStockphoto, **126** */chalabala, **126** */Ben Burger, **127** */Tupungato, **127** */Pink Badger, **127** */HappyAlex, **127** */monticellllo, **127** */ monticellllo, **127** */monticellllo, **128** */Maswanya, **128** */Dmitry Vereshchagin, **128** */Dmitry Vereshchagin, **128** */Dmitry Vereshchagin, **128** */Photobank kiev, **129** */vichie81, **129** */Uschi Hering, **129** */skampixelle, **129** */DOC RABE Media, **129** */Nadine Klabunde, **129** */AndreasJ. **130** */Farinoza, **132** */Marco2811, **132** */phant, **132** */Crobard, **132** */A.Karnholz, **132** */ermess, **133** */sborisov, **133** */XtravaganT, **133** */Mihai-Bogdan Lazar, **133** */jacek_kadaj, **133** */ArTo, **133** */hansenn, **133** */Marcel Schauer, **133** Thinkstock/ iStockphoto, **133** */Jörg Lantelme, **133** */vaitekune, **133** */apops, **133** */motivation1965, **133** */steschum, **133** Thinkstock/iStockphoto, **133** Thinkstock/iStockphoto, **133** */HaywireMedia, **134** */Scanrail, **134** */anshar73, **134** */XtravaganT, **134** Thinkstock/ iStockphoto, **134** Thinkstock/iStockphoto, **134** */A_Lein, **134** Thinkstock/iStockphoto, **134** */jovannig, **134** */Patryk Kosmider, **134** */Max, **134** Thinkstock/Getty Images, **134** */miket, **134** */Ciaobucarest, **134** */Paul Liu, **134** Thinkstock/iStockphoto, **134** */Adrian v. Allenstein, **135** */Pabkov, **135** Thinkstock/iStockphoto, **135** Thinkstock/iStockphoto, **135** Thinkstock/photodisc/David De Lossy, **135** */Anchels, **135** Thinkstock/Ingram Publishing, **135** */Ichbins11, **135** */MIMOHE, **135** */blas, **135** */Franz Pfluegl, **135** */Petra Beerhalter, **135** */davidundderriese, **136** */contrastwerkstatt, **136** */Berni, **136** */Berni, **136** */Berni, **136** */slava296, **136** */Berni, **136** */Berni, **136** */xy, **136** */lunamarina, **136** */Berni, **137** Thinkstock/Hemera, **137** */oranhall, **137** */Kzenon, **137** Thinkstock/ iStockphoto, **137** */Margo Harrison, **137** Thinkstock/iStockphoto, **137** Thinkstock/iStockphoto, **137** */JackF, **137** */Africa Studio, **137** */Hirurg, **137** */stockyimages, **138** */qech **138** */contrastwerkstatt, **138** Thinkstock/iStockphoto, **138** Thinkstock/iStockphoto, **138** Thinkstock/photodisc/Keith Brofsky, **138** */LVDESIGN, **138** */Santiago Cornejo, **139** */eyewave, **139** */jogyx, **139** */Joop Hoek, **139** */T. Michel, **139** Thinkstock/iStockphoto, **139** */dextroza, **139** Thinkstock/iStockphoto, **139** */lowtech24, **139** Thinkstock/iStockphoto, **139** Thinkstock/iStockphoto, **139** Thinkstock/Comstock, **139** */Picture-Factory, **139** Thinkstock/iStockphoto, **140** Thinkstock/iStockphoto, **140** Thinkstock/iStockphoto, **140** */zhu difeng, **140** */Gina Sanders, **140** */Bauer Alex, **140** */Andres Rodriguez, **140** */Kzenon, **140** */Alex Tihonov, **140** */Alex Tihonov, **140** */Christophe Fouquin, **140** */Sven Weber, **140** */mediagram, **140** */bradleyhebdon, **140** */Africa Studio, **140** */paul prescott, **140** */Tyler Olson, **141** */shotsstudio, **141** */luanateutzi, **141** */adisa, **141** */scaliger, **141** Thinkstock/Fuse, **141** Thinkstock/Andrey Burmakin, **141** Thinkstock/Digital Vision/RL Productions, **141** */ Pumba, **141** */lightpoet, **141** Thinkstock/Fuse, **141** Thinkstock/iStockphoto, **141** */chamillew, **141** */gemenacom, **141** */mangostock, **141** */Tyler Olson, **141** */Kzenon, **142** */photocreo, **142** Thinkstock/photodisc/Siri Stafford, **142** */T. Michel, **142** */filtv, **142** */apops, **142** */Monkey Business, **143** */JJAVA, **143** */JJAVA, **143** */JackF, **143** */Pavel Losevsky, **143** */Pavel Losevsky, **143** */erwinova, **143** */JJAVA, **143** */Art Allianz, **143** */Sam Spiro, **143** */adisa, **143** */JackF, **143** */JackF, **143** */rufeh, **143** Thinkstock/Hemera, **143** */M. studio, **143** Thinkstock/iStockphoto, **144** */Minerva Studio, **144** */eyetronic, **144** */paul prescott, **144** */corepics, **144** */AlienCat, **144** */Thomas Francois, **144** */ag visuell, **144** */Minerva Studio, **144** */contrastwerkstatt, **145** */Art Allianz, **145** */adisa, **145** */ Pumba, **145** */adisa, **145** */Vitaly Maksimchuk, **145** Thinkstock/iStockphoto, **145** */amlet, **145** Thinkstock/Brand X Pictures, **145** */

Joshhh, **145** */karandaev, **145** */808isgreat, **145** Thinkstock/iStockphoto, **145** */Andres Rodriguez, **146** */ruigsantos, **146** */Pixel & Création, **146** Thinkstock/iStockphoto, **146** */robert, **146** Thinkstock/Ingram Publishing, **146** */by-studio, **146** Thinkstock/Digital Vision, **146** */viperagp, **146** */OlegDoroshin, **146** */Pixelwolf2, **146** */VL@D, **146** */rekemp, **146** */Natalia Merzlyakova, **146** */ spaxiax, **146** */Sunshine Pics, **146** */eyewave, **147** */nicknick_ko, **147** Thinkstock/iStockphoto, **147** Thinkstock/iStockphoto, **147** */ Mingis, **147** */nyul, **147** Thinkstock/iStockphoto, **147** */Africa Studio, **147** */Minerva Studio, **147** Thinkstock/iStockphoto, **147** */ fottoo, **147** */Africa Studio, **147** Thinkstock/iStockphoto, **147** */Digitalpress, **148** Thinkstock/Hemera, **148** Thinkstock/iStockphoto, **148** */cottonfioc, **148** */goodluz, **148** */Alen Ajan, **148** */Artur Bogacki, **148** */leungchopan, **148** */Paul Vinten, **148** Thinkstock/ Jupiterimages, **148** */amarok17wolf, **148** */Scott Griessel, **148** */fxegs, **148** */terex, **149** */kameraauge, **149** */LianeM, **149** */ XtravaganT, **149** */vom, **149** */dbvirago, **149** */Stuart Monk, **149** */legeartispics, **149** */phant, **149** */ArTo, **149** */Sorry, **149** */ bbourdages, **149** */Furan, **149** */bluclementine, **150** Thinkstock/iStockphoto, **150** */AV, **150** Thinkstock/Mikhail Markovskiy, **150** */ DragonImages, **150** */piccaya, **150** */Leonid Tit, **150** */ArtHdesign, **150** */womue, **150** */Maurizio Malangone, **151** */alex200464, **151** Thinkstock/iStockphoto, **151** */Arkady Chubykin, **151** Thinkstock/iStockphoto, **151** */djama, **151** */Schulz-Design, **151** */Marti-nan, **151** */Ammentorp, **151** */Gerhard Seybert, **151** Thinkstock/Digital Vision, **151** */travis manley, **152** */Nika Novak, **154** */Genna-diy Poznyakov, **154** */sdenness, **154** */contrastwerkstatt, **154** */Monkey Business, **154** */Robert Kneschke, **154** */shock, **154** */ Monkey Business, **154** Thinkstock/iStockphoto, **154** */Cozyta, **154** Thinkstock/Comstock, **154** */tiero, **154** */contrastwerkstatt, **154** */hues, **155** */Gennadiy Poznyakov, **155** */kritchanut, **156** */luminastock, **156** */robert, **156** */yeyen, **156** */auremar, **156** */Javier Castro, **156** */peshkova, **156** */Gennadiy Poznyakov, **156** */Kzenon, **156** */sunabesyou, **156** */gemenacom, **156** */shock, **156** */ Jürgen Fälchle, **156** */Nosvos, **156** */luminastock, **156** */kartos, **156** */peshkova, **157** */Olga Galushko, **157** */AVAVA, **157** */Tyler Olson, **157** */Sven Bähren, **157** */alco81, **157** */paylessimages, **157** */Robert Kneschke, **157** */auremar, **157** */ayutaroupapa, **157** */ Aiwendyl, **157** */kmiragaya, **157** */contrastwerkstatt, **157** */Tomasz Trojanowski, **158** Thinkstock/iStockphoto, **158** */Africa Studio, **158** */Zerbor, **158** */dkimages, **158** */babimu, **158** */phloxii, **158** */Africa Studio, **158** */Vlad Ivantcov, **158** */Vladyslav Danilin, **159** */ ThorstenSchmitt, **159** Thinkstock/PhotoObjects.net, **159** */lily, **160** Thinkstock/iStockphoto, **160** */leszekglasner, **160** */Mat Hayward, **160** */Konstantin L, **160** */josje71, **160** */xy, **160** */Creativa, **160** */Monkey Business, **160** */Monkey Business, **160** */ aidaricci, **161** Thinkstock/iStockphoto, **161** */Marius Graf, **161** */muro, **161** */BEAUTYofLIFE, **161** */ia_64, **161** */lu-photo, **162** */Jörg Lantelme, **162** */Berni, **162** */Jeanette Dietl, **162** Thinkstock/Brand X Pictures, **162** */Randall Reed, **162** */Minerva Studio, **162** */ trotzolga, **162** */johannesspreter, **162** */Africa Studio, **162** */Alexander Raths, **162** */contrastwerkstatt, **162** */agenturfotografin, **162** */lightpoet, **163** Thinkstock/James Woodson, **163** */CandyBox Images, **163** */Igor Mojzes, **163** */WavebreakmediaMicro, **163** */Africa Studio, **163** */Andres Rodriguez, **163** */xy, **163** */apops, **163** */pearl, **163** */Robert Kneschke, **163** */Markus Haack, **163** */ lightpoet, **164** */Minerva Studio, **164** */WavebreakmediaMicro, **164** */goodluz, **164** */lightpoet, **164** */goodluz, **164** */Kzenon, **164** */CandyBox Images, **164** */Fuse, **164** */goodluz, **164** */pearl, **164** */mangostock, **164** Thinkstock/iStockphoto, **164** Thinkstock/ Digital Vision, **165** */contrastwerkstatt, **165** */A_Bruno, **165** */WavebreakmediaMicro, **165** */Geo Martinez, **165** */Geo Martinez, **165** */endostock, **166** */Minerva Studio, **166** */apops, **166** */bevangoldswain, **166** */Adam Gregor, **166** */Kzenon, **166** */Kzenon, **166** */michaeljung, **166** */ontrastwerkstatt, **166** */Tyler Olson, **166** */Valentina R., **166** */contrastwerkstatt, **166** */Iurii Sokolov, **166** */Kzenon, **166** */Picture-Factory, **166** */Rido, **166** */nyul, **167** */goodluz, **167** */Kadmy, **167** */Peter Atkins, **167** */jörn buchheim, **167** */Kadmy, **167** */Kurhan, **167** */krizz7, **167** */Kadmy, **167** */ikonoklast_hh, **167** */Marén Wischnewski, **167** */apops, **167** */ goodluz, **167** */Cyril Comtat, **167** Thinkstock/Andriy Fomenko, **167** */manu, **167** */petert2, **168** */Monika Wisniewska, **168** Think-stock/iStockphoto, **168** */goodluz, **168** */Minerva Studio, **168** */Kzenon, **168** */Kzenon, **168** Thinkstock/Photodisc, **168** */Kzenon, **168** */Claudia Nagel, **168** */Minerva Studio, **168** */Kzenon, **168** */contrastwerkstatt, **168** */CandyBox Images, **168** */Kzenon, **168** */ Kzenon, **168** */Kurhan, **169** */goodluz, **169** */contrastwerkstatt, **169** */Igor Mojzes, **169** */mezzotint, **169** */claudiaveja, **169** */ Andrey Kiselev, **169** */WavebreakmediaMicro, **169** */Elnur, **169** */diego cervo, **169** */Africa Studio, **169** */Africa Studio, **169** */berc, **169** */Natali_ua, **169** Thinkstock/Fuse, **169** */lightpoet, **169** */contrastwerkstatt, **172** */terex, **172** Thinkstock/iStockphoto, **172** */ nikkytok, **172** */marcoprati, **172** */eyewave, **172** */Africa Studio, **173** */Africa Studio, **173** */Diana Taliun, **173** */Rulan, **173** */inter-klicks, **173** Thinkstock/iStockphoto, **173** Thinkstock/iStockphoto, **173** */Corwin, **173** */rangizzz, **173** */monstersparrow, **174** */ Picture-Factory, **174** */Carlos Caetano, **174** */vda_82, **174** */vetkit, **174** */Jacek Fulawka, **174** */masterzphotofo, **175** */Viorel Sima, **175** */Mi.Ti., **175** */Brian Jackson, **175** */juniart, **175** */Oksana Kuzmina, **175** */Marcin Sadlowski, **176** */Gelpi, **178** */TAlex, **178** */ karandaev, **179** */Maksym Yemelyanov, **179** */Vitas, **179** */romantiche, **179** */rawcaptured, **179** */AVD, **179** */Sergey Dashkevich, **179** Thinkstock/iStockphoto, **179** */Artur Synenko, **179** */dimakp, **179** */heigri, **179** */Lusoimages, **179** */Apart Foto, **179** */sonne fleckl, **179** */Manuela Fiebig, **179** */Klaus Eppele, **179** */Artur Synenko, **180** */Gina Sanders, **180** */snyfer, **180** */snyfer, **180** */Iurii Timashov, **180** */Iurii Timashov, **180** */Iurii Timashov, **180** */Iurii Timashov, **180** */Iurii Timashov, **180** */Iurii Timashov, **180** */ WonderfulPixel, **180** */Iurii Timashov, **180** */Iurii Timashov, **180** */Iurii Timashov, **181** */WonderfulPixel, **181** */WonderfulPixel, **181** */WonderfulPixel, **181** */WonderfulPixel, **181** */WonderfulPixel, **181** */vasabii, **181** */grgroup, **181** */Skipio, **181** */vector_master, **181** */Scanrail, **181** */Vectorhouses, **181** */Vectorhouses, **181** */Vectorhouses, **182** */Metin Tolun, **182** */inal09, **182** */electriceye, **182** */ Do Ra, **182** */Do Ra, **182** */Do Ra, **182** */Do Ra, **182** */Do Ra, **182** */Do Ra, **182** */Do Ra, **182** */Palsur, **182** */marog-pixcells, **182** */ Palsur, **183** */mtkang, **183** */Taffi, **183** */pizuttipics, **183** */by-studio, **183** */Scanrail, **183** */RTimages, **183** */Aleksandr Bryliaev, **183** */JcJg Photography, **183** */Coprid, **183** */tanatat, **183** */Palsur, **183** */Andrew Barker, **184** */ashumskiy, **184** */Gewoldi, **184** */Vitas, **184** */singkham, **185** */Sebalos, **185** */tomispin, **185** */manaemedia, **185** */Niceregionpics, **185** */thanomphong, **185** */Lusoima-ges, **186** Thinkstock/Alexander Podshivalov, **186** */wellphoto, **186** */Stefan Körber, **186** */Pavel Losevsky, **187** */TrudiDesign, **187** */ WavebreakmediaMicro, **187** */ArtHdesign, **187** */valdis torms, **187** */cirquedesprit, **187** */Alexandra GI, **187** */Sergey Nivens, **187** */ imkenneth, **187** */WavebreakMediaMicro, **188** */jfv, **188** */pressmaster, **188** */jminso679, **188** */Marco2811, **188** */Johanna Mühl-bauer, **188** */A_Bruno, **189** */pedrosala, **189** */fotomatrix, **189** */Uwe Bumann, **189** */robert, **189** */Milan Surkala, **189** */the_buil-der, **189** */reich, **190** */Scanrail, **190** */Dron, **190** */drubig-photo, **190** */mirabella, **190** */gradt, **191** */gradt, **191** Thinkstock/ iStockphoto, **191** */JiSIGN, **191** */JiSIGN, **191** */JiSIGN, **191** */Rido, **191** */auremar, **192** */Elenathewise, **194** */mirpic, **194** */KB3, **194** Thinkstock/Stockbyte, **195** */lesniewski, **195** */Lario Tus, **195** */Melinda Nagy, **195** */kostasaletras, **195** */contrastwerkstatt, **195** */

beachboyx10, **196** Thinkstock/iStockphoto, **196** */Val Thoermer, **197** Thinkstock/Dorling Kindersley RF, **197** */snaptitude, **198** */Pavel Losevsky, **198** */.shock, **198** */Nicholas Piccillo, **198** Thinkstock/Photodisc, **198** Thinkstock/Photodisc, **198** Thinkstock/Photoobjects.net, **198** */.shock, **198** */micromonkey, **199** */kromkrathog, **199** Thinkstock/Fuse, **199** */Stian Iversen, **200** */Tan Kian Khoon, **200** */modestil, **200** */Igor Sokolov, **200** */piai, **200** */Will Hughes, **200** */Actionpics, **200** */Kelpfish, **200** */Africa Studio, **200** */Brocreative, **200** */karaboux, **200** */Lance Bellers, **200** */Sean Gladwell, **200** */by-studio, **201** */kanate, **201** */by-studio, **201** */Michael Pettigrew, **201** Thinkstock/Ingram Publishing, **202** */Katya Constantine, **202** */Nicholas Piccillo, **203** */Dmitry Vereshchagin, **203** */PinkBlue, **203** */PinkBlue, **203** */PinkBlue, **204** */Kris Strach, **204** */Kzenon, **204** */Kzenon, **205** */Quasarphoto, **205** */sumnersgraphicsinc, **205** */sumnersgraphicsinc, **205** */Veniamin Kraskov, **205** */Apart Foto, **205** */RTimages, **206** */zozulinskyi, **206** */Stefan Schurr, **206** */berc, **206** */mezzotint, **206** */ekarin, **206** Thinkstock/Digital Vision, **207** */Sportlibrary, **207** */lilufoto, **207** */roibu, **207** Thinkstock/TongRo Images, **207** */lilufoto, **207** Thinkstock/iStockphoto, **207** Thinkstock/iStockphoto, **207** */Michael Rosskothen, **207** */Oscar Brunet, **207** */Oscar Brunet, **207** Thinkstock/Comstock/JupiterImages, **208** */alessandro0770, **208** */Stefan Schurr, **208** */Maridav, **208** Thinkstock/moodboard, **208** */endostock, **208** */lightpoet, **208** */yanlev, **208** Thinkstock/Fuse, **208** */Wong Hock Weng, **209** */Andres Rodriguez, **209** */goldenangel, **209** */wellphoto, **209** Thinkstock/Digitial Vision, **209** */wellphoto, **209** */Cpro, **209** */Cpro, **209** */Birgit Reitz-Hofmann, **209** */Kitch Bain, **209** */Tony Taylor Stock, **209** */xy, **210** */marsyk, **210** */Sportlibrary, **210** */agentur2728.de, **210** Thinkstock/Hemera @ Getty Images, **211** Thinkstock/iStockphoto **211** Thinkstock/iStockphoto, **211** Thinkstock/Comstock, **212** Thinkstock/iStockphoto, **212** */dima266f, **212** */Maridav, **212** */Anion, **212** */beatrice prève, **212** Thinkstock/Hemera, **212** */EpicStockMedia, **212** Thinkstock/iStockphoto, **212** Thinkstock/iStockphoto, **212** Thinkstock/Monkey Business, **213** Thinkstock/Fuse, **213** Thinkstock/iStockphoto, **213** Thinkstock/Pixland, **213** */attltibi, **213** */attltibi, **213** */belinka, **213** */Andrey Kiselev, **213** */auremar, **213** */tunedin, **213** Thinkstock/Hemera, **213** */Dmitry Vereshchagin, **213** */Elnur, **214** */Kseniya Abramova, **215** */Thierry RYO, **215** */Kseniya Abramova, **215** */Kseniya Abramova, **215** Thinkstock/Thomas Northcut @ Getty Images, **215** */Margo Harrison, **215** */fifranck, **215** */hosphotos, **215** */Heike und Hardy, **215** Thinkstock/iStockphoto, **215** */PackShot, **215** */auremar, **216** */Ljupco Smokovski, **216** */SS1001, **216** */Vadim Bukharin, **216** */Dmitry DG, **217** */ftlaudgirl, **217** */U. Woell, **217** */Anton Gvozdikov, **217** */project1photography, **217** */Volker Skibbe, **217** */Marcelo Dufflocq, **217** Thinkstock/iStockphoto, **217** */roblan, **217** */andreshka, **217** */stoonn, **217** */daseaford, **217** */sablin, **217** */garry_images, **218** */dell, **218** */Silvano Rebai, **218** */dell, **218** */victor zastol'skiy, **218** */mradlgruber, **218** Thinkstock/iStockphoto, **218** */© Olympixel, **218** */Val Thoermer, **218** */terranova_17, **219** Thinkstock/iStockphoto, **219** Thinkstock/moodboard, **219** */Galina Barskaya, **219** Thinkstock/Hemera, **219** */Dreef, **219** */Steeve ROCHE, **219** Thinkstock/iStockphoto, **219** Thinkstock/Photodisc/Ryan McVay, **219** */corepics, **219** */Lsantilli, **220** Thinkstock/iStockphoto, **220** */Netzer Johannes, **220** */Stefan Schurr, **220** */inigocia, **220** */Netzer Johannes, **220** */Jan Kranendonk, **220** */monster85, **220** */Avantgarde, **220** */photomag, **220** */storm, **220** */Fotoimpressionen, **220** */Marco2811, **220** */yanlev, **220** */lassedesignen, **220** */Stefan Schurr, **220** */Grigorenko, **221** */lilufoto, **221** */3dmentat, **221** */maxoidos, **221** */Bergringfoto, **221** */Marin Conic, **221** */Dimitar Marinov, **221** */just2shutter, **221** Thinkstock/iStockphoto, **221** */Shmel, **221** */olly, **221** Thinkstock/iStockphoto, **221** Thinkstock/Cameron Spencer @ Getty Images, **221** */ChantalS, **221** */Felix Mizioznikov, **221** Thinkstock/Digital Vision, **221** */artjazz, **222** Thinkstock/iStockphoto, **222** */okinawakasawa, **222** */VIPDesign, **222** */okinawakasawa, **222** */starush, **222** */Hetizia, **223** Thinkstock/Wavebreak Media, **223** */Lerche & Johnson, **223** */Lerche & Johnson, **223** */Lerche & Johnson, **223** */Lerche & Johnson, **223** Thinkstock/iStockphoto, **223** Thinkstock/iStockphoto, **223** */Lerche & Johnson, **223** */Wisky, **223** */nito, **223** */Kzenon, **224** */Africa Studio, **226** Thinkstock/iStockphoto, **226** Thinkstock/Digital Vision, **226** Thinkstock/iStockphoto, **226** Thinkstock/Purestock, **226** Thinkstock/iStockphoto, **226** */Andrey Burmakin, **226** */Andrey Burmakin, **226** */Nejron Photo, **226** Thinkstock/JupiterImages © Getty Images, **227** Thinkstock/Digital Vision, **227** Thinkstock/Digital Vision, **227** Thinkstock/Digital Vision, **228** Thinkstock/iStockphoto, **228** */Africa Studio, **228** */Kalim, **228** Thinkstock/iStockphoto, **228** */ysbrandcosijn, **229** */Klaus Eppele, **229** */scalaphotography, **229** */cynoclub, **229** */Brian Jackson, **229** */mekcar, **229** */by-studio, **229** */Henry Schmitt, **229** */Henry Schmitt, **229** */alephcomo1, **229** */Henry Schmitt, **229** */deusexlupus, **229** */apops, **229** */MUE, **229** */MUE, **229** */MUE, **229** thinkstock/Hemera (Cagri Oner), **230** */ReMuS, **230** */soerenkuhrt, **230** */Maruba, **230** */cjansuebsri, **230** Thinkstock/iStockphoto, **230** */Constantinos, **230** */ILYA AKINSHIN, **230** */dvs71, **230** */Jürgen Fälchle, **230** */Uros Petrovic, **230** */Distrikt3, **230** */Lucky Dragon USA, **230** */Denis Ivatin, **230** */photlook, **230** */Klaus Eppele, **230** */venusangel, **231** Thinkstock/iStockphoto, **231** */visivasnc, **231** */sumnersgraphicsinc, **231** */ArtFamily, **231** Thinkstock/iStockphoto, **231** */ysbrandcosijn, **231** */jehafo, **232** */Andrey Armyagov, **232** Thinkstock/iStockphoto, **232** */G.Light, **232** Thinkstock/Digital Vision/A J James, **232** Thinkstock/iStockphoto, **232** */bizoo_n, **233** */Bombaert Patrick, **233** */tuja66, **233** */Giuseppe Porzani, **233** */ILYA AKINSHIN, **233** */jiggo, **234** */starman963, **234** */Kirill Zdorov, **234** */tobago77, **234** */Steve Mann, **234** */Michael Flippo, **234** Thinkstock/iStockphoto, **234** */Martina Berg, **234** */st-fotograf, **234** */imagika, **234** Thinkstock/iStockphoto, **234** */WavebreakMediaMicro, **234** */jillchen, **234** */Alexander Raths, **235** */Warren Millar, **235** Thinkstock/Stockbyte, **235** Thinkstock/iStockphoto, **235** Thinkstock/iStockphoto, **235** Thinkstock/iStockphoto, **235** Thinkstock/iStockphoto, **235** */ksena32, **235** Thinkstock/iStockphoto, **235** */AllebaziB, **235** */Barbara Pheby, **235** Thinkstock/Hemera, **235** */womue, **235** */Liliia Rudchenko, **235** Thinkstock/iStockphoto, **235** */jogyx, **235** */Marius Graf, **236** */Regina Jersova, **236** */bittedankeschön, **236** Thinkstock/iStockphoto, **236** */franzgustincich, **236** */openlens, **236** */bruniewska, **236** */Amid, **236** Thinkstock/iStockphoto, **236** */Gino Santa Maria , **236** Thinkstock/iStockphoto, **236** */krimzoya46, **236** */sandis94, **236** */tsaplia, **236** */tigger11th, **236** */neirfy, **236** */bahrialtay, **237** */akekoksom, **238** Thinkstock/iStockphoto, **238** Thinkstock/iStockphoto, **238** */Sergiogen, **238** Thinkstock/iStockphoto, **238** */babimu, **239** */uckyo, **239** */RTimages, **239** */Africa Studio, **239** */Africa Studio, **239** */luiscarceller, **239** */Neyro, **239** */kornienko, **239** Thinkstock/thinstock Ablestock.com @ Getty Images, **239** */Mushy, **239** */maestria_diz, **239** Thinkstock/iStockphoto, **239** */U. Hardberck, **239** */Andreja Donko, **239** */koosen, **239** Thinkstock/iStockphoto, **239** Thinkstock/Hemera @ Getty Images, **240** */Printemps, **240** */Africa Studio, **240** Thinkstock/iStockphoto, **240** */shooarts, **240** */Vyacheslav Plyasenko, **240** */Artranq, **240** Thinkstock/JupiterImages © Getty Images, **240** */Firma V, **240** */ronstik, **240** */lunamarina, **240** */iampuay, **240** */Kuzmick, **240** */marysa03, **241** Thinkstock/Fuse, **241** Thinkstock/Creatas Images, **241** Thinkstock/Fuse, **241** */Kzenon, **241** */nyul, **241** */

Sergey Nivens, **241** */Nejron Photo, **242** */Robert Neumann, **242** */ratana_k, **242** */Marius Graf, **242** Thinkstock/iStockphoto, **242** */Unclesam, **242** */indigolotos, **242** */Birgit Reitz-Hofmann, **242** */fotomanu21, **242** */Hamik, **243** */Lichtmaler, **243** */Cmon, **243** Thinkstock/iStockphoto, **243** */DoraZett, **243** */NoName, **243** */RTimages, **243** */avtor_ep, **243** Thinkstock/Comstock, **243** */Dan Race, **243** Thinkstock/Digital Vision/Ryan McVay, **243** Thinkstock/Ingram Publishing, **243** Thinkstock/iStockphoto, **243** */seen, **244** Thinkstock/Zoonar, **244** */donfiore, **244** Thinkstock/iStockphoto, **244** */eldadcarin, **244** */eldadcarin, **244** */Anja Roesnick, **244** */Anja Roesnick, **244** */Anja Roesnick, **244** */Africa Studio, **244** */Foto-Ruhrgebiet, **244** Thinkstock/Zoonar, **244** */eldadcarin, **244** */STUDIO12, **245** Thinkstock/iStockphoto, **245** */sergign, **245** */schoki_01, **245** */aleciccotelli, **245** */Fyle, **245** */frank peters, **245** */Christer Tvedt, **246** */benjaminnolte, **246** Thinkstock/iStockphoto, **246** Thinkstock/Digital Vision/Alexander Hassenstein, **246** */Aleksandar Todorovic, **247** Thinkstock/iStockphoto, **247** */f9photos, **247** Thinkstock/iStockphoto, **247** */photocrew, **247** Thinkstock/iStockphoto, **247** */Aleksandar Todorovic, **247** */mikesch112, **247** */rangizzz, **247** */chulja, **247** Thinkstock/iStockphoto, **247** */pressmaster, **247** Thinkstock/iStockphoto, **247** */arnau2098, **248** */B. Wylezich, **248** */philipus, **248** */Angus , **248** */od - pictureworks, **248** */bergamont , **248** */risto0, **248** */full image, **248** */Coprid, **248** */f9photos, **248** */sss78, **248** */federicofoto, **249** */Africa Studio, **249** */Ljupco Smokovski, **249** */Danicek, **249** Thinkstock/iStockphoto, **249** */Alexey Potapov, **249** */scphoto48 , **249** */tolism, **250** */babimu, **252** */CLIPAREA.com, **252** */CLIPAREA.com, **253** */CLIPAREA.com, **253** */CLIPAREA.com, **254** Thinkstock/Zoonar, **254** Thinkstock/Hemera @ Getty Images, **254** Thinkstock/iStockphoto, **255** */mrgarry, **255** */turhanerbas, **256** */adimas, **257** */adimas, **258** */pixelcaos, **259** */3drenderings, **259** */3drenderings, **259** */3drenderings, **259** */3drenderings, **259** */3drenderings, **259** */3drenderings, **259** */arsdigital, **259** */pixelcaos, **260** */pixelcaos, **261** */pixelcaos, **261** */Diana Taliun, **262** */vectorus, **262** */Lsantilli, **262** */Sven Bähren, **262** */Tyler Olson, **262** */GordonGrand, **262** */iStockphoto, **263** */reflektastudios, **263** Thinkstock/oksun70, **263** */Robert Angermayr, **263** */silverrobert, **263** */Popova Olga, **263** */gradt, **264** */Alexander Raths, **264** */fhmedien_de, **264** */Creativa, **264** */ISO K° - photography, **264** */Sashkin, **264** */Africa Studio, **265** */Monkey Business, **265** */dalaprod, **265** */drubig-photo, **265** */drubig-photo, **265** */vladimirfloyd, **266** */Africa Studio, **266** */iko, **266** */DoraZett, **266** */Creativa, **266** */Gina Sanders, **266** */Subbotina Anna, **266** */drubig-photo, **266** */Ocskay Bence, **266** */detailblick, **266** */Kurhan, **267** */Creativa, **267** */underdogstudios, **267** */Dmitry Lobanov, **267** */rangizzz, **267** */Dan Race, **267** */Eisenhans, **267** */smikeymikey1, **268** Thinkstock/iStockphoto, **268** */Guido Grochowski, **268** */Dmitry Vereshchagin, **268** */HBK, **268** */treetstreet, **268** */Peter Atkins, **268** */Bandika, **268** */wckiw, **269** */ksena32, **269** */Igor Mojzes, **269** */st-fotograf, **269** */Vidady, **269** */Maridav, **269** Thinkstock/iStockphoto, **269** Thinkstock/iStockphoto, **269** */Kondor83, **269** */Gelpi, **269** */Volker Witt, **269** */apops, **269** */juefraphoto , **269** */Joss, **270** */CandyBox Images, **270** */alswart, **270** */hitdelight, **270** */unclepodger, **271** */Igor Zakowski, **271** */Rade Lukovic, **271** */draw05, **271** */blende40, **271** */Kurhan, **271** */Jessmine, **271** */contrastwerkstatt, **271** */apops, **272** */Alexandr Mitiuc, **272** Thinkstock/iStockphoto, **272** */Tyler Olson, **272** */Africa Studio, **273** */malajscy, **273** */Gerhard Brée, **273** */ep stock, **273** */ksl, **274** */Gennadiy Poznyakov, **274** */Tobilander, **274** */malajscy, **274** */starman963, **274** */Jim Vallee, **275** */danutelu, **275** */spotmatikphoto, **275** */Robert Kneschke, **275** */Dmitry Vereshchagin, **275** */itsmejust, **275** */Robert Kneschke, **275** */WONG SZE FEI, **276** */Africa Studio, **276** */Africa Studio, **276** */contrastwerkstatt, **276** */khuntapol, **276** */Coprid, **276** */Anatoly Repin, **276** */adisa, **276** */Borys Shevchuk, **276** */Manuel Schäfer, **276** */Nataraj, **277** */Gordon Saunders, **277** */seen, **277** */only4denn, **277** Thinkstock/Hemera, **277** */Coprid, **277** */blondina93, **277** */by-studio, **277** */Jiri Hera, **277** */Johanna Goodyear, **277** */Nazzu, **277** */Tharakorn, **277** */Tarzhanova, **277** */terex, **278** */Tatjana Balzer, **278** */Tyler Olson, **278** */Schlierner, **278** */Kzenon, **278** */modul_a, **278** */Nikki Zalewski, **278** */Khorzhevska, **278** */bertys30, **278** */Tran-Photography, **278** */Zdenka Darula, **278** */WONG SZE FEI, **278** */pearl, **278** */Taffi, **279** */Gennadiy Poznyakov, **279** */ecobo, **279** */pukall-fotografie, **279** */goodluz, **279** Thinkstock/Dorling Kindersley RF, **279** Thinkstock/iStockphoto, **279** */Artem Merzlenko, **280** */Han van Vonno, **282** */CandyBox Images, **282** */Roman Milert, **282** */Volker Witt, **282** */AK-DigiArt, **282** */Dario Lo Presti, **282** */benjaminnolte, **283** */Michael Schütze, **283** */brozova, **283** */Rodja, **283** Thinkstock/iStockphoto, **283** */cristi180884, **283** */Lisa F. Young, **284** Thinkstock/iStockphoto, **284** Thinkstock/Photodisc, **284** */VRD, **284** */Andre Bonn, **284** */shutswis, **285** */Lukas Sembera, **285** Thinkstock/liquidlibrary, **285** */marog-pixcells, **285** Thinkstock/iStockphoto, **285** */koszivu, **285** */Photographee.eu, **285** Thinkstock/iStockphoto, **285** */Monkey Business, **285** */Photographee.eu, **285** */Gerhard Seybert, **285** */Artem Furman, **286** */PictureArt, **286** */Pavel Losevsky, **286** */davis, **286** */Arcady, **286** */playstuff, **286** */beermedia, **286** */Lucky Dragon USA, **286** */Igor Kovalchuk, **287** */Christa Eder, **287** */Svetlana Gryankina, **287** */creAtive, **287** */Berry, **287** */Maygutyak, **287** */WoGi, **287** */Tobboo, **287** */jogyx, **287** */rouakcz, **287** */Silvano Rebai, **288** */Fiedels, **288** */nupsik284, **288** */Birgit Reitz-Hofmann, **288** */Claudio Divizia, **288** */GP, **288** */S.Kobold, **288** */amorfati.art, **288** */CPJ Photography, **288** */Zacarias da Mata, **288** */Hugh McKean, **288** */aquapix, **288** */Eric Gevaert, **289** */andrewburgess, **289** Thinkstock/iStockphoto, **289** */lassedesignen, **289** */Heinz Waldukat, **289** */Sergey Kamshylin, **289** */Nazzalbe, **289** */Kalle Kolodziej, **289** */Roy Pedersen, **289** */MacX, **289** */reeel, **289** */marqs, **289** */william87, **290** */Igor Kovalchuk, **292** Thinkstock/iStockphoto, **292** */Artenauta, **293** */fergregory, **294** */Jürgen Fälchle, **294** */peresanz, **294** */magann, **294** */vencav, **294** */virtua73, **294** */Kovalenko Inna, **294** */creatifixus, **294** */cbpix, **294** */Florent DIE, **294** */ping han, **294** */peresanz, **294** */kevron2001, **294** */peresanz, **295** */jeremyculpdesign, **297** */Arid Ocean, **298** */artalis, **299** */jokatoons, **299** */Thomas Röske, **299** */jokatoons, **299** */jokatoons, **299** */jokatoons, **299** */jokatoons, **299** */jokatoons, **299** */jokatoons, **299** */jokatoons, **299** */jokatoons, **299** */jokatoons, **299** */jokatoons, **299** */jokatoons, **299** */jokatoons, **299** */jokatoons, **299** */jokatoons, **300** */jokatoons, **300** */jokatoons, **300** */jokatoons, **300** */jokatoons, **300** */jokatoons, **300** */jokatoons, **300** */jokatoons, **300** */jokatoons, **300** */jokatoons, **300** */jokatoons, **300** */jokatoons, **300** */jokatoons, **300** */jokatoons, **300** */jokatoons, **300** */jokatoons, **301** */jokatoons, **301** */jokatoons, **301** */Thomas Röske, **301** */jokatoons, **301** */jokatoons, **301** */Pekchar, **301** */jokatoons, **301** */jokatoons, **301** */jokatoons, **301** */jokatoons, **301** */jokatoons, **301** */jokatoons, **301** */jokatoons, **302** Thinkstock/Hemera, **302** Thinkstock/Hemera, **302** Thinkstock/Hemera, **302** Thinkstock/Hemera, **302** Thinkstock/Hemera, **302** Thinkstock/Hemera, **302** Thinkstock/Hemera, **302** Thinkstock/Hemera, **302** Thinkstock/Hemera, **302** Thinkstock/Hemera, **302** Thinkstock/Hemera, **302** Thinkstock/Hemera, **302** Thinkstock/Hemera, **302** */Route66, **302** Thinkstock/Hemera, **302** Thinkstock/Hemera, **303** Thinkstock/Hemera, **303** Thinkstock/Hemera, **303** Thinkstock/Hemera, **303** Thinkstock/Hemera, **303**

Thinkstock/Hemera, **303** Thinkstock/Hemera, **303** Thinkstock/Hemera, **303** Thinkstock/iStockphoto, **303** Thinkstock/iStockphoto, **303** Thinkstock/iStockphoto, **303** Thinkstock/iStockphoto, **303** Thinkstock/iStockphoto, **303** Thinkstock/iStockphoto, **303** Thinkstock/iStockphoto, **303** Thinkstock/iStockphoto, **304** Thinkstock/iStockphoto, **304** Thinkstock/iStockphoto, **304** Thinkstock/iStockphoto, **304** Thinkstock/iStockphoto, **304** */romantiche, **304** */romantiche, **304** */romantiche, **304** */romantiche, **304** */romantiche, **304** */romantiche, **304** */romantiche, **304** */romantiche, **304** */romantiche, **304** */romantiche, **304** */romantiche, **304** */romantiche, **305** */romantiche, **305** */romantiche, **305** */romantiche, **305** */romantiche, **305** */romantiche, **305** */romantiche, **305** */romantiche, **305** */romantiche, **305** */romantiche, **305** */romantiche, **305** */romantiche, **305** */romantiche, **305** */romantiche, **305** */romantiche, **305** */romantiche, **306** */romantiche, **306** */romantiche, **306** */romantiche, **306** */romantiche, **306** */romantiche, **306** */romantiche, **306** */romantiche, **306** */romantiche, **306** */romantiche, **306** */romantiche, **306** */romantiche, **306** */romantiche, **306** */romantiche, **306** */romantiche, **306** */romantiche, **306** */romantiche, **307** */romantiche, **307** */romantiche, **307** */romantiche, **307** */romantiche, **307** */romantiche, **307** */romantiche, **307** */romantiche, **307** */romantiche, **307** */romantiche, **307** */romantiche, **307** */petra b., **307** */petra b., **307** */petra b., **307** */petra b., **308** */petra b., **308** */petra b., **308** */petra b., **308** */petra b., **308** */petra b., **308** */petra b., **308** */petra b., **308** */petra b., **308** */petra b., **308** */petra b., **308** */petra b., **308** */petra b., **308** */petra b., **308** */petra b., **308** */petra b., **309** */petra b., **309** */petra b., **309** */petra b., **309** */petra b., **309** */petra b., **309** */petra b., **309** */petra b., **309** */Yotama, **309** */petra b., **309** */petra b., **309** */petra b., **309** */petra b., **309** */petra b., **309** */petra b., **309** */petra b., **309** */petra b., **309** */petra b., **310** */petra b., **310** */petra b., **310** */petra b., **310** */petra b., **310** */petra b., **310** */petra b., **310** */petra b., **310** */petra b., **310** */Pekchar, **310** */megastocker, **310** Thinkstock/iStockphoto, **310** */Thomas Röske, **310** Thinkstock/iStockphoto, **310** Thinkstock/iStockphoto, **310** Thinkstock/iStockphoto, **310** Thinkstock/iStockphoto, **311** Thinkstock/iStockphoto, **311** */Thomas Röske, **311** Thinkstock/iStockphoto, **311** Thinkstock/iStockphoto, **311** Thinkstock/iStockphoto, **311** Thinkstock/iStockphoto, **311** Thinkstock/iStockphoto, **311** */jokatoons, **311** */yannik LABBE, **311** */Dream Cursor, **311** */sunt, **311** Thinkstock/iStockphoto, **311** */Andreas Meyer, **311** */DomLortha, **312** */Elena Petrova, **312** */Christian Pedant, **312** */Tomas Sereda, **312** Thinkstock/Fuse, **312** */Masson, **312** */Alliance, **312** */marog-pixcells, **312** */byheaven, **312** */joda, **312** */Miredi, **312** */momanuma, **312** */pictureguy32, **312** */bugphai, **313** */Nathan Jaskowiak, **313** */Vera Kuttelvaserova, **313** */rangizzz, **313** Thinkstock/Image Source, **313** */Leonid Tit, **313** */hjschneider, **313** */tiplyashina, **313** */Serg Zastavkin, **313** */Vera Kuttelvaserova, **313** */Vera Kuttelvaserova, **313** */RyszardStelmachowicz, **313** */Hamik, **313** */rangizzz, **314** */Sunny Forest, **314** Thinkstock/iStockphoto, **314** */Minerva Studio, **314** Thinkstock/iStockphoto, **314** */steffendia, **314** */FrankBirds, **314** */Sunshine Pics, **314** */Christophe Fouquin, **314** Thinkstock/iStockphoto, **314** */lassedesignen, **314** Thinkstock/iStockphoto, **314** Thinkstock/iStockphoto, **314** */Maygutyak, **314** */mario beauregard, **314** */victor zastol'skiy, **314** */macky_ch, **315** */scattomatto74, **315** */Sabine Kipus, **315** */Cmon, **315** */Dario Bajurin, **315** */jacare35, **315** */kohy, **316** */nni94, **316** Thinkstock/Ingram Publishing, **316** */ollirg, **316** */Martin M303, **316** */mrks_v, **316** */doris oberfrank-list, **316** Thinkstock/iStockphoto, **316** */steffus, **316** */smereka, **316** */Ben Burger, **316** */kentauros, **316** */Bernd S., **316** */Dario Bajurin, **316** */acceleratorhams, **316** */Fyle, **316** */Alena Stalmashonak, **317** */siimsepp, **317** */siimsepp, **317** */siimsepp, **317** */siimsepp, **317** */siimsepp, **317** */Tyler Boyes, **317** */siimsepp, **317** */Tyler Boyes, **317** */vvoe, **317** */wlad074, **317** */Tyler Boyes, **317** */iraries, **317** */Ekaterina Fribus, **317** */Ekaterina Fribus, **317** */marcel, **317** */siimsepp, **318** */boykung, **318** */Alexander Hoffmann, **318** */Alexander Hoffmann, **318** */Atiketta Sangasaeng, **318** */byjeng, **318** */Alexander Hoffmann, **318** */Alexander Hoffmann, **318** */apttone, **318** */Alexander Hoffmann, **318** */bigjo, **318** */Rozaliya, **318** */VL@D, **318** */Alexander Hoffmann, **318** */Alex Shadrin, **318** */Alexander Hoffmann, **318** */Alexander Hoffmann, **318** */Digipic, **318** */volff, **318** */Alexander Hoffmann, **318** */Alexander Hoffmann, **319** */Alexander Potapov, **319** */Tiler84, **319** */Tiler84, **319** */Tiler84, **319** */Tiler84, **319** */lamax, **320** */vladimirkim3722, **320** */k_kron, **320** Thinkstock/iStockphoto, **320** */iko, **320** */ürgen Fälchle, **320** */ondrej83, **320** */Heinz Waldukat, **320** */termis1983, **320** */Tom, **320** */mubus, **320** */veneratio, **320** */Roman Pyshchyk, **320** */Picture-Factory, **320** */Omika, **320** */funnycreature, **320** */Almgren, **321** */Nik, **321** */Tonanakan, **321** */motorlka, **321** */Pavlo Vakhrushev, **321** */Miroslawa Drozdowski, **321** */pia-pictures, **322** */Gang, **322** */Africa Studio, **322** */felinda, **322** */sergio37_120, **322** */eyetronic, **322** */sergio37_120, **322** */VICUSCHKA, **322** */tr3gi, **322** */Tim UR, **322** */alfastudiofoto, **322** */sergio37_120, **322** */lenkusa, **322** */sergio37_120, **322** */Friedberg, **322** */Africa Studio, **322** */Roxana, **323** */anankkml , **323** */Daniel Strauch, **323** */Stefan Körber, **323** */hans klein, **323** */juiceteam2013, **323** */audioscience, **323** */keller , **323** */flucas , **323** */ijacky , **323** */Tomashko , **323** */Serghei Velusceac , **323** */Andrea Wilhelm, **323** */tab62, **323** */Ichbins11, **323** */Studio Barcelona, **323** */volkerr, **324** */Farinoza, **324** */Eric Isselée, **324** */jagodka, **324** */Azaliya Elya Vatel, **324** */Eric Isselée, **324** */Uros Petrovic, **324** */Katrina Brown, **324** */eastmanphoto, **324** */nn-fotografie, **324** */cynoclub, **324** */biglama, **324** */Eric Isselée, **324** */grafikplusfoto, **325** Thinkstock/iStockphoto, **325** */Eric Isselée, **325** */JackF, **325** */Eric Isselée, **325** */Eric Isselée, **325** */Aaron Amat, **325** */Eric Isselée, **325** */Eric Isselée, **325** */anekoho, **325** */Christian Musat, **325** */Eric Isselée, **325** */Eric Isselée, **325** */Christian Musat, **325** */ILYA AKINSHIN, **325** */Eric Isselée, **325** */Eric Isselée, **326** */Eric Isselée, **326** */StarJumper, **326** */Eric Isselée, **326** */Anatolii, **326** */Vera Kuttelvaserova, **326** */Eric Isselée, **326** */Coprid, **326** */Eric Isselée, **326** */JackF, **326** */nexusseven, **326** */EwaStudio, **326** */cynoclub, **326** */anankkml, **326** */tiero, **326** */Taalvi, **326** */Eric Isselée, **327** */Alexander Potapov, **327** */Eric Isselée, **327** */Eric Isselée, **327** */Eric Isselée, **327** Thinkstock/iStockphoto, **327** Thinkstock/iStockphoto, **327** */Mike Price, **327** */Roman Samokhin, **327** */Eric Isselée, **327** */Eric Isselée, **327** Thinkstock/iStockphoto, **327** */maz12, **327** */Eric Isselée, **327** */Smileus, **327** */XK, **327** */anankkml, **328** */Eric Isselée, **328** */Steve Byland, **328** */Eric Isselée, **328** */Eric Isselée, **328** */Eric Isselée, **328** */Eric Isselée, **328** */Eric Isselée, **328** */fotomaster, **328** */jakgree, **328** */Farinoza, **328** */Farinoza, **328** Thinkstock/iStockphoto, **328** */Eric Isselée, **329** */Uryadnikov Sergey, **329** */phant, **329** */Eric Isselée, **329** */Eric Isselée, **329** */ILYA AKINSHIN, **329** */Janis Smits, **329** */Aaron Amat, **329** */ILYA AKINSHIN, **329** */Eric Isselée, **329** */fotomaster, **329** */Roman Samokhin, **329** */shishiga, **329** */Nicolette Wollentin, **329** */sval7, **329** */Eric Isselée, **329** */Eric Isselée, **330** */eastmanphoto, **330** */eastmanphoto, **330** */Smileus, **330** */Daniel Nimmervoll, **330** */kurapy, **330** */Eric Isselée, **330** */jagodka, **330** */Richard Carey, **330** */Anatolii, **330** */antpkr, **330** Thinkstock/iStockphoto, **330** */Eric Isselée, **330** */eastmanphoto, **331** */Irochka, **331** */Giuseppe Porzani, **331** */eyeblink, **331** */manuart, **331** */Eric Isselée, **331** */lunamarina, **331** */pistol7, **331** */Richard Carey, **331** */Witold Krasowski, **331** Thinkstock/Hemera, **331** Thinkstock/

iStockphoto, **331** */Coprid, **331** */tongdang, **332** */Oliver Klimek, **332** */Valeriy Kirsanov, **332** */defun, **332** */Alekss, **332** */JPS, **332** */Gewoldi, **332** */Henrik Larsson, **332** */vnlit, **332** */Klaus Eppele, **332** */xiaoliangge, **332** */VRD, **332** */Alekss, **332** */Marco Uliana, **332** */morelia1983, **332** */Zbyszek Nowak, **332** */npps48, **333** Thinkstock/iStockphoto, **333** */defun, **333** */Cosmin Manci, **333** Thinkstock/Hemear, **333** */fancyfocus, **333** */gertrudda, **333** */xjbxjhxm, **333** Thinkstock/iStockphoto, **333** */defun, **333** */emer, **333** */chungking, **333** */Coprid, **333** Thinkstock/iStockphoto, **333** */eastmanphoto, **333** */Carola Schubbel, **333** */natara, **334** */tescha555, **336** */DDRockstar, **336** */Denys Prykhodov, **336** */Denys Prykhodov, **336** */Denys Prykhodov, **336** */Denys Prykhodov, **336** */Denys Prykhodov, **336** */Denys Prykhodov, **336** */Africa Studio, **336** */Africa Studio, **336** */Africa Studio, **336** */DB, **339** */robert, **340** */magann, **340** */magann, **340** */magann, **340** */magann, **340** */magann, **340** */magann, **340** */magann, **340** */magann, **340** */magann, **340** */magann, **340** */magann, **340** */magann, **340** */magann, **341** */magann, **341** */magann, **341** */magann, **341** */magann, **341** */magann, **341** */magann, **341** */magann, **341** */magann, **341** */magann, **341** */magann, **341** */magann, **341** */vvoe, **341** */Lucky Dragon, **342** */tomreichner, **342** */Marco2811, **342** */merydolla, **342** */in-foto-backgrounds, **342** */Reicher, **342** */ARochau, **342** */Yahya Idiz, **342** */motorradcbr, **342** */Beboy, **342** */Dmytro Smaglov, **342** */Anton Gvozdikov, **342** */sborisov, **342** */Netzer Johannes, **343** Stockphoto/Juffin, **344** */Juulijs, **344** */m.u.ozmen, **344** */lucato, **344** */www.strubhamburg.de, **344** */guynamedjames, **344** */Jörg Hackemann, **344** */MaxWo, **345** */AI, **345** */hayo, **345** */ufotopixl10, **345** */vector icon, **345** */vector icon, **345** */vector icon, **345** */vector icon

PONS

Bildwörterbuch Niederländisch-Deutsch

Bearbeitet von: Jan Reitsma

Entwickelt auf der Basis des PONS Bildwörterbuch Niederländisch,
ISBN 978-3-12-517985-1

Bearbeitet von: Drs. Hans Beelen, Anette Dralle, Georgina Moore, Gregor Vetter, Dr. Christiane Wirth
Der niederländische Text entstand auf der Basis der niederländischen Übersetzungen von Van Dale Uitgevers, Utrecht

1. Auflage 2018 (1,02 - 2019)

www.pons.de
E-Mail: info@pons.de

Projektleitung: Christiane Mackenzie
Gestaltung: Petra Michel, Essen
Umschlaggestaltung: Anne Helbich, Stuttgart
Satz: Satzkasten, Stuttgart
Umschlagfotos von links nach rechts: iStockphoto/PetrMalyshev; Shutterstock/Ivonne Wierink; Shutterstock/Joop Hoek
Logoentwurf: Erwin Poell, Heidelberg
Logoüberarbeitung: Sabine Redlin, Ludwigsburg
Druck und Bindung: Publikum d.o.c.

ISBN: 978-3-12-516114-1